一种基于先验论证的语境主义知识论

尹维坤◎著

A Contextualism Epistemology Based
on Transcendental Arguments

中国财经出版传媒集团

经济科学出版社
Economic Science Press

·北京·

图书在版编目（CIP）数据

一种基于先验论证的语境主义知识论 / 尹维坤著 .
北京：经济科学出版社，2024.7. -- ISBN 978 - 7 - 5218 -
6111 - 2

Ⅰ. B081. 2

中国国家版本馆 CIP 数据核字第 202401X0G0 号

责任编辑：宋　涛　郑诗南
责任校对：齐　杰
责任印制：范　艳

一种基于先验论证的语境主义知识论

尹维坤　著

经济科学出版社出版、发行　新华书店经销
社址：北京市海淀区阜成路甲 28 号　邮编：100142
总编部电话：010 - 88191217　发行部电话：010 - 88191522
网址：www. esp. com. cn
电子邮箱：esp@ esp. com. cn
天猫网店：经济科学出版社旗舰店
网址：http：//jjkxcbs. tmall. com
北京季蜂印刷有限公司印装
710 × 1000　16 开　21.5 印张　363000 字
2024 年 7 月第 1 版　2024 年 7 月第 1 次印刷
ISBN 978 - 7 - 5218 - 6111 - 2　定价：135.00 元
（图书出现印装问题，本社负责调换。电话：010 - 88191545）
（版权所有　侵权必究　打击盗版　举报热线：010 - 88191661
QQ：2242791300　营销中心电话：010 - 88191537
电子邮箱：dbts@ esp. com. cn）

序　言

尹维坤副教授把他新撰的书稿发给我，并希望我为之写一个序。尹维坤曾经是我的硕、博研究生，长期沉浸于对康德和笛卡尔的先验论证以及现代知识论的研究，颇有独到见解。早在 8 年前，我们师生二人在同一期刊（《华南师范大学学报》2015 年第 2 期）发表文章，我的题目为《从"我思"到"自由意志"——对康德"自我"观念的一些修正》，他的题目为《先验自我与经验自我——笛卡尔自我观新探》，这两篇文章都涉及康德和笛卡尔的"自我"概念，我们之间有相互支持的方面，也有相互争执的方面。无论支持还是争执，他都表现出独立探索的精神，这是我颇为赞赏的。

这些年来，我们各自选择感兴趣的问题加以研究，但是笛卡尔、康德和休谟的哲学始终是我们无法远离的重要参照。当我阅读尹维坤的这本新著时，感觉到作者的研究又有长足的进展，其学术分量是相当厚重的。此书内容丰富，其中有些地方涉及本人的观点，仍然是有赞成也有反对。我认为这是一个学者应取的态度，正应了亚里士多德的那句名言：吾爱吾师，更爱真理。我也采取相似的态度，即吾爱吾徒，更爱真理。因此，下面的文字或许包含一些学术争论的内容。我以为这是作序的一种较好的方式，胜于一味地夸奖和称赞。

此书的题目《一种基于先验论证的语境主义知识论》已经使其新颖之处凸显出来，即把知识论放在语境主义的框架内，并以先验论证为知识论奠定最终的基础。语境主义是现代知识论的一个重要派别，该书不仅详细地介绍和分析了国内外学术界围绕语境主义而展开的争论，并为语境主义给出颇有说服力的辩护。语境主义的一个重要优点是可以较好地解决著名的盖梯尔反例，另一个重要优点是可以较好地解决怀疑论难题。与盖梯尔反例相比，怀疑论难题更为根本也更为困难，现有的语境主义理论均未给出令人满意的回应。

为此，该书作者不得不另辟蹊径，走出一条前人未曾走过的道路，即把语境主义的根基延伸至先验论证，进而将语境的范围加以扩展，以致把康德的先验范畴体系也包括进来；该书称之为语境与先验框架的结合，这种结合甚至可以称之为最大的语境。在最大语境的基础上，通过加入不同程度的经验资料和实践目的而形成不同层次的较小的语境，其中包括哲学语境和常识语境。怀疑论难题属于哲学语境的问题，并不影响常识命题的确实性，从而使怀疑论与常识之间的冲突得以消除。对于哲学语境，通过引入先验范畴和先验自我，可以为"我思故我在"提供合理辩护，为哲学语境中的知识确定性提供一个可以立足的"阿基米德点"，从而使怀疑论难题得以解决。

此书对康德的先验范畴体系不是采取"拿来主义"，而是批判地继承。书中对康德的先验范畴作了多处修正，其中之一是将"共联性关系"修改为"部分与整体的关系"。本人也曾对康德的这一范畴作过批评，认为此范畴是从逻辑学的"选言判断"直接比对而来的，有牵强附会之嫌，主张将它从先验范畴的行列中清除出去。此书作者不同意本人的这种做法，认为先验范畴以形式逻辑为参照是正当的，虽然康德从选言判断得出的共联性关系有所不妥，但只需加以修正即可，而不应对之加以清除。本人接受这一批评，事实上，本人近年来在对心灵哲学的研究中，已经把"随附性"（supervenience）的本质看作整体与部分之间的关系，即金在权（Jaegwon Kim）所说的"整－部随附性"（whole-part supervenience 或 mereological supervenience），进而意识到整体与部分属于哲学的基本范畴。① 不过，关于先验范畴体系，我们之间还有其他一些尚未达成共识的分歧，有待进一步的讨论和澄清。

也许有人会说，在康德那里，先验范畴具有必然性和完备性，而你们却对它改来改去，其必然性还存在吗？本人的回答是："必然性"（necessity）这个概念是多义的，其中一种意义是判断之间具有必然性关系，即前提（或前件）真则结论（后件）一定真；另一种意义是人类的一切经验知识的必要条件，先验范畴的必然性是这后一种意思。用康德的话说："范畴作为验前（先验——引者注）概念，其客观有效性是以这事实为依据的，即就思维的形式来说，惟有通过范畴，经验才成为可能。范畴之所以必然地而且验前地与经验的

---

① 最新的论述请参阅：陈晓平．随附性的必然性与心身关系——从系统本体论的观点看［J］．哲学分析，2024（2）：59－73；更多论述请参阅：陈晓平．多种随附性概念及其在心身问题上的应用——对金在权随附性理论的修正［J］．山东科技大学学报（社会科学版），2021（3）：1－8；陈晓平．"随附性"概念辨析［J］．哲学研究，2010（4）：71－79；陈晓平．"随附性"概念及其哲学意蕴［J］．科学技术哲学研究，2010（4）：1－8．

对象有关，其原因乃在于只有以范畴为媒介，经验的任何对象才能被思维。"①

　　请注意，在康德那里，先验范畴的"客观有效性"或"必然性"是"以事实为依据的"，这事实就是："惟有通过范畴，经验才成为可能。"不过严格说来，这种说法是不准确的，因为只有经验可以成为事实，而经验成为事实的可能性不是事实，只是从经验事实回溯而来的一种假设，即关于经验成为事实之必要条件的一种反思。正因为此，康德又说："惟有这样预先假定有这些概念，任何东西才有可能成为经验的对象。"② 可见，具有必然性的先验范畴在其本质上就是人类知识必不可少的预设（假定），正是在这个意义上，先验范畴是必然的。既然如此，随着人类实践活动和科学知识的发展，人们对先验范畴的反思和预设有所变化也就不足为奇了。

　　事实上，康德的先验范畴是对亚里士多德的范畴体系的一种修正或改进；并且他指出，洛克和休谟在关于经验知识起源问题的探索，其结论"是不能和我们实际上所具有的科学验前知识，即纯粹数学与普遍自然科学相协调的；因而这一事实就足以推翻这种起源论了。"③ 可见，康德在很大程度上是以自然科学的事实为依据来评价包括范畴体系在内的知识起源学说。然而，具有讽刺意味的是，康德当时所依据的欧氏几何学和牛顿物理学如今已经失去先验必然性的资格，因而对他的先验范畴和先验直观（时间和空间）加以相应的修正不仅在情理之中，而且势在必行。

　　尽管如此，经验知识需要以先验范畴作为必要条件的结论是不变的，否则就会落入休谟的怀疑论，即一切自然规律都不具有客观必然性，只不过是人们的心理习惯而已。休谟的这一结论与人类迄今为止的社会实践和科学实践严重不符，根据这一事实，我们仍然有必要沿着康德开辟的认识论道路——将先验范畴与经验材料相结合——继续前进，对之加以扬长补短，发扬光大。

　　与休谟的怀疑论相比，笛卡尔的怀疑论更为彻底，以至连自我的存在都给予怀疑；笛卡尔通过缜密的思辨，给出一个肯定的回答即"我思故我在"。围绕笛卡尔的这个"第一哲学原理"，哲学史上有许多重要的争论，包括康德对此命题的批判，争论的焦点涉及先验自我和经验自我的区分及其性质。

　　应该说，先验自我和经验自我在笛卡尔那里区分得不太明显，需要从他的

---

① ［德］康德. 纯粹理性批判［M］. 韦卓民，译. 武汉：华中师范大学出版社，2000：128.
② ［德］康德. 纯粹理性批判［M］. 韦卓民，译. 武汉：华中师范大学出版社，2000：127.
③ ［德］康德. 纯粹理性批判［M］. 韦卓民，译. 武汉：华中师范大学出版社，2000：129.

有关论述中加以挖掘。与之相比，康德则明确地区分了先验自我和经验自我，即他常说的"先验统觉"（或"纯粹统觉""本源统觉"）和经验统觉。康德指出："我称它为纯粹统觉，以别于经验性的统觉，或者又可称为本源统觉，因为它是那个自我意识，虽然它产生'我思'这个表象（这是一种表象，必须能够伴随着一切别的表象，而且在所有的意识中是完全相同的），但是其自身却不能为任何另外的表象所伴随。这种统觉的统一性，我又称之为自我意识的先验统一性，为的是要表示从它发生出来的验前知识的可能性。"①

虽然康德明确区分了先验自我与经验自我，但在其表述上是有含混之处的。在上面那段话中，一方面，"我思"被看作表象即经验自我；另一方面，这一表象"能够伴随着一切别的表象，而且在所有的意识中是完全相同的"，这种同一性就是"自我意识的先验统一性"，从而"我思"成为先验自我。

康德的"我思"概念的歧义性使他对笛卡尔的"我思故我在"的批评不乏混乱之处。一方面，他指责笛卡尔把"实体"范畴用于"我"，错把先验自我看成经验自我，从而把先验自我看成可知的。另一方面，他坚持先验自我（先验主体）如同自在之物（先验客体）都是不可知的，然而他却对"先验统觉"给以许多描述，一点都不少于笛卡尔仅仅赋予"我"以"思"的那一点可知性。本人接受康德对先验自我和经验自我的区分，并保留其自在之物不可知的观点，但摒弃其先验自我不可知的观点。②

先验自我在笛卡尔那里具有"思"的特征，在康德那里具有"先验统觉"的特征，并且这种"思"或"统觉"是一种自我意识。本人曾经按照罗素的摹状词理论把"我思"中的"我"解释为一种反思的"亲知"，把"思"解释为描述我的摹状词，以此回应罗素对笛卡尔的"我思"的批评，即指责它为同义反复。此书作者对本人的这一处理持有异议，认为一旦把"我"解释为"亲知"，"我"就不是先验自我而是经验自我。③ 在本人看来，这一批评是延续了康德的先验自我不可知的观点。上面已经指出，这种观点是不成立的。需要强调，亲知是一种自我意识，这是康德也承认的，但自我意识不必是实体，因而不必是经验的，正如康德的先验统觉不是实体经验一样。

---

① ［德］康德. 纯粹理性批判［M］. 韦卓民，译. 武汉：华中师范大学出版社，2000：156.

② 我的这些想法在最近发表的文章中给以进一步的阐述，可参阅陈晓平. 康德与笛卡尔的心物二元论之比较——关于若干基本哲学概念的探讨［J］. 武汉科技大学学报，2022（3）.

③ 参阅此书第 172–173 页。

本人承认，拙著《贝叶斯方法与科学合理性》对先验自我的表述是有缺陷的；虽然指出先验自我和自在之物在可知性上的非对称性，却在很大程度上受到康德对笛卡尔的称谓即"经验的唯心主义"的影响，把先验自我归入"后验质料的形而上学"。① 现在看来，"后验质料的形而上学"这个提法欠妥，容易引起误解，这可能是导致本书作者批评本人的"先验自我"的原因之一。

本人对之加以改进的初步设想是，把先验自我或先验统觉与"持续性"和"广延性"这两种先验直观联系起来，用以取代康德作为先验直观的"时间"和"空间"。这样做的结果是，一方面用持续性和广延性充实先验自我的内涵（注意：这样充实后的先验自我并非经验实体，仅仅是一种"亲知"或"统觉"）；另一方面，继续保留以往把"时间"和"空间"从感性直观提升为先验范畴的做法。这一做法也是此书作者所反对的，我想，其反对理由之一是本人的做法使感性直观处于空白。现在我把"持续性"和"广延性"作为感性直观，原来留下的空白便被填补起来。

为什么本人一定要把"时间"和"空间"从先验的感性直观提升为先验范畴？因为正如康德所说："对象借助于感性而向我们被给予出来，而且只有感性才给我们产生直观；它们通过知性而被思维，而且从知性就发生概念。"② 如果说在牛顿时代把时间和空间看作对象对人们的直接"给予"是合情合理的，那么在爱因斯坦的相对论时代这种做法就是过时的，因为"时间"和"空间"已经不再是直接的给予，而是一个可供思维的概念。

此书作者与本人的另一个重大分歧是对待辩证法的态度。他似乎把辩证法的使用归于黑格尔或其他人，而康德本人并不赞成辩证法。但是可以肯定地说，这不符合康德的本意。事实上，康德区分了两种辩证法，即作为"幻象的逻辑"的诡辩术和作为先验逻辑的"辩证幻象的批判"，前者是康德所摒弃的，后者是康德所推崇的。他宣称："辩证术这个名称就另有用法，即作为'辩证的幻象之一种批判'归入逻辑。在本书中，就是在这种意义上来理解这个名词的。"③ 他解释道："'先验辩证论'并不是独断地产生幻象的技术（不幸这就是形而上学变戏法的人们所惯用的技术），而是作为知性和理性在其超

---

① 参阅陈晓平. 贝叶斯方法与科学合理性——对休谟问题的思考［M］. 北京：人民出版社，2010：239 - 242.

② ［德］康德. 纯粹理性批判［M］. 韦卓民，译. 武汉：华中师范大学出版社，2000：62.

③ ［德］康德. 纯粹理性批判［M］. 韦卓民，译. 武汉：华中师范大学出版社，2000：99 - 100.

经验的使用上的一种批判，为的是要暴露那些毫无根据的主张的虚伪荒诞性，而不过是以纯粹知性的批判来代替单纯用先验原理来发现知识和扩张知识的夸大要求，来防御知性以免受骗于诡辩的幻象。"①

我们知道，康德把人的认识能力分为感性、知性和理性，运用先验范畴进行判断和推理属于知性，而对先验范畴给以"超经验的使用"便产生"辩证的幻象"，使用辩证先验论证来消除辩证幻象则属于理性。因此，理性的确切叫法是"辩证理性"，属于认识能力的最高层次。在《纯粹理性批判》中，康德正是在"先验辩证论"的题目之下，先是推出"二律背反"，随后对之加以解决。

康德在对先验范畴的先验演绎过程中，也使用了一种辩证法即"正反合"三段论，虽然康德没有使用这个名称，但在其阐述如何推导先验范畴的时候点出这种方法的实质，即"由于概念的一切验前的（先验的——引者）划分必然是用二分法这个事实，所以，每类中的范畴数常同为三个，这是很有意义的。而且又可注意到每类的第三个范畴总是从第二个范畴与第一个范畴相结合而发生的。"② 请注意，康德提到划分概念的先验方法即二分法，通过先验二分法完成正和反两个步骤，即划分出两个彼此对立的概念；然后再把它们结合起来形成第三个概念，从而得出每三个一组的先验范畴体系；显然，这种方法正是"正反合"三段论。例如，对"单一性"和"复多性"这两个相对立的范畴的划分就是先验的二分法，然后把二者先验地结合为"总体性"，从而构成关于量的先验范畴，即"单一性—复多性—总体性"。可见，这种正反合的先验方法并不神秘，完全在人们的理性能力之中。

本人明确表示接受康德的正反合方法，并且用以推导新的先验范畴，如"存在—虚无—实在"，"有限—潜无限—实无限"，等等。③ 对此本书作者不以为然，他批评道："撇开这些推理过程中存在的具体问题不谈，这样的推理给人的整体感觉是，与其说这是康德意义上的'正反合'的方法，还不如说这是黑格尔的概念辩证法。"④ 诚然，黑格尔对辩证法的使用有许多不当之处，但是不应因此而全盘否定辩证法，我们应当以批判继承的态度来对待黑格尔哲

---

① ［德］康德. 纯粹理性批判 ［M］. 韦卓民，译. 武汉：华中师范大学出版社，2000：100–101.
② ［德］康德. 纯粹理性批判 ［M］. 韦卓民，译. 武汉：华中师范大学出版社，2000：117.
③ 参见陈晓平. 贝叶斯方法与科学合理性——对休谟问题的思考 ［M］. 北京：人民出版社，2010：248.
④ 此书，第230页.

学，正如我们对待康德哲学那样。在本人看来，此书关于"先验论证"的讨论中没有涉及"正反合"方法是一个失误，至少是对康德的先验论证的疏漏。顺便指出，黑格尔关于"矛盾在世界中普遍存在"的论题虽有滥用之嫌，但不应因此而否定矛盾在世界中的存在，如物理学中作用力和反作用力的相互依存。

　　以上谈了本人对该书的一些评价，有赞成也有反对，这似乎与一般的序言不同。的确，我不是出于客气或应景来写这篇序言的，而是作为严肃的学术讨论。本来还有许多话想讲，但考虑到写"序言"毕竟不是学术讨论的恰当场合，只好另当别论。著名哲学家波普尔（Karl Popper）说过，一种学说的价值很大程度上在于它的可反驳性。此书之所以激发起本人想写争论文章的欲望，恰恰说明它在我看来是有重要学术价值的。此书不仅选题重要，而且观点鲜明，内容丰富，文字流畅，具有可读性。本人以为，无论对于资深学者还是对于学术新手，阅读此书都将是有所裨益的。

陈晓平

2023 年 11 月于广州

前　　言

本书的目标是要建立一个基于先验论证的语境主义规范知识论理论。这个理论的论证大致分为两步来完成。因此本书的内容也可以分为两大部分：第一部分内容是在社会建构主义和自然主义背景下论证规范知识论的必要性；第二部分内容是论证一种新的规范知识论的可能性，即针对知识论的核心问题提出一个基于先验论证的语境主义理论，予以解决。

第一部分内容主要由第一章完成。这一章将分别讨论社会建构主义和自然主义对规范知识论的挑战。笔者首先考察社会建构主义的两种主要形态：后现代主义知识论和科学知识社会学（SSK），并指出这些理论存在一个致命的问题：对于由物质实体决定的科学知识内容的解释无能为力；进而指出对科学知识进行完全的社会建构是不可能的，对科学知识的解释不可避免地依赖于自然经验。其次，通过分析自然主义知识论，笔者指出自然主义要么完全遗忘了科学知识的规范性；要么将知识规范片面地理解为自然规律（规范），从而遗忘了解释科学知识的逻辑规范。因此它对科学知识的解释也是不完善的。如此规范知识论在新的知识论背景下仍是必要的。最后，通过指出规范知识论仍在不断发展，笔者进一步论证规范知识论的必要性。另外，对社会建构主义和自然主义的讨论也为后文讨论实用主义和先验论证设下铺垫：为后文阐述语境主义的实用主义因素与罗蒂的实用主义的区别、自然主义的先验性与先验论证的先验性的区别打下基础。

第二部分内容是本书研究的核心内容。它由第二章到第五章构成。第二章主要讨论盖梯尔反例与怀疑论难题。通过分析盖梯尔反例对三元定义起作用的方式，笔者指出三元定义的模糊之处和盖梯尔反例起作用的关键：辩护条件与真实条件之间的联系存在断裂。而这也是怀疑论怀疑知识的关键所在。如此，笔者将盖梯尔问题化归为怀疑论难题，并在对怀疑论难题的回应中进行知识分析。这一章主要任务是精确地诊断怀疑论难题。通过诊断表明，怀疑论利用知识的绝对确定性预设与知识的经验证据可错性之间的矛盾，并通过非充分决定性论证指出这一矛盾不可解决，达到怀疑知识的目的。

第三章的主要内容是对各种反驳怀疑论的先验论证进行分析比较，选择合理的先验论证方法应对怀疑论难题。在这一章中，笔者在继承和发扬康德先验论证的基础上，从怀疑论自身的前提中发现知识的先验框架；同时，从怀疑论并不否认经验的终极性，承认知识论的现实主体是经验主体这一点上引申出知识论的生命原则，最终将实践理性引入知识论，达到既消解绝对确定性预设，又保证知识真理性的目的。将实践因素引入真理还为知识（真理）的语境性论证铺平道路。

第四章的主要内容是考察知识论的语境主义，尤其着重考察知识论语境主义中的认知语境主义。笔者在指出当下流行的语境主义知识论的核心困难之后，对一种改进的语境主义进行论证，以期对知识的语境性做出更完善的解释。这种改进的语境主义是建立在先验框架之上的。通过用先验框架规定语境的基本结构，语境主义的核心困难将得到解决，进而得到完善和发展。

第五章的主要内容是通过指出先验框架的融贯性与知识内容的经验基础性，表明知识辩护的本性既是融贯的，又是有基础的。而这个基础是相对于具体语境而言的，因此建立起语境主义的知识辩护观。在回顾各种知识辩护理论的争论，尤其是融贯主义和基础主义争论的基础上，笔者用先验性支撑知识辩护的融贯性，用语境的基础性支撑知识辩护的基础性，从而达到论证一种基础融贯主义知识辩护理论的目的。第五章的结束是对未来研究的展望。

目　　录

导论：研究范围——自然经验的命题知识

　　一本以知识论（*Epistemology* 或 *Theory of Knowledge*）① 命名的著作面临的首要问题就是确定研究对象和研究范围。然而，具有讽刺意味的是，这个首要问题应该是知识论的研究内容和研究结论才对。因为对这个问题的回答依赖于我们对知识的了解。然而，知识论研究的现实是，对于知识论的核心问题（1）"知识是什么？"（2）"我们能不能获得知识？"哲学家还没有给出公认的答案。在这种情况下确定本书的研究范围就不得不依赖于某些关于知识的常识性看法了。在各种关于知识的常识性看法中，对知识存在的承诺，大概是最基本的。不管人们是否能够给怀疑论一个满意的回答，怀疑论本身似乎也承诺了某种类似知识的东西（即被怀疑为不确定的信念），否则，它的怀疑就是纯粹无聊的游戏。在本书第二章我们将看到，在怀疑论者与非怀疑论者之间并不是一点对话的共同基础都没有。怀疑论者与非怀疑论者都承认人们关于对象的经验可以通过公共可理解的命题表达。虽然对这种命题的确定性，双方还没有达成共识。但这不妨碍他们都在讨论一个共同的对象。这种共同的对象，在怀疑论者看来仅仅是公共信念的一部分，在非怀疑论者看来，那一部分公共信念就是知识（非怀疑论者并不主张所有的公共信念都是知识，怀疑论者试图将非怀

---

　　① 学界对 *Epistemology* 和 *Theory of Knowledge* 的意义有不同理解。有人认为 *Epistemology* 应该译为"认识论"，*Theory of Knowledge* 则译为"知识论"。认识论与知识论在研究对象、研究方法和研究结果上都有不同。"认识论"指基于对认知活动的发生学考察所形成的相关理论学说，它包括对认识的来源、阶段、机制、方法等问题的探究。"知识论"则指对作为认识成果形态的知识的反思性学说，它包括对知识的本性、知识的标准、知识与其所指向的对象的关系、知识明证性的基础等问题的讨论。总体而言，"认识论"着重于从活动的角度来考察认识和知识的相关问题，而"知识论"则侧重于从认识的成果形态方面来讨论认识和知识的相关问题。但大部分学者认为"认识论"和"知识论"是可以互换的概念。因为它们之间的区分仅有相对的意义。事实上，不管是从研究的现状，还是从这两类问题的历史演变来看，都很难把它们严格区分开来。对认识活动的发生学考察可能导致对"知识的本性"等知识论问题的探讨；反过来，对"知识的本性"等知识问题的研究也经常与对认识活动的发生学考察交织在一起。（参见黄颂杰，宋宽锋．对知识的追求和辩护——西方认识论和知识论的历史反思 [J]．复旦学报（社会科学版），1997（4）：49．）笔者在本书中将"认识论"和"知识论"看成是同一个领域，并统一用"知识论"这个术语。考虑到尊重引文的需要，保留了引文中的"认识论"术语。

疑论者认为是知识的那部分信念等同于纯粹的信念）。如果我们暂且搁置这种分歧，那么我们可以认为知识论研究的对象就是公共信念（知识）。这应该是没有问题的。只不过，作为非怀疑论者，我们选取了便于我们论述的"知识"这一术语。而且，对那一部分公共信念之所以是知识，我们会在随后的研究中给出论证。总之，在知识论研究开始之前确定其研究对象和研究范围并不是预期理由。在做出这些澄清之后，对"知识"① 进行基本的分类，并对这些基本分类进行考察，从而确定我们的研究范围也就有了相应的根据。

将知识分为命题知识与非命题知识是较为流行的分类。一种较为常用的分法是路易斯·P. 波伊曼（Louis P. Pojman）的分类，他将知识分为三种类型：亲知的知识（knowledge by acquaintance）、命题的知识（propositional knowledge）和能力的知识（competence knowledge）。② 据这种分类认为，亲知的知识是由认识主体对认识对象进行直接的接触而形成的知识。比如，我知道某人或某事、我知道我的头痛等。这种知识的对象不是命题。因此那些不用命题来思考的动物和小孩也有这类知识。能力的知识是某人知道如何做某事的操作性知识，比如驾驶汽车、使用电脑、游泳等。命题的知识，又称描述知识，其对象是具有真假的命题，比如"我有两只手""北京是中国的首都"等。在这些命题前加上"我知道"就成了命题知识的表达形式。波伊曼认为三种知识虽然有相互联系的一面，但区别是十分明显的。在当代知识论者中，这种分类为知识论者普遍接受。

但是，这种分类值得商榷。因为这种分类，一方面会使不同种类的知识产生各种交叉和重叠；另一方面又会将某些知识遗漏在这些种类之外。也就是说，这种分类不但在内容上不周全，而且种类之间的界限不清晰。比如，某些亲知对象（人们对命题的听说读写都是亲知的）也可以是操作程序（教人们如何使用语言的规则是操作性的）；亲知对象对立面应该是间接对象，按照知识关涉对象的方式来分，知识应该分为是直接经验知识和推论知识；与动手操作相对的是语言描述，从这个角度看知识应该分为程序性知识和描述性知识；所有这些知识都可以用命题表述。因为命题是知识的表述形式，命题知识是从

---

① 在我们给出合理的论证证明"知识"的确定性之前，理应为知识加上引号，以表明它是怀疑论者所指的"公共信念的一部分"。但是为方便行文，在"导论"中余下的论述中不再加上引号。在此标明，以防混淆。

② ［美］路易斯·P. 波伊曼. 知识论导论［M］. 第二版. 洪汉鼎，译. 北京：人民大学出版社，2008：3 –4.

知识的形态上界定的。将一个从形态上界定的知识概念与从内容和对象上界定的知识概念并列起来是逻辑混乱。

当然，这并不是说没有以命题为对象的知识。对命题的研究除了得到关于语言的知识（比如语法知识、语用知识和语形知识）以外，不能获得关于世界的知识。从这个角度对知识分类，得到的结果应该是语言知识和非语言知识（事实性知识）。当我们说"我知道北京是中国的首都"时，除了表明我们知道如此这般说话和使用文字符号以外，我们更多的是在描述一个事实。知识论研究的主要是关于事实的知识，而不是关于语言的知识——关于语言的知识是语言学研究的主要对象。在了解了这些区别之后，我们知道，知识论考察的命题知识是以命题形式表述的关于事实的知识。它不仅包括对事实的描述，也包括对事实的操作，还包括对事实的亲身体验。因此，提请注意，本书所说的"命题知识"不是波伊曼的"命题知识"。

另一种在哲学界引起诸多讨论的命题知识和非命题知识分类是迈克尔·波兰尼（Michael Polanyi）的分类。迈克尔·波兰尼认为人们除了拥有能够表述出来的知识外，还有一种不能被命题表述出来的默会知识（tacit knowledge），它是一种非命题知识。他说："人类的知识有两种。通常被描述为知识的，即以书面文字、图表和数学公式加以表述的，只是一种类型的知识。而未被表述的知识，像我们在做某事的行动中所拥有的知识，是另一种知识。"[①] 但对默会知识是否原则上不能被命题表述，波兰尼有所保留。他说："断言我拥有不可言喻的知识不是要否定我可言说它，而只是否定我能充分地言说它，这个断言本身就是对这种不充分性的一个估价。"[②] 如此说来，默会知识是难以用语言来充分地表达，而不是说对这类知识绝对地不能言说。[③] 既然如此，表述默会知识就只是语言技术问题。只要语言技术足够发达，默会知识就能转化为命题知识。因此，命题知识在知识的形式中仍然占有统治性地位。事实上，几乎我们所有的知识都是命题知识。那些不能用命题表达的知识以什么形态存在都是个问题，更不用说它们如何被传播、交流、验证了。陈晓平先生认为，由于波兰尼没有区分"不可言说"和"尚未言说"，以致他有意无意地把技能中尚未言说的东西归入不可言说，这夸大了不可言说之内容在信念中所占的比例。

---

① Michael Polanyi. Study of Man [M]. Chicago：The University of Chicago Press, 1958：12.
② Michael Polanyi. Personal knowledge [M]. London：Routledge, 1958：91.
③ 郁振华. 波兰尼的默会认识论 [J]. 自然辩证法研究, 2001（8）：6.

又由于波兰尼没有注意区分"信念"和"知识"，以致他把信念等同于知识，这便夸大了知识的主观性。这两方面的混淆使得波兰尼坚持默会知识不仅存在而且非常重要。然而，根据以上做出的两种区别，所谓的默会知识根本不存在，只有默会的信念是存在的。① 基于上述理由，本书讨论的知识仍是命题知识。

将研究范围限制在命题知识内仍然不够。以命题形式表述的知识浩如烟海，它们具有十分不同的特点，以个人十分有限的学识和能力根本不能承担如此重任。因此有必要对所研究的知识内容做适当限制。就知识的内容而言，人们一般可将知识分为经验知识和非经验知识。经验知识中，按照经验来源的领域不同，可分为社会经验知识和自然经验知识。非经验知识按不同领域可分为数学知识、逻辑学知识和其他非经验知识。② 基于这些分类，笔者将本书的研究范围界定在自然经验知识内。由于逻辑学知识是知识论研究的脚手架和重要工具，因此本书在必要的时候也会有所涉及。

如此，结合前文关于命题知识的界定，本书的研究范围是自然经验的命题知识。理所当然地，它获得的知识论理论只适用于自然经验知识。如果将知识论理论据研究对象不同划分的话，那么将知识论分为社会知识论（social epistemology）和自然知识论（natural epistemology），应该是有道理的。本书就属于自然知识论研究。

有必要指出的是，哲学界对于将经验知识分为社会经验知识与自然经验知识，并在此基础上将知识论区分为社会知识论与自然知识论，有不同意见。这些不同意见以后现代知识论和社会建构主义知识论为突出代表。比如，罗蒂就认为，"在关于应该是什么的真理与关于是什么的真理之间不存在认识论的区别。在事实与价值之间不存在形而上学的区别。在道德与科学之间不存在任何方法论的区别。"③ 但很不幸的是，在很大程度上，正是他们混淆社会经验和自然经验、社会知识和自然知识，才导致他们得出以社会建构

---

① 陈晓平. 知识定义与默会知识——从"盖梯尔问题"谈起［J］. 现代哲学，2013（6）：81-83.

② 陈晓平先生从"信念"和"知识"的概念分析入手，在澄清二者之间的区别和联系的基础上，将知识范围从经验知识扩大到道德知识和宗教知识（详见陈晓平. "信念"与"知识"辨析——从"盖梯尔问题"谈起［J］. 重庆理工大学学报（社会科学版），2013（5）：5-10.）。从知识就是集体的信念这个角度而言，这个观点有合理性。但笔者更倾向于将宗教知识、一些道德原则看成是社会经验知识，虽然关于它们的经验来源还不确定，但它们具有经验来源是确定的。而且这种经验来源不完全是自然经验，还包括社会经验。这样看来将它们看作社会经验知识是有道理的。

③ 罗蒂. 后哲学文化［M］. 黄勇，编译. 上海：上海译文出版社，2004：163.

发现自然的结论。这无疑是错误的。对于他们具体的知识论观点，第一章有详细论述。

为了支持社会知识论和自然知识论的划分，必须给出理由。

第一，社会知识与自然知识的对象之根源不同。社会知识以社会实在为对象；自然知识以自然实在为对象。社会实在与自然实在的根源不同。两种知识的对象产生的根源不同，必然导致两种知识的特点也不相同。据约翰·塞尔研究，社会实在主要是制度性实在，自然实在是无情性实在。社会实在虽然以自然实在为基础，但社会实在在依照规则构成和遵循规则调控方面是自然实在所没有的。这些规则是集体意向性的结果，因此社会实在就是集体意向性构造的结果。人们通过改变集体意向性的功能归属方式，就能改变社会实在。而自然实在则是硬事实，是自然生成的，不以人的意向转移。① 例如，人们通过集体意向把某些功能归赋给如此这般的某种纸，将其认定为货币，就构造了一个社会实在。集体意向对某种纸进行不同的功能归赋会产生不同的结果。因此不同的国家会有不同的货币。但无论如何，人们不能改变它是纸，而不是黄金这一自然实在。更为突出的对比是，人们可以有关于金融的不同的知识体系，但是只能拥有关于重力的相同的知识体系。社会实在和自然实在这种不同，还导致对社会知识和自然知识的检验和评判的标准不同。

第二，社会知识和自然知识的检验和评判标准不同。社会知识的检验和评判标准是价值优先的；而自然知识的检验和评判标准是事实优先的。应该注意，这里所言的价值优先并非只以价值为标准，任何价值都以一定的事实为载体；同样，事实优先也并非只以事实为标准，任何事实都负载了价值成分（在笔者阐述了绝对真理难以企及，可以达到的相对真理总是包含着实用因素之后，这一点会清晰可见，详见第四章）。价值优先或事实优先是指价值或事实在评价知识的标准中谁占更重要的地位。价值优先是指价值在知识标准中占主

---

① 约翰·塞尔. 社会实在的建构 [M]. 李步楼，译. 上海：上海人民出版社，2008：13－26。注意，塞尔站在朴素实在论的立场上声称自然是完全独立于人的意识的。这不是笔者的立场，笔者所谓的"自然实在"并非是独立于人类的意识的实在，而是先验认识形式构造出来的自然现象。笔者对自然的立场是康德主义的。当然即使如此，自然实在也具有客观性，不同于社会实在。它们之间的差异的关键在于社会实在最终依赖于集体意向性的价值趋向，而构造自然实在的先验认识形式不具有这种价值趋向。

导地位；事实优先是指事实在知识标准中占主导地位。①

为更清楚地理解两种知识与价值、事实的关系，有必要进一步论述。如上述第一个理由所言，社会实在是由社会规则建构的。因此，反映社会实在的社会知识也是由社会规范决定的。在社会生活中，只有那些有意识地遵守社会规范的活动才被看成是具有社会知识的活动，那些违反社会规范或对社会规范无意识的活动则不能被认为是具有社会知识的活动。而人们建构和选择社会规范的依据是他们心中的价值判断。人们正是通过社会规范，调控自身的行动，趋向和达成有价值的事物。价值是引导人们活动的目标，规范是实现价值的手段。因此，社会知识的规范性最终来自社会知识的价值性。对价值的不同选择导致对社会知识的不同判定。这并不是说对相关事实的描述是无关紧要的，而是说价值的判定性作用在社会知识中是优先的、首要的。举例说明，"宁要社会主义的草，不要资本主义的苗"这句社会极端意识形态化时期的流行语，就形象地呈现出社会知识中的价值优先性。对"草"和"苗"的判定，当然要依据事实（事物本身的特性）。但事物本身的特性却不能判定"除草护苗"是知识。在意识形态的价值标准下，"除苗护草"倒是知识。由此可见，在社会知识领域，事实对知识的评价作用屈居于价值之下。但在自然知识领域，情况正好相反，事实对知识的评价作用高居于价值之上。无论选择什么样的意识形态作为价值标准，"草"不能像"苗"那样生产粮食这是由自然事实决定的。这样的例子在人类政治、经济和文化等社会领域大量存在。它们都表明，判定同一种社会行为或活动是否具有社会知识的标准是价值优先的。这不同于判定自然知识标准的事实优先性。

第三，社会知识和自然知识的研究方法不同。这种不同自狄尔泰区分精神

---

① 如此一来，我们就不得不面临一个哲学的大争论：事实与价值的关系问题。这是个自休谟提出"是"不能推出"应该"问题以来，随着讨论的深入引发的大问题。对于这个问题，出于主旨和篇幅考虑，不能展开论述。但是学界普遍认同一个观点：从单纯的事实判断中不能推导出价值判断。需要注意的是，从单纯的事实判断中不可能推导出价值判断，并非指事实判断与价值判断之间没有关系；而是说在进行推论时，推论的前提或隐或显地包含了价值判断，否则单纯的事实判断不能推出价值判断。这里对事实和价值的区分是逻辑上的区分，而非对实际生活的区分。在实际的生活中，事实与价值是不可分割的。但是这种联系不能否定逻辑上的区分。很多论者正是混淆了这种区别，反对事实和价值的二分，并将这种二分看成是形而上学的预设。这是站不住脚的。实际上，如果没有这种逻辑上对价值和事实的区分，对现实生活的解释将十分糊涂。这种糊涂的程度通过一个例子能很好地展现出来。如果没有价值与事实的区分，人们甚至说不清楚，评价如下命题——"雷锋是一个善人"和"雷锋是一个男人"——是否是知识的标准有何不同。善的标准和真的标准之不同，是区分价值和事实的重要根据。至于在逻辑上区分了价值和事实之后，如何论证它们的联系，这倒是一个有待解决的重大问题。这个问题最终会涉及理论理性和实践理性的关系。详细的解答留待以后的研究。

科学和自然科学以来，就被众多哲学家，如文德尔班、李凯尔特等所强调。也正是通过他们的努力，社会科学（知识）与自然科学（知识）的区分才得以彰显。① 由于自然科学和社会科学的研究对象、目的不同，必然导致它们的研究方法也不相同。自然科学是对自然界各种物质的形态、结构、性质及其运动规律的研究，以获得自然知识，用以改造自然。它的一般的研究方法是实验、因果解释（说明）、数学建模和逻辑论证。社会科学是对人类社会和人类生命的形态、结构、性质以及运行机制和发展趋向的探讨，以获得社会知识。这种知识主要回答人如何感受世界、体验生活、表达自我意识、理解人类历史等问题，从而获得对人类自身存在意义的把握，因此它包含更多的主体性。对它的研究主要依靠（非实验意义上的）心理学的方法、解释学的方法和历史学的方法。在这些方法中，体验、表达、理解、解释成为核心概念。这些核心概念都是解释学的概念。如果将自然科学方法称为**自然－科学方法**的话，那么社会科学方法则可称之为**社会－解释学方法**。这两种方法的不同是我们划分社会知识和自然知识的有力支持。

总之，虽然"各种精神科学确实囊括了各种自然事实，并且是以有关自然界的知识为基础的。"② 但是，精神（社会）科学既然有自己独特的研究对象、特定的学科内容、研究目的、方法和评价标准，那么就有必要对精神科学和自然科学进行区分。当然也就有必要从知识论上区分**社会知识论和自然知识论**。

与"社会知识论"相对的另一个较为流行的概念是"个体知识论"（individual epistemology 或者 individualist）。在目前流行的知识论研究中，一般认为个体知识论是社会知识论的对立面。而所谓个体知识论，据说是自笛卡尔以来，传统的、将知识看成个人而不是集体的事业的知识论。在这种知识论中，知识开始于单个主体的思考，不管人们能够知道什么，它都是个人意识内容的推导。③ 当代的社会知识论（戈德曼是主要倡导者）则把主体间的交往行为与

① 当然在使用术语进行学科划分上，他们各有不同。狄尔泰使用精神科学和自然科学表述这种区分；文德尔班则把世界划分为事实世界和价值世界，与此相应的知识被分为关于事实的知识和关于价值的知识；李凯尔特把知识划分为自然科学和文化科学；哈贝马斯将精神科学称之为历史－解释的科学，以区别于作为经验－分析的科学的自然科学，等等。这些术语的差异也包含内容上的差异，但在对自然科学的界定上，他们的观点基本相同，因此，与此相对应的社会人文学科的界定也就较为确定。由于现在对社会科学与人文学科的划定仍有争论，因此笔者有必要指出，本书中与自然科学（知识）相对应的社会科学（知识）是指人文学科和社会科学的总和。

② 狄尔泰. 精神科学引论［M］. 童奇志、王海鸥，译. 北京：中国城市出版社，2002：30.

③ Alvin Goldman. Social Epistemology：Theory and Applications. in Epistemology［C］. Edited by Anthony O'Hear. Cambridge University Press，2009：1.

引导、构造这种交往行为的社会制度结构看作是社会认识实践的主要特征，并以之为研究对象。① 如此，我们还有必要澄清个体知识论与自然知识论的关系，否则自然知识论就有可能被胡乱地扣上个体主义帽子，横遭无谓的批评。笔者在本书中不采用这种意义上的社会知识论，因为笔者并不认为自笛卡尔以来的知识论传统是个体主义的。在后文我们会看到，虽然笛卡尔开创了"主体性"知识论的传统，但这个主体不是任何意义上的单个人，他的知识论的主体实质上是先验主体，是知识论的逻辑起点，而不是单个实体上的经验个人（虽然笛卡尔本人有时混淆了这个区别）；同样重要的是，集传统知识论之大成的康德的知识论，也不是个体知识论，他提出的先验认识形式与笛卡尔的先验自我都是任何一个经验主体都必须遵循的逻辑的和先验的规范。从这个意义来说，它们都不是个体的，而是集体的。因此将他们的知识论界定为个体知识论是不贴切的。更何况他们知识论的目的是要探寻普遍必然的知识结果。这种具有公共性、主体间性的知识用个体知识论来概括也不合适。很有意思的是，戈德曼在其有关社会知识论的文章中所列举的例子大多是社会现象或社会知识，从这一点也可看出，对社会知识论的界定应从研究对象入手，而不是知识论所承诺的主体入手。② 无论后现代知识论者如何诬蔑传统知识论只注重个体的心灵，忽视知识产生的共同体；③ 把知识局限于"个体"的心灵或理性的自我，④ 这都是没有细致思考的糊涂话。总之，自然知识论绝不是任何意义上的个体知识论。

---

① 王荣江．知识论与科学哲学的关系及其当代发展 [J]．自然辩证法研究，2009（2）：32.

② Alvin Goldman. Social Epistemology：Theory and Applications. in Epistemology [C]. Edited by Anthony O'Hear. Cambridge University Press，2009：8 - 16.

③ 顾林正．从个体知识到社会知识——罗蒂的知识论研究 [M]．上海：上海人民出版社，2010：84.

④ 顾林正．从个体知识到社会知识——罗蒂的知识论研究 [M]．上海：上海人民出版社，2010：85.

第一章

当代知识论的三条进路

当代知识论中存在三条相互竞争的研究进路：社会建构主义、自然主义和规范主义。前两条进路是针对规范主义进路面临的各种困境和缺陷提出的替代品。本书试图阐述一种基于先验论证的规范主义知识论方案。这要求笔者对规范主义进路的必要性和可能性给出论证，因此，不可避免地要对社会建构主义和自然主义的挑战做出回应。本章将分别讨论社会建构主义和自然主义对规范知识论的挑战。本章首先考察社会建构主义的两种主要形态：后现代知识论和科学知识社会学（sociology of scientific knowlegde，SSK）。由于这些理论存在一个致命的问题：对于由物质实体决定的科学知识内容的解释无能为力，因此他们对科学知识进行完全的社会建构是不可能的，对科学知识的解释不可避免地依赖于对自然经验的规范。同时，通过分析自然主义知识论，笔者将指出自然主义要么完全遗忘了科学知识的规范性；要么片面地将知识规范理解为自然规律，从而遗忘了解释科学知识的逻辑规范和先验规范。因此他们对科学知识的解释是不完善的。如此规范知识论在新的知识论背景下仍然必要。本章最后通过指出规范知识论仍在不断发展，进一步论证规范知识论的必要性。

第一节　社会建构主义

学界对社会建构主义这个概念的理解十分含糊，它在非常广泛的意义上被使用。从知识被定义为任何"被人们集体赞同的信念"而言，它既可以指后现代对传统理性主义知识观的解构，突出社会因素（如权力、文化、族群等）对知识的决定作用的思潮；也可以指科学哲学中科学知识社会学的各种理论。他们都认为科学知识既不是由科学家发现的客观事实组成，也不是对外在自然界的客观反映和合理表述，而是科学家在实验室制造出来又通过各种修辞学手段将其说成是普遍真理的局域性知识，知识承载着科学家的社会利益，受社会因素的制约。他们对哲学家研究科学知识之本性的规范化、理性化进路采取消极态度，认为科学知识本质上是由社会建构决定的。前者的主要代表包括后现代思想家德里达、福柯、利奥塔、罗蒂、劳斯等。后者的主要代表是爱丁堡学派的布鲁尔、巴恩斯、巴斯学派的柯林斯，巴黎学派的拉图尔、伍尔加、卡龙等。从将科学知识看成是社会建构的产物这个角度来看，他们有相同的理论旨趣，而且 SSK 的核心思想本身是受科学哲学中的后现代思想启发而提出来的，它被很多学者直接看成是后现代思潮的一部分，因此笔者将后现代知识论和 SSK 看作社会建构主义的两种主要形态。但他们对规范知识论批评的角度和使用的方法十分不同，有必要将他们区别对待。

一、后现代知识论：以罗蒂为例

后现代知识论对规范知识论批判的核心是反对逻各斯中心主义、基础主义、本质主义、理性主义、二元论和统一性。他们主张围绕差异性、多元性、非理性、流动性等核心概念建构新的知识论。其中，德里达主要从反对形而上学、基础主义、本质主义的角度反对逻各斯中心主义、在场形而上学；福柯和劳斯强调权力对知识的建构作用；利奥塔则用后现代知识的反"宏大叙事"、非主体化和差异化特征宣告现代规范知识论叙事方式的破产；罗蒂则将他们的主张熔为一炉，有破有立，提出了所谓的"族群中心主义"知识论。本章将罗蒂视为后现代知识论的突出代表，通过考察罗蒂知识论存在的问题，阐述后现代知识论并不能取代或废除规范知识论，从而维护规范知识论的必要性。之所以以罗蒂为代表，理由有二：其一，如上所述，罗蒂将后现代主要理论家的主张熔为一炉，提出了所谓的"族群中心主义"知识论，这在后现代知识论中是很少有的建设性意见。与考察其他解构性主张不同，通过考察这种后现代的建构性主张的失败，更能彰显后现代知识论的问题；其二，与其他后现代主要代表不同，罗蒂是被称为有分析哲学素养的后现代思想家，① 他对规范知识论（主要是分析哲学及其传统）的批判理应更独到、更深刻，通过考察罗蒂对规范知识论的批判，指出其批判存在的问题，更有说服力。罗蒂对规范知识论的批判散见于他的各种著作中，其中《哲学和自然之镜》一书做了集中表述。罗蒂在他的代表作《哲学和自然之镜》的导论中说道："本书的目的在于摧毁读者对'心'的信任，即把心当作某种人们应对其具有'哲学'观的东西这种信念；摧毁读者对'知识'的信任，即把知识当作是某种应当具有某种'理论'和具有'基础'的东西这种信念；摧毁读者对康德以来人们所设想的'哲学'的信任。"② 笔者将以此作为论述和批评罗蒂知识论的主要依据。罗蒂对规范知识论的批判主要目的是要推倒将心灵看成是自然之境的真理符合论。因此他首先要批判传统知识论③的心身观，消解意识和心灵的存在，然后再对传统知识论的各种理论进行批评。由于心—身问题是心灵哲学的重要问题，考虑到本书主旨和篇幅的简洁，笔者在此不赘述罗蒂的心身观。这样取舍的另一个重要原因是，这不会影响我们考察罗蒂的知识论批判。因为，虽然罗蒂批评笛卡尔传统中的心身概念，主张心理学唯名论，但他也主张非还原的物理主义，也承认"'感觉'和'大脑过程'只是谈论同一事物的两种谈话方式。不要试图将前者还原为后者。"④ 也就是说罗蒂承认意识语言或心灵语言存在的合理性。而且考虑到后文简要论述的"先验自我"概念并不是实体概念，而"经验自我"概念也是心身统一的，不以笛卡尔的二元论为前提，罗蒂的批评对本书的观点不构成挑战。如此，笔者将讨论的重点放在罗蒂对知识规范的如下挑战上："镜式"知识论不成立，符合论真理是一种无用的隐喻；客观性只是协同性。

（一）"镜式"知识论批判

罗蒂在砸碎了传统知识论中"心灵"这面认识的镜子之后，开始对传统知识论的各种理论发起攻击。他攻击的主要目标是洛克和康德，他的攻击武器

① 资料来源：李幼蒸的"中译本译者前言"，参见：[美] 理查德·罗蒂. 哲学和自然之境 [M]. 李幼蒸，译. 北京：商务印书馆，2009：中译本译者前言12.
② [美] 理查德·罗蒂. 哲学和自然之境 [M]. 李幼蒸，译. 北京：商务印书馆，2009：22.
③ 传统知识论是规范知识论的重要思想来源和组成部分，罗蒂对传统知识论的批评必然涉及其中的知识规范，在这个意义上我使用的"传统知识论"与"规范知识论"是大致相同的概念。
④ 陈亚军. 形而上学与社会希望：罗蒂哲学研究 [M]. 南京：江苏人民出版社，2009：60.

是塞拉斯的"所予神话论"和蒯因的反分析综合二分论及整体论。

罗蒂首先指出洛克混淆了"说明"（explanation）和"证明"（justification），即混淆了"对我们心智作用的机械描述和我们知识主张的'基础作用'"。[①] 洛克详细描述了心灵白板接受感觉刺激后如何被刻上简单观念，简单观念又如何通过心灵的作用结合成复杂观念，以及观念间如何发生关系产生知识的过程。这个过程是一个观念间发生因果关系的过程。洛克对知识产生的描述关注的是人与对象的关系。这种知识用语言表达出来的形式是"关于……的知识"（knowledge of）。而我们主要的知识形式是"……的知识"（knowledge that）。这种知识关注人与命题的关系。只有后者（关注人与命题关系的知识）才是我们说的被证明（辩护）了的真信念的知识。因此，洛克关于知识的心理学因果说明没有证明知识判断何以成立的逻辑关系。[②] 另外洛克思想的另一个问题在于，他预设了有一个中立于任何概念的感觉材料，即感觉"所予"，而这是被塞拉斯驳倒了的观点。

在指出洛克的缺陷后，罗蒂意识到这远远不是对传统知识论的致命批评，因为康德的工作在很大程度上解决了洛克的上述问题。康德通过考察知识判断如何可能的问题，提出了一系列支持先验综合判断的论证。这正是洛克没有提供而罗蒂要求的逻辑上的"证明"。但是，罗蒂认为康德哲学有一个致命的缺陷：直观和概念的区分不成立。对直观与概念（综合）的区分是康德知识论的核心观点。但是，罗蒂认为康德的这种区分是模糊不清的，因为他发明的这两种观念所依据的是一个矛盾而未被质疑的假定。"这个假定就是：杂多是'被给予的'，统一是被造成的。"[③] 罗蒂指出，概念和直观是紧密联系在一起的，直观是经过综合整理的直观，概念也是由直观充实的概念。在康德看来，"杂多"不能作为直观直接进入意识，而任何进入意识的直观都经过了先天形式的"综合"。同样，对于把"杂多"统一起来的先天概念我们也一无所知，除非这些概念被应用于直观。由此，罗蒂认为康德的假定是没有说服力的，因为我们只能意识到被综合的直观，那么我们在综合之前得不到我们关于直观的消息。罗蒂说道："如果康德式的直观是可表达的，它就是一种感知判断，因

① ［美］理查德·罗蒂. 哲学和自然之境［M］. 李幼蒸，译. 北京：商务印书馆，2009：155.

② ［美］理查德·罗蒂. 哲学和自然之境［M］. 李幼蒸，译. 北京：商务印书馆，2009：156 - 157.

③ ［美］理查德·罗蒂. 哲学和自然之境［M］. 李幼蒸，译. 北京：商务印书馆，2009：166.

此，并不仅仅是'直观的'。如果他是不可表达的，那么，它就不具有解释的功能。这种两难……使得关于一种'接受性'官能的观念变得可疑。……没有必要把有机体割裂为两部分，一部分是接受性的蜡版，另一部分是自然刻在前者上的东西的'能动的'解释者。"① 结合塞拉斯对感觉材料的"所予神话"的批评，罗蒂更加坚定地认为康德在此犯错无疑。

另外，根据蒯因对分析和综合二分的批评，以及命题的意义和证实的整体论观点，康德对分析和综合的区分，单个命题（判断）具有意义和真假的论断不成立。因此，康德整个知识论不成立。"康德把认识论推进到了极致，……如果康德的方式行不通，那就意味着整个认识论的方向行不通，那就意味着我们根本不可能对知识进行静态的逻辑结构分析。"② 由此罗蒂还得出另一个结论：既然我们能说的都是在我们语言框架或概念框架之内的东西，那么根本没有任何独立于人的认识对象，结合罗蒂对心灵实体的批评，那么在没有镜子（心灵），也没有入镜之物（认识对象）的情况下，"心灵是自然之镜"的知识论以及真理符合论就破产了。

但事情确实如此吗？罗蒂的论证和结论存在问题。

第一，"镜式"知识论是整个知识论传统的合适概括吗？洛克的知识论固然是"镜式"的，但康德"哥白尼革命"后，"人为自然立法"的知识论仍然是镜式的吗？罗蒂的回答当然是肯定的，而这个回答当然是错误的。对于这个错误十分明显，在此没有必要再做论述。后文第三章对康德先验知识论的详细论述，会进一步表明罗蒂的结论是不合适的。在此，我们明显地看出，罗蒂对"心灵是自然之镜"的知识论的概括扩大化了。此外，即使罗蒂对真理符合论的批评是有道理的，也不能由此否定人们可以"对知识进行静态的逻辑结构分析"。真理符合论毕竟只是对知识静态逻辑结构分析的一种理论，不能以偏概全。

第二，将两种知识形式截然区分而忽略它们的联系是合理的吗？其实"关于……的知识"与"……的知识"这两种形式的知识是相互联系的。没有人与对象之间的关系，就不可能有人与命题之间的关系。命题是连接认识主体和认识对象的纽带。这里的对象虽然不是独立于人类先验认识形式的对象，但它

---

① ［美］理查德·罗蒂. 罗蒂文选［M］. 孙伟平，等译. 北京：社会科学出版社，2007：100.
② 陈亚军. 形而上学与社会希望：罗蒂哲学研究［M］. 南京：江苏人民出版社，2009：76.

是独立于个体经验主体的对象，没有"关于……的知识"就不可能有"……的知识"。关于先验自我和经验自我在知识论中的地位，以及以它们为必要条件形成的知识具有何种特征，将在第三章详细论述。在此提出一个有待证明的结论：从先验自我的角度而言，被认识的对象（现象世界）是被构造的；从经验自我而言，被认识对象是独立于认识主体的。而现实的认识主体总是经验主体。因此，人与对象的关系是知识的基本关系，"关于……的知识"也就是知识的基本成分。只不过这种知识通过人类的先验认识形式总是可以被表述为"……的知识"命题，而且经过转换后，前者要通过与其他知识命题的关系得到进一步辩护。与将两种知识形式截然二分的错误相联系的是，将说明和证明二分的错误。对知识形成过程的因果说明可以转化为对知识的证明。就如科学对自然因果的说明可以转换为证明一样。一旦因果说明成为规律，它就转化为规则，并可用来为新的知识辩护（证明）。另外，用因果规律对知识的证明，也就是一种说明。正是因为有这种转化关系，自然主义知识论才包含某种合理成分，为众多学者推崇，只不过人们不能用因果规律代替逻辑规则罢了。关于自然主义本章第二节中再述。如此看来，罗蒂对洛克的批评有问题。

第三，罗蒂在批评康德的过程中甚至使出了"活动标准""看人下菜碟"的拙劣伎俩。何出此言？罗蒂在批评洛克混淆了证明和说明时，指责洛克没有给出逻辑上的证明；当面对康德用先验论证为知识何以可能提供证明时，罗蒂却要康德给出因果说明。上面谈到罗蒂批评康德直观与概念的区分，他认为不可能在现实中找到没有概念的直观和没有直观的概念。这种要求在现实中找到无概念的直观和无直观的概念的做法，其实就是要求康德给出知识产生的现实原因，要康德给出知识产生的因果机制。康德不可能给出这种机制，因为这不是他的工作。康德通过先验逻辑和先验论证提出直观和概念的区分是一种哲学上的抽象，康德自己也承认"思维无内容是空的，直观无概念是盲的"①，现实中找不到无概念的直观和无直观的概念。但这不能说明康德没有为知识论提供有道理的证明（辩护）。正如，人们不能因为在现实中找不到几何中的"点""线""面"，数学中的"0""虚数""无穷小""无穷大"，逻辑学中的"真""假"等概念的对应物，而否定几何、数学和逻辑的证明成立一样。理由很简单，正如数学、几何和逻辑的那些基本概念一样，直观和概念是通过先

---

① ［德］康德. 纯粹理性批判［M］. 邓晓芒，译. 北京：人民出版社，2004：52.

验论证发现的最基本的知识论的逻辑成分，而不是现实的因果成分。任何现实的因果说明，都需要现实的原因和结果，而这已经是现象世界内的东西，是直观和概念的综合物，一旦提出因果描述，它就不再是罗蒂要求的逻辑上的证明（辩护）。因此，从这个意义上说，要求康德给出现实的纯粹的直观和概念是无理的，是胡搅蛮缠。值得一提的是，将塞拉斯对所予神话的批评用于康德是不合适的，因为康德会欣然认为塞拉斯的观点不过是自己观点的具体化，并引以为同道。另外，用蒯因的理论批评康德也是无的放矢，因为康德对分析和综合的理解与蒯因的理解存在关键的区别，而且，康德的知识论蕴含了整体论，详细论证后面会展开。总之，罗蒂对康德的批评不成立。

（二）实用主义真理观

传统知识论研究的重要问题之一就是真理问题。对于什么是真，传统的知识论家理解各异。但有一个共同特点：它是建基于二元论思维之上的，本质主义，基础主义真理观。罗蒂试图建构新的实用主义真理观就要解构传统的真理观。

首先，罗蒂对二元论、本质主义和基础主义提出反驳。传统知识论预设了主体与客体、本质与偶性、主观与客观、心灵与物质、理性与激情、质料与形式、现象与实体、理论与实践、事实与价值等二元对立。罗蒂要求消除西方传统哲学"在沉思与行动、再现世界和应付世界之间设置的对立，"认为二元论没有永恒的或适用于一切的价值，"没有任何重要事物依赖于心身的区别。""当实用主义者抨击真理作为准确再现表象的观念时，他正是抨击在理性与愿望、理性与欲求、理性与意志之间的传统区别。这些区别没有一个是有意义的，"[1]"许多当代哲学家，包括我本人，竭尽全力地使客观和主观、理性和激情、知识和意见、科学与政治之间的传统区分变得错综复杂。对这些区分，我们提供有争议的重新解释，以非传统的方式加以划分。"[2]

二元论通常与本质主义和基础主义联系在一起，反对二元论的同时也就要求反对本质主义和基础主义。寻求本质的知识和真理，就是在上述二元中找出一元（比如实体、理性和客体等），使其在重要性上处于决定地位。罗蒂谈

---

① ［美］理查德·罗蒂. 后哲学文化［M］. 黄勇，编译. 上海：上海译文出版社，2004：164.
② ［美］理查德·罗蒂. 真理与进步［M］. 杨玉成，译. 上海：华夏出版社，2003：46.

道："我对实用主义的第一个概括是，它仅仅是应用于像'真理''知识''语言''道德'等这样一些概念和类似的哲学思考对象的反本质主义。"① 罗蒂的反本质主义要放弃内在本性与本质这样的东西。真理、知识没有本质。追求本质的哲学说话方式一般采用"事实上怎样"或"原本如何"的句式。罗蒂认为不存在所谓的"事实上"或"原本"这类东西，"离开了其与人类需要或意识或语言的关系，就不存在与 X 的实际存在方式相符的描述这样的东西。"② "实在的东西是否独立于我们的信念这一问题不应该提出来……'符合实在'观念是无用的……认为就其本身而言存在的东西和就其与人类心灵相关而存在的东西之间的区分——亚里士多德、洛克、康德和胡塞尔共享的方案——不再值得追求。"③ 独立于我们的描述的实在和因果关系不存在。比如说恐龙，"在你把它描述为恐龙之前，或把它描述为任何其他东西之前，宣称它在外部拥有特征是没有意义的。……它的哪个特征在因果关系上独立于我们的描述，它的哪个特征在因果关系上不独立于我们的描述？"④ 罗蒂认为，既然外部实在这个最高本质不存在，一切都依赖于人的语言，本质主义的本质也就依赖于人的语言，因此也就不称其为内在固有的本质。基础主义与本质主义如出一辙，是一种思想的两种表述。它无非是将被认定为本质的东西，认定为基础，只有一成不变的本质存在，坚固的基础才能存在。因此，反本质主义的论据在反基础主义中也有效，基础主义也难以成立。

其次，罗蒂将真理说成是隐喻，进一步消除知识（真理）的客观性。隐喻在人类语言、思维中广泛存在。最早人们将隐喻看作一种语言修饰方法来研究。现在人们已经将隐喻研究从语言学扩展到心理学、哲学、人类学。有些当代学者甚至认为隐喻更是一种认知手段、思维方式以及人类生存的基本方式之一。罗蒂就是通过隐喻分析知识的"高手"。通过回顾哲学史，罗蒂认为，虽然自从苏格拉底或柏拉图以下定义的方式研究知识以来，哲学的逻辑传统根深蒂固，但是知识研究并没有完全摆脱隐喻。在罗蒂看来，知识论研究包含很多隐喻，如建筑隐喻（知识大厦）、镜子隐喻（心灵反映）、船喻（融贯主义）、长征隐喻（可错论的基础主义）、数学隐喻（自然以数学语言写成）、洞穴隐

---

① ［美］理查德·罗蒂. 后哲学文化［M］. 黄勇，编译. 上海：上海译文出版社，2004：235.
② ［美］理查德·罗蒂. 后哲学文化［M］. 黄勇，编译. 上海：上海译文出版社，2004：136.
③ ［美］理查德·罗蒂. 真理与进步［M］. 杨玉成，译. 上海：华夏出版社，2003：54.
④ ［美］理查德·罗蒂. 真理与进步［M］. 杨玉成，译. 上海：华夏出版社，2003：68.

喻（柏拉图）以及树根隐喻（知识是大树，叶茂需根深），等等。① 这些隐喻不断更替，以新换旧。由于知识与隐喻不可分离，而隐喻又具有模糊性、不确定性、不可穷尽性、无根据性等特点，因此，确定（客观）的知识是不可能的，用逻辑理性分析知识也就变得不可能了。规范的知识论研究面临着不可解决的困境。

在指出隐喻使规范知识论面临不可解决的麻烦的同时，"独具慧眼的"罗蒂还看到了隐喻对"发明"真理的积极作用：它是知识不断发展的动力。在罗蒂看来，隐喻是一种语用现象，"只属于用法范畴"，② 是不断被创造出来的，因此真理也就像隐喻一样被创造，而不是被发现。明白了真理和隐喻的被创造性而非发现性，知识论的任务就应该是不断创造新的隐喻，转变新的话题。总之，知识的丰富离不开隐喻，知识的创新、发展离不开隐喻的革命，隐喻在人类知识中的作用是革命性的、飞跃性的。③ 隐喻如何推动知识发展呢？罗蒂分析道，由于隐喻产生之后，"它会要求一个习惯的使用，在一个语言游戏中有一个惯常的地位，从而不再是一个隐喻，或者说，像我们中大部分的句子一样，变成死的隐喻。"④ 然而"新的、生动活泼的隐喻所能有的最确当的荣誉就是尽快使之成为死的隐喻，就是迅速地使它们成为社会进步的工具。"⑤ 如此，人们通过不断创造出新的隐喻，以代替旧的隐喻，知识就不断前进了。既然"知识演进的图像就是新的、有效的代替旧的、过时的隐喻的历史，是愈来愈有用的隐喻构成的历史，而不是对事物的实在状况越来越了解的历史，"⑥ 那么知识（真理）本身就是隐喻。通过分析，罗蒂发现知识论历史上崇拜的隐喻对象依次是上帝、真理、科学和自我。这些隐喻对象反映出人类追求知识的本质倾向——追问变动不居的世界背后的确定的本质和规律——这是人们寻求确定性带来的安全感促使的。如此看来，我们也没有义务把某一隐喻（如真理）视作比其他隐喻（如上帝、科学）更为基础。我们的任务应该是不断创造和运用新的隐喻。知识研究的重心也应该从知识的逻辑分析转移到知识的隐

---

① 顾林正. 从个体知识到社会知识——罗蒂的知识论研究 [M]. 上海：上海人民出版社，2010：56－60.

② ［美］理查德·罗蒂. 偶然、反讽与团结 [M]. 徐文瑞，译. 北京：商务印书馆，2003：29.

③ 顾林正. 从个体知识到社会知识——罗蒂的知识论研究 [M]. 上海：上海人民出版社，2010：72－81.

④ ［美］理查德·罗蒂. 偶然、反讽与团结 [M]. 徐文瑞，译. 北京：商务印书馆，2003：30.

⑤ ［美］理查德·罗蒂. 偶然、反讽与团结 [M]. 徐文瑞，译. 北京：商务印书馆，2003：35.

⑥ 顾林正. 从个体知识到社会知识——罗蒂的知识论研究 [M]. 上海：上海人民出版社，2010：69.

喻分析，不断地创造和运用新的隐喻。如此，既能解决知识研究的困境，又能促进知识研究的进步。

就科学的进步而言，罗蒂得出一个附带结论："科学根本没有成功的秘密，这就是说不存在形而上学的、知识论的或超验的解释。"① 因为，隐喻的使用不具有必然性，一个隐喻被使用往往是偶然的。因此真理的获胜也是如此。"伽利略的术语是他唯一的'秘诀'，他选择的那些术语并非因为它们是'清晰的''自然的'或'简洁的'……他只不过是运气好罢了。"② 伽利略的成功根本不是真理的成功。

最后，罗蒂提出了自己的实用主义真理观。实用主义认为真理不过是有用的信念。"问一个信念是否准确地再现了实在是没有意义的，我们可以问的实在的问题是，出于什么目的，持有那个信念是有用的。"③ 实用主义者"完全放弃了与实在相符合的真理观念，并指出，现代科学知识不是因为与实在符合而使我们能够应付世界，它只是使我们能够应付世界。"④ "我们所言、所行、所信的每一事物都是在实现人类需要和利益……人类根据自己的眼光而不具有超自然的眼光引导他们抵达真理。"⑤ 罗蒂抛弃了对"终极的""理想的"真理的期望，"认为一个自由社会将满足于把任何未受歪曲的会谈结果，任何在自由公开的遭遇中获胜的观点都可称作真理。真理不是外在于主体和共同体成员的客观事实，而是在一定对话框架内大家共同信任和共同赞同的意见、建议和观念。"⑥ 这样，"用交往理性替代以主体为中心的理性，就是把真理看作是很容易地从自由想象的交谈中就可以呈现出来的东西。"⑦ 对这种由客观性转向协同性（主体间性）的真理，我们将在罗蒂的"族群中心主义"知识论中进一步阐述。

在此之前，笔者想对罗蒂上述思想做一个评价，看看这些思想中有多少令

①② ［美］理查德·罗蒂. 罗蒂文选 ［M］. 孙伟平，等编译. 北京：社会科学文献出版社，2007：217.

③ ［美］理查德·罗蒂. 后形而上学希望——新实用主义社会、政治和法律哲学 ［M］. 黄勇，编著. 张清国，译. 上海：上海译文出版社，2003：106.

④ ［美］理查德·罗蒂. 后哲学文化 ［M］. 黄勇，编译. 上海：上海译文出版社，2004：6.

⑤ ［美］理查德·罗蒂. 后形而上学希望——新实用主义社会、政治和法律哲学 ［M］. 黄勇，编著. 张清国，译. 上海：上海译文出版社，2003：108.

⑥ 顾林正. 从个体知识到社会知识——罗蒂的知识论研究 ［M］. 上海：上海人民出版社，2010：134－135.

⑦ 顾林正. 从个体知识到社会知识——罗蒂的知识论研究 ［M］. 上海：上海人民出版社，2010：139.

人信服的成分。

首先，笔者认为罗蒂对二元论、本质主义和基础主义思维方式和说话方式的批评，看似言之凿凿，其实没有实际意义。因为他并没有提供可供代替的其他思维方式和说话方式。试问，不使用二元论的语汇，到底应该使用什么样全新的语汇呢？实用主义真的能够创造一套完全取代二元论语汇的术语吗？我们还没有看到这样一套语汇。我们甚至不能想象出一种在任何意义上都不暗藏二元思维的实用主义哲学。因为如果不允许使用主体和客体概念，实用主义怎样有意义地表述"……对……有用"这种语句呢？

其次，罗蒂使用隐喻消除知识客观性的论证存在过度推理的问题。即使如罗蒂所言，传统知识论中有使用隐喻研究知识的情况，也不能由此得出结论说：真理就是隐喻。从罗蒂本人的其他论述中我们也能看出这种推论不成立。罗蒂曾将隐喻看成与知觉和推理（逻辑）一样重要的"信念编织器"。罗蒂说道："有三种方法可以使一种新的信念加到我们先前的信念上，从而迫使我们重新编织我们的信念和愿望之网。"① "把隐喻看作是与知觉与推理等同的东西，而不是认为它只是有一种纯粹的'启发的'或'装饰的'功能。"② 由此看出，罗蒂认为隐喻是信念的第三个源泉，只是知识的一个重要来源。罗蒂的这个论述与上面他得出的结论自相矛盾。隐喻既然只是知识三种来源之一，为什么它就应该具有统摄其他两种方法的重要性呢？罗蒂一向以反对理性主义霸权的斗士自居，最后不过是用隐喻取代了知觉和逻辑，树立了隐喻的霸权。这个不讲道理的霸权主义者难道真的比讲道理的霸权主义者更好吗？罗蒂既然提到更有效、更有用，那么评价隐喻效用的方法难道只是隐喻，不需要逻辑和经验标准吗？毫无疑问，罗蒂以隐喻取代知觉和逻辑的做法没有道理，隐喻的存在并不能消除知识的客观性！

最后，罗蒂对规范知识论研究的否定犯了以偏概全的错误。有学者指出，罗蒂对分析哲学（规范知识论）的批评主要是针对与其有联系的西方古典形而上学和现代逻辑经验主义传统的。罗蒂据此批评立场来检讨整个西方哲学史，企图否定古往今来一切朝向知识、追求真理的认识论研究。殊不知，罗蒂一开始就混淆了两件事：特殊知识理论主张（被他批评的那些西方哲学流派，

---

① ［美］理查德·罗蒂. 后哲学文化 ［M］. 黄勇，编译. 上海：上海译文出版社，2004：27-28.
② ［美］理查德·罗蒂. 后哲学文化 ［M］. 黄勇，编译. 上海：上海译文出版社，2004：31.

如洛克和康德）和一般知识理论问题。由此他指出认识论存在一个根本的偏见：真理问题，从而要求取消这个偏见。但是，罗蒂简化了人类求知情境，仅仅根据个人所把握的一时一地的知识状况就做出普遍化结论，最终犯了以偏概全的错误。罗蒂通过否定各种主张普遍真理的思想来坚持一种反真理观的普遍性立场，是得不到论证的。① 因为，从逻辑学角度上看，承诺存在普遍真理，这是一个存在概括。对存在概括，举出任何多种失败的正例或主张，都不足以证明这个概括不成立。罗蒂以偏概全地否定这个存在概括，如果不是逻辑上的无知，那就是思想上的懒惰——放弃探寻其他可能成立的真理理论。

（三）"族群中心主义"知识论

"族群中心主义"知识论是罗蒂对知识论的建设性意见，也是他实用主义真理观的具体化。罗蒂主张的"族群中心主义"是所谓的"社会知识论"。这种社会知识论认为"知识和信念无法从传统知识论上而只能从'社会学'上得到解释：它们是我们的社会让我们去说事物的机能……社会是一个复杂的自然实体，它由从事各种实践活动的人们组成，那些实践活动是由变化着的话语网络构成的。"② "知识的确证（justification）是一种社会现象，是对话、讨论和社会实践。"③ 它强调知识"是一项政治和宣传的事业，其结果是由'声望、权力、年龄和辩论'决定的。"④ 因此，罗蒂使用大量社会学范畴（如共识、规则、团体、权威、权力、利益等）对知识进行社会关系、结构和环境等方面的研究。

作为社会知识论的族群中心主义认为，知识的主体是社会团体和族群；在知识的生产中，人并非单独地从事研究，而是在某个共同体中从事研究；知识研究的对象和结果都是社会的建构，会受到社会目标和社会规范的强烈影响；知识辩护在很大程度上是社会共同体的事业，知识的辩护是相对于听众的，而不是相对于上帝的；知识的传播、接受与权利、民主和自由有关；知识以社会

---

① 资料来源于李幼蒸的"中译本译者前言"，参见：理查德·罗蒂. 哲学和自然之境［M］. 李幼蒸，译. 北京：商务印书馆，2009：2 - 3.
② ［美］理查德·罗蒂. 罗蒂和实用主义——哲学家对批评家的回应［M］. 海尔曼·J. 萨特康普，编. 张国清，译. 北京：商务印书馆，2003：161.
③ ［英］约翰·齐曼. 元科学导论［M］. 刘珺珺，等译. 长沙：湖南人民出版社，1988：13.
④ ［美］约瑟夫·劳斯. 知识与权力［M］. 盛晓明，等译. 北京：北京大学出版社，2004：15.

生活实践为基础，是有限理性的、相对的、开放的。①

　　罗蒂说道："族群主义认为，既然不存在任何独立于我们的普遍的适应的标准，不存在一个可以评价一切的法官，我们就必须从我们的族群出发，而不是从某个不可比的绝对命令和范畴体系出发。成为族群中心的，就是把人类划分成一个人必须证明自己的信念对之最合理的人群与其他人群，而构成第一个人群的人们，即他自己族群的人，能够分享足够多的信念，从而使有成效的谈话成为可能。"②"对于族群中心主义者来说，对真理没有什么好说，除非我们各自把自己觉得最好加以相信的信念看作是真理加以赞扬，真理只是对一个选定的个体或团体的现时看法。"③"要成为一个族群中心主义者，就是完全根据我们自己的见解工作，对族群中心主义的维护就是说，没有其他见解可以作为我们的工作依据。"④罗蒂称，他的族群中心主义不是"心胸狭隘的偏执观念的族群中心主义"，而是"理解自由民主制的伦理学的实用主义式的族群中心主义"。⑤这种族群中心主义"不是一个自我封闭的单子，恰恰相反，它是那种能够不断地敞开自身……建立在宽容多样性的基础之上"的族群中心主义。⑥"族群中心主义的任务不是要关闭门户，而是不断地扩大'我们'一词所指范围，不断地使我们可以正当地把越来越多的人不是称作'他们'，而是称作'我们'。"⑦

　　不难看出，罗蒂的族群中心主义否定了客观性概念。他要求将追寻客观性转换成追寻协同性，即主体间的融洽一致性。⑧他说："我们否认寻求客观真理就是符合实在，相反，我们强烈主张，真理应该被看作寻求最广泛可能的主体间的一致同意。"⑨

　　寻求主体间性（一致性）的方法是社会建构。这种社会建构包括权力、自由、民主和协商等因素。罗蒂说道："我们只能通过权力产生真理，并且除

---

　　① 顾林正. 从个体知识到社会知识——罗蒂的知识论研究［M］."内容摘要". 上海：上海人民出版社，2010：2.
　　② ［美］理查德·罗蒂. 后哲学文化［M］. 黄勇，编译. 上海：上海译文出版社，2004：41.
　　③④⑦ ［美］理查德·罗蒂. 后哲学文化［M］. 黄勇，编译. 上海：上海译文出版社，2004：79.
　　⑤ ［美］理查德·鲁玛纳. 罗蒂［M］. 刘清平，译. 北京：中华书局，2003：118.
　　⑥ ［美］理查德·鲁玛纳. 罗蒂［M］. 刘清平，译. 北京：中华书局，2003：120.
　　⑧ ［美］理查德·罗蒂. 哲学和自然之境［M］. 李幼蒸，译. 北京：商务印书馆，2009：482 - 485.
　　⑨ ［美］理查德·罗蒂. 真理与进步［M］. 杨玉成，译. 上海：华夏出版社，2003：46.

非真理产生，否则我们无法行使权力……真理的标准存在于权力感的增强之中。"① 在知识的社会建构中，谁在建构，为谁建构，这是一场权与利的斗争。"实用主义者和解构主义者都赞成，每一事物都是一个社会建构，试图区分'自然之物'和'仅仅是文化之物'是没有意义的……问题在于，哪个社会建构应该抛弃，哪个社会建构应该保留。并且在就谁来建构和建构什么的问题上展开斗争。"② 罗蒂认为，最好的真理标准是，真理是自由研究获得的意见，凡是在自由开放的交往中最终被相信的东西便是真理。自由，而不是"真"，才是理解知识形象的关键：知识就是自由、知识就是民主。这样知识论就与政治学联系起来了，从解释理性与实在的关联转移到解释政治自由如何改变人类对知识的探究。③ 如此政治问题就取代了对知识的规范研究。"实用主义以政治问题代替知识论问题，根据我在这里使用的政治一词的意义，说一个问题是政治的，也就是说它问的是认同哪个团体的问题：信徒还是无神论者，农民还是地主，工人还是资本家，男人还是女人，审美家还是商人。"④

如此说来，让政客们去创造知识和真理是最合适不过的了。而且根据这样的族群中心主义，世界上就存在不同族群的科学：美国人的科学、印度人的科学、中国人的科学……很滑稽的是，面对如此荒谬的奇谈怪论，竟有人认为它贡献颇多，认为它消解了人文知识、艺术知识和科学知识之间的对立，淡化了知识之间的划界；为传统知识论走出困境提出了新思路。⑤ 笔者认为，消解人文知识和科学知识之间的划界恰恰是开历史的倒车！

罗蒂的建设性意见最为核心的问题是相对主义问题。罗蒂认识到这个问题的严重性，因此口口声声将自己与相对主义划清界限，但实际上，他的推脱之词软弱无力。罗蒂为推脱与相对主义的关系，首先区分了真理相对主义的三种含义："第一种指那种认为任何信念都像任何其他信念一样有效的观点。第二种观点认为，'真'是一个含糊不清的词，有多少不同的证明方法就有多少种

① ［美］理查德·罗蒂. 罗蒂文选［M］. 孙伟平，等编译. 北京：社会科学文献出版社，2007：231.

② ［美］理查德·罗蒂. 后形而上学希望——新实用主义社会、政治和法律哲学［M］. 黄勇，编著. 张国清，译. 上海：上海译文出版社，2003：240.

③ 顾林正. 从个体知识到社会知识——罗蒂的知识论研究［M］. 上海：上海人民出版社，2010：170－171.

④ ［美］理查德·罗蒂. 后哲学文化［M］. 黄勇，编译. 上海：上海译文出版社，2004：作者序言第3页.

⑤ 顾林正. 从个体知识到社会知识——罗蒂的知识论研究［M］. 上海：上海人民出版社，2010：155－158.

不同的真理的意义。第三种观点认为，离开了对某一社会（我们的社会）在某一研究领域中运用的熟悉的证明方法的描述，就不可能谈论真理或合理性。实用主义者主张第三种人类中心论。"① 在另一个地方，罗蒂将人类中心论称为族群中心主义。② 然后，罗蒂认为没有任何人，包括最极端的"后现代主义者"会赞同"真理和证明是相对于受者的"这种说法，以撇清自己与相对主义立场的关系。但是他又自诩自己的哲学是治疗哲学，而"对于治疗性目的而言，他们所需做的一切仅在于使受者相信如下情况：不存在'诉诸理性''诉诸事实'或'诉诸真理'这类事，**如果所诉诸者不是相对于在给定的社会实践系列内的一批特定受者的话……**"③（黑体为引者所加）这里存在明显的矛盾。人们应该怎样理解罗蒂如此自相矛盾的论述呢？笔者认为，罗蒂倒不如直截了当地承认自己就是个相对主义者，这至少能使他看起来诚实一些。

此外，有论者指出罗蒂的知识论存在另外一个核心困难：罗蒂的知识论不能解释知识的内在逻辑。即使罗蒂在知识的社会条件上做了许多研究，但他对知识的解释还是粗糙的，远远达不到确切性的要求。特别是，具体知识（如数学和自然科学）的发明和发现属于知识内部问题，要想由知识的社会因素直接或间接导出科学知识的社会内容是不可能的。具体而言，罗蒂社会知识论的局限性可归结如下④：

其一，社会条件对知识的产生和发展的影响既有直接的也有间接的，在特定的社会条件和特定的知识发现之间不一定存在着必然的因果关系。其二，社会条件对知识产生和发展的影响从宏观上讲比较说得通，但从微观上分析比较困难。其三，社会知识论比较适合于那些经验性很强的、离社会现实比较近、同社会条件有某种直接的关系的知识，但很难研究离社会现实比较远并且高度数学化、理论化或逻辑化的知识。

总之，罗蒂对规范知识论的批判问题很多，不足以令人信服。罗蒂曾承认"《哲学和自然之境》并未提出原创性观念"，⑤ 在笔者看来，他仍然不够谦虚。

---

① ［美］理查德·罗蒂. 哲学和自然之境［M］. 李幼蒸，译. 北京：商务印书馆，2009：485.
② ［美］理查德·罗蒂. 后哲学文化［M］. 黄勇，编译. 上海：上海译文出版社，2004：78.
③ 资料来源于理查德·罗蒂的"中文本作者再版序"，参见：理查德·罗蒂. 哲学和自然之境［M］. 李幼蒸，译. 北京：商务印书馆，2009：4 – 5.
④ 顾林正. 从个体知识到社会知识——罗蒂的知识论研究［M］. 上海：上海人民出版社，2010：220 – 221.
⑤ 资料来源于理查德·罗蒂的"中文本作者再版序"，参见：理查德·罗蒂. 哲学和自然之境［M］. 李幼蒸，译. 北京：商务印书馆，2009：2.

事实上他更应该说，对规范知识论他并未将非原创的观念组织起有价值的批评。

二、科学知识社会学：以布鲁尔为例①

社会建构主义知识论的另一个更为专业、适用范围更小的含义是指科学哲学中科学知识社会学（SSK）的各种理论。简单地说，SSK 就是把科学知识的内容纳入社会研究的范围，研究科学知识实际生产的社会过程，并对科学知识的客观性、真理等概念做社会学分析。这种新的研究取向坚持认为，科学就其本质而言是社会利益的社会建构，科学知识本身必须被理解成一种社会的产物，跟其他知识形态一样，科学也是社会建构的产物。因此可以说，SSK 也是社会建构主义的突出代表。SSK 的首倡是英国的爱丁堡学派，随着 SSK 的不断发展和分化，之后又出现了巴斯学派、巴黎学派以及柏林学派等。② 爱丁堡学派是 SSK 中发展最为成熟，同时也是引起最多争论的学派，其主要代表著作有布鲁尔的《知识和社会意象》、巴恩斯的《科学知识与社会学理论》以及布鲁尔、巴恩斯与约翰·亨利合著的《科学知识：一种社会学分析》。强纲领是爱丁堡学派理论观点的核心。巴斯学派以柯林斯为主要代表，他们针对爱丁堡学派宏观进路的不足，沿着微观进路发展出一个较为精致的研究纲领——"经验相对主义纲领"，其微观研究主要是对众多科学争论的案例研究，它试图表明科学知识是科学行动者之间偶然谈判和协商的结果，科学知识是利益建构。巴黎学派和柏林学派有时也被统称为"实验室研究"学派，因为它们重视实验室研究，强调科学事实和科学表达的社会建构，其主要代表有巴黎学派的拉图尔、伍尔伽和柏林学派的诺尔－塞蒂娜。另外，在 SSK 中，还有将重点放在科学文本和话语分析上的约克学派。由于巴斯学派、巴黎学派、柏林学派以及约克学派等都是从不同方面对强纲领提出的哲学方针进行贯彻和执行；再考虑到本书的主旨和笔者的精力，笔者将主要讨论强纲领的社会建构主义思想，其中又尤其以观点突出、论证清晰的布鲁尔的思想为主要讨论对象。笔者忽略众多其他 SSK 成员的论述，尤其是各种 SSK 案例分析的另一个重要原因是，

---

① 本节部分内容经修改拙作"科学是一种社会意象吗？——布鲁尔社会建构主义科学观批判"而成，参见：尹维坤. 科学是一种社会意象吗？——布鲁尔社会建构主义科学观批判 [J]. 科学与管理，2016（2）：53－58.

② 刘保，肖峰. 社会建构主义：一种新的哲学范式 [M]. 北京：中国社会科学出版社，2011：84.

他们的观点和论证绝大部分已经被证明是不成立的。①

（一）知识规范、强纲领以及科学知识的"常规化"

关于强纲领与知识规范的关系，布鲁尔的论述显得有些矛盾。② 在他对强纲领的明确表述中，他并不主张知识的内容完全由社会决定。布鲁尔谈道："我之所以称之为'强纲领'，是因为使它与（相对来说比较）弱的，仅仅对错误作出说明，或者仅仅对那些有利于知识的一般条件作出说明的目标形成对照。有一些批评者认为，'强纲领'之所以被称为'强'，是因为它体现了下列主张，即知识'纯粹'是社会性的，或者说知识完完全全是社会性的（比如说，就像知识根本没有任何来自实在的感性方面的输入物那样）。这完全是一种误解。隐含在'强'这个语词之中的'力量'所指涉的是下列观念，即所有知识都包含着某种社会维度，而且这种社会维度是永远无法消除或者超越的。"③ 强纲领并不主张"知识完全依赖于诸如各种利益集团这样的社会变量"，也不是"只承认社会过程在发挥作用，不承认其他任何事物也可以发挥作用"。"强纲领的意思是说，社会成分始终存在，并且始终是知识的构成成分。它并没有说社会成分是知识唯一的成分，或者说必须把社会成分确定为任何变化的导火索：它可以作为一种背景条件而存在。"④ 这些话确实没有否认自然对知识的作用，因此也没有否认组织自然经验的规范的作用。

但是布鲁尔在《知识和社会意象》中却常常表露出另一面：科学知识完全是社会建构的，自然以及规范因素在其中不起作用。这单从他对《知识和社会意象》一书的核心论题的界定就可以看出。布鲁尔认为《知识和社会意象》一书的核心论题有，知识的各种观念都建立在社会意象之上，逻辑必然性是道

---

① 美国生物学家格罗斯与数学家莱维特在他们的合著《高级迷信》中，艾伦·索卡尔和杰·布里克蒙特在《时髦的胡说：后现代知识界对科学的滥用》中，对社会建构主义的各种错误进行了批判。在保罗·格罗斯、罗曼·莱维特和马丁·刘易斯主编的《飞离科学与理性》，尼尔斯·莱维特主编的《识别错误：在政治方向上论战的第二波》，诺曼塔·克瑞杰主编的《沙滩上的房子》等这些著作中，有更多的作者加入批评 SSK 的队伍中来。尤其是索卡尔诈文事件以后，整个后现代的科学知识社会学更是臭名昭著。相关文章参见：［美］索卡尔等. 索卡尔事件与科学大战［C］. 蔡仲、邢冬梅，等译. 南京：南京大学出版社，2002.

② 柯志阳详细考察了这种矛盾产生的原因，认为布鲁尔在论证中不恰当地降低了经验在知识建构中的重要性。参见：柯志阳. 强纲领与知识的社会建构［J］. 自然辩证法通讯，2003（5）：29-35.

③ 资料来源于艾彦的中文版作者前言，参见［英］大卫·布鲁尔. 知识和社会意象［M］. 艾彦，译. 北京：东方出版社，2001：2.

④ ［英］大卫·布鲁尔. 知识和社会意象［M］. 艾彦，译. 北京：东方出版社，2001：262.

德义务的一个类，以及客观性是一种社会现象等。① 他甚至宣称，"我们应当使知识与'文化'等同起来，而不是使之与'经验'等同起来。"② 因此，不难理解有论者将强纲领看成极端的社会建构论，说道："概括地说，'强纲领'所主张的是，包括自然科学知识和社会科学知识在内的所有各种人类知识，都是处于一定的社会建构过程之中的信念；所有这些信念都是相对的、由社会决定的，都是处于一定社会情境之中的人们进行协商的结果。因此，处于不同时代、不同社会群体、不同民族之中的人们，会基于不同的'社会意象'而形成不同的信念，因而拥有不同的知识。"③ 这种强纲领的极端立场毫无疑问的是规范知识论的对立面。而且这种立场为布鲁尔的绝大部分论述所支持。基于本书的规范知识论立场，笔者将重点考察布鲁尔论述中的反规范论立场。

布鲁尔论证科学知识内容包含社会因素的一般论据包括经验不能充分决定理论、观察渗透理论，以及强纲领的四大研究原则（因果性、公正性、对称性和反身性）等，都不直接解构知识的规范，因而不赘述。笔者将直截了当地讨论布鲁尔对知识规范的解构。

首先考察布鲁尔对科学知识的规范进行"常规化"解构。布鲁尔认为，人们之所以孜孜不倦地寻找某种知识的规范，将知识神圣化，是因为人们认为知识社会受到了威胁，知识的权威必须得到维护。④ 这种权威使得知识有别于信念。对于这种权威的来源，布鲁尔承认"知识和科学都取决于某种存在于纯粹的信念之外的东西。"不过，"这种使知识和科学得以存在的东西并不具有任何超验性。""存在知识'之外'的东西，比知识更加伟大的东西，使知识得以存在的东西，就是社会本身。"⑤ "所有运用概念的过程都是可以争论和协商的，所有得到人们承认的运用概念的过程都具有社会制度的特征。"⑥ 围绕那些"具有普遍涵盖范围的法则"的、"与'绝对'有关的光环，必定是由那些构成它们的特殊地位的社会构成物（social contrivances）产生出来的。当我们感受到它们那令人信服和具有强制性的特征的时候，我们的反应对象就是文

---

① ［英］大卫·布鲁尔. 知识和社会意象［M］. 艾彦，译. 北京：东方出版社，2001：251.
② ［英］大卫·布鲁尔. 知识和社会意象［M］. 艾彦，译. 北京：东方出版社，2001：21.
③ 资料来源于艾彦的译者前言，参见：大卫·布鲁尔. 知识和社会意象［M］. 艾彦，译. 北京：东方出版社，2001：6.
④ ［英］大卫·布鲁尔. 知识和社会意象［M］. 艾彦，译. 北京：东方出版社，2001：117 – 120.
⑤ ［英］大卫·布鲁尔. 知识和社会意象［M］. 艾彦，译. 北京：东方出版社，2001：127.
⑥ ［英］大卫·布鲁尔. 知识和社会意象［M］. 艾彦，译. 北京：东方出版社，2001：263.

化传统和文化常规。因此，事实证明，'必然性的王国'就是社会的王国。"①给予科学知识权威的规范不过是社会常规！

由于社会常规具有明显的任意性，为了撇清人们在选择常规时的任意性，他说："各种常规都不具有任意性。并不是任何东西都可以成为常规。任何具有任意性的决定在社会生活中都几乎不发挥什么作用。社会的可信性和实践方面的效用，可以对有可能成为某种常规、规范，或者制度的东西加以限制。各种理论都必须在人们从常规的角度出发所期望的范围内发挥作用，并且达到人们所期望的精确程度。这些常规都既不是不证自明的，也不是普遍的或静态的。而且，各种科学理论和科学研究程序，都必须与在一个社会群体中流行的其他常规和意图相一致。和其他任何一种政策性建议一样，它们也都面临着与接受有关的'政治'问题。"②

但是布鲁尔又说："说科学的各种方法和结论都是常规，并不会使它们变成纯粹的'常规'。否则就会铸成与思维过程有关的、难以形容的大错，即各种常规都是一些可以随随便便满足的、从本质上说要求不高的东西。……各种常规要求通常都会使我们的体力和脑力发挥到最大限度。……除了其他事情以外，所谓各种理论和科学观念都可以确切地适应人们对它们所提出的各种常规性要求意味着，它们都可以做出成功的预见。这是强加给我们的精神建构过程的一种苛刻的行为准则；但是，它也同样是一种常规。"③ 布鲁尔认识到这种将科学预测的经验规范性准则说成是常规，牵强而不能服众。而且这样推广下去他就会犯无原则的错误，因为真理会被化约为纯粹的社会常规。对于自己论述的这种令人不放心的感觉，布鲁尔出于维护理论的彻底性，还是勉强接受下来。他说，这种感受即使在被正视并且拒斥之后依然存在，只能认为它是凭自己的权利存在的现象。他认为，"它的存在恰恰可以揭示某种与科学有关的、有趣的东西——因为存在于科学本性之中的某种东西，必定会激发出这种具有保护性和防卫性的反应。"④ 布鲁尔没有说明那种"与科学有关的、有趣的东西"到底是什么，也没有解释"激发出这种具有保护性和防卫性的反应"的"科学本性"是什么，这是极其狡猾的开小差行为！他将已经到舌尖上的、对科学逻辑规范的表述，又吞回肚子里。但是这种欲盖弥彰的诡计不能得逞。让

① ［英］大卫·布鲁尔. 知识和社会意象［M］. 艾彦，译. 北京：东方出版社，2001：290.
② ［英］大卫·布鲁尔. 知识和社会意象［M］. 艾彦，译. 北京：东方出版社，2001：65.
③④ ［英］大卫·布鲁尔. 知识和社会意象［M］. 艾彦，译. 北京：东方出版社，2001：67.

我们将布鲁尔遮遮掩掩、不敢明言的话说出来吧——那种"与科学有关的、有趣的东西"和"激发出这种具有保护性和防卫性的反应"的"科学本性"是科学对经验的逻辑规范！所有规范的科学哲学和科学认识论早已经公之于众的道理不会因为布鲁尔的健忘和怯弱消失。科学苛刻地要求我们遵守的准则绝不是常规，而是作用于人类认识的铁一般的规则！

（二）规范知识论与意识形态

布鲁尔关于意识形态与规范认识论各种理论的联系的论证，是布鲁尔论证知识与社会意象关系的一个典型案例研究，也是他消解规范知识论的清晰表达。他通过将科学哲学中规范知识论理论说成是意识形态的隐喻，将科学哲学的规范理论说成是社会决定的。

布鲁尔选取了科学哲学中两种有代表性的理论：波普尔和库恩的理论，进行对比分析。在布鲁尔看来，波普尔和库恩的科学哲学理论的基调都有一部分是由它们所使用的那些关键性的隐喻决定的。① 它们分别是对启蒙运动的意识形态和浪漫主义运动的意识形态的隐喻——波普尔的证伪主义具有明显的启蒙运动意识形态的特征；库恩的范式理论则具有明显的浪漫主义运动意识形态的特色。而意识形态无疑是一种社会存在，如此规范认识论的理论模式受社会决定这个结论就水到渠成了。为进一步看清布鲁尔的结论是否合理，我们将他的论证过程简述如下。

布鲁尔首先对波普尔和库恩的科学认识论思想进行了对比。他认为，虽然库恩和波普尔一致同意真理和事实是他们理论的解释要点，但对它们的具体解释和说明却十分不同。布鲁尔对这些不同做了归类：②

首先，"他们赋予他们那些规定的（prescriptive）方面和非规定的（descriptive）方面的重要性不同。"波普尔设定了一些方法论的规定；库恩的论述更接近一种不涉及任何公开的合法化的说明，其中非规定性（描述性，对科学史的描述）十分明显。

其次，"波普尔强调的是辩论、不一致和批评，而库恩强调的则是人们认为理所当然的那些论断领域。"布鲁尔认为这是波普尔和库恩的理论社会特征

① ［英］大卫·布鲁尔. 知识和社会意象［M］. 艾彦，译. 北京：东方出版社，2001：85－88.
② ［英］大卫·布鲁尔. 知识和社会意象［M］. 艾彦，译. 北京：东方出版社，2001：93.

的表露：前者认为最重要的社会过程是公众辩论（与证伪相应），后者认为得到共享的生活方式（与范式相应）最重要。

再次，"波普尔集中注意的是科学……具有普遍性和抽象性的方面，"诸如方法论规则；库恩集中注意的则是科学的局部性和具体性的方面，诸如科学共同体的范例。

最后，波普尔把科学看作是一个直线性的、同质的过程；库恩则坚持一种循环观念。

波普尔和库恩科学哲学思想的这些分歧，与启蒙运动的意识形态和浪漫主义运动的意识形态的分歧具有结构上的对称性，把波普尔归类到启蒙运动思想家一边，把库恩归类到浪漫主义运动思想家一边是很容易的事。[①] 因为，波普尔作为一个个体主义和原子论思想家，其思想中强调逻辑和方法论规范的特征，强调科学思维的普遍性和超越时间性的特征，与启蒙思想在思维领域强调普遍理性，在社会领域主张社会契约论神话如出一辙；而库恩作为范式论的提出者，其思想强调整体、范式的权威、逻辑和方法论的非规定性等方面也与浪漫主义思想风格相一致。因此，"显而易见的是，两种刻板的社会模式和政治模式，与两种存在于科学哲学之中的对立立场之间，有某种结构性的统一性。"[②]

布鲁尔除了要从结构上一致来说明波普尔和库恩的认识论思想与社会意识形态的联系以外，还从内容上证明这一点。他对内容上的相似性论证如下：

"（一）在这两种知识理论中，由个体主义的民主主义和集体主义的家长主义的独裁主义构成的对立面是显而易见的。波普尔的理论是反独裁主义的和原子论的；而库恩的理论则具有整体主义和独裁主义的色彩。（二）由世界主义和民族主义构成的对立面也可以毫不费力地找到。波普尔关于人类的理性统一和观念的'自由贸易'的理论，与范式所特有的理智封闭状态、与范式那独特的语言所特有的丰富性形成了对照……（三）存在于边沁主义者的追求'编纂法典'、追求明晰性的愿望，和伯克有关偏见之作用的主张之间的对立，是波普尔为方法论立法、划出界线的做法，和库恩对教条、传统以及判断的强调相对应。"[③]

① ［英］大卫·布鲁尔．知识和社会意象［M］．艾彦，译．北京：东方出版社，2001：98.
② ［英］大卫·布鲁尔．知识和社会意象［M］．艾彦，译．北京：东方出版社，2001：100.
③ ［英］大卫·布鲁尔．知识和社会意象［M］．艾彦，译．北京：东方出版社，2001：114.

如此这般，布鲁尔就论证了知识论对规范的追求其实不过是一个谎言，所谓的规范不过是社会意识形态的隐秘体现。但是，这些论证饱含的穿凿附会，在笔者看来这几乎到了"听风就是雨"程度。为使这种"太突出、太富有联想性"的联系变得合情合理一些，让人们心悦诚服地接受他关于"知识理论实际上都是对那些社会意识形态的反映"论断，布鲁尔对两种意识形态与两种认识论理论的联系机制做了解释。他认为，"通过我们的文化，意识形态对立的传播是十分广泛的。它是一种引人注目而又反复出现的模式，因此，任何一个具有反思能力的人都会遇到它……""通过社会经验的有规律的节奏，通过心灵寻找结构和模式的过程，这两种原型就会在我们每一个人的内心之中安顿下来，并且形成我们的思维过程所依赖的基础和资源。"我们"心照不宣地把这些意识形态当作隐喻来运用"，"从它们那里获得各种观念模式"。如此，"它们就不知不觉地体现在我们所不得不思考的那些观念之中"了。总而言之，从我们的社会生活经验和语言出发，我们心灵之中拥有的正是那些对我们的各种知识理论产生影响的社会原型——意识形态。如此这般，"存在于各种社会意识形态和知识理论之间的联系根本不具有任何神秘之处，而完全是我们的生活方式和思考方式所产生的一种自然而然和平平常常的结果。"①

但是，笔者对这种有着诗意跳跃的论证实在不能心悦诚服，它仍然是太唐突、太富有联想性的，因为布鲁尔的论证问题重重。首先，既然两种意识形态都是在社会生活中潜移默化地对人们起作用，那么，波普尔和库恩就同时受两种意识形态的作用，那么布鲁尔就应该进一步解释为什么波普尔与库恩的知识理论不是同时表现两种意识形态或它们的某种综合，而是分别表现相互对立的意识形态的一种。笔者为布鲁尔设想了几种可能的解决方法。（1）布鲁尔可以论证说，两种对立的意识形态不可能综合或一起出现在一种知识理论中，任何知识理论都不能违反矛盾律。这样布鲁尔就论证了一种知识论规范，这种规范不以社会因素的转移为转移。这种回答正中规范知识论者的下怀。这对布鲁尔的意图而言适得其反。（2）布鲁尔可以从知识理论家的独特的个人因素方面解释他们对意识形态的不同选择。这些个人因素要么受其他社会因素的影响，要么不受其他社会因素的影响。在前一种情况下，布鲁尔必须论证是什么

① ［英］大卫·布鲁尔. 知识和社会意象 ［M］. 艾彦，译. 北京：东方出版社，2001：115－117.

不同的社会因素以及这些因素如何使得波普尔和库恩具有不同的个人特征，如若不然，布鲁尔就违反了他推崇的因果性原则：相同的原因导致相同的结果。而这种研究如果不是不可能的，也是极其烦琐的（SSK中的实验室研究就是如此）。如果布鲁尔没有进行这样的分析，那么他关于意识形态与知识理论相联系的机制就远没有阐述清楚，他的结论就是唐突的。在后一种情况下，布鲁尔只能将知识理论家独特的个人因素解释成自然因素，如此布鲁尔就事与愿违地论证了自然因素对知识理论的决定作用。（3）布鲁尔可以认为波普尔和库恩对意识形态的不同选择纯粹是一种巧合。这样布鲁尔就不得不再次违反他提倡的因果性原则——他无法对社会意识形态与知识理论的联系做出细致的因果解释。强纲领在逻辑上是不自洽的。总而言之，布鲁尔很难找到能够弥合他的论证跳跃性的补偿方法，如果不是不可能的话。

其次，即使我们承认布鲁尔的论证是成立的，但是这并不能由此推断我们必然接受如下结论：知识完全是社会建构的。因为，我们仍然可以进一步追问，社会意识形态的起源。对于这样的追问，布鲁尔或者给出无穷倒退论证（用更深沉的社会意识形态解释意识形态）或者引入自然因素解释意识形态的起源。前者在逻辑上和事实上（不可能有一种不在任何自然环境下形成、不受自然影响的、纯粹的意识形态）都不能接受。而后者却是对社会建构的一种反讽。

最后，布鲁尔将隐喻作为论证方式使用是很不严谨的。笔者很容易就能提出这种论证方式的疑难。比如，社会因素中的对立与矛盾如此繁多，知识理论为什么只反映出启蒙运动和浪漫主义运动意识形态方面的对立？既然社会因素能够用隐喻的方式影响知识理论，那么自然因素对知识理论的影响，通过隐喻的方式不是来得更方便吗？为什么人们不用这种方式，而是用更严密的逻辑论证展现自然对知识的作用呢？或者人们为什么不能用严密的逻辑论证展示社会因素对知识理论的影响呢？布鲁尔的对称性原则在此如何解释？布鲁尔不会真去探讨这些问题的答案。因为像所有后现代主义者那样，惯用隐喻方便他们得出哗众取宠的结论。通过隐喻，他们方便地把科学文本处理成一个神话、一首诗歌或一个弗洛伊德的梦；通过隐喻，他们方便地寻求隐藏的幻想、令人讨厌的意识形态的罪过、无意识的象征；通过隐喻，他们能方便地在受精过程中看出男权主义，在流体力学和统计学中看到性别的影响；通过隐喻，他们能方便地暗示，编造动机和结论；总而言之，通过隐喻他们能无中生有，无端捏造！① 通过隐喻这种后现代的文风，"不可理解性变成了理论的优点；隐晦、比喻或双关语已经代替了证据和逻辑。"② 这样做很方便他们得出"语不惊人死不休"的结论。

但是，思想上的投机和懒惰不能成为否定知识规范的理由。

（三）布鲁尔对数学规范性的社会学解构

为了进一步清除知识中的规范性因素，同时为科学知识社会学扫清障碍，布鲁尔不得不遭遇"各种障碍中最难以克服的障碍——数学思维和逻辑学思维。"他称它们为"圣物之中的圣物"。除非布鲁尔能够就这些论题提出一种社会学分析，否则，他前面提出的那些具体论断，以及他关于知识的一般社会学分析都不会具有任何说服力。③

布鲁尔如何着手对数学和逻辑学"去神圣化"（去规范化）的呢？我们先考察布鲁尔对数学的"去神圣化"论证。布鲁尔对数学的社会学说明的目标是对数学知识的内容，而非对数学的社会存在形式的社会学分析。前者被称为"数学社会学"，后者是"数学家的社会学"。

不过有意思的是，布鲁尔在论证一开始就承认，"我们无法提供大量这样的'建构性证明'。"其原因在于，"数学是一种典型的运用一些使进行这样的调查研究的可能性模糊不清的方式进行的思考。人们为了维护某种把社会学立场拒之门外的视角，已经做了大量工作。"④ 他在此勉为其难，明知不可为而为之，目的在于通过展示人们拒绝社会学立场的各种手段，表达下列观念，"即**任何使人们把数学看做是一种永远会挫败社会科学家的审查**的特殊案例的、显而易见的、自然而然的，或者具有强制力的**因素**，都根本不存在。"⑤

接下来，我们看看布鲁尔在勉为其难的情况下是何等的力不从心。布鲁尔从数学的心理主义（以密尔为例）与逻辑主义（以弗雷格为例）之间的争论开始考察。通过对密尔和迪恩斯关于数学心理主义和经验主义的具体案例的考

---

① ［美］诺里塔·克瑞杰主编. 沙滩上的房子［M］. 蔡仲，译. 南京：南京大学出版社，2003：85 – 178.
② ［美］艾伦·索卡尔. 曝光：一个物理学家的文化研究试验［M］//载于索卡尔等著. 索卡尔事件与科学大战. 蔡仲、邢冬梅等，译. 南京：南京大学出版社，2002：62.
③ ［英］大卫·布鲁尔. 知识和社会意象［M］. 艾彦，译. 北京：东方出版社，2001：129.
④ ［英］大卫·布鲁尔. 知识和社会意象［M］. 艾彦，译. 北京：东方出版社，2001：133.
⑤ ［英］大卫·布鲁尔. 知识和社会意象［M］. 艾彦，译. 北京：东方出版社，2001：133 – 134.

察，和对弗雷格针对心理主义和经验主义的逻辑主义批判的考察，布鲁尔承认密尔对数学的解释存在不足之处：它不能解释数学本身所具有的"富有特色的"地方——弗雷格所说的数学所具有的独特的客观性。这些完全不同于主观心理活动的客观性，在弗雷格之后又由胡塞尔进一步确认。布鲁尔显然承认这一点。不过他对弗雷格的概念（观念）的客观性做了另一种解释——这种既不存在于物理方面也不存在于心理方面的客观性，"属于而且也仅仅属于社会领域"。① 他说，弗雷格在对数学的客观性进行类比说明时运用了"地球轴线"和"引力中心"这两个概念——它们并不像我们居住其上的地球那样在经验中表现出来，但又确实客观存在。这两个概念"都是理论概念"，不过"知识的理论成分也恰恰就是它的社会成分。"② "要想把某种实质性意义赋予弗雷格的客观性定义，就应当把它与社会方面的东西等同起来。制度化的信念可以满足他的定义：这种信念就是他所说的客观性。"③ 这样的结论无疑难以令人信服。在这里我们又一次见识了布鲁尔的诗意的跳跃（从知识的理论概念和理论成分跳到知识的社会成分），这种跳跃除了布鲁尔等社会建构主义者之外，恐怕实在难以为头脑清醒、逻辑严密的学者所接受。为了弥补这种跳跃性，布鲁尔再次故技重施，拿起隐喻这件本来会增加含混的工具，要去清楚地描述数学的客观性与社会信念的客观性的等同。为不冤枉布鲁尔，笔者将这个隐喻展示出来，好让读者一目了然。布鲁尔指出，我们社会的制度化信念具有因循惯例性、典型性，是得到社会确定的或者仪式化的模式。这就是制度化信念的客观性来源。这种模式正是围绕在具体说明数学推理步骤周围的社会氛围。在这种氛围中，通过与制度化有关的努力和研究工作的灌输，这些社会因素就进入数学内容，塑造了数学的客观性！④ 如此，"我们的意识认识到的数学推理步骤所具有的权威，至少类似于绝对的道德权威。"⑤ 而道德是一种社会协商和建构的结果，因此数学也是如此。布鲁尔抱着至死不承认数学中存在逻辑规范的决心，得出了如此令人目瞪口呆的结论！对此，我们还能以怎样合理的论证来反驳呢？

为更彻底地否定数学中存在的逻辑规范，布鲁尔还通过指出数学中某些概

---

①② ［英］大卫·布鲁尔. 知识和社会意象［M］. 艾彦，译. 北京：东方出版社，2001：154.
③ 　［英］大卫·布鲁尔. 知识和社会意象［M］. 艾彦，译. 北京：东方出版社，2001：155.
④ 　［英］大卫·布鲁尔. 知识和社会意象［M］. 艾彦，译. 北京：东方出版社，2001：158－159.
⑤ 　［英］大卫·布鲁尔. 知识和社会意象［M］. 艾彦，译. 北京：东方出版社，2001：135.

念在历史中的变化来论证数学客观性中的社会因素。① 为行文简洁，笔者不具体描述布鲁尔的例子。总之，通过描述这些变化，布鲁尔得出结论：存在于数学中的"各种严格的界线都是不现实的"。② 数学思想中那些具有重要意义的、需要加以说明的变化，"通过寻找社会原因，就可以说明这些变化。"③ 在此，布鲁尔再次表现出选择性遗忘症，很难想象布鲁尔将数学变化所体现的数学规范性的发展轻易地就置之脑后的理由。人们完全可以用数学不断获得规范性来解释数学的变化——历史上数学不合规范的内容，随着数学规范的不断发现和完善，数学的内容有所变化，不也是很合理的解释吗？虽然这不能排除社会因素的变化对数学发展的影响，但比起以偏概全地否定数学规范的发展，这难道不更合理吗？如果数学真没有自身特有的规范性，只有社会的规定性，那么真正的数学史也就不存在，因为从回顾的角度，把真正的数学分离出来，并加以识别的基础就不存在了。

为了增强论证的力度，布鲁尔还认为，不管是密尔的著作，还是弗雷格的著作，数学中的社会成分都得到了暗示。而在笔者看来，这不过是布鲁尔"扯虎皮做大旗"而已。因为在其著作中，根本没有任何一句来自密尔和弗雷格关于数学中社会因素的、哪怕是暗示性的论述。与其说密尔和弗雷格曾经做了暗示，还不如说这正是布鲁尔的明示。最后，布鲁尔自己都不得不承认，将数学具有的强制性、规范性解释成为社会强制性是不成功的。他说："第五章（《知识和社会意象》一书第五章'对数学的自然主义探讨'，引者注）的目的在于表明，我们的推理过程所具有的强制性特征，是社会强制性的一种存在形式。从实际情况看，这种表述过于简单了，因为那些社会惯例、社会规范，或者社会制度，并不是而且也不可能始终是通过直接使有关对和错的意思内化而发挥强制作用的。"④ 既然布鲁尔都承认了数学的规范性不能被社会学解构，作为规范论者，我们当然欢迎这种坦诚。

（四）布鲁尔对逻辑学规范性的社会学解构

人类知识规范性的最突出代表是逻辑学的规范性。布鲁尔要证明一种社会

① ［英］大卫·布鲁尔. 知识和社会意象 ［M］. 艾彦，译. 北京：东方出版社，2001：174-202.
② ［英］大卫·布鲁尔. 知识和社会意象 ［M］. 艾彦，译. 北京：东方出版社，2001：195.
③ ［英］大卫·布鲁尔. 知识和社会意象 ［M］. 艾彦，译. 北京：东方出版社，2001：202.
④ ［英］大卫·布鲁尔. 知识和社会意象 ［M］. 艾彦，译. 北京：东方出版社，2001：207.

建构主义知识观，必须证明逻辑学的社会建构性质。布鲁尔明白这一点，并满怀信心地承担了这一任务。他的论证思路与对数学的社会协商性和建构性的论证如出一辙。他首先指出逻辑学基本原理存在悖论、反例和疑难的情况；其次指出人们对这些疑难有选择地排斥、漠视，或协商性修正；再次指出人们对逻辑学中困难的处理，恰似人们对道德规范的处理，人们面对不同的、矛盾的道德原则和问题的处理就是社会协商和建构的结果，而且不同时代、不同地域具有不同道德的事实更进一步说明道德的社会建构性；最后通过隐喻得出结论：正如道德是一种可供替代的强制性规范一样，逻辑学也是如此，而这种可供替代性的本质就是社会协商和建构。布鲁尔说道："逻辑学具有与伦理学的权威相似的权威。既然权威是一个社会范畴，认识到各种社会制度都完全可以满足弗雷格对客观性的定义，就因此而具有了非常重大的意义。"[①] 为了更加清楚地看到布鲁尔论证的问题，我们来细致地考察布鲁尔引用的例证是否合理。

布鲁尔用了"三个例子来具体说明各种逻辑原则所具有的协商特征。第一个例子涉及经过协商的、对不证自明的逻辑真理的推翻。第二个例子涉及已经经过人们很多讨论的、有关阿赞德部落的人是否具有与我们的逻辑不同的逻辑的问题。第三个例子则涉及数学中对证明的协商。"[②] 由于数学的协商性在上面有所论述，并且第三个例子的实质在于用欧拉定理适用范围的变化指出数学中的社会协商成分，而这种论证思路在上面已经反驳过了，在此不赘述。另外，第二个例子是描述阿赞德人在确定一个人是否是巫师的思维过程中存在逻辑矛盾，但他们通过各种辅助假设规避了矛盾对他们的核心原则的诘难。布鲁尔想用它表明，阿赞德人对自己选巫制度的保护有自己独特的逻辑。但这个例子恰恰是布鲁尔论证的反例，即逻辑学规范性的正例——即使是阿赞德人也不能容忍逻辑矛盾。从布鲁尔用"燃素说"使用"负重量"维护自身理论与之类比的情况看，更证明了布鲁尔用错了例子。对于这个错例，我们不再考察。我们着重考察第一个例子。通过考察我们将发现，它并没有直接支持布鲁尔的观点。

布鲁尔的第一个例子是由无限集合导致的悖论。[③] 他试图用这个悖论说明三段论逻辑的不证自明其实是一种社会协商。众所周知，三段论中有如下有效

---

① ［英］大卫·布鲁尔. 知识和社会意象［M］. 艾彦，译. 北京：东方出版社，2001：166.
②③ ［英］大卫·布鲁尔. 知识和社会意象［M］. 艾彦，译. 北京：东方出版社，2001：214.

推理：所有 A 都是 B，c 是 A 的一个成员，所以 c 是 B。这个推理的一般原则是"整体大于部分"原理。该原理与该推理的关系从图 1 - 1 中可以直观地表示出来。

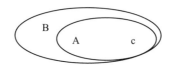

图 1 - 1　一个三段论的整体与部分关系示意

但是，在考虑两个无限集合的关系时，会出现悖论。布鲁尔引用"超限算术"的例子予以说明。对于所有正整数的集合和所有正偶数的集合而言，它们在直观上符合整体大于部分的原理。这是没有疑问的，因为所有正偶数都被包含在正整数的集合中，因此正偶数的集合是正整数的集合的真子集。但是，假如把两个集合展开，并使它们的元素一一对应地排列起来，例如：

1，2，3，4，5，6，7，…

2，4，6，8，10，12，14，…

我们会发现，这种一一对应关系可以无限进行下去，不会出现找不到对应关系的、多余的整数或偶数。这样就出现了某一个部分与整体形成一一对应的相互关系，这就是说部分与整体同样大，部分等于整体。如此，整体大于部分的原理就被证明不是绝对的道理，不是天经地义、不言自明的。但是，为什么整体大于部分这个原理仍然具有强制性呢？布鲁尔解释道："各种形式原则之所以被人们认为是特殊的、具有优先地位的东西，只不过因为人们的注意力具有选择性而已。"① "即使人们可以谈论强制性，一条规则所具有的强制性特征也只不过在于人们使用过某种模型，而没有使用过其他模型这样一种习惯或者传统。"② 我们所受到的各种推理法则的强制"与人类社会的其他任何法则对我们的强制毫无二致。"③ 原因很简单，那些具有强制性的逻辑原则都存在于某种得到社会认可的、从我们的经验出发进行选择的过程中。因此，人们总是可以诉诸这些经验的其他特征，对这些逻辑原则提出反对意见。是否采纳这些反对意见，最终也是基于社会认可和协商，而非逻辑规则本身的力量使人们作出

---

① ［英］大卫·布鲁尔. 知识和社会意象 ［M］. 艾彦，译. 北京：东方出版社，2001：217.
②③ ［英］大卫·布鲁尔. 知识和社会意象 ［M］. 艾彦，译. 北京：东方出版社，2001：218.

选择。由此可见，逻辑规则本身并没有规范性，具有规范性的是社会因素。

布鲁尔使用的这个例子看似有冲击力，但它并不支持他的结论。道理如下：

首先，这是个假悖论，可以通过解释将它消解。

为清晰论述这个观点，有必要了解集合的相关知识。无限集合属于经典集合的一种。经典集合通常也被称为封闭集合，它是集合论数学通常讨论的那种集合。封闭集合的"特点是：任一对象是否属于一个集合是可判定的。封闭集合分为有限集和无限集。有限集的成员既可通过把它们一一列举出来加以确定，也可通过描述其成员的公共属性来确定；但无限集的成员只能通过描述其成员的公共属性来确定。可见，封闭集合的成员的可判定性最终取决于其成员之公共属性的明确性。"① 布鲁尔上述例子中的正整数集和正偶数集正是无限集。这样的集合不能通过把它们的成员一一列举出来加以确定，而只能通过描述成员之间的公共属性来加以确定。关于无限集的性质，数学中存在两种对立的思想，一种认为无限集是潜无限；另一种认为无限集是实无限。所谓潜无限是指：把无限看作永远在延伸着、成长着、不断产生出来的东西，它永远处在构造中，永远不能完成，是潜在，而不是实在。所谓实无限是指：把无限的整体本身作为一个现成的单位，是已经构造完成了的东西。关于无限集到底是实无限，还是潜无限这个问题，现代数学已经辩证地看待——无限既是实无限也是潜无限，实际上现代数学既离不开实无限思想也离不开潜无限思想。

基于对无限集合的了解，我们来消解布鲁尔的悖论。一般认为消解的方法有两种：一种是伽利略采用的方法，他认为一一对应不能作为衡量无限整体大小的标准，对于无限集合来说，相等、大小等属性是无意义的，它们只能用于有限集合；另一种是康托尔等的方法，他们把矛头指向"整体大于部分的"观念，认为对于无限集合而言，整体可以等于部分。② 从这两种消解方法中，我们很容易发现其中的关键：将整体与部分的关系问题划分为两个不同的论域，在有限集合中，"整体大于部分"的观念仍然有效；在无限集合中，"整体大于部分"的观念无效。对这两种方法的选择很容易被布鲁尔解释成协商的结果，从而又一次否定数学中的规范。但是这种结论不足为道。因为不管人们

---

① 陈晓平. 簇摹状词与开放集合［J］. 自然辩证法通讯，2001（5）：12.
② 张建军. 逻辑悖论研究引论［M］. 南京：南京大学出版社，2005：44.

选择哪种消解方法，每种方法本身是遵循着一定规范的。值得注意的是，悖论的出现和消解，本身是促进学科规范发展的动力。康托尔正是在无限集中消解"整体大于部分"的观念后，促进了集合论的发展。无独有偶，罗素悖论、说谎者悖论等都是如此。

另外，人们也可以对"整体"和"部分"概念提出更多规定，使它们的意义比"元素是否一一对应"更精确，从而消除悖论。就上述例子而言，我们可以在"整体"和"部分"的对比中，加入"元素的稠密性""趋近任意数值的速度"等概念。集合元素存在一一对应的情况下，元素稠密性越大、趋近任意数值的速度越小的集合就是整体，反之就是部分。在这种情况下整体仍可以被界定为大于部分。上例中正整数集的元素稠密性大，趋近任一数值的速度也比正偶数要慢，因此正整数集合仍然大于正偶数集合。当然这种想法需要严格的数学证明。

其次，布鲁尔在此论证中还犯了将潜无限和实无限孤立起来理解的错误。那种将无限集的元素一一列举出来，寻找对应关系的做法，其实就是运用了无限集的潜在性，因为两个集合是潜在无限的，这种列举、对应的做法就不可能穷尽，因此两个集合用这种方法分不出大小。但是，如果我们将无限集看作是可以被完整把握的，是实实在在的，那么，通过把握两个集合的公共属性的种属关系，无限集合的大小仍然是可以比较的。布鲁尔的问题在于没有看到潜无限与实无限是一体两面，就如光的波粒二象性一样。这里不存在矛盾，因此也就没悖论。更深刻地挖掘布鲁尔的错误，我们会发现，布鲁尔还大大低估了人类理智的能力，忽略了人类理智从具体到抽象、从局部到整体的认识能力，因此他才会得出如下结论：只能通过集合的元素来理解集合，而不能通过把集合作为整体来理解它——即无限集合只有潜在性，而没有实在性。

最后，即使存在人类理智不能消解的悖论，也不能由此得出布鲁尔的结论——除非借助另外的前提。假定上述悖论无解，这只能说明人类理性有限。从有限的人类理性并不能得出人类理性的产物（知识）是协商，因而是没有规范的。要从无解悖论推导出知识没有规范，必须借助一些额外的前提：人类理智是无限的；无限的人类理智能够一劳永逸地发现所有知识的终极规范；到目前为止，人类理智的能力已经得到完全的发展，但是仍没有发现终极的规范。只有结合这些潜在的前提，无解的悖论才能成为人类知识没有规范的证据。但是这些前提没有任何一个得到证明。如此看来，布鲁尔用悖论消解知识规范的论证是不成立的。提起这些前提，笔者认为，即使人类理智有限，即使我们发现了这个限度所在，也不能由此否定知识的规范；恰恰相反那个极限就是最后的规范。更何况，我们对人类理智的认识如此浅薄，其中的奥妙正等待我们探索，而这些奥秘中必然隐藏着更多的理智的规范。

除了上述各种论证的缺陷外，布鲁尔对知识规范的解构还使他陷入相对主义泥潭。他说道："知识社会学中的强纲领建立在某种相对主义之上，这是不容否认的。"① "正是科学那作为一种状态的、不断对事物进行的活动，构成了科学的存在本身。它归根结底是一种思维模式和行为模式，是一种具有自己独特的规范和价值观念的、不断对事物进行研究的风格。它并不需要任何具有形而上学认可来支持它，或者使它成为可能。在这里，正像我们不需要任何绝对的道德标准，而是需要那些得到局部接受的道德标准那样，我们不需要任何诸如绝对真理这样的东西，而是需要具有猜想性的相对真理。如果我们可以接受道德方面的相对主义，那么我们也能够接受认识方面的相对主义。"② 相对主义必然面临自我反驳的困难：如果相对主义是真的，即一切知识都是相对的，那么它的这个论断本身也是相对的，得不到普遍的承认。既然如此，"一切知识都是相对的"就不具有普遍性，也就是说它不能排除有些知识是绝对的。同样，如果一切知识都具有社会的相对性，那么强纲领作为在某个具体社会中提出的知识口号，就只能在某个社会适用，而不能作为一条对所有科学知识进行说明的教条。如此，强纲领对自身的合理性进行了反驳或限制。总之，布鲁尔对知识规范的社会学消解是不成功的。其失败的根本原因在于，他陷入了社会学主义（sociologism）的偏见。③

如上所述，社会建构主义总体而言是后现代主义的。而"后现代主义是建筑在沙滩上的房子。"④ 它对规范知识论的挑战和攻击是软弱无力的。就如菲利·普基彻指出的那样："如果我们走向极端的建构主义，否认理性、证据和真理的概念，那么将存在一个对科学的可怕的反讽……如果我们希望从各种阴

---

① ［英］大卫·布鲁尔. 知识和社会意象［M］. 艾彦，译. 北京：东方出版社，2001：252.
② ［英］大卫·布鲁尔. 知识和社会意象［M］. 艾彦，译. 北京：东方出版社，2001：254.
③ 安维复，崔璐. "自然转向"的对称性原则：问题、重建与评估［J］. 上海理工大学学报（社会科学版），2013（1）：57.
④ 资料来源于诺里塔·克瑞杰的中文版序言，参见：［美］诺里塔·克瑞杰主编. 沙滩上的房子［M］. 蔡仲，译. 南京：南京大学出版社，2003：2.

险的知识赝品中寻找出有价值的科学，我们就需要理性、真理和进步的范畴。"① 也就是说，对知识规范的哲学探索仍然是必要的。

但是，必须承认，社会建构主义仍然提出了一些值得思考的问题。人们确实不再试图一劳永逸地发现永恒而绝对的真理了；实用的因素确实对知识起着至关重要的影响；社会因素通过实用的概念必然对知识起到一定的作用；人类确实并不是纯粹理论理性的动物，实践理性同样是人类理智的重要方面；除了理智以外，人类还有丰富的情感、欲望等非理性的心智现象；社会建构主义对知识的主体间性的强调也不无道理，等等。这些因素对知识的作用是否能够在规范知识论中得到说明，如何得到说明，对规范知识论者是一个巨大的挑战。而这些问题归根结底是要回答：规范知识论如何做到既承认社会对知识的影响，又不陷入极端的相对主义窠臼中？我们认为，解答这个问题应该从两个方面入手。一方面，我们要认识到知识的相对性来源于特定社会情境和社会对认识主体的限制，以及认识主体自身的局限性，而不是来源作为认识的客观对象。通过考察某个具体认识主体所处的社会情境，我们能够明确地把握认识结果的相对性及其成因。另一方面，我们也要认识到，认识对象的客观性（这种客观性当然不是独立于先验主体的客观性，而是独立于经验主体的客观性）、知识规范的先验性、必然性以及一定社会实践过程中知识所产生的特定社会效果的客观性。这两方面联系起来就能合理地解释知识的相对性与客观性的融合。本书阐述的基于先验论证的语境主义就试图对这种融合的可能性和可行性给出解答。

第二节　自　然　主　义

自 1969 年蒯因（又译为奎因）发表论文《自然化的认识论》以来，西方一些科学哲学家提出或发展了相近的自然主义知识论观点，他们主张在科学知识论的研究中，从探讨各门具体科学入手，用实证科学的研究手段和方法来研究知识论问题，比如从经验心理学、人工智能、生物学和认知科学等角度使知

---

① ［美］诺里塔·克瑞杰主编. 沙滩上的房子［M］. 蔡仲，译. 南京：南京大学出版社，2003：63－64.

识论自然化、科学化和经验化，力图在自然科学内部说明认识的合理性。在自然主义者看来，自然科学理论的辩护、评价等规范性问题不需要先验的、绝对的、普遍的规范或标准。在对信念进行辩护的时候，除了寻求其他信念和基本的认知实践，没有更深层的东西可以寻求了。而作为基本认知实践的现代科学与一种物理世界的自然主义图景是相融合的，它不需要非物质的、想象的或者超自然的实在和解释。不难看出，自然主义是一种极端的经验主义。与社会建构主义不同，它认为科学知识既不需要来自哲学的，也不需要来自社会学的解释；而只需要来自科学本身的研究。人们一般将哲学的解释称为规范的解释，将科学的解释称为描述性的解释。因此，自然化知识论是论证规范知识论必要性的另一个挑战。

当然，并不是所有的自然主义者都否认规范对知识的作用，劳丹、布朗等提出的规范自然主义，也承认知识规范，不过此规范是狭隘化了的规范。由于本书仅需论证自然化知识论的兴起不能代替规范知识论，规范知识论在自然主义转向的哲学背景下仍是必要，因此笔者将只研究自然主义与规范知识论的关系。这个研究包括如下几个问题：自然主义提出的"替代论题"和"转换论题"具体意思是什么？自然主义能否完成对规范知识论的替代或转换？自然主义本身是否产生以及产生怎样的规范？这些规范与规范知识论的（先验和逻辑的）规范具有怎样的联系与区别？笔者将在两个标题（自然主义与规范性，自然主义与先验性）下探讨这些问题。

一、自然主义与规范性

当今自然主义者与规范知识论者之间的原则争论是：经验科学对知识的探讨方式及其成果能否包含哲学中的所有重大论题。在这一争论中，规范知识论的核心属性即规范性是一个坚固的堡垒，在抵御着自然主义对哲学知识论的侵袭。因此，考察以描述性为基本立场的自然主义能否以及如何为知识论提供规范这一问题就成为考问自然主义合理性的关键。

关于自然主义与规范知识论在规范问题上的态度，自然主义的代表人物科恩布里奇（Kornblith）简洁而清晰地描述了自然主义与规范知识论的区别。他在《什么是自然主义的知识论》一文中对此做了清楚的阐述。① 他认为自然主义和规范知识论（传统观点）的不同可以从它们回答如下三个问题的不同策略中看出。这三个问题是知识论要处理的核心问题：（1）我们应该如何获取我们的信念？（2）我们事实上是如何获取我们的信念？（3）我们实际获取信念的过程与我们应该获取信念的过程是一致的吗？对第一个问题的回答就是确立知识论规范；对第二个问题的回答是要求描述信念获得的实际过程；对第三个问题的回答则是对规范与描述的比较。规范知识论者认为这三个问题应该分割开来各个击破。第一个问题是哲学家的问题，第二个问题是心理学家的问题，当两个团队完成各自的问题后，他们才能一起回答第三个问题。自然主义者则认为，第一个问题不能独立于第二个问题得到回答，信念获取的描述性回答对规范性回答有重要影响。很容易看出，自然主义与规范论对知识论规范是否独立于经验科学有截然相反的回答：规范论认为知识论规范独立于经验科学；自然主义否认这种独立。出于论证规范知识论必要性的目的，笔者要论证自然主义的否定回答是不可能的。

自然主义否认知识规范独立性的论题一般称之为"替代论题"。根据自然主义者所认为的描述性回答对规范性回答的影响程度的区别，不同学者对替代论题做了强度上的区别。科恩布里奇将不同的自然化知识论区分为强替代论题和弱替代论题；哈克将自然主义知识论区分为扩张的自然主义、改良的自然主义和革命的自然主义；阿曼德将其区分为替代论题、转换论题和无害论题；国内也有学者按照理论强度的不同将其区分为自然化知识论的激进形式和温和形式。上述区分尽管在名称和程度上有差异，但本质上都是根据同一尺度进行的，即自然科学对哲学知识论的"侵蚀"程度。

这里采用阿曼德的区分，对自然主义关于规范性的态度做一评述。**替代论题的核心观念是将知识论看作自然科学的一个分支，用自然科学的经验描述完全替代传统知识论的规范**。如此，知识的规范被消除了，有关知识的理论就成为认知心理学、神经科学、经验社会学等描述性理论。该论题不仅取消规范知识论的研究结果，也取消它的研究方法。**转换论题主张将知识论探讨与心理学、生物学和认知科学的方法和成果联系起来，将知识论的规范性探讨转换为**

---

① Hilary Kornblith. "What Is Naturalistic Epistemology?" In Naturalizing Epistemology ［C］. edited by Hilary Kornblith. 2nd ed. Cambridge and London：The MIT Press，1994：1 - 2.

自然科学的描述性研究。这一进路并不主张取消对知识的规范研究，而是认为规范完全可以通过经验研究得到。这个论题只要求取代规范知识论的研究方法，因此是较弱的论题。因为无害论题既不否定规范知识论的结果，也不否认其研究方法，在此不做讨论，笔者将着重考察替代论题和转换论题是否成立。

（一）替代论题的问题

替代论题是自然主义认识论中最激进的。蒯因对它做了经典的阐释。在《自然化的认识论》中，蒯因主要从经验主义的基础主义的失败得出知识论自然化的结论。在他看来，基础主义者（洛克、休谟、罗素、卡尔纳普等）所做的无非是将科学理论还原为感觉经验。这种还原已经通过蒯因对经验主义的两个教条的批评和整体论的提出，以及塞拉斯对"所予神话论"的批判，被证明失败了。既然"这类认识论还原的不可能性，使得理性重构似乎具有的优于心理学的最后优势消失了。"① "如果我们所期望的一切，就是一种以明白的、无需翻译的方式去把科学与经验连接起来的重构，那么，仅仅满足于心理学似乎就是更为明智的。最好去发现科学事实上是如何发展及如何被学习的，而不要去编织一种具有类似效果的虚假结构。"②

对于满足于心理学的知识论，蒯因谈道："认识论依然将继续存在下去，尽管它是在一种新的背景下并以一种被澄清了的身份出现的。认识论，或者某种与之类似的东西，简单地落入了作为心理学的一章，因而也是作为自然科学的一章的地位。它研究一种自然现象，即一种物理的人类主体。这种人类主体被赋予某种实验控制的输入（例如，具有适当频率的某种形式的辐射），并且在适当的时候，他又提供了关于三维外部世界及其历史的描述作为输出。贫乏的输入和汹涌的输出之间的关系，正是我们要加以研究的。而推动我们研究它的理由，和总是推动认识论的理由，在某种程度上是同一种理由，这就是：为了弄清楚证据是如何与理论相关联的，并且人们的自然理论是以何种方式超越

① ［美］W. V. 奎因. 自然化的认识论［J］. 贾可春，译. 陈波，校. 世界哲学，2004（5）：83. 英文版参见"Epistemology Naturalized", In Naturalizing Epistemology［C］. edited by Hilary Kornblith. 2nd ed. Cambridge and London：The MIT Press，1994：24.
② ［美］W. V. 奎因. 自然化的认识论［J］. 贾可春，译. 陈波，校. 世界哲学，2004（5）：81. 英文版参见"Epistemology Naturalized", In Naturalizing Epistemology［C］. edited by Hilary Kornblith. 2nd ed. Cambridge and London：The MIT Press，1994：21.

现成证据的。"①

按照蒯因的上述理解，自然化认识论的中心问题变成了说明观察与理论话语之间关系的问题。这一问题规定了自然化知识论的研究任务。"自然化认识论包括两大经验性任务：首先，对于从感觉输入到观察语句的学习的机制，提供详尽的神经生理学和心理学的解释；其次，对于从观察语句到理论语言习得的许多不同的类比步骤，给予详尽的说明。"② 如此一来，贫乏的输入与汹涌的输出之间的问题就转化为观察语句与理论语句之间的问题。而这一问题通过经验科学的发生学方法以及心理学分析其中的因果关系就能解决。至此，知识论就彻底地自然化了，传统思辨的知识论不再必要。在《自然类》一文中，他明确表达了这一观念，"我的立场是自然主义的。我不把哲学看作是科学之先的预备性课程或基础性工作，而是把它看作是与科学相连续的。……没有任何外在的优越点，没有第一哲学。"③

对蒯因自然化知识论的反规范论倾向，许多学者提出了批评。金在权的批评尤为准确。他从两个方面对蒯因自然化知识论的反规范问题进行了批判：④

一方面，蒯因试图寻求感觉刺激与理论输出之间的联系，这种联系是一种因果联系，而不是一种知识论上的"证据关系"（辩护关系）。规范意义上的证据关系是从诸多因素中抽象出来的逻辑关系，它从内容上表明证据对假设的支持程度。当我们说一个东西是另一个东西的证据时，就意味着它增强了后者的合理性。这种证据关系的效力并不仅仅来自因果关系。蒯因用描述性的因果关系代替规范性的逻辑关系是不合理的。

另一方面，即使如蒯因所批判的那样，基础主义的规范性纲领失败了，但还有其他规范论研究策略，如融贯主义、可靠主义等，蒯因在没有对其他规范性研究进行批判研究之前就断定规范知识论破产，是以偏概全，没有说服力。

蒯因的替代论题除了上述两个问题以外，还要面临另外两个相互联系的重要问题，即它必须用非自然主义的前提以摆脱循环论证和怀疑论困扰。蒯因虽

---

① [美] W. V. 奎因. 自然化的认识论 [J]. 贾可春，译. 陈波，校. 世界哲学，2004（5）：83. 英文版参见 "Epistemology Naturalized", In Naturalizing Epistemology [C]. edited by Hilary Kornblith. 2nd ed. Cambridge and London：The MIT Press, 1994：19.

② 陈波. 蒯因的自然化认识论纲领 [J]. 自然辩证法通讯，1995（4）：6.

③ W. V. Quine. "Natural Kinds", in Naturalizing Epistemology [C]. edited by Hilary Kornblith. 2nd ed. Cambridge and London：The MIT Press, 1994：66.

④ Jaegwon Kim. What Is "Naturalized Epistemology?" [J]. Philosophical Perspectives, 1988（2）：388 - 392.

然反对还原的经验主义和基础主义。但是，他本人仍然承认经验的基础作用，他仍然是个经验主义者。他承认，"经验论的两个基本信条仍然是无懈可击的，而且至今如此。一个信条是：对科学来说，所存在的一切证据就是感觉证据；另一个信条是：所有关于语词意义的传授，最终都必定依赖于感觉证据。"① 如此一来，他就仍然要面临休谟从经验主义引申出的怀疑论问题，② 特别是对因果观念的怀疑论问题。如果没有必要的逻辑规范，因果关系本身都无法得到说明，基于因果关系之上的科学的合理性如何得到说明呢？蒯因本人主张从科学内部反驳怀疑论。但这种想法不可能成立。如果他预设科学的合理性，并以此说明科学，这就陷入了循环论证。如果，他不预设科学的合理性，合理说明的来源又成了一个谜。看来，要说明科学的合理性而不借助知识论的规范是不可能的。

笔者认同上述批评，蒯因确实没有找到一个很好的理由表明，规范知识论的规范性诉求是不必要的，他对规范性问题的消除态度显然过于武断。另外，蒯因自然化知识论漠视了知识的社会方面，知识的社会因素是导致自然化知识论失败的一个重要因素。如陈波指出的那样，"自然化认识论作为一个全面的认识论纲领是不能成立的，其根本原因在于：它只看到人类认识是一自然现象，而几乎完全忽视了它更重要的是社会、历史、文化的活动与过程。"蒯因将知识论的任务限定在语言学习上同样有问题。知识论不能归结为对语言学习过程的经验研究。③

总而言之，蒯因激进的自然主义知识论是不成立的，对知识规范的研究不能被消除。

（二）转换论题的问题

并不是所有主张自然化知识论的人都要抛弃规范性。规范自然主义者劳丹就批评蒯因的激进主张说："我敢说，蒯因自认为，他把知识论贬低为'描述心理学'的一个分支是大胆射出的自然主义的子弹；但依我看，放弃知识论的规范性和批评功能……则更象是用这颗子弹射向了自己的脚。"④ 甚至就蒯因

---

① ［美］W. V. 奎因. 自然化的认识论［J］. 贾可春，译. 陈波，校. 世界哲学，2004（5）：80. 英文版参见 "Epistemology Naturalized", In Naturalizing Epistemology［C］. edited by Hilary Kornblith. 2nd ed. Cambridge and London：The MIT Press，1994，p. 25.

② AnarásKertész. On The De-naturalization of Epistemology［J］. Journal for General Philosophy of Science 33，2002：274.

③ 陈波. 蒯因的自然化认识论纲领［J］. 自然辩证法通讯，1995（4）：8.

④ Larry Laudan. Normative Naturalism. Philosophy of Science［J］. Vol. 57，No. 1，1990：45–46.

而言，消除规范知识论也是其前期的主张。① 蒯因后来也关注规范性在自然主义认识论中的作用。他说："知识论的自然化并没有放弃规范性，而是满足于对知识获得过程的描述。对我来说，规范的知识论是科学工程的一个分支，是追求真理的技术……当最终的要素（如终极价值、目的、预言）得以表达时，规范性就成为了描述性。"② 在对恒瑞·劳内的回复中，蒯因写道："规范性也被自然化了，但没有被丢弃。……规范的知识论在自然主义中是一个科学的工具，也是预测感官刺激的工具。它是科学的方法。"③ 强森指出，部分由于蒯因表述不严谨的原因，造成了普特南对蒯因的误解和批判，其实蒯因的本意并非要取消规范知识论。④ 国内学者夏国军和苗毅通过对蒯因文本严谨的解析，也发现自然化知识论并未抛弃规范性；他们认为蒯因有过建构理论的理想和实践，还尝试建立科学预测的若干规范，曾经制定过评价/检验科学理论的标准，依然在探讨真理问题。这些都说明蒯因确实如他自己所承诺的：知识论的自然化没有抛弃规范。只不过蒯因的自然化知识论从事的是一项经验论事业，它将规范问题本身视为经验研究的一个重要部分而已。⑤ 果真如此，那么自然化知识论的替代论题就是个假问题，而相对较弱的转换论题才是自然主义与规范主义之间的主要争论。这个争论的焦点在于知识规范是否可以完全通过经验研究获得。倡导转换论题的自然主义者就这个问题给出肯定的回答。如此一来，他们就对规范知识论的逻辑或先验的研究方法提出了挑战，虽然他们不主张取消知识规范。作为规范知识论者，为保全自身研究的独特性，必须接受这个挑战。为此，我们不得不弄清如下问题：对知识的经验研究会产生什么样的知识规范？这些规范是所有的知识规范吗？

　　转换论题的倡导者是温和的自然主义者。这样的温和自然主义者众多。有

---

① 甚至在同一时期的同一篇文章中，蒯因对自然主义的表述都具有激进和温和的两面性。苏珊·哈克就此做过研究，参见：SusanHaack. The Two Faces of Quine's Naturalism [J]. Synthese, 1993（94）：335－356. 另有学者根据蒯因的论述分析得出，蒯因的自然主义可以分为不同强弱的四种。参见：AnarasKertész. On The De-naturalization of Epistemology [J]. Journal for General Philosophy of Science, 2002（33）：272.

② Quine, w. v. "Reply to White", ed. Hahn, E. L. and Schilpp, P. A.. The Philosophy of Quine [M]. 1986：663－665.

③ Barrett Roger and Gibson Roger, ed. Perspectives on Quine [C]. Cambridge：Bassil Blackwell, 1990：229.

④ Bredo C. Johnsen. How to Read "Epistemology Naturalized" [J]. The Journal of Philosophy, 2005（2）：78－93.

⑤ 夏国军，苗毅. 规范的还是描述的——论自然化认识论的承诺 [J]. 内蒙古大学学报（哲学社会科学版），2010（6）：58－63.

论者认为戈德曼的可靠论是典型代表，并认为它也不能完全实现将知识规范自然化的任务。① 一般认为，劳丹，布朗和吉尔为代表的规范自然主义是主要代表。笔者采用一般说法，原因在于，可靠论并不直接主张将规范自然化，而是要论证知识可靠性这一规范，戈德曼的知识论典型的规范分析；而规范自然主义是针对自然主义与规范问题提出的理论，并明确提出用经验方法获得规范。由于劳丹的论述集中而系统，笔者在此主要考察劳丹规范自然主义的解释。劳丹明确地将通过经验研究获得知识规范的方法界定为"方法论的自然化"。对这种自然化了的方法论的功用和性质，他说道："方法论的自然化并非必然会破坏其规范化，恰恰相反，可以证明，完全'科学的'和具有很强'描述力'的方法论将会导致规范的结果。"②

劳丹将方法论自然化的总体观点总结如下：③

（a）知识论的规则最好被理解为连接手段和目的的假言命令；

（b）这些命令的可靠性依赖于某些经验陈述，这些陈述连接手段和目标；

（c）不同的认知手段促进不同的认知目的实现的频率是有差异的，有关这一差异的经验信息对于决定认知规则的正确性是不可或缺的；

（d）认知规范或规则建立于有关如何从事研究的理论之上，这些规则在知识系统中起作用的方式，与其他理论（例如科学理论）完全一样；

（e）通过强调认知规则和科学理论间的这种类似，论证了自然科学中指导理论选择的规则总是随着新的信息而改变和进化的，这与科学理论面临新的证据而改变的方式一样；

（f）认知的教条或规则与科学知识中的其他因素一样，也是易错的假设或猜测。这个总结中，（a）指出了工具主义的方法论规则，这一方法论规则是劳丹整个规范自然主义的核心。（b）和（c）则直接表明了这种方法论规则对经验事实的依赖性。（d）则进一步强化了自然主义的基本原则，认为这些认识论规则在性质上与其他科学理论存在相似性；（e）和（f）说明了认识论规则的易错性。在此，笔者主要考察前三条，这是自然化方法论的关键。

---

① 田小飞. 自然主义科学哲学及其规范性——基于多重维度的研究［D］. 北京：清华大学，2008：6-7；李侠. 自然化认识论转换命题的理论旨趣与存在的问题［J］. 学术研究，2007（4）：60-65；陈高华，李淑英. 戈德曼的可靠论成功维护了自然化认识论吗？［J］. 自然辩证法研究，2008（1）：35-38.

② Larry Laudan. Progress or Rationality？［J］. American Philosophical Quarterly，1987（24）：25.

③ Larry Laudan. Normative Naturalism［J］. Philosophy of Science，1990（1）：46.

劳丹实现方法论自然化的方法是对合理性问题进行工具主义说明。劳丹认为，工具理性是合理性的本质和核心，"不论合理性是别的什么东西，它是因人和因条件而异的。当我们说一个人的行动是合理的，我们至少是在判定，他相信他的行动方式能达到他的目的。"① 如果我们已经通过经验调查证实某些方法论规则有助于实现我们的目的，那么我们就有充分的理由用这些方法论规则评价这一情境中的行为，同时指导我们进一步的行为，如此，这个方法论规则就实现了其规范性或合理性职能。而这种方法论的获得完全是基于经验研究之上的。

为了进一步看清劳丹所获得的方法论规则的性质，有必要更详细地考察他将方法论自然化的具体方法，即上述（a）。为实现对合理性的工具主义解释，劳丹将方法论规则理解为假言命令，而不是传统规范知识论的绝对命令。具体而言，传统方法论规则的表述形式为："S 应该做 x"；劳丹认为它应表述为："如果 S 的目的是 y，那么，他应当做 x"。通过对方法论规则如此改造，合理性也就容易解释了。如果某种特定的行为 M 持续地促进了特定的认知结果 E 的实现，但过去的行为 N 却失败了。那么就可以假定未来遵循这样一个规则："如果你的目标是 E，你就必须做 M"，比遵循"如果你的目标是 E，就必须做 N"更合理。②

通过将方法论规则重述为假言命令，劳丹将认知的行动与目的联系起来。"因此，方法论规则就是关于工具和关于实现所求目的的有效手段的陈述。"③ 同时他认为这个规则就像一个科学假设［上述（b）和（c）］，可以从经验中获得，所以它独立于哲学，方法论规则也就被自然化了。

针对批评者提出的如何确定认知目标的合理性问题，为了进一步维护上述观点，劳丹提出了两个价值学（Axiology）标准用来对目标进行理性评价。其一是目标的可实现性。一个目标如果没有现实性，也就没有实现它的方法和手段。因此，它就不符规范知识论的合理性的标准。其二是这个目标与我们的实践和判断活动的一致性。④

在阐述了规范自然主义用工具理性对知识规范自然化的基本论证之后，我

① Larry Laudan. Progress or Rationality？［J］. American Philosophical Quarterly，1987（24）：21.
② LarryLaudan. Progress or Rationality？［J］. American Philosophical Quarterly 24，1987，p. 25.
③ Larry Laudan. Progress or Rationality？［J］. American Philosophical Quarterly，1987（24）：24.
④ Larry Laudan. Normative Naturalism［J］. Philosophy of Science，1990（1）：47.

们来考察这些论证是否成功。

第一，必须指出，笔者认同知识规范可以来源于经验研究。毕竟，通过归纳逻辑，对自然规律的发现和描述而获得的经验知识本身就是一种规范。因为它们都是普遍必然的，对我们的认知活动起着指导和评价作用。但笔者不认同，所有的知识规范都是自然规律，都需要归纳的经验研究。除了指导认知的科学规律以外，还有指导认知的逻辑规范。这些规范不是经验研究发现的。

第二，就如西格尔所评论的那样，规范性不能被限制在工具主义之中，普遍必然的形式的规范性仍是必需的。为此，他提出了两个批判：一个是，工具理性不能够说明认识论的规范性，因为它没法检验目标是否值得追求。另一个是，工具理性是建立在一个理性的绝对性概念之上的，如果没有理性的绝对性概念，那么就无法理解工具理性。① 笔者认同这两个批评。一方面，工具主义不能为评价目标提供合理性说明。人们为什么选择这样而不是那样的认知目标，以及应该寻求什么目标这些问题，工具理性不能提供规范回答。而这些问题本身就是一个有待进一步探讨的规范性问题。正因如此，劳丹才提出了两条价值学的标准来指导如何确定目标。而这两个标准并不是在工具理性中得到解释的。另一方面，工具主义当然不是理性的全部，而只是其中之一。如果缺乏一个更高层次的理性概念，工具理性本身的合理性都得不到辩护。即工具理性无法为工具理性辩护。

第三，劳丹选定认知目标的规则不合理。首先，对于什么是可实现性，劳丹很难给出有利于他理论的解释。可以设想，劳丹对可实现性给出二种解释：物理（因果）的可实现性、知识论（逻辑）的可实现性。所谓物理的可实现性，是指在当下物理条件下，根据已掌握的因果规律，可以实现的。如果劳丹这样界定可实现性，那么，在确定认知目标上，劳丹就落入"顽固的保守主义"窠臼。那些稍具超越性的可实现性（可能性）都被看作是乌托邦，被排除在认知目标之外。知识可能就止步不前了。这不仅不合理，也不符合人类知识进步的历史。知识论的可实现性是指只要不被知识的逻辑规范禁止的都是可实现的。如果劳丹如此界定可实现性，那么劳丹首先要面临的问题是确定知识规范。而按照其工具主义理论，在没有目标之前，不能产生任何待经验检验的

---

① Harvey Siegle. Naturalism, Instrumental Rationality, and the Normativity of Epistemology［J］. Proto Sociology, 1996：36.

假设命题，更不能产生规范。如此劳丹的理论就进入了死循环——也就是说劳丹无法确定一个原初的认知目标，用以产生规范。其次，第二个标准说的一致性并不能对确定目标真正起作用。因为在人类认知现实中，矛盾的目标比比皆是。在科学发展的历史中，相互矛盾的理论、解释并行不悖，它们都能成为认知的目标，虽然最后的知识结果不能容忍这种矛盾。最后，认知中相互矛盾的目标总是可以通过调整实践的目的或理论的目的得到调和。总之，劳丹从工具理性的观点中得出的对知识论目标评价的两个标准是无用的。

从上述对替代论题和转换论题的考察中，我们看出，无论是替代策略，还是规范性的转换策略，都并未解决知识论的规范性问题。

二、自然主义与先验性①

知识规范是否具有先验性，是自然主义与规范知识论争论最激烈的论题之一。先验性是笔者主张的某些知识论规范的特征，因此有必要对自然主义与先验性的关系做进一步论述。从上述考察替代论题和转换论题的情况来看，既然它们要么取消规范，要么将规范自然化、经验化，那么它们必定反对先验的知识规范（先验知识之一部分），虽然这种反对大部分是间接的。以上论述已经表明两个论题都不成立，因此它们反对先验规范也会间接地失去效力。但为更直接地回应对先验规范的反对，我们必须考察直接反驳先验规范的论证。另外，并不是所有自然主义者都反对先验规范。雷伊、戈德曼和基奇尔等试图重新澄清先验的定义，并努力证明先验这一概念能融入自然主义认识论。为了澄清先验规范的具体含义，考察这种对先验性进行修正的进路也是必需的。为更公正地评价自然主义对知识先验规范的论述，让我们从澄清先验规范及其相关概念开始。

（一）先验概念的澄清及其与经验的关系

有论者考证过，在哲学中"先验"这一术语的使用，由来已久；从康德使用先验（a priori）概念以来，其意义也几经变更。② 由于当代哲学中使用的

———————

① 本节部分内容据笔者已发表的文章"康德命题分类思想的混淆与澄清"修改而成。参见：尹维坤. 康德命题分类思想的混淆与澄清 [J]. 安徽理工大学学报（社会科学版），2016（3）：12 – 18.
② 王漪. 经验中的先验 [D]. 杭州：浙江大学，2010：66.

先验概念大致源于康德为"先验"界定的意义，本章不再叙述先验概念的历史渊源，而直接从康德开始考察先验概念。

康德哲学中的"transzendental""transzendent""a priori"中文译名比较通行的分别是先验、超验、先天，这种译法主要出于蓝公武先生。不过，有学者对这种译法已提出商榷。陈晓平先生认为，"a priori"本义就是先于经验的意思，只是蓝先生把"先验"一词给了"transcendental"，为了加以区别，才引入"先天"一词作为"a priori"的译名。但是，"先天"一词有发生学的意味，因而不妥。从康德对"transcendental"和"a priori"的用法来看，前者主要用于整个哲学系统和方法论——如"transcendental philosophy""transcendental method"等，而后者主要用于其中的部分——如"a priori synthetic judgment""a priori category"。因此，陈晓平先生把"transcendental"和"a priori"分别译为"先验论的"和"先验的"；相应地，中文文献中通常所说的"先天综合判断"和"先天范畴"应为"先验综合判断"和"先验范畴"。就此而言，这两个术语看成是可以互换的。另外"transcendental"和"a priori"的共同特点是：先于经验却用于经验，而不超越经验。与之不同，在康德那里，"transcendent"不仅先于经验，而且超越经验，因而为人的认识所不及，具有这种性质的对象只不过是一种假象。① 本书采用这种译法。对于本书所引译本，使用了"先天的"译法的，出于尊重原文考虑，笔者予以保留，但将按照陈晓平先生的说法，理解成"先验的"，以利于全书概念的统一。由于康德本人对术语界定和使用并不十分严格，需要另外澄清和解释之处，将另行说明。

对于先验（先于经验）的理解，笔者必须做出澄清。在康德哲学中，先验之"先于经验"，**并不是时间上、事实上先于经验存在；而是逻辑上、形式上先于经验**。"按照时间，我们没有任何知识先行于经验的，一切知识都是从经验开始的。"② 什么是逻辑上、形式上先于经验呢？回答这个问题需要结合康德批判哲学的核心概念"先验综合判断"③ 来理解。在回答"知识如何可能"这个问题时，康德认为是先验综合判断使知识成为可能。先验综合判断形

---

① 陈晓平. 可知与不可知之间 [J]. 现代哲学，2009（5）：81.
② ［德］康德. 纯粹理性批判 [M]. 邓晓芒，译. 杨祖陶，校. 北京：人民出版社，2004：1.
③ 判断与命题两个概念之间有细致的区别，但这本书中，这种区别不妨碍对内容的理解。为行文方便，笔者将判断与命题看成是相同的概念，它们在本书中具有相同的含义，可以互换。

成于先验统觉通过先验认识形式（范畴和直观形式）对经验材料的综合。没有先验认识形式就不可能有这种综合，从这个角度而言，先验认识形式是先于经验的。但是先验认识形式并不能在事实上独立于经验存在，它们只能在经验范围内使用，离开了经验、越出经验范围，它们的使用就是超越的使用。① 所以康德指出先验在事实上和时间上总是与经验密切联系的。康德谈道："即便是空间和时间，无论这些概念多么纯粹得没有任何经验性的东西，无论它们多么确定，以至于它们完全先天地在心灵中被表象，如果它们不被指明在经验对象上的应用，它们就毕竟没有客观有效性，没有意义和含义……一切概念都没有区别地是这种情况。"② 概念（范畴）"永远不能仅仅从这样的概念出发就本身来说而成立，而是在任何时候都唯有作为一般经验的形式的和客观的条件才成立。"③"因此，经验的可能性就是赋予我们一切先天知识（先验认识形式和原则，引者注）以客观实在性的东西。"一切先验认识形式和原则虽然在逻辑上是先于经验的，但在实际应用中却并非与经验无关，恰恰相反，它们必须通过经验显现。"虽然我们在哲学里能孤立纯粹概念而且'在其纯洁上'设想到它们，但是它们在我们寻常的全部经验里都是以我们不断关于经验性的对象所作出的判断那种形式表现出来的。"④

很明显，康德的在逻辑上先于经验的"先验"并不是与经验对立的概念；在知识命题中，它们是紧密结合的；没有独立于经验而存在的先验，也没有独立于先验而存在的经验。所以，那种一贯地认为经验与先验是相互独立并且对立的观点，是片面的。但是，必须注意，这里所说的联系，是指知识的形成过程必然由两个方面的因素相互作用，而并不是说所有知识的内容都是经验性的。正是在知识命题如何形成的意义上，康德甚至将没有经验内容的几何和算术命题都看成是先验综合命题，因为它们也是先验范畴作用于感性直观形式（时空）——而非感性直观的内容——得来的。与此同时，康德又强调有一种"先天的知识。"这种知识因为"完全没有掺杂任何经验性的东西"而被称为"纯粹的"，康德将它命名为"先天的知识"（即先验知识）。⑤ 数学（算术和

① ［德］康德. 未来形而上学导论［M］. 庞景仁，译. 北京：商务印书馆，1978：172.
② ［德］康德. 纯粹理性批判［M］. 李秋零，译注. 北京：中国人民大学出版社，2011：158.
③ ［德］康德. 纯粹理性批判［M］. 李秋零，译注. 北京：中国人民大学出版社，2011：198.
④ ［英］H. J. 裴顿. 康德的经验形而上学［M］. 韦卓民，译. 武汉：华中师范大学出版社，2009：202.
⑤ ［德］康德. 纯粹理性批判［M］. 邓晓芒，译. 杨祖陶，校. 北京：人民出版社，2004：2.

几何）知识属于这类知识。另外，康德还从先验知识的必然性上加以界定。他认为，先验知识是严格意义上普遍必然的。[①] 由于这种先验知识由先验命题表述，因此，先验命题也是严格的普遍必然的。[②] 这里数学知识既是先验综合命题，又是先验知识（命题）会潜在地导致矛盾。这种矛盾在后文进一步澄清几种命题概念之后，会明显起来。

与先验概念相应，康德还使用了后验（a posteriori）概念。这个概念用来指知识中的经验来源，因此，后验概念就是经验概念，它也不与先验对立。

然而，需要特别指出的是，现代哲学，特别是分析哲学和语言哲学中，确实存在一个与"经验"或"后验"对立的"先验"。这种将"先验"与"经验"对立起来的理解，在蒯因批判的逻辑实证主义的教条：分析和综合二分，以及克里普克对命题分类的独特创新中体现得尤为突出。这种意义上的"先验"与康德对命题分类的思想也是紧密相关的。康德将先验综合判断与分析判断和综合判断并列的举动无意中为"先验"一词引入了另一种意义：在时间上先于或独立于经验。因为康德将先验综合判断与分析判断、综合判断并列为第三种判断后，分析判断由其必然性以及这种必然性来自于矛盾律，就被看成是先验必然命题；综合判断则由于其偶然性以及这种偶然性来自经验，就被视为后验偶然命题。如此，分析判断、综合判断和先验综合判断的区分就变成了先验必然命题、后验偶然命题和先验综合命题区分。又由于分析判断（先验必然命题）的赋值（判定真假）仅需矛盾律而无需经验检验，其中的"先验"一词就从命题赋值角度被赋予了"在时间上先于或独立于经验"的意思；相应地，综合判断（后验偶然命题）的赋值不仅需矛盾律而且还需经验检验，其中的"后验"就被赋予了"在时间上后于或不独立于经验"的意思。原本在康德的观念中，先验性和必然性是统一于分析性中的。但对命题做出三分之后，三者就有分离可能。虽然在康德命题体系中，先验偶然命题和后验必然命题是不可能的。但到克里普克对先验和后验、必然和偶然、分析和综合做出自己的理解后，先验偶然命题和后验必然命题就顺理成章了。此时的"先验"不再是先验综合判断中"先验"的意思。因此，一定意义上，康德的命题分类思想对分析哲学和语言哲学先验概念的出现起到促进作用。然而，先验综合

---

① ［德］康德. 纯粹理性批判［M］. 李秋零，译注. 北京：中国人民大学出版社，2011：31.
② ［德］康德. 未来形而上学导论［M］. 庞景仁，译. 北京：商务印书馆，1978：21.

判断不应与分析判断和综合判断并列为三种不同的判断。康德的这一做法导致先验知识的载体先验命题逐渐隐没。

（二）康德的命题分类及其问题

先验知识除了是必然的、不包含经验内容以外，它具体是什么呢？这是我们应对自然主义反对或改造先验规范所必须回答的问题。在澄清先验知识的具体内容和表现形态之后，才能正确地断定自然主义对先验规范的反对或改造是否成功。为方便指出先验知识在人类知识总图景的位置及其具体内容，我们还需进一步分析与知识陈述形态密切联系的几个命题概念：先验综合命题、先验命题、分析命题和综合命题等，以及命题分类方法。需要提醒的是，由于概念众多且多少有点杂乱，接下来的讨论特别需要细致和耐心。

让我们从康德的命题分类思想入手，进一步澄清先验命题和先验论的命题在知识命题中的地位。康德论述其命题分类思想的起点是区分分析命题和综合命题。康德认为，一切命题，从主词对谓词的关系来考虑，有两种不同的类型，即分析命题和综合命题。根据主词和谓词的包含关系：如果一个命题的主词以包含的关系与谓词关联，那么这个判断就是分析命题；如果一个判断的主词不是以包含的关系与谓词关联（谓词外在于主词），那么这个命题就是综合命题。分析命题的谓词没有给主词增加新内容，只是把主词原先暗含的内容展示出来，因此也可称作**解释命题**；综合命题的谓词则给主词增加了新内容，因此也可称作**扩展命题**。① 分析命题遵循的原理是矛盾律；综合命题除遵循矛盾律以外，还遵循另外一种原理（至于具体什么原理，康德语焉不详，笔者称之为经验检验原理）。康德据此提出一种既具有分析命题的必然性，又具有综合命题的扩展性的先验综合命题。根据康德对先验综合命题性质的界定，其中的先验性就是指命题的必然性，综合性则指内容的增长性。在康德的理解中先验性与必然性是一体两面的，这就是他将分析判断说成是"先天知识"即先验知识的缘由。②

康德上述命题分类方法会导致一系列混乱。让我们从考察先验综合命题包括哪些命题开始。

---

① ［德］康德. 纯粹理性批判［M］. 李秋零，译注. 北京：中国人民大学出版社，2011：35.
② ［德］康德. 未来形而上学导论［M］. 庞景仁，译. 北京：商务印书馆，1978：19.

康德在阐述先验综合命题的必然性和扩展性时，以因果关系命题为例加以说明。由此我们知道，康德的先验综合命题中至少包含诸如"一切发生的事物都有其原因"这样的命题。据康德认为，由于这类命题中，原因概念完全外在于发生的事物的概念，它表示某种与发生的事物不同的东西，因此是综合的；同时这类命题又具有不依靠经验的必然性——因为上述因果原理不仅仅是以更大的普遍性，而且也以表达出来的必然性，因而完全是先天地并从单纯的概念出发，把后面这些表象加到前面那个表象上。①此外，从康德将回答"纯粹数学如何可能""纯粹自然科学如何可能""形而上学如何可能"等问题都归结为回答"先验综合判断如何可能"这个总问题上看，康德一定认为数学知识、自然科学知识和形而上学知识都是先验综合命题表述的知识。由此不难推断，康德认为数学（算术和几何）命题、自然科学命题和形而上学命题都是先验综合命题。

在此，康德命题分类思想的问题初露端倪。如果康德将分析命题、综合命题和先验综合命题并列的观点，以及先验综合命题包含数学命题、自然科学命题和形而上学命题的观点是正确的，那么分析命题和综合命题包含哪些知识命题呢？康德除了在提出分析命题和综合命题区分时，列举了"一切物体都有广延""黄金是一种黄色的金属"等分析命题和"一切物体都是有重量的"这一综合命题外，再没有给出这两类命题的具体内容。而除了数学知识、自然科学知识和形而上学知识以外，康德并没有讨论其他的知识类型。由此推断，分析命题和综合命题几乎没有什么可以归属其下的知识，因而成为空洞的命题类型。事实上，康德所认为的"一切物体都有广延""一切物体都是有重量的"这些命题都是自然科学知识，而自然科学知识是用先验综合命题表述的。如此一来，分析命题、综合命题和先验综合命题三种平行的命题种类就包含了相互重叠的内容。这是有问题的。

问题不止于此。根据康德关于分析命题和综合命题赋值方法不同的观点，人们不禁要问，我们应该根据什么一以贯之的方法判定先验综合判断的真值呢？对此，康德没有给出答案。事实上他不可能给出这种方法。因为先验综合命题既包括数学命题又包括自然科学命题，判定这两类命题的真值的方法如此不同，在其中似乎找不到共同点。导致这种困难的原因正是康德错误地将先验

---

① ［德］康德. 纯粹理性批判［M］. 邓晓芒，译. 杨祖陶，校. 北京：人民出版社，2004：10－11.

综合命题与分析命题和综合命题并列起来。另外，康德既试图从主词与谓词的包含关系上将命题分为"分析的"和"综合的"，又试图从命题的赋值方式上界定两类命题，也是导致上述问题的根源。康德将那种包含关系称为"同一性"关系。这种"同一性"关系十分模糊。经过逻辑经验主义的改造，主谓词之间是否符合同一性标准被是否符合同义性标准代替，成为界定分析命题和综合命题界线。由于同义性概念的引入，分析命题与综合命题的划界标准变得更为清晰：一切通过对命题中概念的意义分析，仅使用矛盾律就能判定真假的命题是分析命题，这种命题的真值具有逻辑规律赋予的必然性；综合命题还要通过经验检验才能判定其真值，其真值是偶然的。正是从验证命题真假这个清晰的划分标准看，逻辑经验主义反对康德的先验综合判断，认为这是一种不存在的命题形式。在笔者看来，逻辑经验主义划定分析命题和综合命题的标准要比康德的标准合理。这也是现在人们一般沿用逻辑经验主义意义上的分析命题和综合命题的原因。但是，逻辑经验主义否认存在先验综合命题是不对的。因为先验综合命题根本不是与分析命题和综合命题并列的命题类型。

康德将数学命题、自然科学命题划归到先验综合命题之下还会导致另一个问题。就数学命题和自然科学命题而言，我们知道它们的普遍必然性是十分不同的。一般而言，数学命题的必然性要高于自然科学命题的必然性。数学命题（尤其是算术命题）的真值被认为是无需经验检验的，它的必然性具有类似于逻辑命题的必然性；而自然科学命题的真值则依靠经验检验确定，其必然性跟逻辑的必然性相去甚远。两种如此不同的必然性如何用先验综合命题中的先验性予以解释呢？尤其是与经验密切相关的自然科学命题中的必然性如何用先验性解释？康德在这个问题上遇到了麻烦。康德将必然性（知识的客观性或普遍必然性）区分为严格的普遍必然性和非严格的普遍必然性。前者是先验性，后者是主体间性。康德通过先验论证从知识的普遍表述形式（命题形式）中发现了理性的先验认识形式。这些形式是使知识成为可能的先验条件。由于这些条件具有先验性，知识才具有普遍必然性。但是经验知识的主体间性并不能用认识形式的先验性完全解释。康德也始终没有解释非严格的普遍必然性是如何可能的，即他没有解释自然科学命题的主体间性。① 既然自然科学命题的必然

---

① 对此拙文《康德解释了自然科学的客观性吗？》有详细论证。参见：尹维坤. 康德解释了自然科学的客观性吗？[J]. 科学技术哲学研究，2013（1）：44−47.

性是主体间性，而且康德不能用先验性解释它，那么自然科学命题的必然性就与先验综合命题的必然性不相符。又由于自然科学命题中的主体间性恰好来自经验，而且经验包含偶然性，如此康德所言的先验必然的自然科学命题就成为后验偶然命题（综合命题），而不是先验综合命题。这出乎康德意料！此外，自然科学命题与数学命题的重要区别也在于主体间性：数学命题具有严格的普遍必然性，不具有主体间性；自然科学命题则既包含先验形式的严格的普遍必然性又包含主体间性。这种明显的区别向康德提出问题：为什么具有如此不同必然性的命题都属于先验综合判断呢？康德没有意识到这个问题，也没有对问题的解决给出有益提示。在笔者看来，要解决这个问题，必须对命题分类作必要调整。

除上述提及的从命题包含的知识内容上区分的数学命题、自然科学命题和形而上学命题外，康德还提出了一种表述"先验知识"的"先验论命题"。这种命题的提出进一步增加了康德命题分类思想的混乱。"先验论命题"在康德的命题分类体系中应归属于哪一类呢？在回答这一问题之前，必须就"先验知识"的使用做一番解释。康德本人对"先验"和"先天"在知识种类上做了区别。在康德看来"先天知识"包括"先验知识"，"先天知识"比"先验知识"外延更广。属于"先天知识"的数学知识不是"先验知识"。康德把"先验知识"界定为"一切不研究对象，而是一般地研究我们关于对象的认识方式……的知识称为先验的。"[1] "并非任何一种先天知识，而是惟有使我们认识到某些表象（直观或概念）仅仅先天地被应用或者仅仅先天地可能以及何以如此的知识，才必须称之为先验的……"[2] 总之，在康德看来，"先验知识"就是关于先验认识形式的知识。由于我将"先验"和"先天"看作同义词，而康德的"先验"对应于我理解的"先验论的"，因此康德的"先验知识"就是我的"先验论的知识"。如此在本书中，康德的"先天知识"和"先验知识"，就分别等同于"先验知识"和"先验论知识"。其中，先验知识包含先验论知识。康德将先验论知识又称为"纯粹的先天知识"。先验知识和先验论知识都是严格的普遍必然的，它们分别由先验命题和先验论的命题表述。先验论命题是先验命题的子类，它们都是普遍必然的。康德还认为一切分析命题都

---

① ［德］康德. 纯粹理性批判［M］. 李秋零，译注. 北京：中国人民大学出版社，2011：45.
② ［德］康德. 纯粹理性批判［M］. 李秋零，译注. 北京：中国人民大学出版社，2011：78.

是"先天知识"，即先验知识。① 又由于康德将"先天知识"界定为没有经验内容的必然知识，数学知识就成了"先天知识"的子类。如此，数学命题和分析命题都是表述"先天知识"的"先天命题"。但在康德的理论中，数学命题属于先验综合命题，与分析命题截然有别，它们怎么可能是同一类命题呢？再者，分析命题虽然是必然的，但它并不是没有经验内容的。比如，"黄金是黄色的金属"这个命题虽然是分析命题，但其中包含经验内容。因此，说分析命题都表述"先天知识"并不妥当。如果康德对"先天命题"的界定是合理的，那么它在整个命题分类系统中应该处于什么位置？从它不具有经验内容来看，它不应该是综合命题，也不能完全归入先验综合命题——因为先验综合命题不包含分析命题。如此看来，它要么属于分析命题，要么独立于上述三种命题，成为第四种命题。如果我们出于同情的理解，尽量使康德命题分类成为一个体系，将其归入分析命题可能更合适。但是如此一来，数学命题就成了分析命题，而不是先验综合命题了。综上，康德命题分类思想的混乱和矛盾由此可见一斑。

为看清康德命题分类方法的诸多矛盾，我们将上面讨论的各种命题的关系，根据康德在《纯粹理性批判》和《未来形而上学导论》中的表述，做一个清理。② 按照康德的观点，我将这些命题的关系用图1-2表示出来。

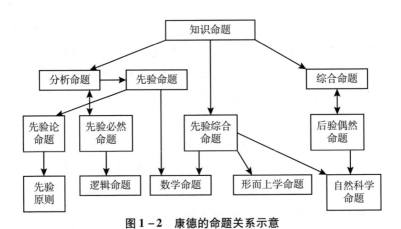

图1-2 康德的命题关系示意

注：图中单方向箭头表示命题种类的分划关系，双箭头表示等同关系。

---

① ［德］康德. 未来形而上学导论［M］. 庞景仁，译. 北京：商务印书馆，1978：19.
② ［德］康德. 纯粹理性批判［M］. 邓晓芒，译. 杨祖陶，校. 北京：人民出版社，2004：8-14；［德］康德. 未来形而上学导论［M］. 庞景仁，译. 北京：商务印书馆，2009：16-25.

将前面所述内容与图 1 – 2 结合起来，我们可以得到如下矛盾和混乱：

（1A）既然数学命题即是必然真理，又无经验内容，无须经验检验，那它就是先验命题，因此它是分析命题。

（1B）数学命题是先验综合命题。

（2A）自然科学命题是先验综合命题。

（2B）自然科学命题是后验偶然命题，即综合命题。

（3A）"红旗是红色的"是分析命题。

（3B）"红旗是红色的"是先验综合命题，因为它是先验认识形式综合感觉材料得到的。

（4A）既然一切命题都是先验认识形式综合感性直观（形式或质料）得来的，那么一切命题都是先验综合命题。

（4B）如图 1 – 2 所示，并非一切命题都是先验综合命题。

这些矛盾和混乱表明，如果我们想继承和发展康德先验认识论中的合理成分，尤其是继承和发展他的先验综合命题对解决"知识如何可能"问题的贡献，以及它反驳怀疑论的功用，那么我们有必要对他的命题分类作必要改进。

（三）对康德命题分类的改进

康德对命题的理解和划分所出问题的关键在于：第一，混淆了先验综合命题的性质，并错误地将它看成是分析命题和综合命题之外的命题。第二，对分析命题和综合命题的界定不合理，不应该用主词与谓词的关系来界定它们，而应该从它们的成真条件上区分。基于这两条基本认识，笔者对康德的命题划分作如下改进：

（1）**从形成命题的最终活动方面看，所有命题都是先验综合命题，先验综合是形成命题的唯一最终的活动。** 除了这种产生命题的意识活动外，其他生成命题的活动，比如语义分析、命题推论等，都是衍生的。关于先验综合是形成命题的最终唯一活动，可以在康德自己的论述中找到根据。第一个最明显的根据就是康德用先验综合判断解释知识何以可能的论述。康德从这个问题出发，用先验论证的方式，发现了先验直观形式和先验范畴；然后引出先验统觉，它的先验综合功能形成了数学、科学等知识。第二个根据是康德对综合先于分析的论述。康德认为所有知识的可能性最后都必须以先验统觉的综合统一性为条件。他说道，先验统觉的综合统一"这种行动原初必须是唯一的，并且适用于一切联结，而分解，亦即分析，看起来是它的对立面，毕竟在任何时候都以它为前提条件；在知性事先没有把任何东西结合起来的地方，它也就不能分解任何东西，因为这东西唯有通过知性才能作为结合起来的东西被给予表象力。"① "因此，只有通过我能够把被给予的表象的杂多在一个意识中联结起来，我才能表象这些表象本身中的意识的同一性，也就是说，统觉的分析的统一性惟有以某种综合的统一性为前提条件才是可能的。"② "在对我们的表象作出任何分析之前，这些表象必须事先已经被给予了，而且任何概念就内容而言都不能以分析的方式产生。"③ 总之，先验综合乃是分析的条件。"离开了综合，我们所有的就会是一些单纯互无联系的成分，我们就不会有任何东西是能描述为需要加以分析的确定性的内容了。没有某确定性的内容在心的面前被抓在一起，那就不能有知识的任何可能性；而就知识是依靠心的活动的这点来说，知识的第一性起源应该在综合里而不应在分析里去寻找。"④ 如此，先验综合是形成命题的唯一终极活动。

（2）**先验综合活动形成的命题，从它们的成真条件来划分，可分为分析命题、综合命题和形而上学命题**。分析命题在语义规则和意义公设的基础上，通过语义分析、用矛盾律就能判定真假；综合命题用经验检验判定真假；形而上学命题（本体论命题)⑤ 没有真假可言，正如康德所言，科学的形而上学是不可能的。由于知识命题是有真假的，形而上学命题没有真假，因此，形而上学命题不是知识命题。由此，我们可以将所有通过先验综合活动形成的命题分为知识命题和形而上学命题。分析命题是必然的；综合命题是偶然的。逻辑实证主义者纠正了康德将先验综合命题与分析命题、综合命题相提并论的错误，但又矫枉过正，过犹不及地丢掉了先验综合命题。笔者在此兼顾了康德和逻辑经验主义各自的优点而摒弃了它们的缺点。⑥

（3）**逻辑命题、数学命题、经验科学命题和先验论命题是从内容方面对**

---

① ［德］康德.纯粹理性批判［M］.李秋零，译注.北京：中国人民大学出版社，2011：107.
② ［德］康德.纯粹理性批判［M］.李秋零，译注.北京：中国人民大学出版社，2011：108.
③ ［德］康德.纯粹理性批判［M］.李秋零，译注.北京：中国人民大学出版社，2011：91.
④ ［英］H. J. 裴顿.康德的经验形而上学［M］.韦卓民，译.武汉：华中师范大学出版社，2009：247.
⑤ 由于"形而上学"概念的含义较为模糊，在不同哲学分科中有不同理解，本书的形而上学命题单指康德所谓先验认识形式超越的（对理念对象的）使用而形成的本体论（关于上帝、物自体和先验自我的）命题，比如"世界的本原是 X"这一类命题。
⑥ 有必要表明笔者对蒯因批判分析/综合二分的看法。笔者认为蒯因的批判并不成功，这在后面论述。笔者同样不认同克里普克的命题分类观点，但限于主题与篇幅，需另文论述。

命题的划分。其中，逻辑命题、数学命题和先验论命题是分析命题。① 经验科学命题中既有分析命题又有综合命题，这取决于检验命题真假的方法。

（4）为避免概念混淆，并维护"先验"之"逻辑上、形式上先于经验"的意义，在命题分类中不再使用其"在时间上先于或独立于经验"的意义。因此，笔者主张**取消后验综合命题和先验分析命题这样的划分，并进一步取消克里普克提出的先验偶然命题和后验必然命题的划分**。在人类知识的讨论中，我们只在一个可能世界，即在以人类的先验认识形式规定的现实世界内思考问题。因此对于"必然性""偶然性"基于可能世界语义学上的形而上学意义②就被转化为"先验性"——它是人类知识形式上的普遍必然性，和"主体间性"——它是经验科学知识中经验主体间的普遍必然性。对这种两种普遍必然性，笔者在拙文《康德解释了自然科学的客观性吗？》中有详细论述，出于篇幅考虑，本书不再赘述。③ 另外克里普克基于他独特的命名理论对先验偶然命题和后验必然命题的划分，也有值得商榷的地方。陈晓平先生已经指出："先验偶然性和后验必然性是关于一个语言系统的意义公设的判别，是立足于一个语言系统之外的界定；而先验必然性（分析性）和后验偶然性（综合性）是关于一个语言系统之内的命题的判别，是立足于一个语言系统之内的界定。"④如果我们将现实世界理解成一个语言系统，那么先验偶然命题和后验必然命题就没有存在的理由，它们最终会转化成为分析命题和综合命题。事实上，现实世界在认识论讨论中就是一个语言系统，陈先生也已经指出了这种转换机制。

---

① 据陈晓平先生认为，数学（算术和几何）命题并非都是分析命题，其中算术命题是分析命题，而几何命题是综合命题。具体论证参见：陈晓平. 先验综合命题辨析——兼评康德的二律背反［J］. 华南师范大学学报（社会科学版），2010（5）：101－106. 他的主要理由是，欧氏几何与非欧几何具有完全不同的第五条公理，而且爱因斯坦的相对论已经证明空间是弯曲的，因此"现代科学表明，在大范围的宇宙中，空间是弯曲的而不是平直的，只是小范围的空间近似地是平直的。这进而表明，无论欧氏几何的公设或非欧几何的公设都不是先验综合判断，而是后验综合判断，其真实性必须经受经验的检验。……因此，几何学与数学不是同一类知识，几何学如同物理学属于后验综合知识，尽管其中的定理可以从其公理中必然地演绎出来。"（p. 102）在笔者看来，这个理由并不支持"几何命题是综合命题"的观点。原因是，非欧几何并不是在经验的基础上提出不同于欧氏几何的第五公理。非欧几何和欧氏几何一样，第五公理都是意义公设。欧氏几何的第五公理没有得到证明，非欧几何的第五公理同样没有得到证明。非欧几何是将欧氏几何第五公理替换后，仍然保持逻辑一致的命题体系。不同的第五公理是不同几何类型的不同公设，后来的经验应用并没有证明欧氏几何是一个矛盾和错误的体系。从根本上说，不同几何体系的选择不以经验为基础的。不同第五公理也不能相互证伪。因此笔者仍然维持通常看法，认为几何命题是分析命题。

② 克里普克. 同一性与必然性［C］//语言哲学名著选辑：英美部分. 北京：三联书店，1988：378.

③ 尹维坤. 康德解释了自然科学的客观性吗？［J］. 科学技术哲学研究，2013（1）：44－47.

④ 陈晓平. 先验偶然命题与后验必然命题——兼评蒯因和克里普克的意义和命名理论［J］. 哲学研究，2001（2）：65.

另外一个理由是，克里普克所谓的先验是事实上和时间上先于经验的意思。他对"巴黎米尺"定义的先验偶然性的讨论中所使用的"先验"，是指定义活动先于定义的检验的意思。如此理解的先验正是康德意义上的经验，他所谓的先验偶然命题本质上不过是一个真值随经验变化的综合命题。而他的后验必然命题本质上也是一个被经验证实的综合命题。此外，克里普克基于他独特的命名理论对先验偶然命题和后验必然命题的划分，已有学者提出致命的反对意见。①

（5）**分析命题可进一步分为非纯粹必然命题（有经验内容的必然命题）和纯粹必然命题（无经验内容的必然命题，即康德意义上的先天命题）**。前者包括诸如"红旗是红色的""绿叶是绿色的""黄金是黄色的"等这类**无聊命题**和"单身汉是未婚男子"这类包含经验的**约定命题**，以及其他包含经验内容、基于约定命题之上的分析命题，比如，"没有一个单身汉是已婚的"；② 后者也称之为**先验命题**，它包括逻辑命题、数学命题和**先验论的命题，即表述先验论知识的命题。它是通过先验论证得到的关于人类先验认识形式和原则的知识**。因此，先验论命题只在有限的范围内存在。在此有必要指出的是，由于先验论命题是通过先验论证，对人类知识的一般形式的分析后发现的，因此它们是无经验内容的、纯粹的；又由于它们是人类知识的最终规则，除此之外，再无其他工具能够对它们的真假进行检验，因此它们是必然的，就像人类不得不接受的意义公设一样。基于此它们理所当然属于先验命题和分析命题。正是因为先验论命题具有分析性，康德所举的两个例子——"一切物体都有广延"是分析命题，"一切物体都是有重量的"是综合命题——才好理解。事实上"物体"和"广延""重量"并不是康德所说的包含或不包含的关系。纯粹的语义分析不可能从"物体"概念分析出"广延"概念。在这个意义上两个命题没有区别。"一切物体都有广延"之所以是分析命题，仅仅在于它与这样一

---

① 陈波是怀疑克里普克新型命题类型的代表，他在其文章中详细地批判了克里普克的论证。参见：陈波．存在"先验偶然命题"和"后验必然命题"吗（上、下）——对克里普克知识论的批评[J]．学术月刊，2010（8）：51–58；2010（9）：36–48．陈晓平先生则对克里普克的新型命题作出有条件的化归，认为它们在一个命题系统中仍是分析命题和综合命题。参见：陈晓平．先验偶然命题与后验必然命题——兼评蒯因和克里普克的意义和命名理论[J]．哲学研究，2001（2）：59–65．
② 虽然数学和逻辑中也会出现类似的同语反复命题，但是逻辑用这种命题表示同一律，而数学用此表示等量关系，因此它们有不可取代的作用，不能称之为无聊。唯有此类经验命题，除了有限的修辞作用外，实属无聊，因为讨论知识命题与修辞无关。另外，约定命题本质上是定义，之所以将定义看成是必然真的分析命题，是因为，定义一般而言就是一个语言系统的语义规则和意义公设，是普遍接受的基础。虽然有旧定义被新定义替换的情况，但是这不能说旧定义为假，新定义为真。因为，一个被替换的定义已经不是定义了，因此没有定义为假的情况，定义只有实用不实用的情况。

个先验论命题同义："一切物体都以空间的形式呈现"，而空间性就是广延性。与此不同，"一切物体都是有重量的"是综合命题，原因在于这个命题只不过是牛顿力学体系的逻辑后承。牛顿力学是受经验检验的自然科学，它的所有逻辑后承理所当然是综合命题。当然，有必要指出，先验论命题与一般的分析命题之间有微妙区别——先验论命题的真必然性来源于非如此不可的不可想象性（即不可能想象有另外一种先验认识原则），而一般分析命题的真的必然性来自矛盾律。但是从它们都无须经验检验，而且是必然真这个角度而言，将它们称为分析命题仍是合适的。另外，对于先验论命题除非如此否则不可想象的必然性，有人会问，如果它们真是人类认识的最终规则，人类又是通过什么更高的理性工具发现它们的呢？答案很简单，先验统觉具有自反的思维特性，通过反思发现自身。其实，整个先验论证的实质不过是理性的反思。当然，这种反思倒不是一件容易的事。为了发现先验认识形式和原则，我们必须进行长期的训练，"直到长期的训练使我们能够注意到它并熟练地将它分离出来以前，我们是不会把它与那些基本材料区分开来的。"① 这种长期训练康德至少花费了 10 余年。

综上，我们澄清了各种命题的关系，并发现**先验论命题就是知识论先验规范的表述形式**，其包含的内容是人类先验认识形式和原则。在这些基础之上，我们才能正确地评价自然主义对知识先验规范的理解。

经过改进后，知识命题的关系如图 1-3 所示。

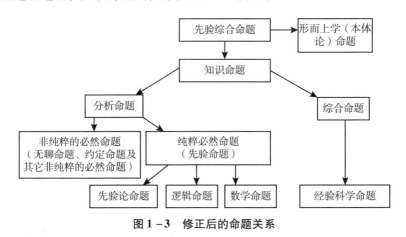

图 1-3 修正后的命题关系

注：图中单方向箭头表示命题种类的分划关系。

---

① ［德］康德. 纯粹理性批判 [M]. 邓晓芒，译. 杨祖陶，校. 北京：人民出版社，2004：1.

（四）对先验反对论的批判

蒯因、戴维特是全盘否定知识先验规范的自然主义的代表。

蒯因反对先验规范的理由可总结为两个：第一，任何命题都是可修正的，因而不存在不可修正的先验规范。第二，对于分析和综合两种命题的区分是没有根据的。如果分析命题和综合命题的划分不成立，那么就没有不需要经验的、必然的命题存在，因此也就没有先验命题，更没有先验论的命题（先验规范）存在。

戴维特反对先验规范也有两个理由。第一个与蒯因的相同，通过反对不可修正性来反对先验规范。第二个理由与蒯因的不同，他认为先验的概念很晦涩，历史上有多次想要解释它的尝试都失败了。如果这是对的，那么我们就有一个自然主义的诱惑：对知识的最佳解释是，它是经验的。①

两人的反对理由可归结为三个。以下分别考察这三个理由的论证。

第一个反对理由的根据是基础主义（还原论）的失败和整体主义的证实论。蒯因对经验主义的基础主义的批评已在上面提及，这种失败也为哲学界所公认。另外，整体主义的证实观也深入人心。如此看来，如果先验论者主张先验规范真是不可修正的，那么先验规范不存在。但在笔者看来，这个论证存在两个问题。

一方面，我们要问：如果基础主义没有道理，整体主义是对的；那么整体主义证实观本身是一个经验发现，还是一个先验规范？如果整体主义原则是经验发现，而经验发现不能使用基础主义（还原论）的方式证实，那么整体主义原则必须将自身预设为前提。也就是说，事实上整体主义原则是整体主义者的先验原则——**不得不接受的前提和必要条件。**如果整体主义原则不是经验发现，那么它是先验原则——如果它不想成为形而上学的胡说的话。总之，整体主义原则本身是先验的。**再次强调，这里的先验不是时间上独立于、优先于经验，而是逻辑上优先于经验，是经验的前提和必要条件。**

另一方面，如果整体主义原则是先验的，那么它是不可修正的。但是，蒯因等会否认它是不可修正的。因为，任何经验个体的认知活动都不是绝对的，经验个体在各方面都是有限的，不能保证这样的个体一劳永逸地发现绝对真

---

① Michael Devitt. Naturalism and the A Priori [J]. Philosophical Studies 1998（92）：45.

理。因此，不可修正的先验规范又成了可望而不可即的。通过否定上述条件句的后件，蒯因等得出整体主义并非先验的结论。但是这个论证存在一个混淆，即它混淆了先验规范本身的不可修正性与某个哲学家发现的先验规范的不可修正性之间的区别。前者是人类探索知识规范的终极目标，后者是人类探索知识规范道路上的阶段性产物。用后者的可修正性反驳前者的不可修正性，这是偷换概念。因此，先验规范的不可修正性不是反驳先验规范存在的站得住脚的理由。另外，如果先验规范的可修正性不是基于经验方法，而是基于先验论证或其他非经验方法的，那么这种可修正性并不能否定先验规范的先验性。其实，康德不曾说他阐述的先验认识形式是不可修正的，更没有说命题单独面对检验，蒯因将所有命题都是可修正的和证实的整体主义观作为排除先验的理由并不充分。

第二个反对先验规范的理由是从命题分类入手的。蒯因对分析/综合区分的批判被看成是一个哲学突破。但用这个突破反驳先验规范却要铩羽而归。为看清其中道理，必须从蒯因批判分析/综合区分的论证开始。蒯因在《经验论的两个教条》一文中，从三个方面论证分析性的意义模糊不清，以此指出分析/综合区分"是经验论者的一个非经验的教条，一个形而上学的信条。"①

蒯因给出的三个理由是：（1）保全真值的相互替换性不能解释分析性，因为前者本身是以分析性为条件的。这是循环论证。（2）使用语义规则也不能解释分析性。因为要么语义规则假定了分析性；要么语义规则本身同分析性一样是模糊不清的。（3）通过定义获得同义性的方式也不能解释分析性。因为定义是以先在的同义性为前提的。而且我们并不清楚，肯定同义性到底是什么意思，以及将两个语言形式描述为同义词需要什么充分必要的联系。因此"定义这个概念并不掌握同义性和分析性的关键。"②（为行文方便笔者将蒯因的论证的顺序进行了重新排列。）

蒯因三个论证的核心是同义性问题。③ 因此笔者将蒯因对同义性的论述作为考察重点。蒯因以"没有一个单身汉是已婚的"（命题 A）这个分析命题为

---

① ［美］蒯因. 从逻辑的观点看，载于蒯因著作集（第 4 卷）［M］. 涂纪亮，陈波，主编. 江天骥，等译. 北京：中国人民大学出版社，2007：42.

② ［美］蒯因. 从逻辑的观点看，载于蒯因著作集（第 4 卷）［M］. 涂纪亮，陈波，主编. 江天骥，等译. 北京：中国人民大学出版社，2007：35.

③ 因为，保值替换是相对于外延语言而言的，当遇到内涵（意义）问题时，仍然需要诉诸同义性；而语义规则如果不通过一些条款规定同义，也不可能得到分析性。

例，进行论述。这个命题之所以与"没有一个未婚男人是已婚的"（命题 B）同语反复的逻辑真理不同，就在于它的分析性依赖同义性："单身汉"与"未婚的男子"同义——表述为命题 C："单身汉是未婚的男子"。正是因为 C，B 才可能通过同义词替代，成为 A，是语义分析真的。要得到 C 命题，最直接，也是最终的方式是定义。通过将"单身汉"定义为"未婚男子"即可。但是，"谁这样下定义？在什么时候？难道我们要依据身旁的词典，把词典编纂人的陈述奉为法律？显然这会是本末倒置的。词典编纂人是一位经验科学家，他的任务是把以前的事实记录下来；如果他把'单身汉'解释为'未婚男子'，那是因为他相信，在他自己着手编写之前，在流行的或为人喜爱的用法中已不明显地含有这两个语词形式之间的同义性关系。"① 也就是说，不管谁来定义两个词的同义性，他都预先假定了一个先在的同义性。如此，定义同义性的活动就陷入无限倒退之中。我们不能试图通过定义获得同义性。

蒯因这个看似无懈可击的论证却犯了错误。最明显的错误是，他将定义活动的历史模糊性混淆为定义的逻辑模糊性。不管词典编纂人依据怎样的先在同义性，这个同义性在什么历史阶段、什么场景被定义确定下来是如何不清楚，但这个同义性被定义确定了，并存在板上钉钉的事情——历史的模糊性不构成逻辑的无穷倒退。将逻辑问题混淆成历史问题会让人陷入"先有鸡还是先有蛋"这样的困境。要在进化的历时过程中明确地回答"鸡蛋问题"无疑是麻烦的。但在逻辑上，这却不是什么难题——没有鸡就没有蛋；同时没有蛋就没有鸡。

关于定义需要考虑的问题仅仅是，定义如何可能？这个容易的问题恰恰被蒯因忽略了。他列举了三种定义同义性的形式："定义词可以用范围较窄的一套记号来忠实地给被定义词释义，从而保存了一个先前用法里的直接的同义性；或者定义词按照解释的本旨，把定义词先前的用法加以改良；最后，或者被定义词可以是一个新创造的、此时此地才赋有一种新意义的记号。"② 前两种是他认为会导致无穷后退的情况。第三种他干脆弃之不顾。他说："在形式的和非形式的研究中都一样，我们发现定义——除了明显地根据约定引进新记

① ［美］蒯因. 从逻辑的观点看［M］//蒯因著作集（第 4 卷）. 涂纪亮，陈波，主编. 江天骥，等译. 北京：中国人民大学出版社，2007：32.
② ［美］蒯因. 从逻辑的观点看［M］//蒯因著作集（第 4 卷）. 涂纪亮，陈波，主编. 江天骥，等译. 北京：中国人民大学出版社，2007：35.

号的极端场合——是以在先的同义性关系为转移的。我们既然认识到，定义这个概念并不掌握同义性和分析性的关键，那么就让我们进一步探究同义性，而把定义撇开。"① 而问题的关键就在"明显地根据约定引进新记号的极端场合"。陈晓平先生敏锐地看到，"这是蒯因的一个失误，因为一切语言定义最终可以追溯到新记号的引进从而归结为约定，"② 而约定的语言形式就是定义！而定义是一件易如反掌的事情。只要人们具有先验综合能力，按照一定的逻辑规则、语法规则将被定义项与定义项联结起来就行了。因此同义性在逻辑上并不难得。

在此有必要澄清笔者与陈先生在某些观点的差异。陈先生将得到的定义看成是一个语言系统的意义公设，是一种人为规定，因此认为对它们进行分析／综合的划分是没有意义的。他同时认为，如果站在意义公设的角度看，蒯因对分析／综合划分的批判，是站在一个语言系统之外的批判，是深刻的，但在一个语言系统之内，分析／综合划分仍然是有意义的。笔者同意语言系统的说法。但是对蒯因具体能够站在哪个语言系统上批判有疑问。在笔者看来一个先验认识形式就是人类最基本的语言系统。蒯因作为人类的一员，不可能站在人类先验认识形式之外。而笔者对分析／综合的区分正是以先验综合命题为最高立足点的。因此我不认为蒯因对分析／综合的批判消解了分析命题，进而取消先验命题和先验论命题。如此先验规范也就仍然保留着。另外，笔者还认为，既然意义公设是我们不得不接受的前提，那就必须将它看成是真的，在这个意义上它不同于形而上学命题——就如蒯因本体论承诺所表明的那样，形而上学命题是可以选择的。另外一个理由是，如果意义公设没有真假，那么当用它进行保值替换时，就很难解释真值是如何保持不变的。

根据对定义活动和定义内容的经验性理解，有学者将定义最终归结为经验事实。因此得出结论说，分析命题并不是完全与经验事实无关的，从而否定分析命题。这是一个低级错误：分析命题的内容和得出分析命题的活动的经验性，并不能否定判定分析命题真值无须经验和它的必然性。人的认识固然无法脱离经验环境，但我们可以在经验环境中不依赖于经验事实做语义的、逻辑的

---

① ［美］蒯因. 从逻辑的观点看［M］//蒯因著作集（第4卷）. 涂纪亮，陈波，主编. 江天骥，等译. 北京：中国人民大学出版社，2007：35.

② 陈晓平. 先验偶然命题与后验必然命题——兼评蒯因和克里普克的意义和命名理论［J］. 哲学研究，2001（2）：61.

分析，只要有这样的命题可供分析，那就可以将其称之为分析命题。

第三个反对理由是最容易反驳的。因为前面已澄清了先验的概念。在第三章还将指出具体的先验认识形式和原则。先验规范的消极特征（非经验来源）和积极特征（对经验的综合作用）都是在康德哲学里明确指出过的，这里没有所谓的晦涩。历史上有多次想要解释它的尝试都失败了，也无从说起。退一万步讲，即使历史上的探索失败了，也只能说明探索先验规范的道路艰难曲折，而不能成为放弃先验规范，将经验视为唯一救命稻草的合理根据。关键的问题是，经验概念已经变成一个模糊晦涩概念了。在休谟的极端经验主义导致怀疑论之后；在观察渗透理论论题和经验证据不能充分决定理论选择论题成为科学哲学的共识，使经验的概念效力和理论效力大打折扣之后；在逻辑经验主义的还原事业失败之后；在经验所予被塞拉斯批判为一种神话之后，经验已如同一厢情愿的幽灵，恋恋不舍地游荡在哲学的上空。再加上后现代主义疯狂地攻击，经验更似一片游魂，漂泊无依、快要散尽。若不是康德指出了一条先验的道路，让经验重获灵魂附体的机会，它早已呜呼哀哉了！所以，不是先验概念晦涩，倒是先验概念将经验概念从晦涩的泥淖中拯救了出来，视其为兄弟，携手共创哲学的未来。

除上面对先验反对论者的批判外，西方许多著名学者也对先验反对论者进行了批判。邦久和卡绪洛为先验知识的存在和重要性辩护。比勒则为规范主义的知识论做了更为传统的辩护。他认为哲学在两个方面具有优越性：（1）哲学有自治权，即哲学的核心问题大多数都不需要依赖科学而得到解答；（2）哲学有权威性，即当哲学和科学试图解决相同的哲学问题时，哲学能提供更好的答案。普特南则在其论文《至少存在一个先验真理》① 对蒯因取消先验真理的诉求提出了反驳，并指出，"任何一个命题不可能既是真的又是假的"就是这样一条先验真理。这条真理是不会被经验修正的。如此等等，不再详述。总之，先验反对论是不成立的。

（五）对先验修正论的批判

并不是所有自然主义者都反对先验知识，也有自然主义者认为，经过对先

---

① Hilary Putnam. There is at least one a priori truth，in Epistemology：An Anthology ［C］. edited by Ernest Sosa, Jaegwon Kim, Jeremy Fantl, and Matthem McGrath. 2nd ed, Oxford：Blackwell Publisher，2008：584－593.

验概念的修正，自然主义与先验性是可以和平共处的。我们称这种观点为先验修正论，主要代表有戈德曼、基奇尔、雷伊。他们的总体观点可以概括如下：（1）承认先验规范是可修正的；（2）将先验知识问题转换成先验辩护问题；（3）试图为先验知识提供经验说明。笔者不赞同这三个修正，因为它们都基于对先验概念的误解之上。

对于第一个观点，在《先验辩护和自然主义知识论》一文中，戈德曼将传统的先验性所具有的特征归结如下：（1）非经验性（如非经验来源或基础）；（2）必然的；（3）抽象的主题，永恒的客体；（4）不可错性；（5）确定性；（6）不可修正性。① 戈德曼认为这些特征中有些是先验性不需要的，可以消除，比如（3）、（4）、（5）和（6）。甚至连必然性，戈德曼也对之将信将疑，不置可否地抛下不论。如此一来，传统先验性的特征就只剩下（1）非经验性了。其他几个特征中，除（3）不直接与（6）联系外，（2）、（4）、（5）其实都可归结为（6）。关于（3）这个特征，在康德对先验性的论述中并无根据，戈德曼将其排除，笔者对此不作评论。经过对传统先验性的特征的考察，戈德曼得出结论，不可修正性不是先验性的必要特征。为此戈德曼还应用了邦久对数学、逻辑知识可错性的论述和卡绪罗的两个反对先验性不可修正的例子——这两个例子试图证明不管是强不可修正性（任何证据下都不可修正），还是弱不可修正性（在经验证据下不可修正）——加以佐证。对于先验知识的不可修正性，笔者在反驳先验否定论已有论证。这里的关键在于区分先验知识本身和我们发现的先验知识。笔者同意我们发现的先验知识是可修正的。数学和逻辑知识是先验的，这并不阻止我们发现的数学和逻辑是可修正的。至于卡绪罗的两个例子根本用不着再去考虑，除非例子中否定的是先验知识本身，但这是不可能的。

其实，认识论源远流长的历史就是去发现先验知识和先验规范的历史。这一历史进程是由众多哲学家前赴后继，在不断修正错误的基础上趋向真理的进程。这条道路如此曲折坎坷，目的地又如此渺茫遥远，即使人类最优秀的思想者也不可能一蹴而就。但是，那些思想先驱还是毅然前行了。因为引导他们明知不可为而为之的坚毅步伐的正是理想的光辉。现在，将一切视为可错的知识

① Alvin I. Goldman. A Priori Warrant and Naturalistic Epistemology: The Seventh Philosophical Perspectives Lecture [J]. Noûs, Vol. 33, Supplement: Philosophical Perspectives, 13, Epistemology, 1999: 4 – 5.

论，已经失去了这种理想，几乎成了爬行动物，匍匐在描述的土地上，幻想着寻找先验规范。他们看到的是人类前进道路上犯下的众多错误，而忘记了他们此刻正站在相对正确的土地上！在失去理想的同时，当下的知识论还失去了逻辑思维。他们遗忘了这样一条原理：任何反例都不能证伪一个存在命题——存在着对我们的认知起着规范作用的不可修正的先验知识。要用具体的反例证伪这个存在命题，是不可能的。因此，从守护理想和遵守逻辑这两方面来说，笔者主张，先验规范不可修正！

关于第二个观点——将传统的先验知识转换成先验辩护。戈德曼认为，这种转换有几个好处：

第一，它适当地考虑到这样一种可能性，一个理论可能有先验辩护但却不正确，并且因此不能成为先验知识的一部分；第二，它回避或者至少排除了这样一个问题，对先验知识而言，除了被辩护的真信念外，还有没有其他什么是必要的；第三，它突出了这样一个事实，必然/偶然的区分只是真理类型之间的区分，而先验/后验的区分根本上与证明或辩护的来源有关，并非与命题（真理）类型有关。①

从上述戈德曼将先验知识类型转化为先验辩护的理由来看，他的目的在于，将讨论先验知识是什么，是否存在这些问题归结为先验辩护是什么，以及如何可能这些问题——既然知识就是得到辩护的真信念，那么先验知识不过是对辩护类型有独特要求（即先验辩护）的知识。如此先验知识 p 就是一个人先验地知道的知识，而一个人先验地知道可以定义如下：

X 先验地知道 p 当且仅当 X 具有真信念 p，并且该信念由一个获得先验辩护的过程所产生。②

基奇尔给先验辩护做了明确界定：

对于 X 的信念 p 而言，α 是一个先验辩护，当且仅当，在给定对 X 具有信念 p 是充分的任何生活经历 e 的情况下，α 是这样一个过程：

（a）一些相同种类的过程能够使 X 相信 p；

（b）如果一个相同种类的过程使得 X 相信 p，那么它使 X 相信 p 得到辩护；

---

① Alvin I. Goldman. A Priori Warrant and Naturalistic Epistemology: The Seventh Philosophical Perspectives Lecture [J]. Noûs, Vol. 33, Supplement: Philosophical Perspectives, 13, Epistemology, 1999: 1-2.
② Philip Kitcher. A Priori Knowledge [J]. the Philosophical Review, 1980 (1): 8.

（c）如果一个相同种类的过程使得 X 相信 p，那么 p 为真。①

据基奇尔本人认为，这样人们就能得到想要的结果：如果一个人先验地知道 p，那么当一个人无论他具有什么（充分丰富的）经验，他都知道 p——一个人具有的经验内容都与他知道 p 无关。

基奇尔对先验辩护的界定虽然形式上与戈德曼的可靠论不同，但其实质是一样的：将先验辩护诉诸一个可靠的信念产生过程。这些过程一般被看成是经验过程，尤其是经验心理学过程。从这里我们已经看到，先验修正论的先验已经没有任何所谓先验的影子了。至于他们为什么将这个过程看成是经验的，这需要联系修正论的第三个观点讨论。第三个观点也是前两个观点的基础。

第三个观点：对先验辩护提供经验说明。修正论认为先验辩护的具体方法是心理学描述。为先验辩护提供经验说明，雷伊的论述最为突出。

雷伊认为先验存在与否是一个经验问题，从经验中可以判断先验是否存在。他说："是否存在先验知识是一个经验问题。"② 不仅如此，"针对是否存在先验知识这一问题，经验已经给出答案：先验知识是存在的。"③ 因为"根据经验心理学，思维的某些变化构成这样一种意义：它表达了支配观念使用的原则，虽然我们无法通过内省知晓这些先天存在的原则，但经验心理学会告诉我们这些原则。"④ 经验心理学是获得先验推理所必需原则的途径，人们通过心理学的介入来分析思维的变化，从中可以获得支配观念使用的非经验的原则。正因如此，雷伊反对戴维特将经验与先验隔绝的说法，坚持先验知识的辩护必然要在经验活动中进行，由此主张可以通过经验方法进行先验辩护，获得先验知识。

基奇尔也有相似的观点，他说："包括康德在内的许多先验论者主张能够先天知道分析真理，某些分析真理涉及的概念或许只有在具备某种特殊的经验的情况下才能获得，可能需要经验来提供某些概念。如果接受这种观点，那么就必须允许经验在先验认知活动中扮演一定的角色。"⑤ "某些经验可以获得分析真理所涉及到的相关概念。如果任何这些经验能够使我们持有知识，那么这

①　Philip Kitcher. A Priori Knowledge ［J］. the Philosophical Review, 1980 (1)：10.
②③　Georges Rey. A Naturalistic A Priori ［J］. Philosophical Studies 92, 1998：25.
④　Georges Rey. A Naturalistic A Priori ［J］. Philosophical Studies 92, 1998：31.
⑤　Philip Kitcher. A Priori Knowledge ［J］. the Philosophical Review, 1980 (1)：5.

一知识是独立于经验的。"①

总之，经验不仅仅提供先验知识或辩护所需的命题概念，先验知识本身就是从经验中抽象出来的具有普遍有效性的知识，虽然这一知识独立于经验而存在，但它却出现在我们日常的经验生活中，在某种意义上是特殊的经验。当我们对经验进行宽泛的理解时，先验知识或辩护不是独立于经验的；但作为先验知识本身是先于经验并独立于经验而存在的。它们蕴含在经验生活中，我们只能通过经验活动的方式获得它们。②

对上述试图用经验方法进行先验辩护，获得先验知识的主张，我们断然不能赞同。这种观点实质上是企图应用归纳，在发现经验规律的基础上，发现先验的知识规范。首先，它不能得到必然的规范；其次，也不可能是先验的，即不包含经验内容的。因为归纳不具有逻辑上的必然性，归纳的结论总是可以被证伪的；最后，也不可能脱离经验内容。

先验规范不能通过经验研究得到的另一个理由是，用经验方法发现先验知识的论证会导致循环。先验规范既然是一切经验的前提，人们如何通过经验方法发现经验的前提呢？正如康德所说："一般判断的逻辑功能，即单一性和复多性、肯定和否定、主体和谓词，如果不犯循环论证的错误的话，都不能被下定义，因为定义毕竟本身就是判断，因而必须包含这种功能。"③ 没有经验内容的定义尚且如此，更不用说通过经验研究发现先验认识形式和原则了。因此，对于先验知识，人们不能通过其他概念，更不用说通过经验知识来认识，因为它们是最基本的观念，任何其他概念和经验知识都是以它们为条件的，在不犯循环论证的情况下是不可能做到的。但这并不意味着纯粹范畴不能被认识。因为范畴无非就是事物的表象条件，范畴的功能就是通过那些表象显示出来的。对于这种显现，我们可以借助逻辑分析的手段发现。如康德所做的那样，整个先验论证的过程就是发现先验认识形式的过程。而先验论证绝不是经验方法。

综上，笔者认为，自然主义对知识规范的研究混淆了一个区分：知识的逻辑的、先验的规范和知识的经验规范。知识规范既有逻辑的、先验的规范也有经验的规范，不能用经验的规范、科学的规范取代逻辑的、先验的规范。对知

---

① Philip Kitcher. A Priori Knowledge [J]. the Philosophical Review, 1980 (1): 5.
② 王溢. 自然主义认识论背景下的先验性 [J]. 自然辩证法研究, 2007 (10): 16.
③ ［德］康德. 纯粹理性批判 [M]. 李秋零，译注. 北京：中国人民大学出版社, 2011: 216.

识的经验规范的科学研究并不排斥对知识的哲学研究，即规范的知识论研究。只要分清知识规范的层次，划分出指导具体认识活动的科学规律意义上的规范与知识论所说的指导一切认识的逻辑的、先验的规范，自然主义的研究与规范主义的研究是并行不悖的。

第三节　规范知识论死了？

以上两节，笔者通过反驳规范知识论的反对理论，从反面论证了规范知识论的必要性。但是，规范知识论的必要性更多地取决于它本身的活力和发展。一种理论对人们而言是必要的，本质上不在于它的反对理论如何失败，而在于它本身如何成功地解决问题或促进问题的解决。正是由于规范知识论在面临各种问题时出现暂时的困难，才给人以幸灾乐祸的机会，散播"知识论已经死亡"的谣言。[①] 反击这种谣言的最好办法，就是展示规范知识论顽强的生命力和茁壮成长的前景。

纵观源远流长的知识论历史，自从培根指出经验归纳的重要性和笛卡尔阐明主体性原则以来，知识论作为明确的哲学主题就在不断地发展。经验论沿着洛克、贝克莱和休谟这条路线得到不断的深入和扩展。虽然这条道路最后被怀疑论难题缠住，止步不前，但这本身就是经验论为知识论所做的伟大贡献。一个表明了自身发展限度的理论，不正昭示着其他理论的可能性吗？经验论对知识限度的探讨，对因果关系、归纳推理性质的研究，对经验观念间关系的清理，以及对观念知识和事实知识的区分等都为知识论的进步提供了宝贵的思想资源。与经验论不断深入发展的同时，唯理论取得了相应的进展。笛卡尔通过怀疑发现了知识论的主体性原则——"我思"——这个寻找知识确定性的"阿基米德点"，并试图通过明晰的方法论规则，建构知识的大厦。他树立的人类知识的普遍数学的理想指引着唯理论者在发现知识的主体条件这条道路上不断前进。斯宾诺莎对"真观念"的强调，莱布尼茨对逻辑规律的重视都是唯理论对自明性前提及其延续的探索。虽然他们的天赋观念理论还带有浓厚的神学色彩，但是，其中对自明的理性原则的研究仍然是知识论的宝贵财富。经

---

① 郑祥福，洪伟. 认识论死了吗？[J]. 自然辩证法研究，1998（5）：11–12.

验论和唯理论的争论，更是促进了人类理智的发展。莱布尼茨和洛克就天赋观念的论战客观上促进了人们对自身认识能力的认识。这种认识通过康德的综合，达到了一个前所未有的高度。康德通过对唯理论和经验论的批判和继承，既兼顾了经验的重要性，又发扬了主体认识能力的关键作用。他对先验认识形式和原则的阐发，既清洗了唯理论天赋观念的神学色彩，又为知识抵御怀疑论的侵扰提供了有利的观念资源。更为重要的是，他的先验哲学的论证方法和批判精神为后人树立了榜样。总之，哲学的"认识论转向"之后，对知识规范的探索是不断地前进的。

哲学的"语言转向"之后，对知识规范的探索，深入到更为专业的领域——科学哲学之中。此时，哲学对知识规范的探究从研究认识主体与认识客体相互作用的形式和过程，转向对作为认识结果的知识本身（科学理论）的研究。在科学哲学领域，那些坚持寻找科学与非科学划界、知识与信念的区别的主要哲学流派，仍然坚持规范知识论的理想，要寻求知识的典范——科学知识的规范。逻辑经验主义、证伪主义、拉卡托斯的精致证伪主义就是其中的代表。在经历证实主义、证伪主义和拉卡托斯的综合之后，规范的科学知识论完成了一个螺旋式上升的过程。虽然科学方法论对科学的规范解释还不完美，但还是取得了长足的进步。在数理逻辑和分析哲学方法的帮助下，这些理论对经验观察与科学理论的关系进行了更细致、更清晰的探讨。探讨得出的结论，比如，证实与证伪在理论选择中共同作用，理论不能还原为经验观察，观察渗透理论，证实的整体论观点等，为人们进一步研究奠定了基础。必须指出的是，科学哲学对科学合理性的说明所遇到的困难，并不是对科学进行后现代解释和社会建构的充分理由。更不用说后现代解释和社会建构具有更严重的问题。面对理论困境人们更应该迎难而上，解决难题，推动规范论发展。

规范知识论活力的另一个表现是当代知识论中知识辩护领域的激烈论争。论争中对辩护条件之规范的各种探讨，不断地丰富着规范论的内涵，同时扩展了规范论的广度。自盖梯尔反例提出以来，当代知识论就围绕知识定义的条件和知识辩护问题展开了激烈的讨论。根据知识定义的条件与认识主体之间的关系，知识论形成了内在主义、外在主义和语境主义等流派。围绕辩护的结构问题，即提供辩护的信念与被辩护信念之间应呈现怎样的支持关系问题，知识论形成了基础主义和融贯主义等纲领。此外，可错论与不可错论也是当代知识论的重要论题。总之，围绕"是否得到辩护"这个规范性或评价性问题，在寻求辩护的条件和标准的过程中，当代知识论成了规范知识论发展的新境界。虽然，当下各种理论众说纷纭，没有定论，但是在争论过程中不断出现的新发现、新突破，足以表明规范知识论仍是活生生的！

对知识论的上述简要回顾表明，它们不仅是从不同的方向和侧面呈现了知识论的多样性，而且它们还是对同一个问题——寻找意见和知识、真理和谬误之间规范的区别和界限——不断深入的考察。这种不断深入的延续性有力地证明规范知识论从来没有"死过"。

以上是对规范知识论存在必要性的正面证明。当然，只有必要性而没有成功的可能性的规范知识论，对人类知识的研究而言，是没有建设性的。因此，在从正反两面论证了规范知识论的必要性之后，接下来的任务是论证一种可能的规范知识论理论。在开工建设之前，搞清楚这种理论所要面临的核心问题和任务是十分必要的。就如治病，对症下药才能药到病除。毫无疑问，任何一种规范知识论理论所面临的痼疾仍是怀疑论问题，另外盖梯尔问题是怀疑论问题的新表述。接下来的一章将对这两个问题进行细致的剖析，为提出解决办法做好准备。

第二章

盖梯尔反例与怀疑论难题

　　盖梯尔反例和怀疑论难题是知识论讨论的核心问题。本章的主要任务是要对这两个难题，尤其是怀疑论难题，做出细致的分析和诊断。通过分析盖梯尔反例对三元定义（JTB 定义）起作用的方式，指出三元定义的模糊之处：辩护条件与真实条件之间的联系存在断裂——这正是盖梯尔反例起作用的关键。这也是怀疑论怀疑知识的关键。据此，笔者将盖梯尔问题与怀疑论难题联系起来，并指出怀疑论难题的解决与盖梯尔问题的解决是相互依赖的。与此同时，对怀疑论难题进行深入剖析，为引入先验论证回应怀疑论，论证知识可能性的各种条件打下基础。通过分析和诊断，我们将看到，怀疑论正是通过非充分决定性论证，指出知识的绝对确定性预设与知识最终证据（经验）的可错性之间这一不可解决的矛盾，达到怀疑知识的目的的。

第一节　盖梯尔反例与知识的定义

　　盖梯尔 1963 年在其论文《得到辩护的真信念是知识吗？》提出的反例一石激起千层浪，对知识的充分条件和辩护标准的探索，成了当代知识论的热门话题。激烈的讨论中产生了各种有关知识条件和辩护的理论。这些理论存在着各种缺陷，因而都未能一锤定音地解决**盖梯尔反例**。随着盖梯尔反例各种形式的变体的增长，盖梯尔反例大有演化成盖梯尔问题的趋势。事实上，对盖梯尔反例的细致分析表明盖梯尔反例确实是一类问题，可称之为**盖梯尔问题**。只不过这个问题并不是全新的问题，它其实是怀疑论老问题的新表述——即知识辩护理论的具体困难。为清晰地看出这一点需细致分析盖梯尔反例对知识三元定义起作用的方式。

一、知识的三元定义与盖梯尔反例

（一）知识的三元定义

通常认为，西方传统知识论对"知识"的定义是 JTB 定义：知识是得到辩护的（justified）[①] 真（true）信念（belief）[②]。这个定义也被称为"知识的三元定义"或"知识的标准定义"。这个定义认为，知识包含三个必要条件（三要素）：（1）P 是真的；（2）S 相信 P；（3）S 在相信 P 上是得到辩护的。这里的 P 指的是表述知识的命题。当以上三个条件都得到满足时，我们就能说"S 知道（know）P"——即 S 具有知识 P。这三个条件通常称为"真实条件"（the truth condition）、"信念条件"（the belief condition）和"辩护条件"（the justification condition）。为了方便下面讨论，需要对这三个条件与知识的关系做稍微细致的阐述。

真实条件要求知识必须是真的，否则就不是知识。人们很难想象一个假的命题会成为知识。因此，知识与真理是不可分割的。但是三元定义并没有指出真理的性质，即它没有确定地回答什么是真理。这个关键的缺失，为知识辩护带来很大的麻烦。因为，不同的真理性质对辩护有着十分关键的影响。更为麻烦的是，不管三元定义选择哪种真理理论，每种真理理论本身都有问题。一般认为有三种重要的相互竞争的真理理论：真理符合论、真理融贯论和真理实用

[①] 对"justified"的翻译颇为棘手。"justified"有"有理由的""（被证明是）正当的（合理的）""被辩护了的""得到辩护的""确证的"等意义。国内知识论者中，陈嘉明将"justified"译为"确证"；胡军将其译为"证实"；徐友东译为"辩护"；等等。笔者认为，"证实"译法容易与逻辑实证主义的意义证实原则之"证实"混淆，故不采用。"确证"译法虽为诸多学者采用，但"确证"一词有"确定地证明"之意，意义过强，不符合知识论中"justified"与"truth"之间存在裂缝——"justified"信念不一定是"truth"——的情况。因此笔者主张视语境不同，将其译为"得到辩护的""辩护的"等义。这一译法虽然存在与法学的"辩护"混淆之嫌，但法律上的"辩护"正好有"依据证据合理的主张，但证据并非就是事实本身"之意。这种意义很好地指示了证据与事实（真理）之间的裂缝，故笔者采用这一译法。另外，书中直接引用的引文保留引文原译，但其意义等同于"得到辩护的""辩护的"。

[②] 关于 JTB 定义的历史根据问题，学者们有不同意见，在此略去不论。因为，不管这个定义是否具有悠久历史，它都是一个重要的哲学问题。当代知识论很大程度上是在这个定义的基础上展开的，做烦琐的历史考证既不利于文章主旨，也浪费时间与精力。

论。这些真理理论本身又面临着各种问题。真理符合论的核心困难是，如何说明命题与事实符合。其中"符合"概念的模糊性又是关键之中的关键。因为，两个完全不同的类相符合是什么意思，很难得到界定。事实上，"在命题的元素与它们所符合的事态的元素之间，没有人曾成功地证明如何得到一种精确的一对一的符合关系。"① 人们从逻辑实证主义的失败中就能看到论证这种符合关系是如何不可能的。尤其是，当有人指出根本不存在一个独立于人类意识的客观事实，即不存在独立于人类的各种命题态度的事实时，真理符合论就更加难以服众了。真理融贯论并不比真理符合论更成功。它不仅很难精确地定义"融贯"概念的内涵，而且也无法解决在不同的融贯命题体系中如何选择真理的问题，以及融贯系统如何摄入经验的问题。真理实用论的问题则在于，如果它想将自己与认知相对主义划清界限，那么它必须将实用的主体界定成一个我们无法把握的东西。因为，如果实用不是针对最终和整个历史进程中的主体而言的，那么这种实用就是相对主义的——它不可避免地会得出如下荒谬结论：如果纳粹主义者成功了，则纳粹主义是真理；如果实用是针对最终和整个历史进程中的主体而言的，那么这种实用是不可能的——除非整个历史过程已经完成，我们将不可能知道我们的信念是否为真。所有这些都进一步加剧了知识辩护的难度。这些困难我们会在讨论知识辩护理论（第五章）时详细指出。在此，笔者旨在表明，真理理论与知识定义密切相关。另外，前面说到，一般意义上，人们已经将知识与真理等同起来了。但知识并不等同于所有真理，而是真理的一个子类。因为，完全有可能存在某些真理，还没有进入我们的意识，被我们相信为真。正如三元定义所表明的那样，信念也是知识所必要的。

对信念与知识的关系的论述，需要弄清信念具有什么特征。目前比较普遍的看法是把信念视为以表象为特征的心灵状态。这种观点认为，信念是以（或真或假的）命题为其内容的一种"命题态度"（propositional attitude）。"命题态度"一词源于罗素的发明，它指某种心灵活动的状态，比如相信、欲求、希望、害怕等。这种状态表征了主体与命题之间的特定关系。例如，在有关"S相信P"的信念中，主体S与命题P表现的就是一种接受关系——主体S承认信念P是自己的信念。虽然与希望、害怕等一同被归为命题态度，但信念与它

---

① 严格意义上说，塔尔斯基的真理语义学并不是关于事实与命题（语言）的符合，而是关于对象语言和元语言的符合。因此他也没有说明事实与语言的符合。参见：［美］路易斯·P. 波伊曼. 知识论导论（第二版）［M］. 洪汉鼎，译. 北京：人民大学出版社，2008：8.

们的区别是明显的，即它属于认识活动，而且与认知、知觉、记忆、意向等认识活动相比，它（在"思想"的意义上）通常被看作是更根本的认识活动，因为不论是知觉、记忆还是意向，它们在某种程度上都是信念与其他因素的结合。一个不属于信念的知识是不可能的。说非信念的知识，就像说不在我的意识中为我所接受的知识一样荒谬。① 任何知识都必须是认识主体所能够把握或相信的，必须成为认识主体的思考内容或对象。另外，在获得知识就是将一个命题纳入到主体的信念中这个意义上说，信念条件也可称为接受条件。

接受真命题对获得知识并不充分。人们必须有条件、有证据地接受真命题，即得到辩护地接受真命题，才算获得知识。这一限制条件的目的在于防止将碰巧正确的猜测纳入知识。碰巧猜到的真信念与得到辩护的真信念是不同的。比如，通过亲自清点我钱包里的钱，我说："我知道我的钱包里有 18 元钱"，与另一个没有任何根据的人猜测说："我知道你的钱包里有 18 元钱"，是十分不同的。前者可以成为知识，而后者则不能成为知识。因为前者是有确实证据和正当理由的信念，而后者则没有。为真实的信念提供确实证据和正当理由就是为其辩护。所以辩护条件也是知识的必要条件。但是，三元定义并没有对知识的必要辩护是什么样的做出精确界定，这也为人们怀疑它留下漏洞。后面我们还会看到，由于对真理和辩护的界定不清楚，真理与辩护之间的关系也难以澄清。

从上述分析来看，由于知识三元定义本身存在各种关键问题，对它的批评就在所难免了。盖梯尔正是通过提出反例，形象生动地展现了三元定义的不足之处。

（二）盖梯尔反例

针对三元定义，盖梯尔构造了两个反例，指出三元定义未能给出知识的充分条件。盖梯尔构造的两个反例如下②。

---

① 也有人主张知识比信念更基本，如蒂莫西·威廉姆森（Timothy Williamson）。据陈波介绍，蒂莫西·威廉姆森在其著作《知识及其限度》中，主张应该根据知识去解释信念、断定等认知现象，而不是相反。（参见陈波."知识优先"的认识论——读《知识及其限度》[J].哲学分析，2010（4）：183－192.）另一些人认为，人们可以知道而不相信，以及一些无意识的知识。笔者认为不存在这样的知识。首先，日常生活中知道而不相信的例子，如"他知道伟大领袖毛主席死了，但他不相信。"排除情绪上的解释，它不可能有任何知识上的意义；而无意识的知识更有混淆本能与知识之嫌。在知识和信念的关系问题上，笔者采用传统的观点，对于某些"奇谈怪论"，考虑文章篇幅和主旨明晰的要求，不做烦琐的评介。

② Edmund L. Gettier. Is Justified True Belief Knowledge? [J]. Analysis, Vol. 23, No. 6, 1963：121－123.

1. 反例一：合取反例

假定史密斯和琼斯同时申请一个工作，并假定史密斯对下述合取命题有强证据（公司总裁断然地告诉史密斯说，琼斯将被录用，以及史密斯十分钟之前曾数过琼斯口袋里的硬币）：

（d）琼斯将得到这份工作，并且他的口袋里有十个硬币。

命题（d）蕴涵命题（e）：那位将得到工作的人，口袋里有十个硬币。

假定史密斯知道从（d）到（e）的蕴涵关系，并且在（d）的基础上接受（e）——对此史密斯有强证据。在这种情况下，史密斯在相信（e）是真的上是明显地得到辩护的。

然而，让我们进一步设想，史密斯并不知道，是他自己，而不是琼斯，将得到那份工作；并且，史密斯不知道，他自己的口袋里也有十个硬币。因而，尽管史密斯推出（e）的命题（d）是假的，然而命题（e）却是真的。因此，在这个例子中，JTB 定义得到满足，即下列所有的命题都是真的：（1）（e）是真的，（2）史密斯相信（e）是真的，而且（3）史密斯在相信（e）是真的上得到了辩护。然而，同样清楚的是，史密斯并不知道（e）是真的，因为（e）真是由于史密斯口袋里硬币的数目，而史密斯实际上并不知道自己口袋里硬币的数目。他相信（e）是基于琼斯口袋里硬币的数量，而对于琼斯，史密斯错误地相信琼斯将得到那份工作。

2. 反例二：析取反例

假定史密斯对下列命题有强证据：（f）琼斯拥有一辆福特轿车。

史密斯的证据可能是：在他过去的记忆中，琼斯一直有一辆福特牌轿车，而且琼斯刚刚还用福特车载过他。让我们进一步设想，史密斯有另外一个名叫布朗的朋友，史密斯完全不知道他现在在哪里。于是史密斯随意选择了三个地方，并构造了如下三个命题：

（g）或者琼斯拥有一辆福特车，或者布朗在波士顿；

（h）或者琼斯拥有一辆福特车，或者布朗在巴塞罗那；

（i）或者琼斯拥有一辆福特车，或者布朗在布雷斯特－列陶维斯克。

这三个命题都被（f）所蕴涵。假定史密斯知道这三个命题中的每一个都为（f）所蕴涵，并在（f）的基础上接受（g）、（h）和（i）。史密斯是从一个有强证据的命题中正确地推出上述命题的。因此，他在相信这三个命题上得到辩护，尽管史密斯并不知道布朗在哪里。

现在让我们进一步想象两种情况。第一，琼斯没有福特车，他现在所开的福特车是租来的。第二，由于纯粹的巧合，（h）中所说的地址正是布朗所在地，而对这个情况史密斯并不知道。如果这两个条件成立，那么史密斯并不知道（h）是真的，尽管 JTB 定义得到满足，即（1）（h）是真的，（2）史密斯相信（h）是真的，（3）史密斯在相信（h）是真的上得到了辩护。

这两个反例都表明，即使知识的三个条件都被满足，它仍然可能不是知识。由此，盖梯尔得出结论：JTB 定义没有给出"某人知道给定命题的充分条件"。①

二、对盖梯尔反例的质疑——反面回应②

面对盖梯尔反例对知识定义的诘难，知识论者给出了各种解决方案。它们大致可被分为两种：从反面回应的方案和从正面回应的方案。前者干脆地否定盖梯尔反例，从而取消它在当代知识论中的地位；后者则在肯定盖梯尔反例的基础上，尝试对知识定义的条件做出补充或调整。我们先考察反面回应。

自盖梯尔提出反例以来，在当代西方知识论中，学者们对盖梯尔反例的作用和评价有不同意见。一种意见认为，盖梯尔反例严重地挑战了传统知识的三元定义（JTB 定义），向人们展示了传统知识概念的不当。它的出现在知识论领域引起了巨大的反响，并大大启发和促进了当代知识论的研究。他们以普兰廷加③、波洛克和克拉兹④等为代表。另一种意见认为，盖梯尔反例没有普遍意义。因为，它依赖一些错误的原则来对知识的传统定义提出反驳。他们以梅尔斯、斯德蒙⑤、卡普兰⑥和索萨⑦等为代表。国内也有一些文章质疑盖梯尔反

　　① Edmund L. Gettier. Is Justified True Belief Knowledge？［J］. Analysis，Vol. 23，No. 6，1963：123.
　　② 本节据笔者已发表的文章"盖梯尔反例为什么重要？——与曹剑波商榷"修改而成。参见：尹维坤：盖梯尔反例为什么重要？——与曹剑波商榷［J］. 现代哲学，2013（6）：84 – 90.
　　③ Alvin Plantinga. Warrant：The Current Debate［M］. Oxford：Oxford University Press，1993：6.
　　④ ［美］约翰·波洛克，［美］乔·克拉兹. 当代知识论［M］. 陈真，译. 上海：复旦大学出版社，2008：17.
　　⑤ Robert G. Meyers and Kenneth Stern. Knowledge without Paradox［J］. The Journal of Philosophy，Vol. 70，No. 6，March 22，1973：147 – 160.
　　⑥ Mark Kaplan. It's Not What You Know That Counts［J］. The Journal of Philosophy，Vol. 82，No. 7（Jul.，1985）：350 – 363.
　　⑦ Ernest Sosa. Knowledge and Justification［M］. Aldeshot：Dartmouth Publishing Company，1994：xii.

例的意义。① 这些文章中曹剑波先生的文章（以下简称曹文）较为突出。他在考察其他反对盖梯尔反例的意见的基础上，提出了新的论证。因此，在此主要考察他的批评意见。

曹文的整个论证过程如下：首先，它从知识存在三种类型入手，指出 JTB 定义不是知识的全部定义，只是命题知识的定义，并且 JTB 定义不是重要的知识定义；进而否定 JTB 定义的重要性，对盖梯尔反例进行釜底抽薪式的反驳。其次，它指出盖梯尔反例存在的各种问题，试图论证盖梯尔反例不成立。最后，它得出"由于葛梯尔反例产生于这样或那样的错误或混淆中，因此葛梯尔问题是个伪问题"的结论。② 笔者认为，虽然曹文论点清晰，论据新颖，但论证与结论却不能使人心悦诚服，有待进一步商榷。与曹文相反，笔者认为盖梯尔反例在当代知识论领域意义重大。为与曹文的论证逻辑相对应，笔者先来考察曹文对盖梯尔反例的釜底抽薪是否成功。

（一）JTB 定义不重要吗？

盖梯尔反例以解构 JTB 定义的充分性为目标。如果 JTB 定义的重要性都成问题，盖梯尔反例就成了屠龙刀，意义就不大。因此必须严肃对待曹文的釜底抽薪。从上面对三元定义的阐述中，我们知道 JTB 定义是对命题知识的定义。曹文在此引用了波伊曼（曹文译为普杰曼）的知识分类，指出除命题知识以外，还存在其他种类的知识。③

对此笔者已在导论部分表明异议，略去不说。就算承认上述分类，曹文引入这个分类的动机也应受到质疑。曹文引入知识分类的目的在于，暗中削弱命题知识的重要性。其潜在逻辑是，既然命题知识只是众多知识的一种，那么它就不如有些知识论者所认为的那么重要。即使我们找到了命题知识的完整定义，那也不过是知识的一种定义而已。更何况这种定义本身就不是重要的定义。曹文还引用了卡普兰对 JTB 定义重要性的否定论证来支持自己的论点。卡普兰指出，尽管许多支持盖梯尔反例意义的人认为，JTB 定义是从柏拉图开始的西方传统知识论对"知识"的定义，但是这个观点却是错误的。（值得注意

---

① 龚娅玲. 对葛梯尔反例的质疑 [J]. 内蒙古农业大学学报（社会科学版），2007（2）：25－27；曹剑波. 葛梯尔反例意义的诘难 [J]. 复旦学报（社会科学版），2004（5）：126－130.
② 曹剑波. 葛梯尔反例意义的诘难 [J]. 复旦学报（社会科学版），2004（5）：130.
③ ［美］路易斯·P. 波伊曼. 知识论导论（第二版）［M］. 洪汉鼎，译. 北京：人民大学出版社，2008：3－4.

的是，盖梯尔的文章中并没有提及三元定义的渊源。）因为卡普兰认为，柏拉图的知识不是命题，而是非命题的对象或永恒的形式，即理念。如果进一步考虑到柏拉图明确地区分知识和真的意见，并将回忆看成获得知识的途径时，那么柏拉图的知识论与命题知识完全无关就是再明显不过的结论了。同样，卡普兰还认为，作为西方知识论的代表，笛卡尔对知识的主张也不符合 JTB 定义的概括。笛卡尔只用真的和自明的认识来描述知识，主张知识是必然的，是通过不可错的、内在反思获得的。盖梯尔那种从假命题推理出来，其辩护是可被击败的真信念，绝不是笛卡尔的知识。因此，尽管笛卡尔重视命题知识，他的命题知识也不同于 JTB 定义所说的命题知识。盖梯尔反例对笛卡尔的知识论是无意义的。如此，卡普兰指出西方哲学史没有为 JTB 定义提供一以贯之的根据。据此，曹文得出结论：JTB 定义"不是知识的重要定义"。[1] 这个结论令人惊讶。因为，如果可以仅从 JTB 定义没有历史根据就得出它不重要，那么没有悠久历史的哲学命题，以及未来全新的哲学命题也就没有重要性了。这个结论即使卡普兰本人也没有断然接受。他在指出 JTB 定义没有历史根据——即没有历史的重要性后，承认"哲学问题不需要是老的才是紧要的。知识论密切关注的许多问题都不是柏拉图或笛卡尔感兴趣的问题。"[2] 其言下之意是哲学问题的重要性不完全等同于其历史的重要性，除了历史的重要性外，还有当代的重要性，[3] 事实上，卡普兰的文章绝大部分章节旨在论证 JTB 定义和盖梯尔反例是否对知识探索起到提升和澄清作用。对此，卡普兰给出了否定的回答，因此他否认 JTB 定义和盖梯尔反例的重要性。[4] 对于卡普兰的具体论述，在此不详述，因为盖梯尔反例提出以来，知识论围绕这个定义和反例做出的种种探索和取得的各种成就已经雄辩地反驳了卡普兰的论证——第一，人们的关注从侧面佐证了定义和反例的重要性；第二，取得的成就说明定义和反例在学理上的启发性和重要性（对此后面详细论述）。

因此，曹文的釜底抽薪的策略是不成功的。因为：其一，不管知识有多少种类，只要命题知识还是人类知识必不可少的一部分，那么它就十分重要。就

---

①　曹剑波. 葛梯尔反例意义的诘难［J］. 复旦学报（社会科学版），2004（5）：128.

②　Mark Kaplan. It's Not What You Know That Counts［J］. The Journal of Philosophy, Vol. 82, No. 7（Jul. , 1985）：353.

③　Mark Kaplan. It's Not What You Know That Counts［J］. The Journal of Philosophy, Vol. 82, No. 7（Jul. , 1985）：350.

④　Mark Kaplan. It's Not What You Know That Counts［J］. The Journal of Philosophy, Vol. 82, No. 7（Jul. , 1985）：354 – 363.

如不管对人类健康而言，化学元素有多少种，只要它们是必不可少的，那么它们中的任何一种都是重要的。对 JTB 定义的探索和界定应该得到肯定。尤其是，当我们巡视人类历史、追寻文明历程时；当我们走进图书馆、被展现在眼前的知识海洋之浩渺震惊时，我们就越发感到命题知识的重要性。试图对这种知识进行定义，促进人类对知识的理解当然也就越发重要起来。其二，JTB 定义的重要性即使得不到哲学史的支持，也会得到这个定义所引发的哲学探讨的支持。虽然它本身远没有得到普遍认可，还需要各种改进。但是在哲学领域提出问题至少与解决问题一样重要。当提出的问题引发了普遍争议与广泛探讨时，尤其如此！其三，曹文要否定 JTB 定义的重要性的最有效方法是，举出一个在历史上比 JTB 定义重要的知识定义；或者当下提出一个全新的知识定义，并论证它比 JTB 定义更重要。但是很遗憾，笔者没有看到曹文在这方面有所作为。这或许是曹文的疏忽，但笔者很怀疑曹文能否找到或提出一个比 JTB 定义更重要的定义。

（二）重估曹文的反驳

在重述盖梯尔反例的基础上，曹文指出，盖梯尔反例的实质是："某人有一个合理的但却是虚假的信念 P，借助这一信念进行推论，他有理由相信某种碰巧为真的东西，并由此获得一个合理的真信念，但这一信念却不是知识。"① 这里的"合理的"和"有理由"与"得到辩护的"意义相同。对于这个结论是否正确，我们暂不讨论。我们不妨假定这个结论是正确的，即使如此，曹文基于这个结论否定盖梯尔反例的意义仍是不合理的。

让我们先详细地考察曹文的论证。曹文的上述结论意在指出，盖梯尔反例对 JTB 定义的挑战是如何发生的。为论证这个挑战的发生机制，曹文引用梅尔斯、斯德蒙、齐硕姆和索萨等的分析，为不重复这些分析，将它留待后文处理。在此，先考察曹文对盖梯尔反例的作用机制，以及盖梯尔反例出错根源的分析。其观点和论证如下：②

首先，曹文指出盖梯尔反例对"Justified"一词看法武断。盖梯尔在构造反例时列出了三种类似的对知识的定义，其余两种分别是齐硕姆和艾耶尔的定

---

① 曹剑波. 葛梯尔反例意义的诘难［J］. 复旦学报（社会科学版），2004（5）：127.
② 曹剑波. 葛梯尔反例意义的诘难［J］. 复旦学报（社会科学版），2004（5）：129 – 130.

义。它们与前面已述定义的不同之处主要体现在：齐硕姆用"S 对 P 有充分证据"代替了"S 在相信 P 上得到辩护"；艾耶尔则用"S 有权确认 P 是真的"代替"S 在相信 P 上得到辩护"。盖梯尔针对的主要是前文已述的定义，而对另外两种定义，盖梯尔指出，如果"对……有充分证据"或"有权确认……"可以完全被"在相信……上得到辩护"代替，那么齐硕姆的定义和艾耶尔的定义与 JTB 定义一样没有为知识提供充分条件。① 曹文认为，如果齐硕姆和艾耶尔反对将他们的定义等同于知识 JTB 定义，那么盖梯尔的反例就失去对它们的反驳意义，盖梯尔对齐硕姆和艾耶尔的有关知识充分条件的驳斥也就站不住脚。对这个论证，我们，乃至盖梯尔本人都会同意。但是这如何构成盖梯尔武断地理解了"Justified"一词的证据呢？盖梯尔并没有肯定地指出三个定义相同，而是用假言陈述表达了他的观点。也就是说，盖梯尔对齐硕姆和艾耶尔定义的观点，与曹文的观点没有矛盾。因为，如果三个定义完全相同，那么盖梯尔的反例适用齐硕姆和艾耶尔的定义；如果三个定义不同，那么盖梯尔反例不能适用于齐硕姆和艾耶尔的定义。这没有任何矛盾。我们当然赞成三个定义之间有重要区别，比如齐硕姆的定义着重要求为 P 的真提供证据；JTB 定义则着重要求为信念 P 提供辩护；艾耶尔的定义所要求的"有权"则更为模糊。但是这些区别并不构成指责盖梯尔武断地理解"Justified"一词的证据——盖梯尔根本没有将三个定义看成是相同的。因此这个反驳盖梯尔反例意义的论据不成立。

其次，曹文指出盖梯尔反例混淆了"有语境知识和无语境知识"以及"认知者语境与评价者语境"。曹文站在知识论语境主义立场认为，任何知识都是相对于特定的语境来说的，都是语境知识。语境知识的真假会随着语境的变化而变化，因此是相对的。语境知识以认知者所拥有的证据作为是否有知识的标准，它不涉及其他未知的证据或实际的事态。但有些正确的认识结果受主体以及时间、地点等客观语境影响很小甚至看不到它们的影响，人们常把它们看作无语境知识。无语境知识以客观证据为基础，它不涉及认知主体获得了什么证据，它强调一种无主体的证据，这种证据是借助上帝之眼来获得的。毫无疑问，根据曹文的论述，盖梯尔反例中的知识是语境知识。曹文不仅要求区分

① Edmund L. Gettier. Is Justified True Belief Knowledge？［J］. Analysis，Vol. 23，No. 6（Jun.，1963）：121.

语境知识与无语境知识，而且要求区分认知者语境与评价者语境。所谓认知者语境指的是从认知主体的角度选取的语境；而评价者语境则是从评价主体是否具有知识的局外人的角度选取的语境。这两种语境的不同会导致为知识辩护时要求的证据也不相同。在盖梯尔反例中，从认知主体（史密斯）的角度来看他要具有知识所要求的证据，完全不同于，从认知评价者（盖梯尔以及作为局外人的我们）的角度来看史密斯要具有知识所要求的证据。正是这两种语境的不同，使得盖梯尔能够构造出反驳 JTB 定义的反例。

曹文的上述分析，如果仅仅是对盖梯尔反例的分析而言，是无可非议的。但是这却不能构成对盖梯尔反例的反驳。原因很简单，盖梯尔是针对 JTB 定义提出反例的，如果盖梯尔反例的如上缺陷是 JTB 定义本身没有的，那么盖梯尔反例的挑战就是无的放矢，没有意义；如果 JTB 定义本身就没有对语境做出区分，那么对盖梯尔反例的挑战同样是对 JTB 定义的攻击。事实上，盖梯尔正是通过构造形象的反例，使人们通过分析反例的结构，认识到知识辩护的多种可能，从而将 JTB 定义的模糊公之于众，指出它对于知识的不充分性！曹文由此要求，盖梯尔提出反例时应做出这些语境的区分是过分的。因为盖梯尔构造反例的**直接目的**不是为了完善 JTB 定义（虽然**间接地**启发了许多人为捍卫 JTB 定义做出贡献），而是指出 JTB 定义的不足。如果曹文所说是盖梯尔反例的不足，那恰恰说明盖梯尔反例对 JTB 定义的攻击正中要害！曹文从这个角度对盖梯尔反例意义的反驳，就好像一个不懂 X 射线诊断的骨裂患者，在医院里要求医生为其骨裂负责一样。殊不知，医生只不过是通过更形象的方式向其展示表面很难发现的病症。如果此时不对症下药反而归罪医生，那就滑稽而无理了。

最后，曹文指出盖梯尔反例建立在三个错误的假设之上："错误的证据能构成人们对一个命题接受的证据"的假设；辩护的演绎原则假设；"错误的命题是不能被认识的"假设。

遵循由简入难的顺序，我们从第三个所谓"错误的假设"开始考察。笔者认为，曹文将这个假设安放在盖梯尔头上是没有道理的。这个假设是 JTB 定义的应有之义。JTB 定义的第一条、第二条，即真理条件（P 为真）和接受（信念）条件（S 相信 P）规定：说 S 知道 P，一定是 S 接受了某个真命题，否则就不能说 S 知道。曹文否定这个规定，认为"命题不论真假都能被认识，不能认识的是实际的事态"。首先需要指出，曹文这里的**"认识"**偷换了概念，曹文将盖梯尔文中的"know"（一般翻译为知道）翻译为**认识**，并将**认识**

扩展地理解为接受真命题或拒绝假命题。如此在 JTB 定义中的"知道（接受真命题）"就变成了"认识（接受真命题或拒绝假命题）"。如果曹文的这种扩展理解是合理的，那么它毫无疑问地可以说 S 认识 P，并且 P 是假的。因为这不过是意味着，S 知道非 P。这两者不矛盾，不过是定义角度不同而已。因此曹文对 JTB 定义要求的真理原则完全不构成反驳。盖梯尔遵循（为使反例有效必须遵循）这个原则当然也就不会遭到反驳。而对于曹文所说的"不能认识的是实际的事态"，笔者表示完全不能理解。因为笔者实在想不明白，难道除了命题，世界就别无他物可供认识了吗？明显不是，曹文明确地主张除了命题知识，还有其他种类的知识。更何况曹文将"实际的事态"解释为"是某种我们所创造出来的东西或被诠释出来的东西，是为了证明我们的观点是合理的东西"。如此看来，世界除了真理还能有什么呢——既然我们如此神通广大？总之，曹文对盖梯尔第三个"错误的"假设的反驳是错误的。

接下来分析第二个"错误的假设"——辩护的演绎原则（PDJ）假设。曹文对这个假设的批评依据盖梯尔的这句话："对任何一个命题 P，如果 S 在相信 P 上得到辩护，并且 P 蕴涵 Q，S 由 P 推出 Q，且作为这种推论的结果而接受 Q，那么，S 在相信 Q 上就得到了辩护。"[①] 这句话简单表述为：如果你在相信 P 上得到辩护，并且你知道 P 蕴涵 Q，那么，你在相信 Q 上就得到了辩护。这条原则又称为辩护的传递原则。曹文对此反驳说："PDJ 是错误的。因为：（1）证据只能证明不包含有逻辑联系的命题，而不能证明含有逻辑联系的命题。例如，证据只能证明'今天会下雨'或'今天不会下雨'，而不能证明'今天要么下雨，要么不下雨'，或'今天既不下雨，又不天晴'。（2）证据、理由、相信、辩护等有程度之分，辩护的演绎原则却认为它们没有程度的差别。以'缸中之脑'的怀疑主义论证为例，如果用 p 代表'你正坐在电脑前写论文'，用 q 代表'你不是缸中之脑'，那么你对 p 的相信可以从感知的、逻辑的、记忆的等许多方面加以证明，而对信念 q，你是不能找到适当理由的。这就是说，尽管你有理由相信 p，并且相信 p 蕴涵 q，却由于 p 与 q 的辩护程度不同，你不能合理地相信 q，因此，辩护的演绎原则是错误的。"[②]

首先，看第一个理由："证据只能证明不包含有逻辑联系的命题，而不能

---

① Edmund L. Gettier：Is Justified True Belief Knowledge? [J]. Analysis, Vol. 23, No. 6 (Jun., 1963)：121.

② 曹剑波. 葛梯尔反例意义的诘难 [J]. 复旦学报（社会科学版），2004（5）：129 – 130.

证明含有逻辑联系的命题。"这是错误的。首先此处例证的问题十分明显。将"今天要么下雨，要么不下雨"这样的逻辑永真式与经验命题"今天会下雨""今天不会下雨"作对比，说明证据只能证明后者而不证明前者是不合理的。两种命题属于完全不同的命题类，前者本来就不需要经验证明，而后者则完全取决于经验证据。它们对证据的要求根本不同，并不是因为它们之间存在简单命题与包含逻辑联系的命题（复合命题）的区别，而是因为它们的逻辑性质完全不同。如果我们将逻辑真命题换成需要证据证明的复合命题，曹文例证的问题就一目了然了。比如"明天要么下雨，要么天晴，要么多云"。这个命题虽然也包含逻辑联系（它是一个不完全列举所有天气情况的选言命题）。它的真假必须经过经验证实。因为它并不包含所有天气状况，不是一个可以通过排中律来判定的恒真命题。另外，曹文的这个理由存在着一个致命的缺陷："逻辑"意义模糊，没有区分演绎逻辑和归纳逻辑。如果我们将它的例证换成有逻辑联系的经验命题（复合的经验命题）与简单的经验命题作对比，情况就完全不同了。比如，"明天太阳将从东方升起"与"如果明天太阳从东方升起，那么地球自西向东自转。"这两个命题。前者为简单的经验命题，后者为复合的经验命题。前者能够通过观察证据证明，后者同样能够获得经验证据的支持。如果不是这样，那么所有科学的理论命题，尤其是描述因果规律的理论命题就成为不可从证据获得支持的形而上学命题了。科学理论就失去了意义。这无论如何不是曹文，同时也不是我们想要看到的结果。

其次，既然曹文已经指明辩护的演绎原则是辩护的传递原则，那么曹文就应该明白，这个原则的实质只不过是，通过演绎逻辑中蕴涵的保真推理，将命题前件获得的辩护传递到命题后件而已，它本身并不为命题增加额外的辩护。既然如此，那么要求这个原则区分辩护的程度就是欲加之责。就曹文所举例子而言，对"你正坐在电脑前写论文"而言是充分的证据，之所以对"你不是缸中之脑"而言是不充分的，那是因为后者比前者要求更严格的证据。在此"如果你正坐在电脑前写论文，那么你不是缸中之脑。"这个推论之所以没有为后件提供像前件那样充分的辩护，并不是这个推论的错误，而是后件本身要求辩护的力度完全不同于前件。更重要的是，"如果你正坐在电脑前写论文，那么你不是缸中之脑"。也不是一个逻辑蕴涵式。一言以蔽之，辩护的演绎原则只负责传递辩护，而不负责提供额外的辩护。辩护程度的要求是对证据的要求，当证据本身没有达到要求，不能要求辩护演绎原则提供。提出这种要求就是伤及无辜的连坐，就是要求无罪之人为有罪之人负责。如此看来，曹文攻击辩护的演绎原则的第二个理由是不成立的。

最后，考察第一个"错误的假设"："错误的证据能构成人们对一个命题接受的证据"的假设。这个假设的依据来自盖梯尔这句话："对个人而言，在相信事实上是错误的命题上，得到辩护是可能的。"① 正是在批评这个假设时，曹文引用了梅尔斯、斯德蒙、齐硕姆、阿姆斯特朗等的分析，指出盖梯尔反例中作为证据的命题是假的，导致建立在它之上的命题也是假的，而就认识的要求而言，证据必须是真的，不能是有缺陷的。它同时引用索萨的观点指出，盖梯尔反例中得到辩护的真信念来自一些偶然的、与其辩护无关的理由。因此反例并不能反映实际的辩护情况，不具有普遍的意义，从而也无法对传统的知识分析构成挑战。曹文完全赞同这些结论。笔者认为，如果单独考察盖梯尔反例，并且在各种辩护理论中采取不可错的基础主义立场，那么这个批评是没有问题的。但是，如果将盖梯尔反例与 JTB 定义联系起来考察，那么这个假设就不是盖梯尔反例的错误，而正是盖梯尔反例的功绩——它正好指出了 JTB 定义中关于辩护的模糊性。JTB 定义中的辩护，并没有旗帜鲜明地采取不可错的基础主义解释，而是一个非常开放的解释。这种开放性，正是在盖梯尔反例的揭示下，才发展出各种知识辩护理论。因此这个假设不是盖梯尔的错误，而是盖梯尔反驳 JTB 定义的模糊性策略——正如盖梯尔反例通过展示语境从而展示 JTB 定义的模糊性一样。

说到这里，有必要回过头来考察曹文对盖梯尔反例的实质的判断。因为这个判断与这个"错误的假设"密切相关。笔者认为，如果这个判断仅仅针对盖梯尔反例，而不是联系 JTB 定义来考察，那么它是没有意义的。仅当将这个"实质"看成是盖梯尔反例解构 JTB 定义的策略时，它才有意义。也就是说，这个实质不是盖梯尔反例的实质性错误。这样，梅尔斯、斯德蒙、齐硕姆、阿姆斯特朗等对盖梯尔反例的诘难也就不成立了——更何况他们采取的知识辩护立场不是对盖梯尔反例的反驳，而是面临盖梯尔反例对 JTB 定义的修补和拯救。这正好说明盖梯尔反例促进哲学探索的作用！

到此为止，笔者已经考察了曹文结构盖梯尔反例意义的论证，可得出的结

---

① Edmund L. Gettier. Is Justified True Belief Knowledge？［J］. Analysis, Vol. 23, No. 6（Jun., 1963）: 121.

论是：它们都不成立。另有其他论者为维护盖梯尔反例的意义提出了自己的论证，如赵亮和林凡。① **从这些文献看，从反面对盖梯尔反例的消解是不成功的。**

（三）盖梯尔反例的启发作用和它与各种辩护倾向的逻辑联系②

维护盖梯尔反例意义的最好办法是正面阐述其意义。达到此目的的方法已经暗含在上文的叙述中，即通过阐述盖梯尔反例解构 JTB 定义的作用机制，以及人们为应对反例如何反推知识论研究进步来展示盖梯尔反例的意义。

前面已经指出，JTB 定义是个十分模糊的定义，它的模糊性主要体现在两个方面：（1）JTB 定义的 S 知道 P，到底指的是 S 自己说自己知道 P，还是评价者（局外人）说 S 知道 P，没有明确界定；对于命题 P 的性质是数学、逻辑命题，还是经验命题没有明确界定，即 JTB 定义本身没有考虑知识辩护的语境性。（2）JTB 定义没有明确界定辩护、真以及辩护与真的关系。盖梯尔通过构造反例——某人有一个得到辩护但却是虚假的信念，借助这一信念进行推论，他得到辩护地相信某种碰巧为真的东西，而这一真信念不是知识——指出辩护与真信念之间存在裂缝。盖梯尔反例从两个方面挑战了 JTB 定义关于辩护与真的关系的界定：a. 推出信念的命题虽然得到辩护，但仍然是假的，因此它不能为真信念作辩护；b. 真正使信念为真的证据不在主体的信念体系中，因此没有为真信念作辩护。对于盖梯尔反例的这个特征，已有学者指出："只要知识的真与知识的其他条件之间存在某种程度的独立性，那么'知识是真信念加上一些其他要素'的传统的知识解释就不可避免盖梯尔问题。"③ 还有学者则从逻辑的角度认为，盖梯尔反例指出了 JTB 定义的一个逻辑问题，即在真命题 P 与为 S 持有信念 P 辩护的理由之间缺少一种成功的协作。产生盖梯尔反例不仅是因为 P 的真与它的辩护之间是独立的，还因为两者之间的关系也是模糊的。④ 这些看法都是正确的。下面我们将看到，辩护与真之间的裂缝也是怀疑

---

① 赵亮，林凡. 葛梯尔反例批判探析 [J]. 福州大学学报（哲学社会科学版），2011（2）：90 – 93.

② 本节据拙作"盖梯尔反例为什么重要？——与曹剑波商榷"修改而成。参见：尹维坤. 盖梯尔反例为什么重要？——与曹剑波商榷 [J]. 现代哲学，2013（6）：84 – 90.

③ Linda Zagzebski. The Inescapability of Gettier Problem [J]. Philosophical Quarterly, Vol. 44, No. 174, 1994：72.

④ Luciano Floridi. On the Logical Unsolvability of the Gettier Problem [J]. Synthese, Vol. 142, No. 1, 2004：61 – 79.

论怀疑知识的根本依据。只不过由于怀疑论对真理与辩护关系更为根本的追问，裂缝变成了不可弥合的鸿沟。

基于上述论证，应对盖梯尔反例的办法相应地有如下两种：

（1）盖梯尔反例通过指出 JTB 定义的第一个模棱两可，直接刺激了知识辩护理论的语境主义的提出和发展。① 针对 P 既可能是数学、逻辑学命题（非语境知识），又可能是经验命题（语境知识），当代认识论语境主义主要讨论经验命题（语境知识）。针对到底由谁来判定 S 知道 P 有不同答案，语境主义对认知者（认知主体）语境和评价者（归赋者）语境作了区分，并采取不同的立场研究知识的语境性。在语境主义者的推动下，对知识辩护的语境性的研究受到高度重视，并发展出知识的语境可变主义（non-invariantism）和语境不变主义（invariantism）分支。后面（第四章）将对此详述。

（2）盖梯尔反例揭示的 JTB 定义的第二个模糊性引发的反响更为深远。这种影响最直接地表现为，为弥补 JTB 定义的辩护裂缝，诸多西方知识论学者试图提出第四个条件来应对盖梯尔反例的挑战。陈嘉明把不同的第四条件归结为如下五种：不败性（indefeasibility，或译为不可挫败性）、因果论、可依赖性（reliability，或译为可靠性）、决定性理由以及条件论（即虚拟条件论）。② 波伊曼则将其归结为四种：非假—信念条件、决定性理由条件、因果条件和可挫败性条件。③ 陈真则从内在主义解释、外在主义解释和准内在主义解释三个方面对第四条件进行归类研究。④ 值得注意的是，不论是这些条件的提出者，还是这些补充理论本身，在当代知识论领域都是十分有影响力的。这足以从一个侧面佐证盖梯尔反例意义重大。不过，这些第四条件并没有成功地将 JTB 定义从盖梯尔反例的挑战下解救出来。对这些第四条件将在下节"对盖梯尔反例的解答——正面回应"中详细论述。

这些弥补不成功的原因随着对盖梯尔反例的作用方式的进一步分析会变得明晰起来——盖梯尔反例根本上属于怀疑论难题，对具体条件的修改不能反驳怀疑论。以上提到的第四条件措施对 JTB 定义的完善，其实不过是为 JTB 定义

① ［美］路易斯·P. 波伊曼. 知识论导论（第二版）［M］. 洪汉鼎，译. 北京：人民大学出版社，2008：97.
② 陈嘉明. "葛梯尔问题"与知识的条件（上）［J］. 哲学动态，2000（12）：40.
③ ［美］路易斯·P. 波伊曼. 知识论导论（第二版）［M］. 洪汉鼎，译. 北京：人民大学出版社，2008：92－96.
④ 陈真. 盖梯尔问题的来龙去脉［J］. 哲学研究，2005（11）：41－48.

确定一个明确的知识辩护理论立场。这些立场不外乎是：内在主义和外在主义、基础主义和融贯主义、可错论和不可错论等。因此，盖梯尔反例对辩护与真之间的裂缝的揭示与知识论中一系列重大理论争论存在逻辑的联系。这些联系通过如下方式发生：

（1）如果知识论者在认知者语境中讨论知识的辩护，那么他只能采取内在主义立场。体现在盖梯尔反例中就是，史密斯为主张的知识向自己提出辩护。他的辩护证据只能是他能够获得的，在他主张知识时，内在于他的意识中的证据。如果知识论者在评价者语境中讨论知识辩护，那么对史密斯是否具有知识的证据就超出了史密斯的意识范围。那些证据是外在于他的。评价者不能要求认知主体不能做到的事情。但是认知评价者对于认知主体的知识是否得到辩护可以使用这些证据，虽然认知者本人对此一无所知。这就是知识辩护的外在主义立场——他认为知识只要是通过合理的、可靠的方式形成的，不管认知者是否掌握了这个过程，那么他的知识仍是得到辩护的。这个立场运用到盖梯尔反例可能出现这种情况：如果史密斯通过逻辑推导出的两个信念，由于某种史密斯不知道的因素因果地导致，通过一个可靠的过程形成，那么不管史密斯是否意识到这个过程，评价者都可以说他有知识。这样就有利于解决真正使信念为真的证据不在主体的信念体系中没有为信念作辩护的问题。总之通过这些分析我们看到，盖梯尔反例揭示出内在主义与外在主义知识辩护立场的冲突。

（2）即使知识论者在解决盖梯尔反例采取认知者语境与内在主义立场，并且主要讨论经验知识的辩护问题，他仍要面对辩护如何保证信念真的问题。如果一个知识论者认为史密斯对（d）的信念是得到了基础性辩护的，这种辩护通过辩护传递原则完整地传递给了（e），史密斯可以主张自己具有（e）的知识，一个人具有知识并不需要一个绝对确定的基础；那么这个知识论者就是一个可错论的基础主义。如果这个知识论者认为史密斯对（d）的信念是没有得到基础性辩护的，因此（e）也没有这种辩护，史密斯不能主张自己具有（e）的知识，一个人具有知识需要一个绝对确定的基础；那么这个知识论者就是一个不可错论的基础主义。如此看来，盖梯尔反例对 JTB 定义中辩护程度的模糊性揭示出了可错论与不可错论的冲突。除此以外，知识论者还可以完全不采取基础主义的辩护立场，而采用融贯主义立场。同样需要指出的是，所有这些辩护理论都有各自的缺陷（第五章将详细论述），它们谁优谁劣仍处于激烈争论之中，这就部分地解释了第四条件不成功——因为它们只不过是这些立场的某种具体理论而已。

到此为止，我们看到，盖梯尔反例与知识辩护的各种可能存在着密切的逻辑联系。这足以说明盖梯尔反例提出的挑战具有重大意义。顺便指出，许多学者将盖梯尔反例称为盖梯尔问题。根据盖梯尔反例影响的广度和深度来看，笔者认为这个名称有其合理性。但必须指出，盖梯尔本人并没有通过反例明确地指出 JTB 定义存在的哪些问题。通过上述分析，笔者认为盖梯尔反例提出的问题实质上是知识辩护问题——当然这并不是说知识辩护问题是盖梯尔提出来的，因为早在盖梯尔反例提出之前知识辩护问题就已经存在。知识辩护在根本上是对怀疑论的回应。

三、对盖梯尔反例的解答——正面回应

上面提到，当代知识论学者大多认可反例的意义，并针对它提出了各种解决方案。这些方案都没有成功地将 JTB 定义从盖梯尔反例的挑战下解救出来。对这些方案和它们失败的原因进行细致分析将进一步揭示盖梯尔问题的本质：辩护与真之间的断层。由于对盖梯尔问题的解决就是知识辩护理论的选择与建构，对它们的细致分析也为第五章打下基础，因此，有必要对这些解决方案进行阐述。事实上，这些方案的提出者都看到了，盖梯尔反例之所以能够成立，很大程度上是因为对 S 相信 P 为真的辩护存在着缺陷。因此，分析和弥补辩护的这种缺陷，成为他们寻找和确立知识的第四个条件的一条主要路径。笔者将在改进陈真先生对第四条件的归类研究的基础上，对这些方案进行论述。①

（一）内在主义的第四条件

把辩护看作是属于认识主体内在的心灵活动，认为信念的辩护是由内在于认知主体心灵内的被辩护的信念与其他信念或理由的关系决定的。这种辩护观点是内在主义的。在这种观点支配下提出的第四条件，也就是内在主义的第四条件。它们大致包括非假信念条件、不可挫败性条件和决定性理由条件。

1. 非假信念条件

这种第四条件是针对盖梯尔反例中，为真信念辩护的前提是假的情况提出

---

① 陈真. 盖梯尔问题的来龙去脉［J］. 哲学研究，2005（11）：41-48.

的。盖梯尔的两个反例中，认知主体史密斯的辩护中包含了一个有理由的假前提："琼斯将得到工作"和"琼斯拥有一辆福特牌汽车"。如果排除这个假前提，反例就不成立了。于是有人提出了前提不能是假信念的附加条件。

第四条件（4a）：在 S 相信 P 的证据中，本质上和辩护有关的理由不可为假。①

按照这个条件，新的知识定义应为：知识即得到辩护的真信念，并且本质上和其辩护有关的理由不可为假。

但是，这个附加条件并没有使知识的定义变得完善。另外一些满足这些条件的反例仍然存在。比如，S 在一个公平的抽奖活动中买了一张彩票。这次抽奖活动共售一百万张彩票，只有一张中奖。由于 S 中奖的概率只有百万分之一，因此 S 有充分理由相信他不会中奖。他相信他不会中奖的信念是得到辩护的。再假定 S 事实上也没有中奖。这样，S 相信自己不会中奖的信念是一个得到辩护的真信念。又由于 S 相信自己不会中奖的理由（即他只有百万分之一的中奖机会）是真的，因而，S 的信念满足了上述修改过的知识定义，S 知道自己不会中奖。但 S 并不知道他不会中奖。因为，他有可能中奖。另外，如果承认 S 知道自己不会中奖，以此类推其他购买彩票的人，也能够知道自己不会中奖。这样，所有购买彩票的人都知道自己不会中奖。最后的结果是，人们知道这次抽奖没有任何人中奖。这与这次公平的抽奖必有一个人中奖相矛盾。因此，问题一定出在"S 知道自己不会中奖"这个命题上。事实上，S 不知道自己不会中奖。这个盖梯尔式反例并不包含虚假的信念作为前提，因此，非假信念条件不能解决盖梯尔问题。

需指出的是，彩票反例具有普遍性，只要作为知识接受标准的概率小于1，那么，无论接受标准的概率值多么高，抽彩悖论都不可避免。因为只需使彩票总数超过原定数量（1 除以接受标准的概率），而原定的接受标准的概率不变，反例又会出现。

2. 不可挫败性条件

上述彩票反例中，S 之所以不拥有知识，原因似乎是：S 的辩护存在着一

---

① Gilbert Harman. Thought ［M］. Princeton：Princeton University Press，1973：120. 转引自：曹剑波. 葛梯尔反例意义的诘难 ［J］. 复旦学报（社会科学版），2004（5）：42.

个潜在的、他所不知道的挫败者（defeater），它会使 S 的辩护无效。因此，莱尔和帕克森①认为，知识的第四个条件应该是：

（4b）S 对真信念的辩护是不可挫败的。

于是，知识的定义可修改成如下形式：知识是被不可挫败地辩护的真信念。不可挫败性可以定义如下：S 的辩护不可挫败，当且仅当，不存在着一个真命题 Q，当 Q 加进 S 的信念时，S 相信 P 的辩护不再成立。这里之所以指明 Q 是一个真命题，是因为假命题不可能挫败任何命题（或真或假）。但这个附加条件也面临反例的挑战。

反例一：假设医生 D 有很好的归纳证据表明，他的病人 H 感染了病毒 V。比如 H 表现出了所有病毒 V 感染者的症状；血样检测显示 H 的血液中有很高的病毒 V 的抗体；这些症状不同于其他任何已知病毒的症状，因此医生 D 不会将它与其他病毒感染混淆；而且所有证据中都没有挫败证据。总之，所有证据表明，病人 H 极有可能感染了病毒 V。在此情况下，医生宣称自己知道病人 H 感染了病毒 V。他的这个知识是得到不可挫败的辩护的。但事实是，病人 H 感染的不是 V 病毒，而是 R 病毒。只不过这种病毒导致的各种病理学指标都与 V 病毒一样。这样，医生 D 关于病人 H 的信念是假的，他不知道病人 H 感染了病毒 V。这个反例听起来似乎不可能，因为同样的症状只能表明同样的病因。但是考虑到怀疑论怀疑感知觉的确定性时使用的正是清醒时的感知觉与梦幻中的感知觉的不可分辨性，我们在逻辑上并不能否定这个反例的可能性。由此我们也看到盖梯尔反例与怀疑论诘难联系得何其紧密。不单如此，不可挫败性条件还对人类的认识能力要求过高，几乎不可找到。如反例二所示。

反例二：假定 S 亲眼看见自己的学生 Tom 拿走了图书馆的书。并且 S 很熟悉 Tom，从外形上不可能认错。因此，S 可以认定自己知道 Tom 偷了书。但在 S 就此事家访时，Tom 的母亲声称 Tom 并不在现场，而是在十分遥远的地方，当时在图书馆的人是 Tom 的孪生兄弟 Jim。如此，S 得到辩护的信念被否决了。按照不可挫败性条件，S 并不知道 Tom 偷了书。但事有蹊跷，Tom 的母亲是一个被迫性说谎的精神病患者，Jim 完全有可能是她幻想的产物。这样，S 似乎又知道 Tom 偷了书。再假设，S 被医生告知 Tom 的母亲确实一个被迫性说谎的

---

① Keith Lehrer and Thomas Paxson. Knowledge：Undefeated Justified True Belief ［J］. The Journal of Philosophy，Vol. 66，No. 8，1969：225 – 237.

精神病患者，并且正在接受治疗，她目前的病情处于间歇性被迫说谎阶段。这种间歇性发病的时间完全随机，没有规律。而且 Tom 确实有一个孪生兄弟 Jim，他们极其相似，除了他们的母亲，外人几乎无法辨认出来。在这种情况下，S 似乎不再知道 Tom 偷了书。需要指出的是，此时对 S 的挫败者并不是一个真命题。对于那位母亲的证言，没有人能辨认真假。因此，S 就处于十分被动的境地。他无法找到一个不可挫败的辩护。即使在 S 能够找到进一步的证据，分辨 Tom 母亲的证言，他的证据也不得不面临进一步的挫败者。如此不断推进，则寻找挫败者的进程将是无限的。正因如此，波伊曼说："可挫败性标准是含糊的和无终点的。"① 而对于人类的认识能力而言，为了找到不可挫败的辩护，要挑选出所有的挫败者，似乎是不可能的。上述反例中显示出来的寻找挫败者的巨大困难，使我们有理由怀疑，按照不可击败性理论，人类是否能获得知识。如果我们将这个案例与怀疑论对感觉证据的可靠性的怀疑联系起来，我们就更能够体会寻找不可挫败性条件的无能为力了。事实上，上述反例已经是怀疑论论证的具体运用了。

3. 决定性理由条件

在上述彩票反例中，非假信念的第四条件之所以没有使知识定义获得充分性，其原因就在于辩护的理由与认知的真目标之间还存在裂缝，真的理由并没有为真的信念提供决定性的辩护。如果将辩护条件修改为决定性的，盖梯尔反例也许能被消解。这里的决定性是指，如果 R 是 S 相信 P 的决定性理由，那么，不仅不可能出现给定 P 为真而 R 为假的情况，而且不可能出现给定 R 为真而 P 为假的情况。② 即辩护理由与被辩护的信念存在必然真的联系。这就是德雷斯克提出的决定性理由条件：

第四条件（4c）：S 相信 P 的辩护是决定性的，即当 S 辩护中的证据为真时，P 逻辑上不可能为假。③

相应地，知识的定义就是：知识是得到决定性辩护的真信念。

但是，这种决定性辩护要求证据 100% 支持结论，辩护程度如此之高，以

---

① ［美］路易斯·P. 波伊曼. 知识论导论（第二版）［M］. 洪汉鼎，译. 北京：人民大学出版社，2008：97.

② Fred Dretske. Conclusive Reasons ［J］. Australasian Journal of Philosophy，1971（49）：1.

③ 陈真. 盖梯尔问题的来龙去脉 ［J］. 哲学研究，2005（11）：43.

至于只有逻辑蕴涵和完全归纳推理才能达到，因而我们平时使用不完全归纳方法获得的科学知识就被排除在知识范围之外了。不仅如此，就算是数学和逻辑学知识也会被排除掉。因为所有的逻辑推理和完全归纳推理都由有限经验的人来完成，而这样的人不是全能的。举例说明，假设 A 是一个算术公理集合。T 是 A 的一个定理，即 A 逻辑蕴涵 T。由于 T 异常复杂，所以长期以来没有人证明它。一位非常著名的数学家宣称构造了一个 T 的证明，并且得到同行的认可。S 知道 A 和那位数学家的证明。在此基础上，S 相信命题：T 是 A 的一个定理。根据决定性理由条件，S 知道 T 是 A 的一个定理，既然 A 确实逻辑蕴涵 T。进一步假设，该证明实际上有一个小纰漏，只不过大家都没有发现。在此情况下，S 又不知道 T 是 A 的一个定理了。因为尽管 A 逻辑蕴涵 T，但 S 是通过那位著名的数学家知道这一点的。谁也不能保证那位数学家不犯错。如此一来，决定性理由又溜掉了。考虑到人类认知能力的有限性，这样的情况在人类知识中是不可避免的。所有现今已到手的决定性理由，保不准都会成为非决定性理由。因此，决定性理由条件要求太高了，不能成为知识的必要条件。后面我们将看到，这种过分的要求必然会成为怀疑论攻击的靶子。上述反例只不过是怀疑论对绝对确定性诘难的形象化。

有必要指出，上述三个内在主义的第四条件方案，本质上是想寻找一种不可错的知识基础。它们的辩护立场是鲜明的不可错的基础主义立场。这种立场具有的各种缺陷（详见第五章），必然导致这些基础主义具体方案的失败。

（二）外在主义的第四条件

所谓外在主义第四条件是指从认识主体的外部寻找的知识第四条件。除内在与外在这个明显的不同以外，外在主义的第四条件与内在主义的第四条件不同之处还在于，内在主义的第四条件旨在修改辩护条件，增强辩护的力度；外在主义的第四条件则激进得多，它们旨在提出新的条件替换辩护条件，或者说对辩护概念进行彻底的颠覆性的解释。在这种意义上，与其说它们是第四条件，还不如说它们是第三条件。但出于遵循已有的分类惯例考虑，以及它们无论如何是不同于原来的辩护条件的，笔者仍将它们看作第四条件。这种理论的代表主要是因果条件理论和可靠条件理论。

1. 因 果 条 件

注意到盖梯尔反例中真实条件与辩护条件的断裂，信念的真并不是真的事实引起的，戈德曼提出用信念与事实的因果关系来增强真实条件与辩护条件的联系。在戈德曼看来，强调作为原因的事实与作为结果的信念之间的联系，就能很好地解决盖梯尔反例。[①] 也就是说，如果对于信念 P 来说，事实 P 引起了信念 P，那么信念 P 就是知识；反之，信念 P 并没有因果地与相关的事实 P 相联系，它就不是知识。在这个意义上，他试图用因果条件取代辩护条件。因果条件的基本形式，即第四条件 (4d) 是：

S 的信念 P 是由事实 P 因果地产生的。

相应的知识的定义是：知识是因果上恰当产生的真信念。这种因果条件之所以是一种外在主义的观点，是因为戈德曼认为，其中的因果联系可以是一种认识主体 S 并不知道的条件。这种知识条件突出的特点是，不涉及知识条件的理解与把握问题。只要知识的条件实际上确实有效，无论 S 是否能将它指出来、能理解它，都无关紧要。简言之，知识条件并非必须是可把握的（accessible）。这样，戈德曼的因果条件实质上已经取消了传统知识分析的辩护条件。这样做带来了两方面的后果。一方面，他的因果条件提出了更强、更明确的要求。但他为此付出的代价是：他只能说明经验范围内的因果知识现象，不能解释非因果知识（数学和逻辑）。这是戈德曼本人也意识到了的。[②] 而且，即使在经验知识范围内，他也不能解释全称命题知识和关于未来的知识。毕竟，并不是所有人都死了这一事实，导致了"所有人都是会死的"这一知识。更不是尚未发生的事实导致我们拥有关于它的知识（如用牛顿力学规律预测高空坠物的知识）。另一方面，他的因果条件又比传统知识定义要弱，既然它并不要求认知主体必须把握他所认识的命题的根据（理由）。这将导致更为严重的困难。这种更弱的知识条件在面对怀疑论责问我们关于知识的能力时，几乎无言以对。因为，如果我们能够断言自己根本没有根据的知识，那么怀疑论者断言我们并不真正知道也就合情合理了。更不用说，在归纳问题没有得到解决之前，因果理论的效力还在受到质疑呢。

[①] Alvin I. Goldman. A Causal Theory of Knowing [J]. The Journal of Philosophy, 1967：357 – 372.

[②] Alvin I. Goldman. A Causal Theory of Knowing [J]. The Journal of Philosophy, 1967：357.

2. 可靠性条件

戈德曼也是可靠论（信赖主义）的提出者和主要倡导者。虽然可靠论经历了各种修改，还在不断演进，① 但万变不离其宗，其基本观点是简单的——如果一个合理的真信念来自可靠的过程和方法，那么它就是知识。因此，在可靠论看来，知识的第四条件如下：

第四条件（4e）：S 的信念 P 是可靠地产生的。

相应的知识的定义是：知识是可靠产生的真信念。按照这个条件，上述盖梯尔反例、彩票反例以及图书馆反例都不成立，因为它们所涉及的信念都可以说是不可靠地形成的。但是，可靠性条件还是没能消除所有盖梯尔式的反例。比如，假定有位"真温度"先生（Mr. Truetemp）接受了一个脑科手术。医生在他的大脑内植入了一个非常可靠的微型装置。该装置能准确地测出外面的温度，并将测出的温度转换成"真温度"先生头脑里关于温度的思想。再假定"真温度"先生对他头脑里已经植入这样一个装置的事实一无所知。每当人们问起外面温度时，"真温度"先生不用看外面的温度计就告诉正确的温度。显然，按照可靠性条件，"真温度"先生具有关于外面温度的知识。但是进一步假定，某天，"真温度"先生所接触到的温度计都一致地指示出另一个与他所说的温度不同的温度。在正常情况下这些温度计也是可靠的，只不过当天都出现了问题。而"真温度"先生并不知道这件事，此时他仍然具有外面温度的知识吗？当然不能。因为他既不知道他所说温度的可靠性，又无法排除另一个与其矛盾的温度。

可靠性条件的问题远不止于此。因为可靠性条件是外在主义的，可靠的认知过程可以描述，也可以不描述。这便产生一个问题：如果不要求人们把可靠过程描述出来，那么人的可靠信念与其他动物的信念之间就没有实质性区别了；因为其他动物能够在这个世界上生存下来，必定是以一些可靠的信念来引导其行动的，这也就意味着一切动物都有知识。有些可靠论者确实是这么主张的，如德雷斯克宣称："我想要的特征化至少允许这样的可能性，即：其他动物（如青蛙、老鼠、猿或我的狗）可以知道某些事情，而无需在传统知识分

---

① 有论者详细地考察了可靠论的流变及其问题。参见：陈英涛. 论戈德曼确证的信赖主义［J］. 自然辩证法研究，2004（7）：10–13.

析中我们所假定的那种更为复杂的、理智操作的能力。"① 但这无疑泛化了知识概念。我们对除自己以外的其他人有无意识尚且无法给出确定的回答，更遑论动物具有知识了。

从外在主义应对盖梯尔反例失败的结果中我们发现，外在主义试图消除知识辩护的做法是不可取的。任何纯粹的外在主义做法都会违反信念条件。这是对知识概念更为彻底的挑战。但这种挑战不可能成功。

（三）虚拟条件论

诺齐克为了连接真实条件和辩护条件的断裂，在改造决定性理由条件的基础上，提出了虚拟条件理论。他认为知识除应该满足传统定义的条件：（1）P为真；（2）S相信P以外，还应满足两个虚拟条件句表述的条件；（3）如果P为真，则S相信P；（4）如果P不真，则S就不相信P。② 为了回应各种反例和批评，条件（3）被修改成（3）'：如果P为真，则S（通过M）相信P；条件（4）被修改成（4）'：如果P不真，则S（通过M）就不相信P。此处的M代表S获得信念P或非P的方法。这些条件旨在保证认识的真理性和排除巧合的成分。它们能够消除盖梯尔反例。因为在它们都不符合诺齐克的第四条件，不能算作知识：在实际情况已经改变时，史密斯仍会得出原来的结论，即P不真时，史密斯仍会相信P真。彩票反例在同样的理由下也能被排除。而且这些条件还能够避免决定性理由条件、不可挫败性条件、可靠性条件和因果条件的困难，既然它完全不涉及这些难以界定的概念。

但诺齐克的虚拟条件会产生悖论。假设在某个地方有一些谷仓。在它们中间除一个是真的外，其他的都是假的。假谷仓和真谷仓在外形上十分相似，很难辨认。但它们分别涂有不同的颜色，其中真谷仓被涂成红色，假谷仓则没有红颜色。假设亨利不知道这些情况。他沿着公路开车经过，看到了红色的真谷仓，并形成了一个信念"我看到了一个谷仓"。虽然亨利很幸运，但是考虑到他很可能被假谷仓欺骗，在看到假谷仓的时候，也会形成"我看到了一个谷仓"的信念，因而他不具有"我看到了一个谷仓"的知识。因为根据诺齐克

① Fred Dretske. Precis of Knowledge and the Flow of Information, in Hilary Kornblith, ed. , Naturalizing Epistemology [C]. Cambridge, MA：MIT Press, 1985：177.

② Robert Nozick. Knowledge and Skepticism, in Epistemology：An Anthology（second edition）[C]. edited by Ernest Sosa, Jaegwon Kim, Jeremy Fantl and Matthew McGrath, Oxford：Blackwell Publishing Ltd, 2008：255 – 262.

的观点，他不满足条件（4）或（4）'：在受骗（即没有看到真谷仓）的情况下，他不会相信自己看到了一个谷仓。

进一步假设亨利是一个追求精确的人，在形成信念"我看到了一个谷仓"之后，他将它修改成"我看到了一个红色的谷仓"。假设亨利获得这些信念的方法都是可靠的，并且具有正常的逻辑推理能力。"我看到了一个红色的谷仓"这个信念完全符合诺齐克的虚拟条件，因此亨利知道自己看见了一个红色的谷仓。但是"我知道我看到了一个红色的谷仓"蕴涵"我知道我看到了一个谷仓"，因此，亨利知道自己看见了一个谷仓。而在开始的情境里，亨利并不知道自己看到了谷仓。这里出现了悖论。这表明虚拟条件论并没有使得知识的定义具有充分性，否则就不会得出如此不一致的结论。

虚拟条件论更为深层的问题是，它只是回避，而不是解决盖梯尔问题。通过使用虚拟条件句直接保证知识的真理性，它不涉及任何与辩护有关的概念，而将辩护问题隐藏了起来。对于认知主体 S 为什么在非 P 的情况下不能相信 P，以及在 P 的情况下一定相信 P，虚拟条件没有做任何回答。这种界定知识真理性的方法，与从逻辑可能性上界定真的方法十分相似。事实上，虚拟条件论正是借鉴了语义逻辑的可能世界理论的成果构造出来的。但是认识论的真理并不是任何逻辑上的真理。从逻辑上界定真理对发现真理、获得知识没有实质性帮助。知识是真理与人们如何发现真理使其成为知识是两个完全不同的事情。虚拟条件用前者遮蔽后者并没有解决知识的辩护问题。

（四）认知语境主义[①]的第四条件

为初步领略语境主义第四条件的优越性，我们不妨先观摩一下相关替代项语境主义（认知语境主义之一）的解决方法。

首先要说明，语境主义应对的主要问题是怀疑论问题。但语境主义的主要代表刘易斯也将语境主义用于解决盖梯尔问题，虽然另一位语境主义的主要代

---

① 语境主义知识论的主流学派，有关语境主义知识论的详细介绍，将在本书第四章第一节中论述。

表科恩对刘易斯的做法持有异议。① 笔者认为，语境主义在解决盖梯尔问题上有用武之地。如前所述，盖梯尔问题的核心就在于知识的辩护条件与真实条件之间存在断裂。而语境主义的核心观点正是通过引入知识归赋的语境性，来弥补知识辩护条件和真实条件的断裂。因此，原则上语境主义能够解决盖梯尔问题。既然科恩承认"知识归赋的语境敏感性来自辩护标准的语境敏感性"，②那么知识归赋句的真值也就可以通过辩护标准的确定而确定。只不过在讨论盖梯尔问题时，我们对语境的划分不再是简单地分为怀疑论语境和日常语境，而是根据知识归赋的具体情况界定。事实上语境是多层次的。为明白这个道理，我们不妨站在刘易斯相关替代论的语境主义立场，就具体例子来讨论。

根据刘易斯自己的论述，笔者将刘易斯相关替代论的语境主义对知识的界定概括如下：S知道P，当且仅当，（1）P是真的；（2）S相信P；（3）在某一语境内，S相信P是得到辩护的，即在某一语境内S排除了非P的所有可能性（除可恰当地忽略的可能性以外）后S仍相信P。③ 依此，我们来消解盖梯尔反例。

就盖梯尔的第一个反例而言，史密斯在得到公司总裁的断定（琼斯将得到工作）和清点了琼斯口袋里的硬币后，他得出命题（e）"那位将得到工作的人，口袋里有十个硬币"。史密斯是否具有命题（e）的知识，完全取决于史密斯是否排除了所有非（e）的可能性（除适当地忽略的可能性以外）。就盖梯尔给出的描述而言，史密斯没有考虑到公司总裁改变想法的可能，或者公司

① 刘易斯在其论文"不可捉摸的知识"中，提出相关替代论的语境主义思想，并用于解决怀疑论、盖梯尔反例和彩票悖论。科恩在其论文"语境主义对知识论问题的解决：怀疑论、盖梯尔和彩票"中反对刘易斯将语境主义用于解决盖梯尔问题，原因是盖梯尔问题中的主体的知识归赋不具有语境敏感性，在这个意义上它不同于彩票问题和怀疑论问题。科恩对刘易斯的反对主要针对刘易斯的适当忽略相关选择项的规则，尤其是"相似性规则"的不恰当性。笔者认为，只要恰当地解释知识归赋的语境敏感性，语境主义可以用于解决盖梯尔问题。事实上，科恩对刘易斯的批评并不成立——刘易斯的具体规则在处理盖梯尔问题上的不恰当并不能否定语境主义原则在处理盖梯尔问题上的恰当性。详细论述请参见：David Lewis. Elusive Knowledge, in Epistemology：An Anthology ［C］. edited by Ernest Sosa, Jaegwon Kim, Jeremy Fantl, and Matthem McGrath. 2nd ed. Oxford：Blackwell Publisher, 2008：695－689；Stewart Cohen. Contextualist Solutions to Epistemological Problems：Scepticism, Gettier, and the Lottery, in Epistemology：An Anthology ［C］. edited by Ernest Sosa, Jaegwon Kim, Jeremy Fantl, and Matthem McGrath. 2nd ed. Oxford：Blackwell Publisher, 2008：706－717. 我在第四章对语境主义的问题有详细讨论，在此从略。
② Stewart Cohen. Contextualist Solutions to Epistemological Problems：Scepticism, Gettier, and the Lottery, in Epistemology：An Anthology ［C］. edited by Ernest Sosa, Jaegwon Kim, Jeremy Fantl, and Matthem McGrath. 2nd ed, Oxford：Blackwell Publisher, 2008：707.
③ David Lewis. Elusive Knowledge, in Epistemology：An Anthology ［C］. edited by Ernest Sosa, Jaegwon Kim, Jeremy Fantl, and Matthem McGrath. 2nd ed. Oxford：Blackwell Publisher, 2008：695－689.

总裁口头断言无效的可能。而这些可能性都是命题（e）的不能适当忽略的相关替代项。因为，在求职应聘的语境里，只要没有拿到正式的书面录用合同，其他候选者获得该职位的相关替代项是不能忽略的。对这些不能忽略的非（e）的可能性，史密斯也没有排除（他也没有清点自己口袋里的硬币）。因此，史密斯不具有命题（e）的知识。关于第二个反例同样如此。史密斯既然没有排除琼斯不在巴塞罗那的可能性，也没有排除琼斯不具有福特牌汽车的可能性，那他就没有排除非（h）的可能性。因此史密斯不知道（h）"或者琼斯拥有一辆福特车，或者布朗在巴塞罗"。以此类推，彩票案例、图书馆案例和数学家案例都是如此。认知主体在设定语境下都没有排除不能适当忽略的非 P 可能性，因此，他们都不知道 P。

根据上述对刘易斯语境主义的概括，语境主义的第四条件（4f）如下。

第四条件（4f）：S 相信 P 是得到辩护的，当且仅当在某一语境内 S 排除了非 P 的所有可能性（除可恰当地忽略的可能性以外）。

相应的语境主义的知识定义是：知识是在一定语境内得到辩护的真信念。

这个语境主义的知识定义有一个突出的特点：即信念 P 的真是随着语境的变化而变化的。语境同时还决定了辩护的标准，因此辩护条件和真实条件之间的裂缝就在语境中消除了。这与语境主义解决怀疑论难题的途径完全相同。语境主义正是通过将一成不变的绝对的真解释成是随语境变化的，从而使得对真的辩护也是语境性的，可以把握的，以此弥合真与辩护的断裂，并在此基础上消解怀疑论对日常知识的瓦解。

在此必须指出的是，这里用语境主义解决盖梯尔问题是从原则上说的，实际上，我们所使用的刘易斯语境主义并非没有问题，用语境主义更好地解决盖梯尔问题需要我们对语境主义做进一步完善。第四章第三节给出了语境主义解决盖梯尔问题的根本方法。

四、知识辩护：盖梯尔问题与怀疑论难题

上述为消解盖梯尔反例所提出的各种修正条件都失败了。这有些出乎人们的预料。因为，盖梯尔反例被提出后，"绝大多数认识论学者在最初遇到它时，都确信它有一个简单的解答"。于是各种对知识定义的修正条件被提了出来，但是一些解决原来盖梯尔反例的条件被发现后，该条件的新反例几乎立刻出

现。于是，"越来越复杂的反例伴随着越来越复杂的第四个条件。"至今，盖梯尔问题变得异常错综复杂，以至于有学者认为"已经没有多少哲学家指望它有一个简单的解答了"①。情况之所以如此，是因为潜藏在盖梯尔反例中的深层问题没有被普遍地认识到。

这个深层的问题是什么呢？扎戈泽布斯基在分析盖梯尔反例产生的根本原因时指出，"什么样的具体的知识要素添加到被分析的真信念上都于事无补。只要其他要素与真实条件之间存在一点点独立性，我们就可以通过如下过程构造盖梯尔反例。"② 首先，构造一个案例，其中的认知主体 S 得到一个被辩护的假信念 P，并满足第四条件 X。其次，适当修改这个案例，使 P 碰巧成为真的。通过这两个步骤可以使得任何一个 JTB + X 方案面临盖梯尔式反例。从扎戈泽布斯基的分析中我们可以看到，这两个步骤的作用无非是要造成辩护条件和真实条件的断裂。正是这个断裂使得辩护和真总是有出入。而要解决这个断裂必须弄清真理问题和辩护问题。对此，已有学者指出：盖梯尔问题之所以难解，"究其原因，是因为盖梯尔问题的解决涉及到认识论的根本性的问题，如辩护问题、真理问题，这些问题不解决，我们就无法找到一个令人满意的答案。而如果我们对辩护问题或真理问题有满意的回答，则盖梯尔问题就迎刃而解"③。

无独有偶，长期困扰知识论者的怀疑论难题更是如此。辩护问题和真理问题正是怀疑论难题的根本所在。怀疑论对认识主体、认识对象、认识手段、认识能力和认识结果的怀疑就是要求哲学家们为知识辩护，为澄清真理、寻找真理做出合理的解答。与盖梯尔问题相比，怀疑论难题甚至更为基本。因为，与盖梯尔问题通过众多反例诘难知识定义的方式不同，怀疑论的怀疑更加直接，更加尖锐。如果盖梯尔问题只是通过形象的反例显示了传统知识定义中真实条件和辩护条件的裂缝的话，那么怀疑论则是用严密的论证将这条裂缝撕成挑战人类理智的鸿沟。正是在这种意义上，笔者认为，盖梯尔问题本质上根植于怀疑论难题，对盖梯尔问题的解决必须基于对怀疑论难题的解答之上。从历史角度看，盖梯尔问题其实是怀疑论难题在知识辩护领域的变形。总之，怀疑论难

---

① ［美］约翰·波洛克，［美］乔·克拉兹. 当代知识论［M］. 陈真，译. 上海：复旦大学出版社，2008：17.

② Linda Zagzebski. The Inescapability of Gettier Problems［J］. The Philosophical Quarterly, Vol. 44, No. 174, 1994：69.

③ 陈真. 盖梯尔问题的来龙去脉［J］. 哲学研究，2005（11）：48.

题才是知识论的头号公敌。从一定意义上说，正是因为盖梯尔问题与怀疑论问题紧密相连，涉及知识论的核心，明显阻碍了知识的分析，对它的讨论才"从根本上改变了当代知识论的特征"，① 才有"在（盖梯尔反例提出以后，引者注）大致下一个十年的时间里，知识论的几乎所有进展，都以这样或那样的方式对它们做出反应"的热烈局面。② 因此，笔者不同意波洛克的意见。他认为，盖梯尔反例是对知识定义的反诘，是对知识是什么问题的反驳，而不是对知识辩护问题的思考，在知识论中它只是一个附带的问题，而非核心问题。通过分析可知，他的评价有失公允。盖梯尔问题仍然是知识辩护问题。事实上，上面提到的、针对盖梯尔反例提出的各种方案也被直接运用于解决怀疑论难题。这种现象也说明盖梯尔问题与怀疑论难题有着相似的内核。

有必要指出，针对怀疑论难题为知识辩护的问题与针对盖梯尔反例修正知识条件的辩护问题，并不是等同的。前者是对人类认识能力、限度和认识结果的客观性、真理性所做的辩护；后者则旨在寻找一种具体的知识辩护的合理结构和形式。换句话说：怀疑论与非怀疑论争论的核心问题是知识是否可以得到辩护；而试图解决盖梯尔问题的学者们直接面对的核心问题是知识的辩护条件是什么，它如何得到满足。如果从辩护需要证据这个角度上说，怀疑论难题诘难的是知识根本不具有什么证据；而盖梯尔问题则对知识的证据是什么、它们以什么方式组织起来等问题提出了挑战。因此，对怀疑论的一般回应，并不能代替具体的知识辩护理论的建构。但是，怀疑论难题的解决是盖梯尔问题解决的基础。在没有回答知识是否可以得到辩护这个问题之前，对具体辩护理论的建构是没有根基的。不仅如此，盖梯尔问题的解决也影响怀疑论难题的解决。因为，如果不能建构起具体的知识辩护理论，弄清楚证据以什么样的形式和结构为知识辩护，那么对怀疑论难题的解决就不彻底。正因如此，我们才用先验论证的方法对语境主义进行改进，使它既能更好地解决怀疑论难题，也能作为一种具体的知识辩护理论解决盖梯尔问题。既然问题的最终解决依赖于怀疑论难题的解决，接下来就需要对怀疑论难题进行细致分析。

① ［美］约翰·波洛克，［美］乔·克拉兹. 当代知识论［M］. 陈真，译. 上海：复旦大学出版社，2008：17.

② Jane Duran. Knowledge in Context［M］. London：Rowman & Littlefield Publishers，1994：93.

第二节　怀疑论难题：描述与诊断

怀疑论在人类文化的多个领域中都有踪迹，但本书只讨论与知识论有关的怀疑论。在知识论领域，怀疑论既不是一个完整的学派，也不是一个有着统一纲领的哲学运动；甚至很少有哲学家标榜自己是怀疑论者。但是"自古以来，直到如今，怀疑论都被认为是哲学的最可怕的敌人。"因为，"它把一切确定的东西都消解了，指出了确定的东西是虚妄无实的。"① 而且，这样一种否定的、"消解确定的东西，消解真理和一切内容"的论调，即使当我们避免了它的时候，它也"并没有被克服，它依然站在它的那一方面，并且拥有着威权。"② 因此，我们不得不认真对待。当然，应该指出，在知识论领域中解决怀疑论难题并不意味对怀疑论持极端的否定态度。事实上，怀疑论所内含的怀疑精神对哲学和科学的进步颇有贡献。通过彰显传统理论的悖论和矛盾，它把人们从各种独断的教条和权威中解放出来。人类的文明也在不断地怀疑中持续前进。此外，怀疑论还提出新问题，推动人类认识进一步深化，科学和理性也在这一过程中得到不断的彰显。应该说，从人类自身解放的角度说，怎么称赞怀疑论的功绩都不过分。但怀疑论的否定性毕竟起到了扰乱人类理智的反作用，有必要对之进行正确的分析和解决，为我们的知识构筑起一道坚固的辩护之墙。为清晰地展示怀疑论的论证结构和力量，让我们从描述怀疑论开始。

一、怀疑论的种类及其典型实例

（一）怀疑论的种类

怀疑论以多种形式存在。对怀疑论的分类也有多种理论。③ 因繁就简，根据本书研究的需要，笔者按如下标准对不同形式的怀疑论进行分类。

---

①② ［德］黑格尔．哲学史讲演录（第3卷）［M］．贺麟，王太庆，译．北京：商务印书馆，1959：106.

③ 曹剑波在其著作中对国外学者的不同分类做了较为细致的考察。详见曹剑波．知识与语境：当代西方知识论对怀疑主义难题的解答［M］．上海：上海人民出版社，2009：4－10.

按怀疑论涉及内容的广度，它可被分为**整体的怀疑论**（global scepticism）与**局部的怀疑论**（local scepticism）。整体的怀疑论对知识概念本身，或者对我们的认知能力从根本上提出怀疑，"从而断言我们不可能有关于任何东西的任何知识。局部怀疑论尽管承认知识在一些领域的可能性，但否认其在许多其他领域的可能性。较为典型的局部怀疑包括对外部世界知识的怀疑，对他人心灵知识的怀疑，对伦理知识的怀疑，对未来知识的怀疑，对普遍的经验知识的怀疑等等。"① 由于整体的怀疑论否定整个人类知识，也可称为普遍的怀疑论。

按怀疑论涉及人类生活的深度，它可被分为**激进的怀疑论**（radical scepticism）与**温和的怀疑论**（moderate scepticism）。前者将怀疑知识确定性的态度用于实际生活，其典型的代表是古希腊皮浪主义（Pyrrhonism）的皮浪（Pyrrho，或译为皮罗）。据说，他将自己对世界的怀疑态度，通过悬置判断转化为"不动心"的生活律则，身体力行于现实生活。这种怀疑论往往是普遍的（整体的）怀疑论。温和的怀疑论则只停留在理论的层次上，并不怀疑实际生活的真实性。休谟的怀疑论就属于此类。事实上不可能存在一种可以身体力行的激进的怀疑论。如果不是旁人照顾着皮浪，他根本没有机会身体力行他的怀疑论，因为他会为此付出生命。因此这种激进怀疑论是虚伪的，大可不必兴师动众地反驳。温和的怀疑论作为一种理论需要严肃对待。但这不是说皮浪主义的或其他所有带有这种态度的怀疑论论证不值得严肃对待。撇开激进怀疑论的实践动议，它们的论证也是对人类理智的直接挑战。不过笔者并不准备对这些论证进行详细的讨论。这不是因为这些论证在哲学史上不重要，而是因为这些古老的怀疑论论证的精髓已经被更为新进的怀疑论论证所继承。我们只需详细考察最新进的怀疑论论证，并对它们进行回应，在本质上就是对那些古老的怀疑论的回应。比如，我们考察笛卡尔式怀疑论的做梦论证或缸中之脑论证，其本质上就是在考察奈西德穆十式。因为它们都是通过感觉的相对性、不确定性和等效性怀疑知识的可能性。而对阿格里帕的五式以及阿格里帕三难问题的考察则可以通过对回溯论证和非充分决定性论证的考察加以覆盖。②

按怀疑论怀疑的动机，它可被分为**方法论的怀疑论**和**目的论的怀疑论**。前

---

① 王庆节. 知识与怀疑——当代英美哲学关于知识本性的讨论探析 [J]. 中国社会科学，2002（4）：72-73.

② 关于上述十式和五式的详细论述，可参见：[古希腊] 赛克斯都·恩披里可. 悬搁判断与心灵宁静 [M]. 包利民，等译. 北京：中国社会科学出版社，2004：11-35；最新的研究文献可参见：王聚. 无限主义与人类知识 [M]. 上海：上海三联书店，2022：16-57.

者将怀疑用作寻找知识的方法。笛卡尔就是这样应用普遍怀疑的方法寻找知识的可靠基础的。目的论的怀疑论则是为怀疑而怀疑，怀疑本身是自己的目标的一部分。一般而言它与某种人生态度相联系，比如上述皮浪主义和中国道家庄子的部分思想。在这两种怀疑论中，以怀疑为目的的怀疑论跟激进的怀疑论一样是不值一驳的。除非通过狡辩否认影响生活和生命存续的基本判断和知识，没有人可以真诚地将怀疑作为生活方式和生活目的。而且这种怀疑论更应该放在人生哲学或生活哲学中，而不是知识论中讨论。方法论的怀疑论对知识论影响深远，需要认真对待。

按怀疑论涉及的内容不同分，它可被分为，对**实体存在的怀疑论、对知识确定性的怀疑论、对因果关系的怀疑论、对他心存在的怀疑论，等等**。这些怀疑论实例将在后面呈现。最后，按怀疑论论证方式，它可被分为**基于非充分决定性论证的怀疑论与基于闭合论证的怀疑论**两种基本形式。① 这些怀疑论都是本书要认真研究的具体对象。

如上所述，笔者将激进的怀疑论和目的论的怀疑论排除在研究范围之外，只考虑剩下的各种怀疑论。

（二）经典的怀疑论实例及其论证

人们在研究怀疑论时，首先面临的是一种整体的怀疑论。这种怀疑论彻底、全面地否定认识对象的存在、人类的认识能力和认识结果。这以高尔吉亚的怀疑论为代表。他因如下三个怀疑论观点而"千古流芳"："第一，无物存在；第二，如果有某物存在，人也无法认识它；第三，即便可以认识它，也无法把它告诉别人。"② 对这种怀疑论，一般的反驳策略是反问："既然怀疑论者怀疑一切，那么对于怀疑本身怀疑论者是否怀疑？"然后根据这个反问构造二难推理，将怀疑论逼入死角。该推理如下：如果怀疑论者怀疑自身的怀疑，那么怀疑论就应该受到怀疑，因此不成立；如果怀疑论者不怀疑自身，那么他的怀疑不全面，因此，存在不受怀疑的东西，它的结论也不能成立。但这样的诘

---

① 有论者认为，除了这两种怀疑论论证方式以外，还有来自经验的论证、来自标准的论证和来自可错性的论证。笔者认为这些论证实际上都是不充分决定性论证。它们没有自身独立的论证方式，从它们的名称可以看出，它们只不过指出了不充分的具体方面和源泉。参见：曹剑波. 知识与语境：当代西方知识论对怀疑主义难题的解答 [M]. 上海：上海人民出版社，2009：85-102.

② 北京大学哲学系外国哲学史教研室编译. 西方哲学原著选读 [M]. 北京：商务印书馆，1981：56-57.

难并不能将其驳倒。整体的怀疑论完全可以承认自身是被怀疑的。但由此并不能推翻它的全面、彻底的怀疑，因为对怀疑的怀疑仍是怀疑。这就是笛卡尔通过普遍的怀疑方法最后得到的东西。笛卡尔自认为找到了"我思"这个阿基米德点。事实上，在排除一切知识之后，笛卡尔通过怀疑只能得到"怀疑故怀疑在"，而不是"我思故我在"。从"怀疑故怀疑在"到"我思故我在"还有十分遥远的距离。下面将对此详细论述。因此，对整体的怀疑论不能采用上述方法反驳。

那么，对高尔吉亚的普遍的怀疑论如何反驳呢？我们可以从高尔吉亚自己说的东西入手。我们反问：他本人是否说出了任何具有意义的东西？如果他的回答是否定的，即他没有说出任何有意义的东西，那么他的话就不再需要我们反驳。我们不需要反驳没有任何意义的话。如果他的回答是肯定的，那么，他已经说出了某些他所认识到的东西。这与他的三个怀疑论观点之一——如果有任何东西被认识，那么它也无法把它说出来告诉别人——相矛盾。因此，任何类似高尔吉亚的普遍的怀疑论都是不成立的。其中包括学园派怀疑论。如果他们曾否认任何理解的可能性，并主张甚至不知自己无知，那么这种观点流传至今，就是对他们的极大讽刺。总之，严格意义上的整体怀疑论不成立。**通过这个反驳我们可以得出结论：任何值得认真对待的怀疑论必须承认，它一定说了什么，而且它所表述的怀疑是可理解的（最起码它不能违反矛盾律）。**从这个意义上说，笛卡尔的普遍怀疑不是**严格的整体（普遍）的怀疑**。但它仍然是**非严格的整体怀疑论**中最为系统的怀疑论，因为它将整个人类知识（从认识对象、认识主体、认识手段和方法到认识结果）都置于不确定的阴影之下。通过考察他的怀疑论，我们可以清晰地一览怀疑论的概貌。考虑到笛卡尔的普遍怀疑的突出地位，同时为了方便后文论述，我们将笛卡尔的怀疑论论证复述如下。

1. 笛卡尔的怀疑论论证

笛卡尔知识论哲学的核心问题是有没有确定知识的问题。出于寻找真理的目的，笛卡尔要求清理认识的地基，寻找知识的确定基础。为此，他要求：对那些只要"我"能够想象到有一点可疑之处的东西，都应该把它当作不确定的不予接受，以此找到在"我"心里完全无可怀疑的认识。正如笛卡尔所说："如果我想要在科学上建立起某种可靠、经久不变的东西的话，我就非在我有生之日认真地把我历来信以为真的一切见解统统清除出去，再从根本上重新开始不可。"因为，"由于很久以来我就感觉到我自从幼年时期起就把一大堆错误的见解当作真实的接受了过来，而从那时以后我根据一些非常靠不住的原则建立起来的东西都不能不是十分可疑、十分不可靠的……"①

根据完全不可怀疑的、绝对确定的原则，笛卡尔首先将感官的可信性以及由此而来的知识排除掉。因为，感官有时是骗人的，由它得来的知识当然就不可靠。他谈道："直到现在，凡是我当作最真实、最可靠而接受过来的东西，我都是从感官或通过感官得来的。不过，我有时觉得这些感官是骗人的；为了小心谨慎起见，对于一经骗过我们的东西就决不完全加以信任。"②笛卡尔还以人们不能很好地区分清醒时的感觉与睡梦中的感觉为例，说明感官的不可靠（**即做梦论证**）。他说："有多少次我夜里梦见我在这个地方，穿着衣服，在炉火旁边，虽然我是一丝不挂地躺在我的被窝里。我现在确实以为我并不是用睡着的眼睛看这张纸，我摇晃着的这个脑袋也并没有发昏，我故意地、自觉地伸出这只手，我感觉到了这只手，而出现在梦里的情况好像并不这么清楚，也不这么明白。但是，仔细想想，我就想起来我时常在睡梦中受到这样的一些假象的欺骗。想到这里，我就明显地看到没有什么确定不移的标记，也没有什么相当可靠的迹象使人能够从这上面清清楚楚地分辨出清醒和睡梦来。"③由于"我"无法分辨睡梦和清醒，也就无法根据感官得到关于外在世界的知识。这样，笛卡尔得出结论，那些包含感觉的"物理学、天文学、医学以及研究各种复合事物的其他一切科学都是可疑的、靠不住的"。④其中当然也包括关于外部世界存在的知识和"我"自己身体的知识。**至此，笛卡尔得出了外部世界存在的怀疑论、经验知识的怀疑论和自我身体（经验自我）存在的怀疑论。**这些怀疑论结论也可以由**普特南的缸中之脑怀疑论论证**得出。⑤实际上，做梦论证和缸中之脑论证使用了同一个怀疑依据，即两种情境下感觉经验的等效性与不可分辨性，后者不过是前者的翻版，因此，对之不再赘述。

笛卡尔将看似确定无疑的几何和数学怀疑为不确定的。因为那些在我们看

---

① ［法］笛卡尔. 第一哲学沉思集［M］. 庞景仁，译. 北京：商务印书馆，1996：14.
② ［法］笛卡尔. 第一哲学沉思集［M］. 庞景仁，译. 北京：商务印书馆，1996：15.
③ ［法］笛卡尔. 第一哲学沉思集［M］. 庞景仁，译. 北京：商务印书馆，1996：16.
④ ［法］笛卡尔. 第一哲学沉思集［M］. 庞景仁，译. 北京：商务印书馆，1996：17.
⑤ ［美］普特南. 理性、真理与历史［M］. 童世俊，李光程，译. 上海：上海译文出版社，1997：10－12.

来如此确定无疑的几何和数学，保不准也是错误的，现实中我们在这方面就犯过错误。而且既然我们能想象一个全知全能的上帝，那我们也能想象一个有如此本领的恶魔，"他用尽了他的机智来骗我"。① 这样一来，"我"所有的知识——关于我自身的、物理世界的以及数学、几何和逻辑的，都是可疑的了。因此"我"宁愿认为一切都是假的。**"恶魔论证"**不仅进一步巩固了"做梦论证"的怀疑论结论，还将被怀疑的范围扩张至演绎性知识。

但是，到此为止笛卡尔的思路峰回路转。他说，就在"我"试图怀疑一切的时候，"那个在想的我就必然应该是个东西""正是根据我想怀疑其他事物的真实性这一点，可以十分明显、十分确定地推出我是（即我在，引者注）"②。即使那个恶魔用尽一切伎俩欺骗我，"我存在"仍是确定无疑的。因为"如果他欺骗我，那么毫无疑问我是存在的；而且他想怎么骗我就怎么骗我，只要我想到我是一个什么东西，他就总不会使我成为什么都不是。所以，……最后必须做出这样的结论，……即有我，我存在这个命题……必然是真的。"③ 这就是笛卡尔哲学的第一原理："我思故我在"。④ 笛卡尔进一步追问这个"我"是什么。通过之前的怀疑，笛卡尔发现"我"可以没有形体，没有所在的世界，没有立身的地点以及没有任何以前拥有过的关于"我"的知识。但考虑到只要"我"停止思想，"我"就没有理由相信"我"在过，于是笛卡尔断言"我"是一个实体，其全部本质或本性只是思想。⑤ "我思维多长时间，就存在多长时间"，"我"只"是一个在思维的东西"⑥。

但是"我思"实体的得出太过匆忙。按照笛卡尔的思路，当他怀疑了一切的时候，不能怀疑的只能是那个正在怀疑的怀疑。而不是任何"思想"。因为"怀疑是一种思维"这个知识已经被怀疑掉了。而且"我思"中的"我"也来路不明。⑦ 更不用说从**作为一种活动的怀疑**变成作为一个实体的"我"也没有得到说明。**基于这些尚未解决的问题，笛卡尔最终的结论应该是："怀疑故怀疑在。"**而这就是对自我实体的怀疑论。笛卡尔试图通过怀疑寻找自我基

① ［法］笛卡尔.第一哲学沉思集［M］.庞景仁，译.北京：商务印书馆，1996：20.
② ［法］笛卡尔.谈谈方法［M］.王太庆，译.北京：商务印书馆，2005：26 – 27.
③ ［法］笛卡尔.第一哲学沉思集［M］.庞景仁，译.北京：商务印书馆，1996：23.
④ ［法］笛卡尔.谈谈方法［M］.王太庆，译.北京：商务印书馆，2005：27.
⑤ ［法］笛卡尔.谈谈方法［M］.王太庆，译.北京：商务印书馆，2005：27 – 28.
⑥ ［法］笛卡尔.第一哲学沉思集［M］.庞景仁，译.北京：商务印书馆，1996：25 – 26.
⑦ 对于这个问题，罗素首先明确地提出，陈晓平从专门和摹状词的比较入手加以解决。但笔者认为这种解决存在不足。详细论证参见：［英］罗素.西方哲学史下卷［M］.马元德，译.北京：商务印书馆，2003：91；陈晓平.可知与不可知之间［J］.现代哲学，2009（5）：86.

点，结果却得出如此大相径庭的结论，真是出乎意料。另外需要提及的是，**他心存在的怀疑论**也是笛卡尔普遍怀疑的产物。由于本书主要关注知识论中的辩护问题，对于心灵哲学问题不能深入；再则知识论中的主体间性问题是一个需要单独研究的大问题，在此笔者将其作为预设前提，留待以后深入研究。事实上，在反驳严格的整体怀疑论时，我们已经得出结论：有意义的怀疑必须是大家能够理解的怀疑。这在某种意义上就是对主体间性的承认，因而也是对他心问题的语言哲学回答（当然不是从本体论上回答）。

2. 休谟的怀疑论论证

休谟是怀疑论中另一个领军人物。他从彻底的经验主义立场出发也得出了与笛卡尔大致相似的结论。休谟对自我实体存在和外部世界的存在也提出了怀疑，并提出著名的因果关系问题，对因果观念的合理性和经验知识的确定性构成挑战。

休谟认为一切知识都源于经验。除知觉印象和观念再也没有任何其他的知识来源了。"所有思想的原料，或者是来自我们的外部感觉，或者是来自我们的内部感觉。""心灵的全部创造力只不过是将感官和经验提供给我们的材料加以联系、调换、扩大或缩小的能力而已。"[①] 据此，休谟否定我们知道外部世界的物质实体和精神实体（上帝），以及自我实体。因为对于实体观念而言，它既不是从感觉印象，也不是从反省印象得来，而"只是一些特殊性质的集合体的观念"，只是我们给简单观念集合体的一个特殊名称。[②] 构成一个实体的特殊性质完全是一种不可知的东西，对之我们没有更多的经验。而"如果没有更多的经验，决不能对任何实际的事情运用他的猜测或推理，或者确信直接呈现于他的记忆或感官之外的任何事物。"[③]

如果人们不能确定外在实体是否存在，那么是什么使我们产生知觉印象的呢？休谟认为，感觉印象"是由我们所不知的原因开始产生于心中"的。[④] "由感觉所发生的那些印象……它们的最终原因是人类理性所完全不能解释的。我们永远不可能确实地断定，那些印象还是直接由对象发生的，还是被心灵的

---

① ［英］休谟. 人类理智研究［M］. 吕大吉，译. 北京：商务印书馆，1999：13.
② ［英］休谟. 人性论（第一卷）［M］. 关文运，译. 郑之骧，校. 北京：商务印书馆，1980：27 - 28.
③ ［英］休谟. 人类理智研究［M］. 吕大吉，译. 北京：商务印书馆，1999：36.
④ ［英］休谟. 人性论（第一卷）［M］. 关文运，译. 郑之骧，校. 北京：商务印书馆，1980：19.

创造能力所产生的，还是由我们的造物主那里得来的。"① 至于如何判断知觉的真伪，他说："我们的知觉不论是真是伪，我们总可以从它们的一贯性中得出一些论断，不论它们是正确地表象自然事物，或者只是感官的幻想。"② 总之，对外部实体是否存在，我们没有知识。对于自我实体而言，也是如此。自我只不过是"那些以不能想象的速度互相接续着，并且处于永远的流动和运动之中的知觉的集合体，或者一束知觉。"③ 借此，休谟也否认了自我的单纯性和同一性。

休谟最为著名的怀疑论论证当属对因果观念合理性的怀疑。休谟论证，因果观念既不能从理性中推导出来，也不能用经验证明它。因为就前者而言，因果关系并不是必然关系，同一原因设想不同结果并不矛盾；就后者而言，经验本身是依靠因果关系的，在不犯循环论证的情况下，这种证明是不可能的。最后休谟将因果观念的产生归于习惯。他说："我们之所以能根据一个对象的出现推断另一个对象的存在，并不是凭着其他的原则，而只是凭着作用于想象上的习惯。"④ 既然因果推理只具有概然性（偶然性），那么以它为基础的经验知识就是概然的。"但是知识与概然推断是极其相反而分歧的两种东西，"它们不能相互渗入。⑤ 再由于我们的理性会受到"不准确的官能"和"心理能力的浮动不定"的阻碍，"全部知识就降落为概然推断"——即使关于观念关系的知识（即确定无疑的理证性的科学）也不能避免。⑥ 更坏情况是，我们的知识由鲜明的印象到复杂的判断，总是经历许多次的推断。每次推断都会由于理性的缺陷增加知识的概然性，减少确定性。"任何有限的对象在无数次一再减少以后，都不能继续存在；即使是人类想像所设想的最大的数量，照这样下去也必然会归于无有。"我们原来对知识的确信无论有多强，经过多次削弱，也不可避免地会消亡。⑦ 这样休谟不可避免地得出怀疑论结论。**休谟哲学的怀疑论结局给我们一个重要的启示：彻底的经验主义导致彻底的怀疑论。**除笛卡尔和休谟以外，康德的物自体不可知的怀疑论也是知识论领域著名的怀疑论论证。

---

①② ［英］休谟. 人性论（第一卷）［M］. 关文运，译. 郑之骧，校. 北京：商务印书馆，1980：101.

③ ［英］休谟. 人性论（第一卷）［M］. 关文运，译. 郑之骧，校. 北京：商务印书馆，1980：282－283.

④ ［英］休谟. 人性论（第一卷）［M］. 关文运，译. 郑之骧，校. 北京：商务印书馆，1980：123.

⑤ ［英］休谟. 人性论（第一卷）［M］. 关文运，译. 郑之骧，校. 北京：商务印书馆，1980：207.

⑥ ［英］休谟. 人性论（第一卷）［M］. 关文运，译. 郑之骧，校. 北京：商务印书馆，1980：180.

⑦ ［英］休谟. 人性论（第一卷）［M］. 关文运，译. 郑之骧，校. 北京：商务印书馆，1980：209.

由于这个论证会在先验论证中涉及，在此从略。

综上所述，在知识论领域，值得我们严肃对待的怀疑论大致如下：外部世界存在的怀疑论、外部世界可知的怀疑论、因果观念合理性的怀疑论、自我实体存在（自我同一性）的怀疑论和知识确定性的怀疑论（它包括知识辩护的怀疑论）。[①] 严格的整体怀疑论、激进的怀疑论和目的论的怀疑论都在本书中被适当忽略。从上述怀疑论论证的考察中，我们还可以得出如下结论，这些结论是怀疑论本身不得不接受的基础或者预设。它们是：

（1）怀疑论要想自己的论证有意义，它必须是可理解的，即它必须与其论敌享有同一套语言系统。[②]

（2）这套语言系统最基本的成分是逻辑规则和单一的时空系统。[③]

（3）不管是休谟的怀疑论还是笛卡尔的怀疑论，它们都承认经验的不可消除性和经验是知识的最终证据，尽管它的可靠性得不到保证。

（4）所有的经验必须在一套语言系统中得到表述，否则它就是不可理解的。

（5）"怀疑故怀疑在"是怀疑论的底线。

（6）怀疑论将知识的标准设定为不可怀疑和绝对确定的。

这些预设至关重要，因为它们中的绝大部分正是我们使用先验论证为知识辩护的出发点。面对怀疑论为知识辩护必须最大程度地承认怀疑论的预设，唯其如此，对怀疑论的批判才是有说服力的内部批判。而完全否认怀疑论的预设，采用另外的预设，这是外部批判。它很容易转变成各说各话的无谓争论，无益于问题的解决，就如常识论对怀疑论的批判那样。必须指出，这里说的"最大程度地承认"是指，除否认怀疑论的绝对确定的知识标准外，承认其他五条预设。因为，第六条预设与"作为知识最终证据的经验是不可靠的"（第三条预设）构成明显的矛盾，这两条预设只能有一条是正当的。既然经验是不可取消的，而且怀疑论必须以经验的不可靠作为怀疑的根据，在这种情况下，

[①] 对局部怀疑论有不同的分层观点。有论者根据怀疑论对不同内容的常识的挑战，将怀疑论分为七个层次。这种划分与笔者采用的分法的不同之处在于，它对自我的怀疑考察得更细致。笔者认为，出于知识论讨论的目的，这种细分并无必要，因为如果同一性的自我被怀疑之后，对自我就再也无法组织起有意义的怀疑了。因为面对不同一的流变的体验，怀疑甚至都无法找到确定的对象，怀疑也就无从下手。详细论述参见：周志界. 常识怀疑论所表现出来的认识论坍塌箭头 [J]. 中山大学学报（社会科学版），2008（6）：149 - 150.

[②] 在此，我们不考虑不同自然语言系统之间的翻译问题。我们只考虑人类的语言系统。

[③] 统一的时空系统作为一个语言系统的基本成分是不言而喻的，否则双方就处于完全不同的世界，无法交流对话。

要最大程度地维护怀疑论，就只能摒弃知识的绝对确定性预设。如果我们否定第三条预设而保留第六条预设，那么我们就会陷入经验独断论的泥潭，而且这与人类的实际情况完全相反。如此一来，不仅取消了为知识辩护的任何必要，也取消了知识论。另外，要求人类获得绝对确定的知识就是要求人类成为全知全能的上帝，这是它不合理的根源所在。因此，应该抛弃第六条预设。不得不指出的是，这条预设也是传统知识论对知识的默认。所以，它不是怀疑论杜撰出来的。从某种程度上说，怀疑论正是利用了传统知识论的这个预设。否定这个预设，知识辩护的事业就向成功迈出了一大步。但要达到最后的成功仍需艰辛的跋涉。因为否定知识的绝对确定性仅仅为知识辩护找到了一个可错论的立足点，从可错论的立足点如何到达相对确定的知识，仍需要辩护。

最后还必须指出的是，这里得出怀疑论的各种预设的论证方法是反证法或归谬法。我们将在后面看到，这种方法与先验论证方法有本质的不同。

二、怀疑论的论证形式*

恰当的内部批判必须从批判对手的论证入手。因此当前对怀疑论的研究十分重视发现怀疑论论证的形式特点，以图寻找攻克它的方法。对于怀疑论论证的形式和结构的分类，不同学者有不同看法。曹剑波先生在综合前人研究成果的基础上，认为怀疑论的论证可概括为五种：闭合论证、来自经验的论证、来自标准的论证、来自可错性的论证和非充分决定性论证。笔者认为基本的怀疑论论证形式有两种：闭合论证和非充分决定性论证。其他三种论证都不是独立的论证方式，而是非充分决定性论证的表现形式。从它们的名称可以看出，它们只不过指出了不充分性的具体方面和来源而已。[①] 因此，笔者在这一小节中主要考查闭合论证和非充分决定性论证。关于这两种论证方式的各种讨论围绕着两个核心论题展开：作为闭合论证基础的闭合原则是否成立？如果闭合论证没有问题，那么它与非充分决定性论证的关系怎样？这两个论题之所以如此重要，是因为大多数学者认为，对它们的不同回答会直接影响反怀疑论的策略选

---

* 本小结的部分内容是从本人已发表的文章"认知闭合原则在经验知识中的地位——从怀疑论的闭合论证谈起"修改而来，参见：尹维坤. 认知闭合原则在经验知识中的地位——从怀疑论的闭合论证谈起［J］. 自然辩证法研究，2016（9）：15－21.
　① 曹剑波. 知识与语境：当代西方知识论对怀疑主义难题的解答［M］. 上海：上海人民出版社，2009：85－102.

择。但在笔者看来，这多少有些误入歧途。因为，不管如上两个问题得到何种回答，这些答案对解决他们所主要关注的笛卡尔式怀疑论都毫无助益。从这种意义上说，笔者在此讨论这些争论也有画蛇添足的嫌疑，而且它还对文章的简洁性产生不良影响。但是，出于澄清无谓争论，清除混淆视听的杂音的考虑，笔者还是勉力而为，在泥沙俱下的纷争中筛选真知的金沙。让我们从闭合论证开始探讨。

（一）闭合原则（论证）成立吗？

认知闭合论证（the epistemic closure argument，简称闭合论证）被认为是最重要的怀疑论论证之一，许多当代知识论者将它看成是必然导致怀疑论的罪魁祸首。它是认知闭合原则（the epistemic closure principle）的运用。因此，闭合原则是否成立直接影响闭合论证的有效性。正因如此，许多反怀疑论方案就是从反对闭合原则入手的。为方便下面论证，先将基本概念阐述如下。

闭合原则有多种表述形式，① 当前较为简便，也是基本得到公认的表述是：

对认知主体 s 和命题 p、q 而言，如果 s 知道 p，并且知道 p 蕴涵 q，② 那么 s 也知道 q。

其推论形式是：

（1）s 知道 p；

（2）s 知道：p 蕴涵 q；

（3）因此，s 知道 q。

用人工语言表示：$[Ksp \wedge Ks(p \rightarrow q)] \rightarrow Ksq$

闭合论证是闭合原则的运用，可表述为：对认知主体 s 和命题 p、q 而言，如果 s 不知道 q，但知道 p 蕴涵 q，那么 s 不知道 p。

其推论形式是：

（1）s 知道：p 蕴涵 q；

---

① 参见：曹剑波. 知识与语境：当代西方知识论对怀疑主义难题的解答［M］. 上海：上海人民出版社，2009：79 - 85. 斯坦福哲学辞典也有较为详细的介绍。参见：The Epistemic Closure Principle［EB/OL］. http：//plato. stanford. edu/entries/closure-epistemic/.

② 在知识论领域，假命题蕴含一切命题的情况（如，如果人都是爬行动物，那么鱼是在天空中飞行的。）以及不相关命题的蕴含情况（如，如果 1 + 1 = 2，那么雪是白的。）是不合理的，因此在此讨论的蕴含是严格蕴含（即衍推），而非实质蕴含。虽然，出于符号的简洁性考虑，文章的蕴含符号是实质蕴含的。

（2）s 不知道 q；

（3）因此，s 不知道 p。

用人工语言表示：$[¬Ksq \land Ks(p→q)] →¬Ksp$

如果我们用 O 表示日常知识或科学知识，比如"我在火炉旁烤火"，"我有一双手"，"三角形内角和等于两个直角的和"，等等；用 SH 表示怀疑论假设，比如"我在做梦"，"我是缸中之脑"，"我被恶魔欺骗"，等等；那么前面提到的笛卡尔式怀疑论的论证可以用闭合论证表述如下：

（1）s 知道：O 蕴涵¬ SH；（**要知道日常知识或科学知识必须否定怀疑论假设。因此蕴涵命题的后件应该是¬ SH，而不是 SH**）

（2）s 不知道¬ SH；

（3）因此，s 不知道 O。

例如，做梦论证可表述如下：

（1）我知道：如果我在火炉旁烤火，那么我不在做梦；

（2）我不知道我不在做梦；

（3）因此，我不知道我在火炉旁烤火。

缸中之脑论证可表述如下：

（1）我知道：如果我有一双手，那么我不是缸中之脑；

（2）我不知道我不是缸中之脑；

（3）因此，我不知道我有一双手。

在解释基本概念之后，接下来考察关于闭合原则是否成立的争论。就这个问题的争论学界可分为两派：否定派和肯定派。前者有德雷斯克、诺齐克、海勒斯、萨隆和石培屈等。后者有费德曼、弗格、斯汀、柯夫曼、克莱恩等。① 肯定派的重要理由有二：第一，闭合原则出自认知逻辑的公理，有很强的直觉合理性；第二，否定闭合原则将使形式逻辑的基本推理规则——肯定前件和否定后件规则——在经验知识中无法应用，形式逻辑在经验知识中的地位将很难维护，经验知识系统化将失去其逻辑工具。这将阻碍知识系统的形成，导致知识成为杂乱无章的堆积。这不仅与知识的现状不符，也否定了人们追求知识体

---

① 这是笔者对《斯坦福哲学百科》中"The Epistemic Closure Principle"词条内容的归纳总结。具体列出句子中涉及的每个人的文献既烦琐又无必要，有需要了解这段学术史细节的读者可根据《斯坦福哲学百科》中列出的文献，深入查阅。具体请参阅：The Epistemic Closure Principle［EB/OL］. http：//plato. stanford. edu/entries/closure-epistemic/.

系的理想。总之，否定闭合原则的代价太大。根据斯坦福哲学百科介绍，反对闭合原则的论证可分为 4 种：①

（1）来自知识分析的论证，这种反驳主要来自德雷斯克的相关替代论和诺齐克的知识追踪理论。它们的基本思路是，假定相关替代论和知识追踪理论对知识的分析是正确的，那么闭合原则就是错误的。这种思路的前提很容易受到攻击。

（2）来自知识模式非闭合性的论证，这种论证试图从知识的各个条件不具有闭合性来论证知识不是闭合的，德雷斯克是主要代表。它的思路是，如果知识的各个条件，比如信念、记忆、感知等都不具有闭合性，那么知识的闭合原则是不成立的。

（3）来自不可知（不易知）命题的论证。这个论证试图指出有些命题不通过特殊的方法是不能知道的，但是闭合原则主张，通过一般的演绎而不用特殊方法，就能知道它们。因此，闭合原则是错误的。萨隆和石培车的论证就属于此类，他们试图用彩票悖论这样的反例来反驳闭合原则。

（4）来自怀疑论的论证，这种论证认为闭合原则与怀疑论紧密相关，如果怀疑论不成立，那么闭合原则就有问题。于是，这种论证通过构造各种反驳怀疑论的理论来间接反驳闭合原则，德雷斯克和诺齐克也是这种代表。其实，第（1）种与第（4）种十分相近，可归于一种反驳闭合原则的论证。基于德雷斯克和诺齐克在否定派的如上三个论证中的重要地位，我们将首先考察德雷斯克和诺齐克的论证（即第（1）种、第（2）种、第（4）种），再考察萨隆和石培车的论证（即第（3）种）。

笔者首先对德雷斯克和诺齐克的各种论证做一个简要的评论。笔者认为它们都不能成功地反驳闭合原则。因为，第一，已有众多论者指出，德雷斯克和诺齐克的知识分析存在各种问题，它们不能有效地反驳怀疑论。② 就算闭合原则是怀疑论的前提，试图通过反驳怀疑论，经由否定后件式反驳闭合原则，也不能成功。更何况导致怀疑论的论证除了闭合论证之外，还有非充分决定性论证，在这种情况下，就算他们将怀疑论驳倒，他们有可能驳倒的是非充分决定

---

① The Epistemic Closure Principle ［EB/OL］. http：//plato. stanford. edu/entries/closure-epistemic/.
② 对德雷斯克和诺齐克反怀疑论理论的各种问题曹剑波做了细致的考察，笔者在此从略。参见：曹剑波. 知识与语境：当代西方知识论对怀疑主义难题的解答 ［M］. 上海：上海人民出版社，2009：157 － 197.

性原则和非充分决定性论证。在非充分决定性论证和闭合论证的关系没有弄清之前，他们不能否定闭合论证。事实上，他们根本没有成功的反驳怀疑论。第二，他们对知识的分析也不成功。前面已经指出诺齐克的知识追踪理论存在的问题。而德雷斯克在"认知算子"一文用相关替代论对怀疑论和闭合原则的反驳问题重重。① 第三，即使如德雷斯克所言，知识的各种条件并不遵守闭合原则，也不能就此得出结论：这些条件的组合不遵守闭合原则。毕竟知识的各种条件的组合可能使得知识的性质发生巨大变化，从而不得不遵循闭合原则。要得出德雷斯克的结论，首先必须弄清楚知识的各种条件与知识的逻辑关系，这不仅烦琐，而且不太可能成功（因为这种性质的转变很可能是个发生学问题

---

① 德雷斯克在"认知算子"一文中对怀疑论的闭合论证方式提出反驳，他先将语句算子（sentential operators）区分为三类：完全渗透性算子（fully penetrating operators）、半渗透性算子（semei-penetrating operators）和非渗透性算子（non-penetrating operators）。他认为闭合原则就是主张认知算子（know that）是完全渗透性算子，因为它主张如果 S 知道 P，并且 S 知道 P 蕴含 Q，那么 S 知道 Q。也就是说，闭合原则主张，假定我们都是理想的聪明的逻辑学家，完全知道所有的命题的必然后承（我们知道 P 蕴含 Q），那么认知算子就是完全渗透性的算子：认知算子渗透到一个命题的所有已知后承，认知算子能够从 P 渗透到 Q。但是德雷斯克不这样认为。他说，即使在这样的假定下，认知算子也只是半渗透性的。

德雷斯克举了很多例子来说明这个观点。我们考察其中一个例子。假如我说"我知道这个教堂是空的。"我进去教堂查看了发现里面没人。因此我说的是真话。但是即使我知道这个教堂是空的蕴含这建筑是个教堂，"我知道这个教堂是空的"的证据，却不能证明这个建筑是教堂。如此，我知道这个教堂是空的，并且我知道这个教堂是空的蕴含这建筑是个教堂，但我却不能说我知道这建筑是个教堂。德雷斯克一口气举出了更多类似的例子：我知道玫瑰正在凋谢，但不知道它们是玫瑰；我知道水正在沸腾，但不知道那就是水；我知道 2 的平方根小于 3 的平方根，但是不能证明 2 有一个平方根。

德雷斯克总结道：存在一些与一个陈述相联系的前提。虽然这些前提的真被陈述的真蕴含，但是当我们将认知算子运用于那个陈述时，那些前提不是运算的一部分。因此认知算子不能渗透到那些前提中。但是，德雷斯克的上述反例有问题，不能论证他的结论。闭合原则的拥护者完全可以否认上例中的我知道那是教堂。因为当我说"我知道这个教堂是空的"时，我说的是"这是一个教堂并且里面没人"。如果我只是看见里面没人，"我知道这个教堂是空的"这句话就没有被证明是真的。如此，它就没能蕴含"这是一个教堂"。如果"我知道这个教堂是空的"的意思是"我知道这是一个教堂并且里面没人"，它是真的，并且它蕴含"这是一个教堂"；那么，我就能说"我知道这是一个教堂。"因此，知道算子就是渗透性的。显而易见，德雷斯克的这些例子对其结论没有支持力。尽管他的结论还是有启发性的——证明一个陈述的证据确实不一定证明其蕴含的前提。

其实，典型的怀疑论的闭合论证不是上述那种具有意向性证据的例子（对语句各部分的强调不同，要求的证据也就不同）。德雷斯克对闭合原则的稍有价值的反对，就在他对更严格的怀疑论论证的反驳中。不幸的是，他又没成功。下面来考察他提出的"斑马反例"。在这个案例中，德雷斯克知道笼子里的动物是斑马，但考虑到它有可能是被精心伪装成斑马的驴，德雷斯克不能排除这个可能性，即不知道它不是被精心伪装成斑马的驴。但是德雷斯克仍然坚持自己知道笼子里的动物是斑马。如此他就构造了一个反例：他知道笼子里的动物是斑马，并且他知道笼子里的动物是斑马蕴含它不是被精心伪装成斑马的驴；而他不知道它不是被精心伪装成斑马的驴。根据怀疑论的闭合论证，他不知道笼子里的动物是斑马，但是德雷斯克坚持他知道笼子里的动物是斑马。

德雷斯克还试图将"知道"算子与"解释"，"原因"和"是……的证据"等认知算子作类比，认为后者不是渗透性的算子，因此"知道"也不是渗透性的算子。但是就连他自己也承认，这个类比是一个很弱的论证，它成立与否依赖于"知道"算子与其他算子是否具有相同的逻辑性质。但是问题恰恰在于它们不具有相同的逻辑性质。因此这个类比不能驳倒认知闭合原则。德雷斯克的论述参见：Fred Dretske. Epistemic Operators [J]. The Journal of Philosophy, Vol. 67, No. 24, 1970: 1010 – 1019.

而不是逻辑论证的问题）。更何况，有论者反对知识的各种条件不遵循闭合原则的论断。总之，德雷斯克和诺齐克的反闭合论证（即第（1）种、第（2）种、第（4）种）无需多费笔墨。①

但这不意味着笔者接受闭合原则和闭合论证，事实上，笔者反对闭合原则在知识（尤其是经验知识）中的有效性。具体理由如下：

第一，闭合原则的直觉合理性有争议。事实上认知闭合原则的直觉合理性来自命题逻辑的肯定前件式，而闭合论证的直觉合理性则来自否定后件式。在具体的知识命题推理中起作用的并不是 Ks(p→q)，而是（Ksp→Ksq），即闭合原则的（2）s 知道：p 蕴涵 q；转换成了（2）'s 知道 p 蕴涵 s 知道 q。这个转换的根据是认知逻辑的公理 K：Ks(p→q)→(Ksp→Ksq)。这个公理是认知逻辑仿照模态逻辑系统的公理 K：□(p→q)→(□p→□q) 得来的。② 至于这种规则迁移为什么是合理的，认知逻辑文献中要么没有说明，要么认为这条公理是有用的，没有它认知逻辑会遇到很多麻烦（这是实用理由）。③ 但是，必然算子"□"和知道算子"Ks"之间的差别确实存在，忽略这种差别应该有合理说明。一般认为必然算子"□"是外延算子，它只约束命题的真值。而知道算子"Ks"则包含信念和辩护成分（在接受 JTB 这个基本的知识定义的前提下），是个内涵算子。命题的真值可以通过蕴涵传递，但知道算子"Ks"所包含的命题态度是否具有传递性，还存在争议。④ 即使知道算子"Ks"中约束的真值能够传递，也不能就此表明它约束的所有成分都能传递。有论者明确表态，"虽然被相信的或已知的命题的真值是确定地闭合在保真运算下的，但命题态度却不是。"⑤ 因此，仿照必然算子构造认知闭合原则有待商榷。

---

① Jonathan Vogel 详细分析了德雷斯克的"斑马案例"，指出它不是闭合原则的真正反例，参见：Jonathan Vogel. Are There Counter examples to the Closure Principle? in Epistemology：An Anthology [C]. edited by Ernrst Sosa et al. 2nd ed. Oxford：Blackwell Publishing，2008：290 – 299.

② 陈晓华. 认知逻辑研究述评 [J]. 哲学动态，2008（8）：90.

③ 曹剑波. 知识与语境：当代西方知识论对怀疑主义难题的解答 [M]. 上海：上海人民出版社，2009：82 – 83.

④ 据弓肇祥介绍，在认知逻辑发展初期，逻辑学家试图在真性（alethic）模态逻辑中寻找逻辑工具，并且把认知算子跟真性模态算子进行类比，如冯·赖特就是如此。但也有人认为真性模态算子与认知算子有很大区别，如科利尔（Collier，K.）。这里的真性模态算子就是诸如"必然""可能""偶然"之类的是外延算子，它们表示命题的真假程度；而知道算子则是认知算子。不管这种争论的具体情况如何，对于这种混同使用，需要给出说明。参见：弓肇祥. 认知逻辑新发展 [M]. 北京：北京大学出版社，2004：31 – 34.

⑤ Assaf Sharon and Levi Spectre. Epistemic closure under deductive inference：what is it and can we afford it? [J]. Synthese，Published online，2012：1.

第二，闭合原则在某类特殊案例中不成立。这是前一节中未展开讨论的反闭合原则的论证3。论证3通过彩票悖论指出闭合原则在处理某些概率性认知命题会遇到问题。彩票悖论由凯伯格在20世纪60年代初提出，其目的是要从逻辑角度探寻将非确定性信念接受为知识的合理概率（r）。[①] 所谓非确定性信念是指一个确定性概率小于1的命题。抽彩悖论表明，无论r的值多么高，只要它小于1，就不可避免地导致逻辑矛盾。在此，我们从知识辩护的角度对这个悖论做一些改动，将接受标准的概率r解释成辩护程度的指标，即r指一个信念要成为知识需要得到辩护的程度。

现假定，辩护标准r = 0.9999。在一个提供一百万张彩票只有一张中奖的公平抽彩活动中，任意一张彩票不中彩的概率高达0.999999。如果我们抽出第一张彩票，形成一个命题p_1："第1号彩票不中彩"，那么，考虑到它为真的概率远高于0.9999的辩护标准，因而我们可以说，我们知道第1号彩票不中彩（Ksp_1）。同理，关于任何一张彩票i，命题p_i："第i号彩票不中彩"都会得到充分辩护成为知识，即Ksp_i；由此，我们知道第1号彩票不中彩（Ksp_1），我们知道第2号彩票不中彩（Ksp_2），……我们知道第1000000号彩票不中彩（$Ksp_{1000000}$）。将这些已知的知识合取，得到：$Ksp_1 \wedge Ksp_2 \wedge \cdots Ksp_{1000000}$。它等值于$Ks(p_1 \wedge p_2 \wedge \cdots p_{1000000})$。令q为"所有彩票不中彩"，我们还知道$(p_1 \wedge p_2 \wedge \cdots p_{1000000}) \rightarrow q$，即得到$Ks[(p_1 \wedge p_2 \wedge \cdots p_{1000000}) \rightarrow q]$。根据闭合原则有：

$$Ks(p_1 \wedge p_2 \wedge \cdots p_{1000000}) \wedge Ks[(p_1 \wedge p_2 \wedge \cdots p_{1000000}) \rightarrow q] \rightarrow Ksq$$

然而，抽彩活动的公平性使得命题"至少有一张彩票中彩（¬ q）"的概率为1，该命题也应被接受为知识，即我们知道至少有一张彩票中彩（Ks¬ q）。这样一来就出现了矛盾，即：我们知道所有彩票不中彩并且我们知道至少有一张彩票中彩。这个悖论使闭合原则面临严重挑战。

需指出，彩票悖论具有普遍性，只要作为辩护标准的概率小于1，即$1 - r = \varepsilon (0 < \varepsilon < 1)$，那么，无论r值多高，彩票悖论都不可避免，因为只需使彩票总数超过$1/\varepsilon$，"第i号彩票不中彩"的概率就超过r。相似悖论还有"前言悖论"。[②]

---

① H. E. Kyburg. Probability and the Logic of Rational Belief [M]. Wesleyan University Press, 1961；陈晓平. 抽彩悖论——知识接受之谜 [J]. 自然辩证法通讯, 1996 (3)：1 - 7.

② Sharon Ryan. The Preface Paradox [J]. Philosophical Studies, 1991 (64)：293 - 307.

有学者就闭合原则面临反例挑战的境地指出，闭合原则看似很有可能，然而彩票悖论表明，不确定性不断聚集的可能性使它的可维持性受到怀疑；这种状况显著地限制了一般知识论所承诺的闭合原则；要面对不确定性聚集的挑战要么需要将知识扩展限制在单前提推理，要么排除已知前提中的不确定性。第一个策略虽然为闭合原则留有余地，但通过这个限制，它不再适用于大多数我们在科学和日常生活中感兴趣的、有教益的推理，也不适用于包含复合知识和信念的推理。① 第二个策略将不可避免地导致怀疑论。因为要排除已知前提中的不确定性，达到绝对确定的辩护，要求太高无法满足，在此标准下经验知识是不可能的。② 总之，此类悖论表明：如果不将信念的辩护标准提升到绝对确定的程度，闭合原则就不具有普遍适用性；如果闭合原则要普遍适用，它就要求知识的绝对确定性，导致怀疑论。

必须指出，从不确定性不断聚集这个角度构造悖论，对知识的各种原则（闭合原则、合取原则等）提出挑战，与休谟从不确定性不断聚集论证怀疑论如出一辙。而休谟的怀疑论论证根本不用闭合论证。由此我们也可以看出，闭合论证既不是怀疑论产生的必要条件，也不是充分条件。反怀疑论的关键并不在闭合原则是否成立。

第三，在科学知识领域承认闭合原则，会导致混淆科学预测与科学知识的后果。众所周知，科学假说在得到一定证据确证之后会成为科学理论，被纳入人类的知识储备。在此之后，人们会用科学理论预测未知现象和推导未知定理。预测只有被经验确证之后才会成为知识。用科学理论进行预测就是将科学理论和辅助假设，运用于一定的初始条件，建构理论与预测的蕴涵关系。这种蕴涵关系一旦建立，科学预测的对象就能够从已知的科学理论、辅助假设和初始条件中逻辑地推出。如果承认闭合原则，那么被预测的对象就立即成为知识，而对预测的经验检验就变得无足轻重了。

举例说明。自牛顿 1687 年发表《自然哲学的数学原理》一书以后，经典

---

① Assaf Sharon, Levi Spectre. Epistemic closure under deductive inference: what is it and can we afford it? [J]. Synthese, Published Online, 2012: 1–18.

② 曹剑波以另一种方式从闭合原则和闭合论证导出其中包含的绝对不可错论预设。通过将 q 解释成"任何与 p 不相容的命题是错误的"，那么在闭合论证 [¬ Ksq∧Ks（p→q）] →¬ Ksp 中，要保证不产生¬ Ksp 的结果（知道 p）就必须知道 q（即前提不能是¬ Ksq），这就要求 s 知道"任何与 p 不相容的命题是错误的"。由于与 p 不相容的命题是无限的，要知道"任何与 p 不相容的命题是错误的"必须假定全能的认知者，并保证绝对无误的认知。曹剑波介绍了另外三种反对闭合原则（论证）的理由，在笔者看来，它们并不适当，在此略去。参见：曹剑波. 知识与语境：当代西方知识论对怀疑主义难题的解答 [M]. 上海：上海人民出版社，2009：198–204.

力学的理论大厦建立了。牛顿将他的力学理论应用于太阳系，解决了天体力学中的一系列问题：他给出了计算太阳质量和行星质量的方法，证明了地球是一个赤道凸出的扁球，解释了岁差现象，说明了潮汐的涨落，分析了彗星运动的轨迹和天体摄动现象等。此后一系列科学发现确证了牛顿力学的真理性，牛顿力学得到了广泛的承认。这些科学发现包括：哈雷彗星的发现、地球形状的证实、关于行星摄动现象的证实、引力常数 G 的测定，等等。更有一批科学家以牛顿的学说为基础，创立了力学的新的分支，诸如弹性力学、流体力学、材料力学等。到 18 世纪末，牛顿力学已取得了巨大的威望，运动三定律和万有引力定律的地位已牢牢确立。牛顿力学已被奉为人类知识的宝典。

但 1781 年，英国天文学家赫舍尔发现天王星后，人们在研究天王星的运行轨道时，发现它的实际运行轨道与根据太阳引力计算出的轨道有偏离，于是根据经典力学规律推测在天王星外还有一颗行星，它产生的引力使天王星的轨道发生了偏离。1845 年英国天文学家亚当斯和法国天文学家勒威耶分别根据牛顿力学定律算出了这颗尚未观察到的行星（海王星）的轨道。

如果故事到此终结，那么按照闭合原则的解释，会得到如下推理：

（1）亚当斯和勒威耶知道经典力学的基本原理；

（2）他们知道：如果经典力学的基本原理是正确的（并且对天王星的观测无误），那么有一颗行星（海王星）在如此这般的轨道上运行；

（3）因此，他们知道海王星在如此这般的轨道上运行。

但实际情况并非如此，直到 1846 年 9 月 18 日，德国天文学家伽勒根据计算结果，用望远镜看到海王星之后，人们不会认为亚当斯和勒威耶知道海王星存在，并在如此这般的轨道上运行。在观测结果确证计算结果之前，亚当斯和勒威耶也不会认为自己有关于海王星的知识。他们根据计算结果得出的推论只不过是一个猜测。如果不是这样，那么观察结果检验预测的作用对知识的获得而言就形同虚设。在此意义上说，海王星被人们称为"笔尖上发现的行星"言过其实了。

如果有人坚持认为在没有观察到海王星之前亚当斯和勒威耶有关于它的知识，那么依据同样的道理，勒威耶就应该知道水内星（勒威耶称为火神星）的存在，并具有关于它如此这般运行的知识。如此水星近日点进动问题也就不用等到爱因斯坦来解决。这当然是于理不通的。

这个案例表明，闭合原则不能普遍适用于科学知识领域，因为人们知道一个科学理论，并且知道这个理论逻辑蕴涵某种事件，却不具有这个事件的知识。要在这个反例面前解救闭合原则有两条进路。第一，否认科学理论在开展预测时已被接受为知识，即反例未满足闭合原则的第一个前提。其最终的理由是，理论没有被完全证实。第二，否认人们知道科学理论蕴含预测对象，即反例未满足闭合原则的第二个前提。其理由如下：科学预测是科学理论与初始条件、辅助假设共同推理的结果，对预测的检验并非只针对科学理论，也针对初始条件和辅助假设。而初始条件和辅助假设的正确性常常是不确定的。因此，预测之所以要接受检验，是因为人们要检验初始条件和辅助假设的正确性。如此，人们虽然知道科学理论，但是仍不能知道科学理论对被预测事件的蕴涵关系。

这两条为闭合原则辩护的进路代价很高。第一条进路导致这样的结论：只要理论的预测还没有完全被证实，那么科学理论就不能成为知识；只有理论所蕴涵的现象和定理完全成为知识，理论才成为知识。这是在要求绝对确定的知识，没有科学理论能够达到如此高的知识标准，因为不存在被所有蕴涵结果证实的理论——要么理论在此之前被否证，要么这个过程无限延伸。第二条进路也会导致要求保证初始条件和辅助假设的绝对正确性，否则科学理论根本就不可能有预测，而且总是得不到观察结果的检验（因为它总是被引导去检验初始条件和辅助假说）。这两条进路再一次表明：要想挽救闭合原则在经验知识中的普遍有效性，必须预设绝对确定的知识标准。这个预设的合理性值得怀疑。

值得注意的是，上述论证一再揭示，闭合论证要成立的条件是：要求已知前提具有绝对确定性。这正是怀疑论的第六条预设。而一旦承认这条预设，人们根本不需用闭合论证来论证怀疑论，它本身就会产生怀疑论结果。因此，不是闭合论证导致怀疑论，而是闭合论证被怀疑论利用。事实上，如果没有怀疑论对知识的过高要求，提出无法排除的怀疑论假设（即做梦、恶魔存在、缸中之脑等）干扰知识判断，闭合论证并不导致怀疑论结论。人们在日常生活和科学活动中也会遇见这样的情况：p、q是两个不相容的日常经验或科学命题，人们知道（p→¬ q），并且不知道q的真值。但只要人们能够通过进一步的研究排除¬ q为真的可能性，就不可能导致怀疑论结论。

综上所述，闭合原则在经验知识领域不是无条件成立的。"只要信念逻辑还以闭合原则这样的事为目标，那么它就是不为知识论带来实际好处的唐吉诃德式的事业。也许存在偶然的原则，它确实能告诉我们，给定某人相信的事情，他就可能相信另一些事情。但是，这样的原则不会通过逻辑和概念分析发现。这样的真理只能通过经验研究发现……"①

但从闭合原则不是无条件成立不能得出结论说怀疑论不成立。**怀疑论与闭合原则在本质上是分离的。即使闭合论证成立，它也不是导致怀疑论的论证上的根源，它与怀疑论的关系不是闭合论证导致了怀疑论，而是怀疑论利用闭合论证展现自己。在这种意义上说，怀疑论是一种特殊的闭合论证，是包含了怀疑论假设的闭合论证。能够导致怀疑论的闭合论证本身已经预设了怀疑论的根源（知识的绝对确定性）。因此，闭合论证既不是怀疑论的必要条件，更不是充分条件。**试图从闭合论证入手反驳怀疑论是徒劳无功的。这样的结论也适用于非充分决定性论证。因为，非充分决定性论证与怀疑论的关系如同闭合论证与怀疑论的关系。并非所有的非充分决定性论证都导致怀疑论，怀疑论是一种特殊的非充分决定性论证，其特殊性就在于它预设了怀疑论的前提。所以，除非我们预设了怀疑论的前提，否则非充分决定性论证并不导致怀疑论。但是，非充分决定性原则是有效的，这一点与闭合原则不同。

（二）闭合原则：是对经验的范导而不是对经验的建构

上面对闭合原则的批判随即会带来一个问题，人们如何评价闭合原则肯定派的第二个理由，即如何看待闭合原则在知识系统化方面起到的不可或缺的作用。回答这个问题就是澄清闭合原则在经验知识中处于何种具体地位的问题，也是上文提到的在经验知识中**有条件地**应用闭合原则的问题。

之所以说闭合原则是经验知识的有条件的原则，是因为全面否定闭合原则在经验知识中的应用代价太高，我们不得不对它的适用性有所保留。正如我们在上述第二个反例中所见，理论预测和理论确证（否证）所使用的基本方法（逻辑）仍然离不开闭合原则（论证）。闭合原则更重要的作用还在于，它使科学理论通过不断解释和预测新现象，扩充理论的内涵，形成更完善的科学知识体系。总之，已给出的论证表明，闭合原则在发现新知识方面的作用应该被限制；而在促使知识系统化方面的作用应该保留。但是如何为限制和保留给出哲学论证呢？如果我们的观点只停留在实用的根据之上，这对于解决哲学问题

---

① Steven D. Hales. Epistemic closure principle ［J］. The Southern Journal of Philosophy, 1995 （XXXⅢ）：199.

而言有流于表面之嫌。幸好，康德区分范导原则和建构原则的基本思想为我们对如上观点进行哲学论证提供了启发。①

范导原则与建构原则的区分是基于康德对认识能力和实践能力、机械论和目的论、现象和物自体以及知性和理性等区分之上的。因此，它们在康德哲学体系中有多种含义，在此我们只讨论它们在知识论中的含义。②

在康德的知识论中，建构原则和范导原则的区分根源于他对知性和理性这两种认识能力在性质、功能以及对象上的不同。③ 知性是概念和判断的能力，它为综合来自直观的杂多质料提供先验范畴，使杂多成为经验对象，从而获得普遍必然的经验知识。④ 知性对经验的规整就是对经验的建构，因此知性范畴以及知性的原理就是建构原则。理性是推理的能力，是追求知识彻底性的最高的认识能力，它不直接作用于任何经验对象，而仅仅运用于知性，最终借助于理念给予知性知识以统一性。⑤ 理性的功能在于为知性设定某种知性本身无法达到的统一性，使知识趋向完整的系统化目标，所以理性为知识提供起导向作用的原则，即范导原则。⑥ 简言之，范导原则引导着知性在考察大自然时按照完整性的原则前进——尽管这种完整性是永远达不到的，但它却以此作为认识努力的目标。⑦ 按康德的界定，既然建构原则用来综合杂多质料产生普遍必然的新知识，而闭合原则在新知识产生中的作用被限制，那么这表明闭合原则不是建构原则。它是康德哲学意义下的范导原则吗？我们已经看到闭合原则在引导知识趋向整体性和系统性方面与范导原则是相似的。但要更确切地回答这个问题，需要进一步考察范导原则的使用方法和基本特征。

就认识论而言，康德将范导原则分为两大类，它们分别产生于理性能力的不同使用方式。⑧ 第一类是"逻辑原理"，它产生于理性推理能力的逻辑使用。理性的逻辑使用表现为各种形式的推理。通过推理，理性"力图把大量杂多的

---

① 不同的中文译本对这两个原则有不同的译法。蓝公武把它们分别译为"构成的原理"和"统制的原理"；韦卓民译为"组织性的原则"和"限定的原则"；李泽厚译为"构成原理"和"范导原理"；庞景仁译为"构成性原则"和"制约性原则"；邓晓芒译为"构成性原则"和"调节性原则"。我基本采纳李泽厚的译法。

② 陈嘉明. 建构与范导——康德哲学的方法论 [M]. 上海：上海人民出版社，2013：14 - 18.

③ ［德］康德. 判断力批判 [M]. 邓晓芒，译. 杨祖德，校. 北京：人民出版社，2002：256.

④ ［德］康德. 判断力批判 [M]. 邓晓芒，译. 杨祖德，校. 北京：人民出版社，2002：259.

⑤ ［德］康德. 未来形而上学导论 [M]. 庞景仁，译. 北京：商务印书馆，1978：104.

⑥ ［德］康德. 纯粹理性批判（注释本）[M]. 李秋零，译注. 北京：中国人民大学出版社，2011：466.

⑦ ［德］康德. 判断力批判 [M]. 邓晓芒，译. 杨祖德，校. 北京：人民出版社，2002：1 - 2.

⑧ 陈嘉明. 建构与范导——康德哲学的方法论 [M]. 上海：上海人民出版社，2013：29 - 30.

知性知识归结为最少量的原则（普遍的条件），并以此来实现它们的至上统一"①。遗憾的是，康德并没有指明作为逻辑原理的具体推论形式；而是笼统地提出"同质性""异质性""连续性"三大逻辑原理与推理能力相对应。第二类是"先验原理"。它源于理性的形而上学思考。这一思考提出某些理念（作为物自体），不仅作为现象的统一的根据，而且作为理性逻辑原理的根据。这些理念作为范导给知性概念带来一种与最大的扩展相伴的最大统一。② 与这两类范导原则对比，闭合原则显然不是一个理念，而应该是"逻辑原理"。只不过与康德提出的笼统的三大逻辑原理不同，闭合原则是纯粹形式化的具体的逻辑原理，是康德三大逻辑原理的内在形式。因为，"同质性"正是闭合原则在科学解释和确证中引导知识系统化的正面体现——被解释对象和确证证据与理论是同质的；而"异质性"则是闭合原则在科学预测和否证中引导知识系统化的反面体现——未确证的预测和不相容的观察结果（否证）与理论是异质的；"连续性"则是"同质性"和"异质性"的统一，也就是闭合原则引导知识系统化正反两面的统一。因此，闭合原则作为理性推理能力的逻辑使用，应该成为范导原则中的"逻辑原理"。

康德还对理性推导能力的应用做了另一种区分。对这种区分进行细致考察，我们惊奇地发现，闭合原则在使用的细节上与范导原则也十分一致。康德将理性推导能力的应用分为：不容置疑的应用和假设性的应用。③ 以共相（一般）与殊相（特殊）的关系为例，在共相是确实的和被给予的前提下，殊相就被必然地规定。这种推导是理性不容置疑的应用（或演绎的应用）。在共相是或然地假定的前提下，而殊相是确实的，这种推导是理性的假设性的应用（或归纳的应用）。康德指出，假设性的应用中推出确定殊相的规则的普遍性是一个问题。这种规则的普遍性需要被许多确实的实例检验。"如果看起来一切有关的特殊实例都由此产生，"那么可以推论出规则的普遍性，并且由规则的普遍性可以"进一步推论到一切就其自身而言也没有被给予的实例"。④ 由这些论述中看出，康德所说的假设性的应用，正是科学研究中普遍使用的假说

---

　　① ［德］康德. 纯粹理性批判（注释本）［M］. 李秋零，译注. 北京：中国人民大学出版社，2011：250.
　　② ［德］康德. 纯粹理性批判（注释本）［M］. 李秋零，译注. 北京：中国人民大学出版社，2011：441 – 442.
　　③④ ［德］康德. 纯粹理性批判（注释本）［M］. 李秋零，译注. 北京：中国人民大学出版社，2011：443.

演绎法。一个科学假说在被许多确实实例确证后获得普遍性，并被用于解释和预测"没有被给予的实例"。康德认为，理性推理的假设性的应用不是建构性的。因为严格来说，在这种应用中作为假设被使用的共相和规律不具有真理的性质。虽然它们获得了许多实例的确证，但却没有被证实。"因为人们要怎么知道所有因从这条假定的原理得来而证明其普遍性的可能后果呢？"① 既然假说的普遍性无法得到证实，那么理性假设性的应用就"只是范导性的，以便尽可能地由此将统一性引入特殊的知识，由此使规则接近普遍性"②。总之，"假设性的理性应用关涉到知性知识的系统统一性……系统的统一性（作为纯然的理念）仅仅是规划出来的统一性……人们必须不把它看做是被给予的，而是看做问题"。③

康德对理性的假设性使用的描述符合科学事实。在科学探索中人们预先设定某种具有普遍性的规律（假说，其中最高的假设是自然齐一性），然后通过一些事例的检验确证这一规律的普遍性，接着用以推论一切特殊的事例，乃至尚未见到的事例都属于这一规律。这一做法就是理性起范导作用的表现，就是康德所谓的"理性的假设的使用"。④ 该用法的基本逻辑形式就是闭合原则。这又一次表明，闭合原则就是指导知性趋向系统化和统一性的范导原则。

另外，理性的假设性使用提示出认识论中范导原则的基本特征：范导原则是一种主观性的、假设的原理，而不像建构原则是客观性的；它无法对客体进行规定，只是以其提供的概念作为我们观察、思考事物的参考系，由此引导自然研究达到理性设定的某个目标。⑤ 闭合原则恰好具有依赖假设的特征。上节两个反例表明，闭合原则要在经验中普遍适用的条件是预设绝对确定的知识标准，将所有前提假设为无可置疑的真。这个预设在经验知识中是一个主观的假定，而不是一个客观事实。这个主观假定在不断经受经验检验的过程中引导知识形成系统。闭合原则具有范导原则的基本特征再一次表明它是范导原则。

至此，我们知道闭合原则在基本特征、使用方法和限度以及功能上都与康德的范导原则一致。至此，闭合原则在经验知识中的地位得到精确界定——它是经验知识的范导原则而不是建构原则。这个结论植根于理性。正因闭合原则具有理性的根据，它在经验知识的作用才不被取消，而是被限制。对闭合原则

---

①②③④ ［德］康德. 纯粹理性批判（注释本）［M］. 李秋零，译注. 北京：中国人民大学出版社，2011：443.

⑤ 陈嘉明. 建构与范导——康德哲学的方法论［M］. 上海：上海人民出版社，2013：15－16.

的保留与限制以它在经验知识中的确切地位为依据。

（三）非充分决定性原则（论证）

与闭合论证相提并论的怀疑论论证是非充分决定性论证（argument from underdetermination）。非充分决定性论证以非充分决定性原则（underdetermination principle，简写为 UP）为基础。

非充分决定性原则可表述为：

UP：对于所有认知主体 s、信念 p 和信念 q，如果 s 的证据支持信念 p 不超过支持信念 q，且 p 和 q 不相容，那么 s 的证据就没有使 s 在相信 p 上得到辩护。[①]

UP 可以转换成肯定陈述 UP'：对于所有认知主体 s、信念 p 和信念 q，如果 s 的证据支持信念 p 超过支持信念 q，且 p 和 q 不相容，那么 s 的证据就使 s 在相信 p 上得到辩护。

有论者认为，非充分决定性原则还有强弱之分。"强的非充分决定性原则主张：如果 q 是 p 的竞争者，而且 p 和 q 在逻辑上与 s 已有的所有证据一致，那么 s 不知道 p。弱的非充分决定性原则主张：如果 q 是 p 的竞争者，那么只有当人们能非武断地拒绝 q 时，才能说知道 p。"[②] 笔者认为，这种区别没有必要，因为弱的非充分决定性原则中的"非武断地"一词意义含混，如果要对其做清晰界定，仍不得不指明证据充不充分。它本质上与强的非充分决定性原则相同。非充分决定性原则具有很强的直觉合理性。因为如果我们的证据对目标假设的支持程度不超过与目标假设不相容的另一个假设的支持程度，那么我们的证据就不能对目标假设发挥判定性的支持作用。

如果接受知识的基本定义（即得到辩护的真信念），那么 UP 和 UP' 就可表述为：

UP：对于所有 s、p 和 q，如果 s 的证据支持信念 p 不超过支持信念 q，且

① Duncan Pritchard. The Structure of Sceptical Arguments [J]. Philosophical Quarterly, Vol. 55, No. 218, 2005：39；Stewart Cohen. Two Kinds of Skeptical Argument [J]. Philosophy and Phenomenological Research, Vol. 58, No. 1, 1998：143；Anthony Brueckner. The Structure of the Skeptical Argument [J]. Philosophy and Phenomenological Research, Vol. 54, No. 4, 1994：830；Kevin McCain. Two skeptical arguments or only one? [J]. Philos Stud, Published Online, 2012：7. 上述论文对不充分决定性原则表述形式上稍有不同，为文章行文方便，笔者将它们综合成这种形式。

② 曹剑波. 怀疑主义的非充分决定性论证 [J]. 厦门大学学报（哲学社会科学版），2011（3）：120.

p 和 q 不相容，那么 s 不知道 p（当然 s 也不知道 q）。

UP'：对于所有 s、p 和 q，如果 s 的证据支持信念 p 超过支持信念 q，且 p 和 q 不相容，那么 s 知道 p。①

怀疑论的所有论证都可据此表述成非充分决定性论证。笛卡尔的"做梦论证"和"恶魔论证"、普特南的"缸中之脑论证"自不待言，休谟、康德的怀疑论论证也概莫能外。如果我们用 O 表示日常知识或科学知识；用 SH 表示怀疑论命题。怀疑论的非充分决定性论证（UA）表述如下。

UA：

（1）如果 s 的证据支持 O 不超过支持 SH，那么 s 不知道 O；［UP］

（2）s 的证据支持 O 不超过支持 SH；［前提］

（3）s 不知道 O。

例如，做梦论证可表述如下：

（1）如果我的证据支持"我在火炉旁烤火"，不超过支持"我在做梦"；那么，我不知道"我在火炉旁烤火"；

（2）我的证据支持"我在火炉旁烤火"，不超过支持"我在做梦"；

（3）因此，我不知道"我在火炉旁烤火"。

休谟的实体怀疑论可表述如下：

（1）如果我的证据支持"实体存在"，不超过支持"实体不存在"；那么，我不知道"实体存在"；

（2）我的证据支持"实体存在"，不超过支持"实体不存在"；

（3）因此，我不知道实体存在。

休谟的其他怀疑论和康德的物自体不可知怀疑论，通过适当变形也可以表述为非充分决定性论证。

非充分决定性论证对于怀疑论的重要性已经为众多学者承认。科恩认为，非充分决定性论证能够为怀疑论提供一条独立的途径。② 弗格也认为，笛卡尔

---

① UP' 在合理性上不如 UP。因为其中的"超过"是一种模糊的量化标准。这种模糊性会随着涉及情境的变化而变化。例如，已知一个缸里装有 1 万个球，这些球只有两种颜色即红色和白色，并且两种色球的数目不相等。一个人随机地从缸里取出三个球，两红一白，根据 UP'，他知道此缸中的红球比白球多。显然，这个意义上的"知道"是很成问题的，因为作为证据的样本与总体的容量相差太大了。至于这个原则何时适用，我们认为，这取决于语境。在这个例子中，如果样本数目大到一千个而不是三个，而且红球比白球出现次数多，则可以应用这条规则使他知道此缸中红球比白球多。考虑到这种模糊性不会对本书的主题构成威胁，我们将这个原则一般地看作是合理的。

② Stewart Cohen. Two Kinds of Skeptical Argument ［J］. Philosophy and Phenomenological Research, Vol. 58, No. 1, 1998：143 – 159.

式的怀疑论和休谟式的怀疑论论证都是非充分决定性论证。① 贾伟德也说道："尽管怀疑论论证的内容可以有多种，但所有怀疑论论证都典型地依赖非充分决定性原则。怀疑论论证的关键步骤是宣称独断论者作出的知识主张在这种意义上是没有得到辩护的，即她用以证明怀疑论假设……的证据是非充分决定的。"② 笔者基本认同这些看法，但是必须强调，怀疑论论证不等同于非充分决定性论证，而是一种特殊的非充分决定性论证。也就是说非充分决定性论证不是怀疑论论证的充分条件，而仅是怀疑论论证的必要条件。

之所以说非充分决定性论证不是怀疑论论证的充分条件，是因为一般的非充分决定性论证要加上怀疑论假设作为前提才能导致怀疑论结论。这个道理如同闭合论证一样。如果非充分决定性论证的前提中不出现怀疑论假设，这种非充分决定性论证只是两个一般命题的非充分决定性论证或不充分辩护论证。这种一般的不充分性会随着认识的深化排除掉。只有怀疑论假设不能排除掉，因此才会导致怀疑论结论，变成怀疑的非充分决定性论证。

那么非充分决定性论证为什么对怀疑论是必要的呢？因为怀疑论对知识绝对确定性要求与最终证据（经验）的有限性之间必然导致非充分决定的结果。这种结果理所当然地通过非充分决定性论证表述。正因为非充分决定性论证依赖的原则是无法反驳的，因此非充分决定性论证的形式正确性也无法反驳。试图通过反驳一般的非充分决定性论证，而不反驳怀疑论假设中过高的知识标准，解决怀疑论难题是误入歧途。这解释了那些从一般论证形式入手反驳怀疑论的方案为什么总是失败，因为他们没有抓住怀疑论的根本矛盾。

（四）闭合论证和非充分决定性论证的关系

假设闭合论证成立，关于两种论证的关系存在如下不同看法：布鲁克勒考察了这两种论证之间的关系，他认为怀疑论论证必须求助于非充分决定性原则，但不必求助于演绎闭合原则，这近似于认为怀疑论论证本质上是一种非充分决定性论证。③ 科恩认为两种怀疑论论证是独立的，但逻辑上，演绎闭合论

---

① Jonathan Vogel. Skeptical Arguments [J]. Philosophical Issues, Vol. 14, Issue 1, 2004: 426 – 455.

② Mikael Janvid. Contextualism and the Structure of Skeptical Arguments [J]. Dialectica, Vol. 60, No. 1, 2006: 64 – 65.

③ Anthony Brueckner. The Structure of the Skeptical Argument [J]. Philosophy and Phenomenological Research, Vol. 54, No. 4, 1994: 827 – 835.

证比非充分决定性论证更难反驳，因而演绎闭合论证更基本。① 普理查德也认为演绎闭合论证和非充分决定性论证是相对独立的，但弱演绎闭合论证才是最基本的怀疑论论证。② 麦肯认为，虽然怀疑论的闭合论证和非充分决定性论证是不同的，但是它们的独立性并非像有些论证所言那么明显。事实上，它们不是平等的，非充分决定性论证不能通过简单地否定闭合论证而被反驳。因此德雷斯克和诺齐克通过否认闭合原则的反怀疑论策略是不充分的。③ 曹剑波先生关于这个问题则提出了颇为矛盾的观点，一方面认为"怀疑主义论证既可以表述为非充分决定性论证，又可表述为闭合论证……非充分决定性论证与闭合论证可以相互转换"；另一方面又认为"确证的闭合原则蕴涵非充分决定性原则，非充分决定性原则等价于确证的闭合原则的弱化形式"，④ 即它们不具有严格的等价性。阳建国在比较研究了布鲁克勒、科恩和普理查德的论述，认为，"在逻辑上非充分决定性原理与演绎闭合原理互不蕴涵；同时，我们应该区分两种类型的怀疑论论证——整体怀疑论假设论证和限制性怀疑论假设论证：前者只需要求助于非充分决定性原理，演绎闭合原理是多余的；后者只能采用演绎闭合原理，而不能采用非充分决定性原理"⑤。李健从比较研究布鲁克勒、科恩和普理查德的论述出发，得出结论"由 WCJ（弱演绎闭合原理，引者注）构造的怀疑论论证才是最基本的怀疑论论证"⑥。如此等等，观点的纷繁复杂，再加上故弄玄虚、漏洞百出、似是而非的形式化论证，让想要弄清问题答案的人们几近绝望。因此，笔者不愿在此详细考察他们的论证过程，只想化繁为简，把握问题的核心。（其实，如果他们的形式化论证过程是严格的，前提是共同的；那么只可能得出一个结论。现在这种混乱局面，要么说明他们的论证过程不严密，要么说明他们不具有共同的前提。这些都表明没有必要参与这场混战。）

让我们从怀疑论的闭合论证开始考察。令 O 为我们通常认为已知的日常命题和科学命题，SH 为与 O 不相容的怀疑论命题；那么以闭合论证形式表述

　　① Stewart Cohen. Two Kinds of Skeptical Argument［J］. Philosophy and Phenomenological Research，Vol. 58，No. 1，1998：143 - 159.
　　② Duncan Pritchard. The Structure of Sceptical Arguments ［J］. Philosophical Quarterly，Vol. 55，No. 218，2005：37 - 52.
　　③ Kevin McCain. Two skeptical arguments or only one?［J］. Philos Stud（Published Online），2012：1 - 2.
　　④ 曹剑波. 知识与语境：当代西方知识论对怀疑主义难题的解答［M］. 上海：上海人民出版社，2009：108.
　　⑤ 阳建国. 怀疑论论证的结构［J］. 哲学研究，2006（12）：75.
　　⑥ 李健. 对怀疑论论证结构的逻辑分析［J］. 重庆工学院学报（社会科学版），2009（7）：19.

的最简单的怀疑论论证（C）如下：

（C1）我知道：如果 O，那么¬ SH。

（C2）我不知道¬ SH。

（C3）因此，我不知道 O。

现在我们考察这个论证的两个前提。第一个前提（C1）是从知识闭合原则得来的。但第二个前提（C2）来自何处呢？即我们为什么不知道怀疑论命题为假呢？闭合原则不能为此提供依据。它只能从不充分决定原则得出。

在进行下一步论述之前，我们应该提醒大家注意怀疑论的一个重要特点：怀疑论论证构造出一种可能，即怀疑论命题和知识命题在作为最终证据的感觉经验面前，具有不可分辨性。感觉经验对证实怀疑论命题和证实知识命题而言具有等效性。感觉经验既能被怀疑论命题用来证实自己，也能被知识命题证实自己。正是基于这种等效性，非充分决定性原则才有应用的基础。因此，基于感觉经验的证据，我们既不能说我们具有知识，也不能说我们知道怀疑论命题为假。这个看似难以理解的特征，举例说明更为合适。以缸中之脑为例，我有一双手的感觉经验，既不能证实（也不能证伪）"我有一双手"；它同样既不能证实（也不能证伪）"我是缸中之脑"。当然，这里的证实（证伪）是以绝对确定性为标准的，这是怀疑论的对知识的根本预设。经验的等效性结论对于非充分决定性论证的双向使用（既可以使用到知识命题上，又可以使用到怀疑论命题上）至关重要——它导致怀疑论命题和知识命题在不充分性上是对称的。

基于上述结论，我们来看使用非充分决定性论证推导（C2）的过程。按照怀疑论预设，知识的最终证据是感觉经验，而感觉经验在绝对确定性要求面前对于两种命题具有等效性。因此，我们可以构造如下非充分决定性论证（U）：

（U1）如果我的证据支持¬ SH 不超过支持 SH，那么我不知道¬ SH；

（U2）我的证据支持¬ SH 不超过支持 SH；（因为我们的证据对它们而言是等效的）

（U3）因此，我不知道¬ SH。（¬ SH 为所有知识命题的集合）

由此我们看到，即使承认闭合论证的合理性，闭合论证也不是独立的怀疑论论证。它依靠非充分决定性论证。而非充分决定性论证则不依赖闭合论证。怀疑论者可以直接用非充分决定性论证达到怀疑知识的目的，其论证过程如下：

（U1′）如果我的证据支持 O 不超过支持 SH，那么我不知道 O；

（U2′）我的证据支持 O 不超过支持 SH；

（U3′）因此，我不知道 O。

基于非充分决定性的对称性特征，我们也可以构造如下论证，表明怀疑论假设是没有得到证实的。

（U1″）如果我的证据支持 SH 不超过支持 O，那么我不知道 SH；

（U2″）我的证据支持 SH 不超过支持 O；

（U3″）因此，我不知道 SH。①

由此，我们看到，非充分决定的怀疑论论证是最重要的怀疑论论证形式，闭合的怀疑论论证只不过是变形的非充分决定论证而已。但是，正如上文已经表明的那样，弄清怀疑论的论证形式并不为我们反驳怀疑论提供什么有益帮助！要反驳怀疑论仍然要回到前面所述的怀疑论的六个预设之间的矛盾，尤其是绝对确定性标准和经验有限性事实的矛盾。如果我们接受所有怀疑论的预设，我们就只能接受怀疑论的结论。纯粹从怀疑论的论证形式入手解决怀疑论难题是白费功夫。这就是所有试图从怀疑论论证形式入手、解构怀疑论的做法失败的原因。同时，当代反怀疑论的目光十分狭窄，只关注于消解笛卡尔式怀疑论的威胁。而且就他们对笛卡尔式怀疑论所关注的内容而言，也只限于其对外部世界知识的怀疑。这相当于康德的物自体不可知的怀疑论。而这种怀疑论在康德以后还有人试图一劳永逸地解决，这几乎是对哲学史的无知和对哲学深刻性的嘲弄，同时也使他们自己（比如肤浅的常识论者和狂妄的直接实在论者）不知不觉地上演了一出出贻笑大方的滑稽剧。这种看待怀疑论的狭隘视角还使得休谟的怀疑论长期不被重视。②而正是这种怀疑论要求人们在有限的经验基础上为知识的相对确定性提供合理辩护。对休谟怀疑论的忽视，也解释了为什么当代反怀疑论成果很少被用于建

———————

① 注意，这个论证很容易被误解为是对怀疑论的否定，因为其结论的意思是，我不知道怀疑论假设为真。事实上这个结论仍然是一个怀疑论结论——除非我们能够得出怀疑论假设为假的结论，否则，我们不能用上述结论支持任何知识命题。

② 笔者认为，笛卡尔式怀疑论与休谟式怀疑论存在重要的差异。笛卡尔式的怀疑论需要借助一个怀疑论假设，这个假设有个重要特征，即我们没有证据反驳它，但是，它本身也没有任何证据证明。如果所有的怀疑论都属这类，人们完全可以将其置之不理，既然它只是完全没有正面证据的猜想。我们不能反驳它，但更没有理由接受它，我们可以悬搁它。用拉卡托斯的研究纲领理论表述，既然一个竞争的理论仅仅是解释了其对手能够解释的现象，不能预测新的现象并得到证实，那么他就不是一个进步的研究纲领，我们完全可以忽略它。相反康德和休谟的怀疑论却不需要这样的怀疑论假设，它们是基于人们普遍承认的基础之上的，因此对知识的怀疑更有威慑力。也正是笛卡尔式怀疑论有如上特点（没有任何新的证据证明它），导致对它的反驳是不可能的，因为人们找不到任何反驳它们的基础，而我们用来自证的证据全都在怀疑论的解释之下。从这个角度说，任何试图反驳笛卡尔式怀疑论的企图都是徒劳的，那种从反驳它的论证形式（闭合论证），来驳斥它的企图注定失败。这种失败的原因不在于它的论证如何合理，而在于它的前提排除了任何可接受的反驳。

构知识辩护理论的原因——对笛卡尔式怀疑论的反驳一方面收获甚少，另一方面这些收成太过单薄不能支持具体辩护理论的建构。因此人们又不得不回到基础主义、融贯主义、内在主义和外在主义这样的纷争中。正是出于这些考虑，笔者认为，对不同的怀疑论应该采取不同的应对策略。先验论证正是这些策略的核心方法。

三、怀疑论的根源与实质

通过上述对怀疑论的描述和诊断，我们已经清楚看到，怀疑论产生的根源是一对矛盾：知识的绝对确定性与最终经验证据的有限性的矛盾。它的实质是，以知识绝对确定性为预设，在知识的最终证据的有限性基础上，通过非充分决定性论证的形式解构知识确定性，提示人类认识有限性的思维方式。

因此，怀疑论要成立取决于三个要素：知识的绝对确定性预设、最终的经验证据的有限性和非充分决定性的论证形式。经验证据的有限性是人们不得不接受的事实，它来自两个方面：（1）从认识主体方面来看，一方面，人类感官是有限的而且是相对的。这几乎是所有怀疑论的主要判据。感觉的有限性和相对性消解了永恒与必然的基础，为怀疑论提供了直观的判据。另一方面，人类组织经验的理性能力是有限的。（2）从认识客体方面来看，感性事物的不确定性是导致怀疑论的客体根源。变动不居的世界总是不断地向人们固有的认识提出挑战，这不得不使人们怀疑自己的认识是否具有确定性。非充分决定性原则也是不容反驳的。反驳它，就是承认人类的知识可以不要充分证据。果真如此，我们获得知识的方法就可能是虚无缥缈、天马行空的幻想，或者神秘的启示——这两种方法除了带给人类胡言乱语的权利以外，不可能带来知识。因此，人们反驳怀疑论的总体策略就只能从反驳绝对确定性入手。正如雷歇尔所说："哲学的怀疑论者经常设立某些抽象的、绝对的关于确定性的标准，然后试图证明，在某个领域里（感觉、记忆、科学的理论等）知识的主张不可能满足这个标准的各种条件。从这种情况来说，相应的推论是这种知识范畴是不可能的。但这种推论完全是误导人的。因为下面的说法更有理，即所谈论的标准不合适或不正确。如果这种夸大的标准导致知识主张不可能满足它，那么这种教训（the moral）不是对知识主张太坏了，而是对标准本身太坏了。任何一种在原则上排除有效的知识主张的可能性的立场，相反都会有力地证明它自己是不可接受的。"①

但是，放弃绝对确定性，接受知识的可错性，并不意味着放弃任何程度的确定性，接受绝对的相对主义。我们的目标是，在合理的理由上放弃绝对的确定性，同时要基于相同的理由为合理的确定性辩护。这种辩护的方法是先验论证，而其主要结果是先验框架。在此基础上，我们将建构语境主义的辩护理论，以图弥合真信念与辩护之间的断裂，为具有不同程度确定性的知识提供保障。因此，接下来的任务是用先验论证方法发现先验框架。

---

① Nicholas Rescher. Epistemology: An Introduction to the Theory of Knowledge [M]. New York: State University of New York Press, 2003: 58.

第三章

先验论证与先验框架：
一种回应怀疑论的方式

先验演绎（一般认为它是先验论证的原型）自康德提出和使用以来就承担了反怀疑论的任务，虽然这不是它的唯一任务。20 世纪 50、60 年代，随着斯特劳森效仿康德的先验演绎阐发出先验论证用于拒斥怀疑论之后，先验论证受到广泛关注，并引起激烈的讨论。人们在不断探索的过程中，提出了各种反驳怀疑论的先验论证。对这些先验论证进行分析，选择合理的先验论证应对怀疑论难题，是本章的任务之一。这一章在继承和发扬康德先验论证的基础上，从怀疑论自身的前提中发现知识的先验框架。同时，笔者将从怀疑论并不否认经验的终极性这一前提下，利用先验框架阐明知识论的现实主体是经验主体，由此引申出知识论的生命原则，最终将实践理性引入知识论，达到既消解绝对确定性预设，又保证知识真理性的目的。实践因素的引入将有效地解决从纯粹理论理性不能反驳笛卡尔式怀疑论的问题。最为重要的是，将实践因素引入真理还为论证知识的语境性铺平道路。

第一节　先验论证概述和外部世界存在的怀疑论

先验论证作为一种论证方法其系统应用和阐释者当属康德。"先验论证脱胎于康德的先验演绎和驳斥唯心论，不过它一直没有作为一个独立论题出现过。直至斯特劳森在《个体》一书中明确提出'先验论证'这个概念，并把它用于证明独立于心灵的客体和概念图示的存在，人们才开始意识到这种方法可以在康德哲学之外获得独立的应用。此后，争论便一直围绕着这个论题展开，直至今日，硝烟未熄。"① 不但围绕先验论证的争论没有停息，先验论证所涉及的领域也在不断扩大。时至今日，先验论证已经超出知识论领域，广泛地涉及形而上学、语言哲学、心灵哲学、道德哲学和政治哲学等领域。在这种不断蔓延的研究热潮中，众多著名哲学家，如维特根斯坦、赖尔、普特南、戴维森、塞尔等被牵涉或直接加入了到先验论证的研究中来。

面对如此广泛的先验论证探索，需要我们为本书确定一个适当的范围。首先，本书既然是知识论研究，其先验论证的范围当然就限定在知识论领域。因此，诸如心灵哲学中的他心问题的先验论证，语言哲学中的私人语言的先验论证，以及戴维森反驳语义怀疑论的先验论证②不在本章的讨论范围内。其次，我们将简单地评述斯特劳森的先验论证。原因是，斯特劳森虽然重新燃起了人们研究先验论证的热情，但是他对康德的先验论证的重构和反怀疑论使用都问题重重。就其对康德先验论证的重构而言，他严重地误解了康德，认为康德先验哲学的目的在于消除实在与现象的区别，并预设了物质物体和人这样的基本殊相（外在本体）。③ 这些都与康德哲学的基本观点相悖。而本书要继承和发扬的是康德先验论证，考虑文章的简洁性，对斯特劳森的误解不做过多论述。就他的先验论证的成败而言，斯特劳德已经对其做了权威的终审判决：他的先验论证是不成功的。④ 既然如此，我们仅需了解斯特劳森先验论证失败的原由即可。对于习惯性曲解的罗蒂，我们不予讨论。⑤

另外，需要指出的是，先验论证的历史是一系列争论的历史。有论者根据先验论证发展的不同历史阶段的特点，将有关先验论证的争论史划分为三个阶段：20 世纪 60 年代及更早、20 世纪 70 至 80 年代、20 世纪 90 年代及进入 21

---

① 方红庆. 先验论证研究［M］. 上海：上海人民出版社，2012：11.

② 据方红庆的研究，戴维森的先验论证不仅问题重重，而且他的先验论证目标是驳斥语义学的怀疑论，对于认知怀疑论根本无效，因此，我们无须考查戴维森的反怀疑论的先验论证。参见：方红庆. 先验论证研究［M］. 上海：上海人民出版社，2012：166.

③ 对于基本殊相的外在客观性，参见：斯特劳森. 个体：论描述的形而上学［M］. 江怡，译. 北京：中国人民大学出版社，2004：1.

④ Barry Stroud. Transcendental Arguments［J］. The Journal of Philosophy，Vol. 65，No. 9，1968：241 - 256.

⑤ 罗蒂在发表于 1979 年的一篇重要的论文中，完全误解了作为康德"哥白尼革命"的核心的先验论证的真正特点，甚至于将它与笛卡尔的二元论相提并论。亨利希尖锐地指出了罗蒂对康德的曲解。参见：钱捷. 什么是康德的先验论证？［J］. 华南师范大学学报（社会科学版），2000（2）：4. 康德本义上的先验论证往往被误读。而对这些误读进行澄清既费时费力，又没有必要——对那些低级误读尤其如此。

世纪之后。① 由于笔者更关注于康德先验论证中的具体问题，因此也不对这先验论证的历史做过多评述。

一、先验论证之一般特征

澄清先验论证概念最直接的方法是给出先验论证的完整定义。但是这种做法注定失败。这不仅是因为康德原本没有对先验论证做出清晰的界定；还因为先验论证不是一种纯粹独立的论证方法，它总是和具体的哲学内容、哲学目的联系在一起。这导致我们很难将它抽离出来单独界定。不同的论者出于自己对先验论证的功用、形式、性质的不同理解给出了不同的先验论证界定。这导致了目前对先验论证的界定众说纷纭。虽然如此，我们还是能够通过先验论证的论证形式、目的和作用、性质和适用范围等对它进行一般的描述。

第一，从先验论证的使用范围考察。先验论证顾名思义不是一种经验论证，因此它不是一种经验研究方法。同时它也不是一种纯粹的逻辑方法，不是纯粹的形式推理。先验论证是从事哲学研究的一种独特方法。学者们对此已达成共识。"各种形式的先验论证提出的主张是形而上学的和先验的，而不仅仅是自然的和后验的。这是先验论证的最重要的特点。"② 对先验论证方法适用的范围，陈嘉明先生作了界定：先验论证的对象范围是"在经验本身无法提供对某些命题的验证的情况下，诉诸先验论证就成了不可替代的选择；换句话说，一方面，对于那些能够通过经验进行检验的思想或命题，无需进行先验论证；另一方面，对于那些无法或一时无法通过经验验证的形而上学概念或命题，则只能通过先验论证来进行。"③ 从先验论证所涉及的内容范围来看，这种界定是合适的。

第二，从先验论证的作用（功能），即使用它的目的来考察。对于先验论证的功能，大多数学者都将它看成是反驳怀疑论的工具。斯特劳森、斯特劳德、卡萨姆等就持这样的看法。比如卡萨姆认为："先验论证是关于经验可能性的概念上的必要条件的说明。就其特征而言，这类论证的要点是证明经验的必要条件，这些必要条件包含某些哲学怀疑论的熟悉形式一向认为是可疑的或

①　方红庆. 先验论证研究［M］. 上海：上海人民出版社，2012：20.
②　徐向东. 先验论证与怀疑论［J］. 北京大学学报（哲学社会科学版），2005（2）：140.
③　陈嘉明. 先验论证刍议［J］. 哲学研究，2009（11）：73.

假的真命题。……因此，先验论证的形式就将是这样的：经验存在，经验可能性的一个必要前提是 p 为真，那么 p。"①

但是"先验论证的必要性首先就体现在它作为哲学论证方式这一作用上；至于作为反驳怀疑论的工具，这一作用则在其次。"② 辛迪卡根据康德的先验概念就先验论证的功用说道："先验论证对于康德而言是一种证明某种类型的先验综合知识的可能性的论证。通过表明这种可能性是如何由于我们获得先验综合知识的那些活动而得到，来完成这个论证。"③ 他指出先验论证的目的是证明某种类型的先验综合知识的可能性。钱捷也指出，康德先验论证"全部的问题……是询问上述先天条件是如何使我们能够构成一种蕴对象观念于其中的认识，并从而使它们自身对于全部人类经验均一般有效的。"④

笔者认为，在知识论领域，把先验论证看成只是反怀疑的工具狭隘地理解了先验论证的功用，我们应该回到康德所理解的先验论证的功能上，将其首先看作是论证人类认识可能性的必要条件的方法，其次才是一种反怀疑论方法。狭隘的理解不仅丢失了康德知识论哲学的许多宝贵财富，还会使得先验论证蒙受不合理的攻击：当某些反怀疑论的先验论证失败后，先验论证就会被视为无用的。事实上，即使先验论证不能反驳所有怀疑论，它对人类认识权利的辩护仍然是重要的。其实，在批判哲学中，怀疑论保留了它应有的地位。

还必须指出，即使就先验论证的反怀疑论功能来看也存在分歧。当代许多先验论证的研究者认为，先验论证的反怀疑论目标是笛卡尔式怀疑论，即关于外部世界存在和外部世界可知的怀疑论。这导致人们将先验论证的任务理解成跨越实在与现象的鸿沟。比如，"标准的先验论证试图从关于经验的某些不可否认的事实或心理学领域出发，超出单纯心理学领域而得出关于世界必须如何是的结论。这种论证……试图跨越现象——实在的鸿沟：覆盖我们的信念与世界，或世界对我们看起来如何是与实际上如何是之间的距离。"⑤ 这样确定先验论证的反怀疑论目标据说是依据康德驳斥唯心论（观念论）的相关论述得

① Quassim Cassam. Transcendental Arguments, Transcendental Synthesis and Transcendental Idealism [J]. The Philosophical Quarterly, Vol. 37, No. 149, 1987：355.
② 陈嘉明. 康德与先验论证问题 [J]. 厦门大学学报（哲学社会科学版），2010（4）：23.
③ Jaakko Hintikka. Transcendental Arguments：Genuine and Spurious [J]. Noûs, Vol. 6, No. 3, 1972：275.
④ 钱捷. 什么是康德的先验论证？[J]. 华南师范大学学报（社会科学版），2000（2）：4.
⑤ Mark Sacks. Transcendental Arguments and the Inference to Reality：Reply to Stern，转引自方红庆. 先验论证研究 [M]. 上海：上海人民出版社，2012：227.

出的。斯特劳德曾指出"先验演绎（连同驳斥唯心论）应该提供这样一种证明，它对外在于我们而存在的事物的怀疑给予一个彻底的回答"①。在稍后的论述中，我们将看到这是一种误解。这与康德本人的基本观点（物自体不可知的怀疑论）相矛盾。

其实，先验论证原初的目标是应对休谟式怀疑论。这种怀疑论的首要怀疑对象是独断论中的某些概念，比如实体、原因、结果等。独断论没有对这些概念的合理性给出解释。康德的先验论证是要为这些先验概念进行批判的辩护。如康德所说，怀疑论的死对头是独断论。他说："怀疑论的一切争论本来都只是对独断论者的反转而已，独断论者并没有猜疑到他的本源的客观原则，就是说，他无批判地、煞有介事地继续着自己的进程，这种反转只是要打乱他的计划使他达到自我认识。"② 从这种意义上说，怀疑论起着点醒人类理智的作用，它是"教育独断的玄想家去对知性和理性本身作一种健康批判的训导师"③。不过，它的功能只能停留于此。它不能确定人类理智的具体权利，"永远也不能使有关人类理性权限的争执终止"④。而康德的贡献就在于证明理性的合法权利，终止这场争论。因此康德不可能全盘否定怀疑论，而是限制它存在的范围。这样理解康德的先验论证就很容易将先验论证的结果与知识辩护联系起来——它通过为知识论的根本概念辩护，确立人类组织经验、产生知识的基本框架，此后进一步建构知识辩护理论才有坚实的立足点。

正是考虑到先验论证在反驳怀疑论这一目标上的不同，反怀疑论的先验论证可分为两种：一种是雄心勃勃的先验论证（ambitious transcendental argument），它试图反驳的是外部世界存在和外部世界可知的怀疑论；另一种是适当的先验论证（moderate transcendental argument），它反驳的是休谟式对各种知识概念的怀疑论和对知识如何得到辩护的怀疑论。笔者认为适当的先验论证是合理的。对康德的先验论证而言尤其如此。康德先验论证"全部的问题不再是询问我们的认识如何能够符合于任何外在的对象，而是询问上述先天条件（先验认识形式，引者注）是如何使我们能够构成一种蕴对象观念于其中的认识，

---

① Barry Stroud. Transcendental Arguments ［J］. The Journal of Philosophy, Vol. 65, No. 9, 1968: 242.

②④ ［德］康德. 纯粹理性批判 ［M］. 邓晓芒，译. 陶祖德，校. 北京：人民出版社，2004：586.

③ ［德］康德. 纯粹理性批判 ［M］. 邓晓芒，译. 陶祖德，校. 北京：人民出版社，2004：589.

并从而使它们自身对于全部人类经验均一般有效的"①。但是，学界对康德先验论证目标有误解。导致误解的原因既有康德本人的失误（驳斥唯心论结论的错误应用），也有其他人，如斯特劳森，出于阐释自己理论的需要对康德的改造。详细内容下文再述。

第三，从先验论证的形式方面考察。"在论证形式上，先验论证被归结为下述逻辑形式：仅当 p，则 q；q 是真的，因此 p 也是真的。"② 赵汀阳（2005）和徐向东（2005）等对先验论证的形式作了类似的概括。根据康德先验论证的表述，我们可将先验论证的一般结构描述如下：

（1）我们拥有某些不可辩驳的事实 q（比如拥有经验、使用语言、做出某类判断等）；

（2）事实 q 的一个必要条件是 p 为真（其逻辑形式为 ¬ p→¬ q 或者 q→p）；③

（3）因此，p。

关于先验论证的一般结构需要澄清的是，它与归谬论证（反证法）的区别。归谬论证的一般结构是：

（1）假定 p 是真的；

（2）如果 p 是真的，那么它有一个必然的前提 q；（一般而言这是一个分析命题）

（3）根据假定，q 是真的，即 q；

（4）事实上 q 是假的，即 ¬ q；

（5）不可能（q∧¬ q），即（q∧¬ q）是荒谬的；

---

① 钱捷. 什么是康德的先验论证？［J］. 华南师范大学学报（社会科学版），2000（2）：4.
② 陈嘉明. 康德与先验论证问题［J］. 厦门大学学报（哲学社会科学版），2010（4）：22.
③ 提醒注意：笔者并没有用条件句，而是用陈述句的形式表述这个先验论证的步骤，虽然它的逻辑形式可以用两个条件句描述。因为，（1）如果用条件句表述先验论证，先验论证就会变成一个间接证明，而这是康德所反对的（后文有论述）；（2）最主要的原因是，先验论证不能做如下概括："如果不存在先验的认识结构，则不会有经验。然而经验是存在的，故存在着先验的认识结构。"这个概括的前提"如果不存在先验的认识结构，则不会有经验。"正是先验论证的结论，因此，不能用它作为先验论证的前提。事实上，像"如果不存在先天的认识结构，则不会有经验"这样的命题本身，并没有一个先验自明的必然性，例如，休谟就提出了相反的论点，即经验存在着，但并不存在实体、因果概念等先验的认识结构。笔者用"事实 q 的一个必要条件是 p 为真"来表述先验论证，是要说明，这个表述本身包含了先验论证的诸多论证过程，它是一个先验论证的中间结论。另外，第二步的两种逻辑表述形式的区别对先验论证的简单形式没有实质影响。因为，说"p 是 q 的必要条件（即 ¬ p→¬ q）"，就是说"q 是 p 的充分条件（即 q→p）"。因此，对于先验论证是采用肯定前件式，还是否定后件式的争论没有实质意义。实质性的争论在于，这个条件式本身如何成立。事实上在简单形式中的这个前提本身的性质需要说明。对这个前提的性质的不同理解，导致了分析的先验论证和综合的先验论证的争论。对此，稍后有详细讨论。

（6）因此，p 是假的，即¬ p。

在哲学论证中典型的归谬论证是维特根斯坦的私人语言论证，其论证过程简述如下：

（1）假定存在私人语言是真的；

（2）如果存在私人语言是真的，那么它有一个必然的前提：存在私人遵守规则的情况；

（3）根据假定，存在私人遵守规则的情况；

（4）事实上不可能存在私人遵守规则的情况，遵守规则总是公共的；

（5）不可能既存在私人遵守规则的情况，又不存在私人遵守规则的情况；

（6）因此，存在私人语言是假的，即不存在私人语言。

比较以上两种论证的简单结构，我们看到，归谬论证必须借助一个矛盾，从矛盾律中获得逻辑力量，但是先验论证并不一定需要构造矛盾。因此那种认为"由康德总结出来的先验论证所使用的核心技术其实也是归谬法的技术……即试图去证明 p 的否定命题¬ p 不可能成立"[①] 的观点是值得商榷的。这种观点的错误之源在于它过于简单地理解康德所说的"不可想象"。

为清楚地看到这一点，有必要进一步考察其具体的理解模式。赵汀阳首先将先验论证的形式表述为："如果 p 是 q 的必要先决条件，那么，q 就会因为 p 而成为如此这般的；事实上 q 确实是如此这般的，并且，不是如此这般的 q 是不可能想象得出来的，那么，p 就无疑是 q 的先决条件，p 就当然是真的。"[②] 在随后对先验论证的解释中，他将先验论证的形式表述中的"不可想象性"仅仅理解为"不可想象的就是违反矛盾律的"。但是，不可想象可以是基于违反矛盾律的不可想象，也可以是不基于矛盾律的不可想象。康德的先验论证的不可想象就是后一种。因为在康德的先验哲学中，根本无法构造出没有先验认识形式的经验知识，即无法构造出归谬论证的前提（1），也就不可能再从这个前提推出与事实矛盾的命题。因此在康德的先验论证中并没有诉诸矛盾律。人们不可想象没有先验认识形式的现象，这是因为我们的先验认识形式规定了我们想象的界限，而不是因为我们不能理解矛盾的事物产生了不可想象性。从这个角度说，康德意义上的不可想象性比基于矛盾律上的不可想象性更为基

---

① 赵汀阳. 先验论证 [J]. 世界哲学，2005（3）：98.

② 赵汀阳. 先验论证 [J]. 世界哲学，2005（3）：97.

本。正因如此笔者也忽略陆丁①与赵汀阳②就先验论证的逻辑形式问题展开的讨论，因为陆也继承了赵的理解，而且其中还有更多错误。③

归谬论证不是先验论证的最直接理由是，它的论证不是直接的，而是间接的。对此康德明确指出，作为先验证明的先验论证必须遵循一条规则："它的证明必须永远都不是反证法的，而任何时候都必须是明示的。直接的或明示的证明在一切种类的知识中都是那种与对真理的确信，同时也与对真理源泉的洞见结合在一起的证明；反证法的证明虽然可以带来确定性，但不能带来对真理的在其可能性根据之关联上的可理解性。因此后者与其说是满足理性的一切意图的处理方式，不如说是一种权宜之计。"④ 这条规则表明，反证法只能证明某个命题的反面是不可能的，但没有证明自身如何可能，即没有给出可能命题的根据。严格意义上说，证明一个命题的反面的不可能性并不等于证明其正面是可能的。因为还存在着两面都是虚幻的可能性。虽然反证法能够给需要证明的命题带来确定性，但这种确定性不能使我们洞见真理的泉源。

康德在此不是要否定反证法，相反他还认为反证法有优于直接证明的一个明显好处："这种矛盾总是在表象中带有比最好的连接都更多的清晰性，并因此更接近某种演证的直观性质。"⑤ 不仅如此，反证法使用起来还十分方便。它通过否定某一假设推演出来的结果达到否定该假设，要比证明与该假设相反的命题推论出来的所有结果都是正确的要省时省力得多。否定后件式的证伪推理具有必然的逻辑力量，而肯定后件式的证实推理要具有这种必然性，要求人们把握所有的结果，而且要求所有的结果都是正确的。这无疑是十分困难的，如果不是不可能的话。虽然如此，反证法的运用领域仍然是有限的，它不能运用于对先验认识形式的论证上。因为，先验认识形式是强加在认识对象之上的主观条件，我们不能设想另外一种不同的先验主观条件，因此不能设想一种相

---

① 陆丁. 先验论证的逻辑分析 [J]. 世界哲学，2005 (4)：60－68.
② 赵汀阳. 先验论证 [J]. 世界哲学，2005 (3)：97－100.
③ 比如陆丁将"如果 p 是 q 的必要先决条件，"理解成"那么，q 就会因为 p 而成为如此这般的"。这个推论明显有问题，从"p 是 q 的必要先决条件"，得不出"q 就会因为 p 而成为如此这般的"，它只能得出"p 对解释 q 成为如此这般的是必不可少的"。"q 就会因为 p 而成为如此这般的"完全可以理解为"p 导致了 q"（因果联系）或"p 对 q 成为如此这般是充分的"（充分条件）。也就是说，他将必要条件最后解释成了充分条件。这种错误无疑将决定性地影响他的结论。因此没有必要考虑他的详细论证和结论。参见：陆丁. 先验论证的逻辑分析 [J]. 世界哲学，2005 (4)：62.
④ [德] 康德. 纯粹理性批判 [M]. 邓晓芒，译. 杨祖陶，校. 北京：人民出版社，2004：602. 译文中"反证法的"和"明示的"加有着重号，引文忽略了。下面遇有类似情况，做类似处理，不再提示。
⑤ [德] 康德. 纯粹理性批判 [M]. 邓晓芒，译. 杨祖陶，校. 北京：人民出版社，2004：602.

反的假设用以构造反证法的前提。对此康德说道，反证法的证明方式"只有在那些不可能把我们表象的主观条件强加在客观的东西之上，即强加于有关在对象中的东西的知识之上的科学中，才能够被允许。"① 发现先验认识形式的论证方法只能是明示的、直接的先验论证。

因此，笔者认为**严格的先验论证**不包含归谬论证。归谬论证的功能在于否定一个错误的假设；先验论证则从公认正确的前提出发直接证明想要的结论。它们在前提上的差别决定了它们使用的逻辑方法不同。就私人语言论证而言，它是一个归谬论证，这是由私人语言论证本身的否定性所决定的。私人语言论证从假定私人语言存在这个前提出发，通过回溯私人语言要成为可能的条件（私人地遵守规则），最终发现这个前提的虚假性。如果说这个过程体现了先验论证特征，这也只是从私人语言论证所采取的追寻前提的方式上说的。但笔者认为，不能因为一个论证是回溯的、关涉前提的就将其界定为先验论证。正因如此，笔者不同意如下观点："私人语言论证是一个典型的归谬论证，是回溯性的而不是简单的衍推，它关心的是语言之所以能被理解的前提。私人语言论证是一个先验论证。"② 如果从这个论证不诉诸经验，并且是回溯性的，将其说成是先验论证，那它也只能是**非严格的先验论证**。

应注意，上述先验论证的论证方式是先验论证的最基本的逻辑形式，实际的先验论证要复杂得多。从哲学意义上说，对先验论证的逻辑形式的把握，并没有太大的意义，尽管它有技术上的识别作用。先验论证的重要意义在于它所涉及的内容（各种条件）之间的实质关系。就康德的先验论证而言，也就是需要判定范畴与经验之间是否具有实质的、有效的关系，判定范畴是否是经验的普遍必然性的条件。这种范畴与经验之间的条件关系，显然不能仅从形式方面加以断定。

第四，从先验论证的性质方面考察。据方红庆的研究，③ 先验论证就其性质而言，可以分为分析的先验论证和综合的先验论证。它们的关键区别在于是否使用了结合活动。分析的先验论证抛弃任何先验自我的综合的概念，认为先验框架（图式或范畴）是从公认前提中分析得出的，先验综合本身只需对经验进行分析就能够显现出来。这种先验论证可用简单的推论形式表述如下：

---

① ［德］康德. 纯粹理性批判［M］. 邓晓芒，译. 杨祖陶，校. 北京：人民出版社，2004：603.
② 黄敏. 作为先验论证的私人语言论证［J］. 哲学研究，2004（2）：71.
③ 方红庆. 先验论证研究［M］. 上海：上海人民出版社，2012：225－250.

（1）我们拥有某些不可辩驳的事实 Q（比如拥有经验、使用语言、做出某类判断等）；

（2）事实 Q 的一个必要条件是 P 为真，这是一个分析性事实；

（3）因此，P。

拥护这种主张的人有斯滕、斯特劳森和本内特①等。陈嘉明先生也认为"先验论证属于一种形而上学的论证方法，其性质是概念分析的。"② 但是，"无论是斯特劳森还是本内特，他们都没有提供一个令人满意的分析的先验论证方案，……他们的方案都没能妥善处理……也无法妥善处理康德的'综合'概念的含义。"③ 就连斯特劳森自己也承认分析性的先验论证是不成功的。他说："……我们必须视［先验论证］为两样东西的合一，即作为关于普遍的经验概念所蕴涵的东西的一个论证和作为对于借助其经验得以产生的主观能力的先验运作的一种描述。如果我们能够将后一方面整个地归结到前一方面，以分析性论证来说明全部的先验心理学，那将无疑是令人满意的。任何这样做的努力，虽然也许是一种英雄的举动，却肯定是一种错误。"④

综合的先验论证则包含先验自我的综合活动，先验框架（范畴或图式）并不能从公认前提中分析得出，而要自我综合活动的参与。这种先验论证可用简单的推论形式表述如下：

（1）我们拥有某些不可辩驳的事实 Q（比如拥有经验、使用语言、做出某类判断等）；

（2）事实 Q 的一个必要条件是 P 为真，这是自我综合活动的发现；

（3）因此，P。

持这种先验论证的观点的代表有卡拉南、比特纳和威尔克森⑤等。笔者不赞同分析的先验论证。就如卡拉南所说，如果我们能够直接从事实 Q 分析地推出 P 是 Q 的必要条件，那么根本就不需要先验论证了。⑥ 康德得出先验范畴

---

① Jonathan Bennett. Analytic Transcendental Arguments，P. Bierietal.（eds）. Transcendental Arguments and Science［C］. Reidel：Dordrecht，1979：45 – 64.

② 陈嘉明. 先验论证刍论［J］. 哲学研究，2009（11）：69.

③ 方红庆. 先验论证研究［M］. 上海：上海人民出版社，2012：283.

④ 斯特劳森的论著《感觉的界限》. 转引自：钱捷. 什么是康德的先验论证？［J］. 华南师范大学学报（社会科学版），2000（2）：7.

⑤ T. E. Wilkerson. Transcendental Arguments［J］. The Philosophical Quarterly，Vol. 20，No. 80，Special Review Number，1970：200 – 212.

⑥ John J. Callanan. Kant's Transcendental Strategy［J］. The Philosophical Quarterly，Vol. 56，No. 224，2006：365.

的形而上学阐明和先验演绎就是多余的。笔者也不赞同将先验论证视为一般意义上综合的，先验论证中的综合不是任何经验的综合，而是先验的综合，它具有必然性，而不是偶然的。在此意义上的先验论证才称得上是先验的，即它的必然性不涉及任何经验内容。正是出于这种考虑，笔者不认为先验论证的"分析和综合之争的关键分歧在于先验论证是应该演绎地进行呢，还是归纳地进行"。① 这种争论不得要领。但考虑到本书的主旨与篇幅，笔者并不打算就此展开论述。在此笔者只想回应一个可能的挑战，即如果先验论证是先验综合的，而其结果也是起先验综合作用的先验范畴和先验自我（先验统觉），那么先验论证本身不是犯了盗用论题的错误吗？对此，我们将在下文看到，先验论证本身具有的自指性允许这样的循环论证。既然先验统觉和先验范畴是我们所能依赖的最终的先验能力和框架，那么除此以外我们还能凭借什么其他的途径去发现它们呢？事实上，先验论证并不是使用先验统觉和先验范畴的论证，这个论证本身不过是让先验统觉和范畴显示了它们自己。

关于先验论证的性质还存在另一种争论：先验论证究竟是前进的还是回溯的？这是关于先验论证如何从前提趋向结论的争论。前进的先验论证"从一个明显不容置疑和普遍被接受的关于世界的经验前提出发，得出关于世界的实质性的知识主张，例如世界是因果地和时空地联系在一起的，因此，它们开始于怀疑论者的怀疑过程的末端；而回溯的先验论证则恰恰相反，它们同怀疑论者的起点是一样的，例如我们拥有关于一个因果的和时空的世界的经验，进而证明某些观念隐含在这种经验概念之中"②。"早期的先验论证研究者们主要持前进的先验论证的观点，其中最著名的包括斯特劳森、本内特和沃尔夫（R. P. Wolff）等；而主张回溯的先验论证的主要有卡尔·阿莫里克斯（Karl Ameriks）和奎赛因·卡萨姆（Quassim Cassam）和查尔斯·泰勒等"③。笔者不准备详细考察这个无谓的争论。事实上这个区分也没有涵盖所有的先验论证种类。比如本书运用的先验论证就是从不容置疑的前提出发，得出知识（经验）的必要条件，而不是得出关于世界的实质性知识主张的论证过程。再者，康德的先验论证虽然大致上属于回溯的先验论证。但是，当康德得出各种先验形式之后，进一步得到关于世界的实质性的知识主张，例如世界是因果地和时

---

① 方红庆. 先验论证研究［M］. 上海：上海人民出版社，2012：250.
②③ 方红庆. 先验论证研究［M］. 上海：上海人民出版社，2012：251.

空地联系在一起的，也就是自然而然的事情了——既然因果范畴和时空直观是人们不可逃避的组织经验的形式！因此，康德的先验论证并不能严格地按照上述分类标准归类。上述分类标准只是研究先验论证的方便工具，并非先验论证本身必须遵守的律则。

先验论证的一个本质特性是自指性。自指性"是先验论证的一个本质特征，因为正是它反映了先验论证是一种探究人类认知及其运用的话语系统（概念图式）的合法性的论证，并且这种自指并非一种绝对的内循环，而是以可能经验为基准的一种大循环"①。钱捷也指出"康德的先验学说之为自指性，不仅是形式上的，而且是实质上的。因为它不只是一般地谈论认识，甚至认识的可能性，而且包含了一个（不涉及任何超越物的）关于认识的可能性的论证"②。先验论证自指性"有两个基本的要点：首先，'先验的认识'是对经验认识的认识，是在元层次上成立的。对经验认识的考察与对该认识的先决条件的考察显然不能处于同一个逻辑层次。后者是一种'元考察'。其次，元层次的'先验的认识'并非是独立于经验的认识形态，而是内在于经验的。'先验的认识'在规约经验认识的同时也呈示了自己的客观有效性，避免向更高层次的无穷倒退。"③ 最后，先验论证的自指性终止了我们对知识的条件进行无限回溯。先验论证自指性的更为明显的展示，将在后面进一步给出。

综上所述，我们对先验论证的一般特征做了考察。这些考察有利于我们识别先验论证，并为后面进一步澄清康德的先验论证的范围打下基础。

二、康德的先验论证：范围、存在的问题与辩护

康德本人没有明确提出先验论证概念。在康德的论述中，与先验论证相似的论证有先验阐明（阐明时空直观形式对于数学知识的必要性）、先验演绎（论证范畴对经验知识的必要性）、第二类比（论证因果观念对知识的先验综合）和驳斥唯心论（反驳贝克莱的唯心论和笛卡尔的怀疑论）。而对自己使用的论证方法，康德较为明确地界定为先验证明，并为先验证明提出了三条明确

---

① 方红庆. 先验论证研究［M］. 上海：上海人民出版社，2012：266.
② 钱捷. 什么是康德的先验论证？［J］. 华南师范大学学报（社会科学版），2000（2）：8.
③ 盛晓明. 康德的"先验演绎"与"自相关"问题——评布伯纳与罗蒂的争论［J］. 哲学研究，1998（6）：52.

的方法论规则。① 自斯特劳森以来，一般认为康德的先验论证思想主要体现在先验演绎和对唯心论的驳斥过程中。这种一般看法是在突出先验论证的反怀疑论功用的背景下产生的。正因如此，它狭隘地理解了康德的先验论证范围，将先验阐明排除在先验论证之外。但是依据上述先验论证的一般特征可知先验论证的首要目的是说明知识的必要条件，而不是反驳怀疑论。先验阐明的实质是说明：对于所予的先天综合的知识，即数学知识，仅当存在其性质得到充分说明的时间和空间，它们才是可能的。康德曾明确地对先验阐明做出如下描述："我所谓先验阐明，就是将一个概念解释为一条原则，从这条原则能够看出其他先天综合知识的可能性。为这一目的，就要求：（1）这一类知识确实从这个给定的概念推导出来的，（2）这些知识只有以这个概念的给定的解释方式为前提才是可能的。"② 这表明先验阐明是一种先验论证。再则，从康德先验阐明的形式上看，它也符合先验论证的一般形式。③ 因此，无论从形式和内容上界定，先验阐明应当属于先验论证。在此意义上笔者认为如下观点是有道理的："关于先验论证究竟是什么的问题，其实就是关于康德的先验演绎，以至他的整个批判哲学，作为一种论证，其实质是什么的问题。"④ 虽然，先验演绎是与先验论证联系最为密切的论证形式，被认为是先验论证最主要的理论支持；但是先验论证实质上关涉康德整个批判哲学的论证方式。从康德对纯粹理性批判包含先验感性论这个不可分割的部分而言，先验论证也应该包含它。

　　上面提到，对康德的先验论证目标的理解，学界存在一种误读：将康德的先验论证看作是雄心勃勃的，而不是适当的先验论证。这种曲解自斯特劳森开始，蔓延至今。出于反怀疑论目的，斯特劳森将康德的先验论证改造成一种"雄心勃勃的先验论证"。与康德先验论证的最大不同是，它取缔了康德关于现象与实在的先验层次的区分，直接把经验对象视为事物本身。这过分地突出

---

① ［德］康德. 纯粹理性批判［M］. 邓晓芒，译. 杨祖陶，校. 北京：人民出版社，2004：600 - 602.

② ［德］康德. 纯粹理性批判［M］. 邓晓芒，译. 杨祖陶，校. 北京：人民出版社，2004：30.

③ 康德对时空直观的先验阐明的形式十分简单，在此不做描述，具体阐明请参看康德. 纯粹理性批判［M］. 邓晓芒，译. 杨祖陶，校. 北京：人民出版社，2004：30 - 31，35 - 36.

④ 钱捷. 什么是康德的先验论证［J］. 华南师范大学学报（社会科学版），2000（2）：3.

了先验论证的反怀疑论功能。① 康德先验论证"全部的问题不再是询问我们的认识如何能够符合于任何外在的对象，而是询问上述先天条件是如何使我们能够构成一种蕴对象观念于其中的认识，并从而使它们自身对于全部人类经验均一般有效的"②。因此，整体上，康德的批判哲学并不激进地反对笛卡尔式的怀疑论，它同外部世界可知的怀疑论是相容的。它对认识根据的思考以接受外部世界（物自体）不可知为结论。从这个意义上说，康德回应的不是笛卡尔，而是休谟。这也是卡拉南所正确地认识到了的。③ 正因如此，那些想假借康德的名义反驳外部世界可知怀疑论的人将大失所望，因为他们期望了不该期望的事情。由于这种失望，许多人转而否定康德先验论证的意义。这无疑是张冠李戴。而这种至今还流行的观点——"先验论证的根本问题就在于：先验论证试图从关于我们的思想、经验和概念的某些无可争辩的事实中推出关于外在世界的结论，但是，笛卡尔和休谟的怀疑论已经原则上阻止了这种可能性"④。"康德的那种雄心勃勃的先验论证确实没有成功地反驳认知的怀疑论者。"⑤ ——无疑是对康德先验论证的误解。但是，必须指出，康德本人也对这种误读负有责任。稍后我们将在考察康德反驳唯心论的论证时，清楚地看到这一点。

再次重申，康德的先验论证所要表明的是，世界对我们来说（或在我们看来）必然是什么样的。这种类型的先验论证是"适当的先验论证"。它的目的不是要确立起关于实在世界的真理。当然这种先验论证仍然具有反怀疑论的力量。这种力量将在我们构造具体的知识辩护理论时展现出来。

针对康德先验论证（先验演绎）提出的另外一个问题是先验演绎的唯一性问题：康德的先验方法没有证明先验范畴是特定而唯一的，因此在原则上，可能存在多个可替代的不相容或不能通约的概念框架，这些框架同样能够作为知识和经验的先验的前提条件被提出，这就导致观念相对主义或约定主义，同

---

① 有学者指出康德先验论证和斯特劳森先验论证之间的差别：康德对范畴的先验演绎试图表明范畴使用的合法性，它从根本上是非经验的；而斯特劳森对概念图示的论证是基于基本殊相的确认和重新确认之上的，因而存在一条通向概念图式的经验路线。这是斯特劳德批评斯特劳森的先验论证借助于实证原则的原因。在斯特劳森看来，先验演绎的目标是"确立经验必然包含对象的知识"，并且对象就是独立于主体的对象。这更是与康德先验论证南辕北辙、背道而驰。参见：方红庆. 先验论证研究[M]. 上海：上海人民出版社，2012：89，91. 事实上斯特劳森对康德的先验论证的误解已是公认的事实。

② 钱捷. 什么是康德的先验论证？[J]. 华南师范大学学报（社会科学版），2000（2）：4.

③ John J. Callanan. Kant's Transcendental Strategy [J]. The Philosophical Quarterly, Vol. 56, No. 224, 2006：360–381.

④ 徐向东. 先验论证与怀疑论 [J]. 北京大学学报（哲学社会科学版），2005（2）：144.

⑤ 徐向东. 先验论证与怀疑论 [J]. 北京大学学报（哲学社会科学版），2005（2）：145.

时威胁到康德先验演绎的必要性。① 康德本人主张先验论证的唯一性，他说："先验证明的第二个特点就是：对每个先验的命题只可能找到一个唯一的证明。"② 康德对此作如下解释："每一个先验原理都只从一个概念出发，并且按照这个概念来说出对象的可能性的综合条件。所以这个证明根据就只能是一个唯一的证明根据，因为除了这个概念之外再没有任何概念能够借以使对象得到规定了，所以这个证明也只能包含有按照这个本身也是唯一的概念对一个一般对象的规定。"③ 康德在此指明的是，先验命题的唯一性是由先验概念的唯一性保证了的。但是先验概念的唯一性又由什么保证呢？康德没有指明。

首先提出先验演绎的唯一性问题的是克尔纳。他认为一个先验演绎要成为可能，必须满足两个条件：确立一个概念框架和证明其唯一性。这要求先验演绎不但要证明先验范畴是经验的必要条件，而且还要证明这个条件是唯一的，不可设想有任何代替项的存在。基于这种对康德先验论证的解释，他认为"康德混淆了唯一的先验命题与非唯一的先验命题"。④ 这种混淆体现在康德对先验演绎和形而上学阐明的区分上。康德的形而上学阐明证明范畴是先验的，它是我们对我们语言的逻辑探究的结果；先验演绎则致力于证明范畴是如何应用于可能的经验，它只检验形而上学阐明得出的范畴。康德在这里甚至没有考虑在形而上学阐明和先验演绎之间插入一个范畴的唯一性证明。⑤

程炼引用克尔纳等对康德先验论证的批评指出，如果形而上学阐明在康德的先验论证中起着重要作用，那么"先验论证到此走到尽头，被形而上学阐明关闭。……对于康德第一批判里的整个计划而言，先验论证远不如形而上学阐明有哲学上的重要性。这些看法如果是正确的，对先验论证的摧毁就是致命性的，它们使得先验论证变得缺少魅力甚至毫无味道。"⑥ 而笔者认为，将先验演绎与形而上学阐明理解成相互竞争的关系几乎是将风马牛不相及的事情扯到一起。形而上学阐明的作用在于论证先验直观形式（时空纯直观）具有先验

---

① DaleJacquette. the Uniqueness Problemin Kant's Transcendental Doctrine of Method［J］. Man and World 19, 1986：426.

②③ ［德］康德. 纯粹理性批判［M］. 邓晓芒，译. 杨祖陶，校. 北京：人民出版社，2004：601.

④ Stephan Körner. The Impossibility of Transcendental Deductions, in Lewis White Beck（ed.）, Kant Studies Today［C］. La Salle：Open Court, 1996：236. 转引自方红庆. 先验论证研究［M］. 上海：上海人民出版社，2012：177.

⑤ 方红庆. 先验论证研究［M］. 上海：上海人民出版社，2012：177.

⑥ 程炼. 先验论证［J］. 哲学研究，1998（10）：33.

性和直观性（非概念性）。① 先验演绎在于阐明先验范畴的具体数目和先验范畴的综合作用对经验的必要性。将这两种具有完全不同目的的论证形式看成是相互竞争的，着实让人匪夷所思。因此，笔者认为，如果不是克尔纳和程炼弄错了，那么他们的观点就是不能理解的。无论哪一种情况，我们都无须理会。

为了更为彻底地否认先验演绎唯一性的可能性，克尔纳还考察了三种证明范畴唯一性的方法，并对之一一否定。这三种方法是：比较范畴与没有被范畴综合的经验、比较范畴与可能的竞争者、检验范畴的内在构造。对这些否定，夏普尔给予了反驳，方红庆在其著作中对此有所介绍。② 在此笔者不想跳进无聊的深刻和滑稽的严谨之中，对之详加论述。笔者的意见是，康德的论证过程已经证明范畴是唯一的。康德用一种方法，在一种逻辑形式上得出了一个范畴体系，这就是范畴的唯一性证明，除此之外，康德还要什么证明呢？真正有价值的反驳是在同样的基础上，先验地证明另一个范畴系统，并且证明这两种范畴系统不能通约（因为如果可以通约，那就存在更高的范畴系统，而它就是唯一的范畴，其他的都不能称其为范畴）。除非有人提出这种反例，对先验论证的唯一性问题，笔者认为不值一驳。另外，康德已经从逻辑形式的必然性演绎出必然性的范畴，就不可能存在两种可供选择的范畴，因为果真如此，那么决定范畴的使用的就可能是经验选择，这无疑消解了先验范畴的必然性。

除上述唯一性问题外，还有学者，如程炼，认为康德先验论证的缺少必要性论证。程炼认为康德的先验论证是不完整的，康德没有论证先验辩护的必要性，而且康德的论证中包含着循环。他说："康德论证中可能的循环可以如下显示出来。我们要求概念的演绎是为了满足为其辩护的要求。演绎既可能是经验的，也可能是先验的。如果经验的演绎可以完成辩护工作，先验演绎就显得多余。康德仅仅说，因为存在着验前概念（先验概念，引者注，下同），所以前者不可能是充分的，因此，他认为先验演绎是必然的。但是，存在着验前概念恰好是先验论证所要证明的结论，而不是用来反驳经验论的前提。跳出这个循环的唯一方式是表明经验演绎本身不可能完成为所涉及的概念辩护的任务，或者表明经验辩护根本就算不上真正的辩护。这里我们需要强调的至关重要的

---

① 康德对时空直观形式的论证分为形而上学阐明和先验阐明。后者的任务是论证时空直观对数学知识的必要性，这是典型的先验论证。康德的具体论证参见：［德］康德. 纯粹理性批判［M］. 邓晓芒，译. 杨祖陶，校. 北京：人民出版社，2004：27－38.

② E. Schaper. Arguing Transcendentally［J］. Kant-studien，63：1，1972：101－116. 方红庆. 先验论证研究［M］. 上海：上海人民出版社，2012：181－183.

一点是，先验哲学的意义在于，在不预设先验立场的前提下，找到一个独立的论证，证明一切概念均只来源于经验这种观点必定导致辩护工作的失败。如果这个论证不能令人信服地给出，康德上面的论证就是不完整的。遗憾的是，一个独立的、旨在证明经验辩护失败的论证从不曾清晰地出现在康德的叙述中。"① 笔者不认同这种批评。一方面，康德的先验演绎（即为先验概念做的先验辩护）并没有预设先验概念，他进行先验演绎的基础是承认人类具有各种知识和各种表述知识的基本命题形式（逻辑形式）。康德正是从命题的各种逻辑形式中阐发出各种先验概念的。这本身就是先验演绎的一部分。另一方面，康德也不需要论证经验辩护的失败，怀疑论已经替他做出了论证。休谟对实体、因果关系概念的怀疑就是从纯粹经验论立场出发的。康德的先验演绎针对的正是这些经验辩护所导致的怀疑论，经验辩护的失败就是先验演绎的起点。而经验辩护的失败是学界公认的事实。康德当然无须再做重复工作。所以，批评康德没有论证先验演绎的必要性是不合适的。

　　还有一种对康德先验论证的批评是针对先验论证的结果的有效性提出的。有学者对先验论证结果的有效性提出怀疑："虽然康德把可能的经验视为先验证明的'准绳'，但对于他的范畴的先验论证来说，问题恰恰在于我们无法满足他所设定的这一证明的标准，因为他的这一论题（范畴是经验的客观有效性与普遍必然性的前提条件）纯然是形而上的，非经验的。这样，康德所论证的那十二个先天范畴是否构成经验的客观性与普遍必然性的条件，事实上也就成了一个理论上的'悬案'：即使在概念上得到充分的论证，但由于它们无法满足用经验的'准绳'来衡量这一条件，其有效性如何终究是难以确定的。"② 对此笔者不敢苟同。既然先验范畴是从组织经验的最一般的逻辑形式演绎出来的，为什么它们的有效性倒成了问题？对"范畴是经验的客观有效性与普遍必然性的前提条件"这一全称命题的有效性而言，虽不能完全证实，但不能说不存在经验准绳。事实上，反驳这个全称命题的最好方法就是，举出反例：存在至少一种客观的经验不需先验范畴的综合。而这就是它的经验准绳。因此，批评关于先验范畴的理论没有经验准绳是没有道理的。

　　综上所述，笔者认为，也许康德的先验论证还有其他问题，但就目前笔者

---

① 程炼. 先验论证［J］. 哲学研究，1998（10）：29.
② 陈嘉明. 先验论证刍议［J］. 哲学研究，2009（11）：72.

所涉猎的资料而言，康德的先验论证是值得信赖的。因此，笔者将基本上继承康德先验论证的方法，阐述先验框架。

三、对外部世界存在的先验论证

外部世界①存在的怀疑论主要表现为笛卡尔式怀疑论、休谟实体存在怀疑论和康德物自体不可知论的一种推论。笛卡尔式怀疑论论证包括做梦论证、恶魔论证和缸中之脑论证。这些怀疑论论证主要目的是怀疑人类具有外部世界的知识，即外部世界可知，但也能怀疑外部世界存在。思路大致如下：我们除了感觉经验以外，再也没有其他途径了解外部世界；而感觉经验不能区分虚假与真实；因此我们不知道真实的外部世界是否存在。休谟则站在彻底经验论的立场上否定人们知道印象的外在原因，从而怀疑人们关于外部世界存在的断定。康德的物自体不可知论在一定意义上也能导致物自体（外部世界）存在的怀疑论。因为，既然康德承认人们不能拥有外部世界本来面目（物自体）的任何知识，那么人们对物自体的存在方式一无所知。因此我们不知道外部世界是否存在。

笔者之所以要将外部世界存在的怀疑论单独分离出来加以论述，是因为笔者既要继承康德物自体（外部世界）不可知的怀疑论结论（这个结论可能导致外部世界存在的怀疑论），又要保留外部世界存在对于认识的作用。这个目标要求笔者从笛卡尔式怀疑论中，拯救外部世界对知识的最弱意义上的作用，由此维护**知识最弱意义上的外部客观性**。拯救的途径不可能是经验论证，因此笔者必须从先验论证的角度考察。在此还必须指出，**这种拯救的可能性是存在的。因为由"我们对外部世界的存在方式一无所知"，并不能逻辑地推出"我们不知道外部世界是否存在"——我们只是没有经验证据证明外部世界存在（同时我们也没有证据证伪外部世界存在），但先验论证不需要经验证据。**

哲学史上，外部世界存在的先验论证有其先例。这些先例中，最为著名的，据说是康德驳斥唯心论的论证。斯特劳森和普特南也分别给出了独特的论证。事实上，斯特劳森和普特南的论证是失败的，而康德驳斥唯心论的论证则

---

① 这种外部性不是经验的外部性，而是先验的（本体的）外部性。我们谈论"外部世界"概念时所指的"外部"是外在于先验认识形式，独立于人类意识的意思，而不是外在于经验个体的经验的外部性。关于这两种"外部性"概念的细致区别下文（本小节第三部分）详述。

被误读为外部世界存在的先验论证。笔者将在考察这些论证之后，从康德和休谟的论述中重构另一个外部世界存在的先验论证。让我们先从两个失败的论证入手。

（一）斯特劳森的外部世界存在先验论证

斯特劳森对外部世界存在的怀疑论的先验论证反驳是基于他对怀疑论如下特征的认识之上的：怀疑论的怀疑要有意义必须承认描述世界的一套概念图式。他反驳怀疑论的先验论证以这个概念图式为基点。斯特劳森对我们的概念图式做了如下描述："我们拥有关于物质事物的单一时空系统的观念，这种观念就是，每个物质事物在任何时刻都是以各时代的各种方式与每一时刻的其他事物在空间上联系起来的。毫无疑问，这正是我们的概念图式。"[①] 拥有这样的概念图式的一个条件是："接受了至少是在某些非连续观察情况中的殊相—同一（particular-identity）"。[②] 这里的"非连续观察情况中的殊相—同一"的意思就是"未被感知的客体继续存在"。未被感知仍继续存在的客体就是独立于经验存在的外部世界。斯特劳森由此构造了一个简单的反外部世界存在怀疑论的先验论证：

大前提：我们的概念图式（关于物质事物的单一时空系统的观念）的必要条件是，未被感知的客体继续存在。

小前提：我们拥有关于物质事物的单一时空系统的概念图式。

结论：未被感知的客体继续存在。

这个论证过于简单，斯特劳德根据《个体》中的论述，将其重构如下[③]：

（1）我们将世界思考成一个包含客观殊相的单一时空系统。

（2）如果我们将世界思考成一个包含客观殊相的单一时空系统，那么我们能确认或重新确认殊相。

（3）如果我们能重新确认殊相，那么我们有可满足的标准，基于这个标准我们可以做到重新确认。

（4）如果我们知道我们拥有的重新确认殊相的最佳标准已被满足，那么

---

① ② ［英］斯特劳森. 个体：论描述的形而上学［M］. 江怡，译. 北京：中国人民大学出版社，2004：21.

③ Barry Stroud. Transcendental Arguments［J］. The Journal of Philosophy，Vol. 65，No. 9，1968：245 – 256.

未被感知的客体继续存在。

（5）我们有些时候知道我们拥有的重新确认殊相的最佳标准已被满足。

（6）因此，未被感知的客体继续存在。

斯特劳德指出，斯特劳森的先验论证只包括（1）~（3）。但是这显然不能得出结论（6）。为了达到反驳怀疑论的目的，斯特劳森必须借助（4）和（5），这是斯特劳德对斯特劳森论证的补充。随着（4）的加入，（1）~（4）的推理得出一个结论：我们需要知道重新确认殊相的最佳标准是否已被满足。斯特劳德将这一结论称为证实原则。而（5）正是一个事实前提，它满足了证实原则的要求。所有这些说明斯特劳森的论证的实质并不是演绎性论证，而是通过对（1）的演绎和（5）的证实才能实现。斯特劳森论证的可靠性依赖于证实原则的满足。果真如此，先验论证则是多余的。斯特劳德正是基于这样的分析反对该先验论证的可靠性。但是，如果去掉（5），斯特劳森外部世界存在的先验论证就是失败的。

事实上，斯特劳森论证的大前提有问题。首先，如果"客观殊相"（独立于意识之外未被感知的客体）是概念图式的内容，那么这就已经预设了外部世界的存在。该论证就犯了乞求论题的错误。其次，更进一步，在康德先验哲学看来，概念图式（单一的时空系统）本身带有意识的属性或主观性，其中仅包括先验认识形式，不包括"未被感知的客体（客观殊相）"。与康德的概念图式相比，斯特劳森概念图式称不上是先验的。其论证的先验性可疑。最后，这个前提不是怀疑论前提的必要部分，不能为所有怀疑论者所接受。休谟可以承认单一的时空系统，但他未必承认未被感知的客体是这个时空系统的必要条件，更不用说承认是该时空系统的内容。

（二）普特南的外部世界存在先验论证

普特南反驳"缸中之脑"怀疑论的论证也被看作是先验论证的著名案例。对于"缸中之脑"怀疑论假设，普特南承认，我们不能在事物如何向我们显现的基础上排除它，但是我们还是能够通过其他方式将它排除。这种其他方式是指称的因果理论。为讨论方便，先将普特南的论证过程简化如下：

（1）我能够思考我是一个缸中之脑；

（2）我能够思考我是一个缸中之脑必要条件是，我不是一个缸中之脑；

（3）因此，我不是一个缸中之脑。

　　这个论证的关键在第二个前提。普特南为这个前提提供了指称因果理论支持。这种理论指出，"如果人们与某些事物（比方说树）根本没有因果相互作用，或者与可以用来描绘它们的东西根本没有因果联系，那就根本不可能指称它们。"① 将这个理论运用于反驳"缸中之脑"假设，其推论如下：缸中之脑与非缸中之脑（他们与世间事物具有因果相互作用）完全不同；即使他们使用相同的表征符号，这些符号指称的事物在两种情形下完全不同；当非缸中之脑说出"我是一个缸中之脑"时，这个断言是不真实的；当缸中之脑说"我是一个缸中之脑"时，由于其中的"缸"是计算机程序提供的电子脉冲导致的，因此它与现实的缸没有因果联系，他说的也不是真实的；总之，不论是缸中之脑还是非缸中之脑，都不可能正确地断言"我是一个缸中之脑"；如此，"我是一个缸中之脑"这个怀疑论的假设是自我反驳的；也就是说，要有意义地思考我是一个缸中之脑的必要条件是，我不是一个缸中之脑。

　　但是，普特南的论证并不成功。理由很简单，怀疑论可以挑战普特南的外在论因果指称理论。在大多数内在论者看来，"缸"的意义并不必然依赖于我与外部客体的因果关系，我可以思考一个缸中之脑，即使我就是那个缸中之脑。如果普特南坚持他的外在论，那么他只不过预设了怀疑论要怀疑的东西，它假定了意识与外在世界以因果的方式连接在一起，这本身需要预设外部世界存在，而这已经排除了怀疑论。这使得普特南所依赖的特殊种类的先验论证成为不必要的。

　　其实，只要普特南不承认直接实在论，因果指称理论不能先验地反驳"缸中之脑"怀疑论。在"缸中之脑"怀疑论中，缸中之脑并不是没有因果联系，而是具有与非缸中之脑不同的因果联系。这种不同已经被预设为不能被经验地发现。因此诉诸于相同语词具有不同指称来反驳缸中之脑是不可能的。"缸中之脑"假设正好取消了这种不同。这里之所以要排除直接实在论，是因为直接实在论可以维护两种情形下指称之间的区别。但按照普特南的"内在实在论"（这种实在论否定意识能够直接把握外部实在）立场，他不可能接受直接实在论。因此，"缸中之脑"的怀疑论假设没有被排除，外部世界存在没有得到论证。有意思的是，按照普特南的"内在实在论"立场，他根本就不应该反驳

---

　　① ［美］普特南．理性、真理与历史［M］．童世俊，李光程，译．上海：上海译文出版社，1997：22.

"缸中之脑"假设，也不需要驳斥"对外部世界存在"的怀疑。总之，普特南没有证成"外部世界存在"这一命题。

（三）康德驳斥唯心论（观念论）* 论证的性质

上面已经提到，学界有一种意见认为，康德拒斥唯心论的先验论证是对笛卡尔式外部世界存在怀疑论的反驳。① 这种意见似乎能在康德本人的论述中找到根据。根据康德的论述，拒斥唯心论被用以反对"笛卡尔的存疑式的唯心论"。所谓"笛卡尔的存疑式的唯心论"是这样一种理论，"它把我们之外空间中的诸对象的存有……宣布为仅仅是可疑的和不可证明的"。② 笔者认为，将驳斥唯心论理解为驳斥外部世界存在怀疑论是错误的。康德在此反驳的目标不是外部世界存在的怀疑论，而是经验实在的怀疑论。康德在驳斥唯心论的第一句话中就指出，他在这里所说的唯心论是"质料的唯心论"。这里所谓的"质料"就是"经验"。因此，康德驳斥的唯心论是经验唯心论（外部经验的怀疑论）。而将这种怀疑论界定为笛卡尔式怀疑论，则是康德的误解。这是导致人们误解康德的部分原因。实际上笛卡尔怀疑的根本不是经验的实在性，而是经验确定性的外部根据——我们通过经验不可能确定地知道经验的意识以外的根源。这种怀疑通过指出经验自身不能确定地证明其唯一来源，从而指出外部世界存在是值得怀疑的。康德误解笛卡尔的更深原因则来自笛卡尔阿基米德点"我思"或"我在"的性质的模糊性。由于"我思"在笛卡尔最后的定性中由先验自我变成经验自我，导致康德以为笛卡尔在主张一种内部经验具有实在性而外部经验不具实在性的观点。③ 事实上，笛卡尔不仅怀疑外部经验，还怀疑作为经验自我的"我思"的内部经验。笛卡尔通过怀疑确定的阿基米德点仅仅是"怀疑故怀疑在"。基于误解之上，康德反驳这种观点的策略就是证

---

　　* 康德反驳的不是所有的唯心论或观念论，他承认自己的观点是"先验唯心论"或先验观念论。他驳斥的唯心论是一种质料的唯心论，它要么是笛卡尔的存疑式的唯心论，要么是贝克莱的独断式的唯心论（据康德认为，这种观点已经被先验感性论取消了）。另外，"观念论"和"唯心论"两个概念在康德的观念中有细微区别，译本也有所体现。因此，在理解康德"唯心论"和"观念论"这两个概念时，要认清其具体语境。但在本书中，为行文方便和概念同一，除专门注明之处，笔者忽略这种差别。

　　① Yaron M. Senderowicz. The Coherence of Kant's Transcendental Idealism ［M］. Netherlands：Springer，2005：270.
　　② ［德］康德. 纯粹理性批判 ［M］. 邓晓芒，译. 杨祖陶，校. 北京：人民出版社，2004：202.
　　③ 对于笛卡尔"我思"性质的界定将在本章第二节详细讨论。

明"我们内部那种笛卡尔不加怀疑的经验也只有以外部经验为前提才是可能的"。① 最后康德将这个证明表述为一个定理："对我自己的存有的单纯的、但经验性地被规定了的意识证明在我之外的空间中诸对象的存有。"② 此处"在我之外的空间中诸对象的存有"绝对不是不依赖于任何意识（因此也不依赖时空直观）存在的外部世界（物自体）。因为物自体根本不是空间中的诸对象，空间中的诸对象只能是外部的经验现象！康德本人的这些表述，已经足以说明康德驳斥唯心论的实质了：它不是对外部世界存在的先验论证。正因如此，笔者无需细致考察康德的详细论证过程。如果详细考察这个论证，我们将会发现它的论证起点是经验自我概念（内部经验的实在性），证明的也是外部经验的实在性。③

透过上面的论述，我们发现在康德知识论中有两种容易混淆的外部性概念。康德意识到这一点。他说："……我们之外这一说法带有某种不可避免的含混性，因为它一会儿意味着作为自在之物本身而与我们有区别地实存着的东西，一会儿又意味着仅仅属于外部现象的东西"。因此主张将"经验性的外部对象"称为"可以在空间中遇见的物"，以此区别那些在先验意义上被称作外部对象的物自体。④ 他还说，对于经验性的对象而言，"……这种对象如果在空间中被表象，那它就叫作外部的对象，而如果它只在时间关系中被表象，它就叫作内部的对象；但空间和时间都只在我们里面才能遇见。"⑤ 经验是外部的，"不是说它们似乎与自在的外部对象本身有什么关系，而是由于它们把知觉与空间联系起来，在空间中一切都是相互外在的，但它本身，即空间，却是在我们里面的。"⑥

透过这些论述，我们看到外部性有两个层面：第一个层面的外部性是由我们的空间直观形式规定的内外之分，由于这个层面上的内外之分依赖的是感性能力的先天形式，那么它还是观念性的，是先验主体对于感性对象的规定。因此这种外部性最终是内部性。第二个层面的外部性则意味着超越性，即物自体这种超越感性直观的存在。简而言之，**从对象的角度界定的两种外部性，它们分别是物自体的外部性和空间中的经验的外部性。从主体角度，我们可以这样**

---

①② ［德］康德. 纯粹理性批判［M］. 邓晓芒，译. 陶祖德，校. 北京：人民出版社，2004：203.

③ 康德的具体论证过程参见：［德］康德. 纯粹理性批判［M］. 邓晓芒，译. 杨祖陶，校. 北京：人民出版社，2004：203-204.

④⑤ ［德］康德. 纯粹理性批判［M］. 邓晓芒，译. 陶祖德，校. 北京：人民出版社，2004：326.

⑥ ［德］康德. 纯粹理性批判［M］. 邓晓芒，译. 陶祖德，校. 北京：人民出版社，2004：325.

界定这两种外部性：一种是独立于人类意识之外的外部；另一种是独立于经验个体身体的外部。前者是指物自体外在于先验认识形式或先验自我；后者是指空间对象外在于实体性的经验自我。为避免混乱，方便行文，我们规定，经验对象的外部性称为现象的外部性，与其相应的对象称为外部现象；物自体（自在之物）的外部性称为本体的外部性，与其相应的对象称为外部本体。我们在使用"外部世界"概念时意指的是外部本体。

康德将自己上述经验实在性（外部经验和内部经验）的立场命名为经验的实在论。它与康德的另一种立场：先验的观念论，是康德知识论的一体两面。康德将这种综合立场称为"二元论"，这种二元论为我们理解康德的两种外部性概念十分重要。作为二元论者，"他可以承认物质的实存，而并不超出单纯的自我意识，也不假定除了我里面的表象的确定性、因而除了 cogito, ergo sum 以外的更多的东西"①。也就是说，主张现象的外部性与否定本体的外部性并不冲突。即使康德证明了经验对象是外部性存在——经验的外部性仍然以观念的内部性为基础，也不意味他证明了物自体的外部性存在。总之，康德对唯心论的驳斥不是对外部世界存在怀疑论的反驳。那么外部世界存在能否，以及如何通过先验论证来证明呢？

（四）另一种对外部世界存在的先验论证

为回答上述遗留问题，我们先考察康德关于本体存在的论证。

康德关于本体（物自体）和现象的区分众所周知。在这种区分之上，康德对本体可能存在做了论述。他说："本体的概念并不是一个客体的概念，而是不可避免地与我们的感性的限制相关联的课题，即是否可能存在有与我们感性的那种直观完全脱离的对象；这是一个只能不确定地回答的问题，也就是说：由于感性直观不能不加区分地关涉一切事物，所以就为更多的不同对象留下了余地，因而不能绝对地否定这些对象，但由于缺少一个确定的概念（因为没有范畴适用于此），也不能断定它们是我们知性的对象。"② 也就是说，由于

---

① ［德］康德. 纯粹理性批判［M］. 邓晓芒，译. 陶祖德，校. 北京：人民出版社，2004：324. 还需指出的是，康德使用的"我思""自我意识""我们"和"我"等概念很容易混淆"经验自我"和"先验自我"两个概念。这是康德行文的一大缺陷，它大大增加了康德著作的理解难度，也是导致误解的一大源泉。这一点后面将详细指出。在此必须提醒，对于"我思""自我意识""我们"和"我"等概念的理解，要根据具体语境弄清它们到底是"经验自我"还是"先验自我"。

② ［德］康德. 纯粹理性批判［M］. 李秋零，译注. 北京：中国人民大学出版社，2011：241.

先验感性直观形式和知性范畴的局限性，我们能够知道的仅仅是能够被我们的先验认识形式把握的客体，这些都是现象。因此，总有可能存在不能为先验认识形式把握的东西，即本体，它是我们认识的界限。对于本体的存在，我们不能绝对地否定。这仅仅是对本体存在的可能性的论证。

康德对本体必然存在的先验论证，是从一般显象概念出发的。康德说："从一种一般显象的概念出发也可以自然而然地得出，必然有某种就其自身而言的不是显象的东西与显象相应，因而显象不可能是独自地和在我们的表象方式之外存在的东西，因而在不应当出现循环论证的地方，显象这个词已经表示着与某物的一种关系，这个某物的直接表象虽然是感性的，但就其自身而言，即便没有我们的感性的这种性状……，也必须是某物，亦即是一个不依赖于感性的对象。"① 如果本体不存在，"就会从中得出荒谬的命题：没有某种在此显现的东西却有显象。"② "事实上，既然我们有理由把感官对象仅仅看作是现象，那么我们就也由之而承认了作为这些现象的基础的自在之物，虽然我们不知道自在之物是怎么一回事，而只知道它的现象，也就是只知道我们的感官被这个不知道的什么东西所感染的方式。理智由于承认了现象，从而也就承认了自在之物本身的存在，并且因此我们就可以说，把这样的东西表现为现象的基础，也就是说，它不过是理智存在体，这不仅是可以容许的；而且是不可避免的。"③

我们可以将康德这些论述简化成如下先验论证：

（1）我们具有经验现象（显象）是不可否认的；

（2）外部世界（本体）存在是经验现象（显象）成为可能的必要条件；

（3）因此，外部世界（本体）存在。

如果上述论证成立，那么所谓的"哲学的丑闻"——"对于哲学和普遍的人类理智来说，这依旧是一个丑闻，外在于我们的事物的存在……必须被接受为仅仅是信仰，并且，如果有人忽然想要怀疑它们的存在，我们却无能通过任何令人满意的证明来反驳他的怀疑。④"——就被消解了；如果这个证明成立，那么另一个所谓的"哲学的丑闻"——"'哲学的丑闻'不在于至今尚未

---

① ［德］康德. 纯粹理性批判［M］. 李秋零，译注. 北京：中国人民大学出版社，2011：221.
② ［德］康德. 纯粹理性批判［M］. 李秋零，译注. 北京：中国人民大学出版社，2011：19.
③ ［德］康德. 未来形而上学导论［M］. 庞景仁，译. 北京：商务印书馆，1978：86.
④ ［德］康德. 纯粹理性批判［M］. 邓晓芒，译. 陶祖德，校. 北京：人民出版社，2004：27.

完成这个证明，而在于人们还一而再再而三地期望着、尝试着这样的证明。①"——也被消除了。

但是上述论证可能存在问题。它的第二步的根据是：从一般显象的概念出发可以自然而然地得出，必然有某种不是显象的东西独自地在我们的表象方式之外存在。在康德看来"自然而然地得出"的必然存在，可以有两种方式来理解：（1）它是通过概念分析得到的，通过分析"显象"概念就能得到"本体"概念。（2）它需要借助一个有待论证的条件：现象与本体存在必然的因果关系，即所有显象都有本体作为原因。

概念分析显然不是先验论证，而且通过概念分析得出的结果仍然是概念，对本体的实际存在并无帮助。最重要的是，从"显象"概念中能否分析出"本体"概念仍存在疑问。笔者认为这种对"自然而然地得出"的理解是不合理的。笔者倾向于第二种理解。我们知道，因果概念是康德的先验范畴，它是我们必须如此思考的思维规定。康德通过先验论证得出这一范畴。如果我们接受康德对因果范畴的先验论证，那么因果范畴在此作为前提是没有问题的。但是对休谟而言，即使因果范畴没有问题，上述先验论证仍有可能受到批判。因为，休谟认为我们不知道是否有原因导致了现象的存在②，我们只不过受到主观的先验形式制约，不得不这样认为有某种原因存在，因此我们不知道外部世界是否存在。我们知道的只是：我们不得不相信外部世界存在，它导致各种现象。完全有可能现象自身导致现象，即现象就是最后的本体。因此休谟有理由说："我们可以问，什么原因促使我们相信物体存在？但是如果问，毕竟有无物体？那却是徒然的。那是我们在自己一切推理中所必须假设的一点。"③ 这假设只不过是一种信念。

康德对此可以反驳说，这会导致循环论证——这与思维的一般规则不相符。休谟进一步的批判可能如下：在因果范畴制约下，思维追寻终极本体的努力不会有停止的终点——如果不是我们武断地终止这个追寻——也就是说在因

---

① [德] 海德格尔. 存在与时间 [M]. 陈嘉映，王庆节，译. 北京：生活·读书·新知三联书店，2006：236.

② 休谟在论述印象和观念与外部世界的因果关系时，有些矛盾。他有时否认我们知道印象和观念有什么原因；有时又承认这种因果联系。比如他说"除了心灵的知觉或印象和观念以外，没有任何东西实际上存在于心中，外界对象只是借着它们引起的那些知觉才被我们认识"。（休谟. 人性论（第一卷）[M]. 关文运，译. 郑之骧，校. 北京：商务印书馆，1980：83.）对这种矛盾，我们只能按照他的怀疑论立场选择前者。

③ [英] 休谟. 人性论（第一卷）[M]. 关文运，译. 郑之骧，校. 北京：商务印书馆，1980：214.

果范畴的制约下，我们会陷入无限倒退的困境，去追寻本体的本体以及本体的本体……如果不是武断地认为循环论证比无限倒退更坏，那么设置终极本体在思维上同样没有合法性。而这种武断的设置只能说明，我们不得不相信外部世界存在。对此，康德可能的回答是：不管这个思维的倒退无限延伸到何处，它总不能否定有一个终极的本体，这与我们是否设置没有关系。本体的存在无须任何武断的设置。事实上，康德通过揭示先验认识形式超越使用，导致先验幻相和二律背反的结果，已经表明某种外在于人类意识本体。因此，笔者认为，康德对外部世界存在的先验论证是成立的。外部世界（本体）必然存在。①

必须承认，即使上述证明成立，对于外部世界我们也不能知道更多。只要我们还承认认识总是依赖某种主观条件才有可能，那么我们就无法知道外部世界本身是什么样子。康德得出这个结论的过程是对人类认识能力的批判。笔者基本认同这个批判。如康德所说："作为我们的感官对象而存在于我们之外的物是已有的，只是这些物本身可能是什么样子，我们一点也不知道，我们只知道它们的现象，也就是当它们作用于我们的感官时在我们之内所产生的表象。"② 此处的"我们"是指先验自我（以先验认识形式综合材料的先验统觉）。我们之所以不知道物自体，是因为，我们的先验认识形式只涉及可能的经验对象，仅仅涉及感性存在物，超出这个范围，先验认识形式就没有任何意义，我们因此就失去了可以凭借的有效认识工具。

除上述对外部世界存在的先验论证外，外部世界存在还有实践的证明。这个证明虽不具有纯粹理论理性的必然性，但具有实践的必然性。这种必然性是指，无论外部世界是否真实存在，我们的生活都要进行下去，而要生活下去我们就要千方百计地维系我们的经验。经验为我们的生活设定了界限，而生活的界限就是生命的界限。因此，经验就是我们的生命。任何导致经验彻底消失的

---

① 当然，对于这个论证而言，可能最为致命的攻击在于：无论这个论证如何具有必然性，它都是在人类先验认识形式之内的证明，因此其结论一定在人类意识的范围内，如此外部世界本身是否存在还是没有得到证明，能够证明的结论仅仅是"我们不得不相信外部世界存在"！对此，笔者的回应是，要求作为人类的我们给出超出人类理解范围的证明本身是无稽之谈。退一步讲，如果我们不将不得不相信的东西看成是本来如此的，我们还能将什么看成是本来如此的呢？如果怀疑论者也承认这个先验论证揭示了某种具有"非如此不可"的力量，那就说明它成功地揭示了外部世界的存在。而且在后面我们还将看到，随着实践理性的介入，外部本体的存在的必然性得到进一步巩固。
② ［德］康德. 未来形而上学导论［M］. 庞景仁，译. 北京：商务印书馆，1978：50.

因素都是取消生命的因素。这些因素可以被看作外在于我们存在的世界。① 取消生命会不会拥有另一个不同的世界？应不应该放弃生命去追寻另一个不同的世界？这已不是一个纯粹理论理性的问题，而是一个实践理性②问题。因此，实践理性将在知识论中举足轻重。确立实践理性的知识论地位更加有力地表明，知识总是生存着的人类的知识。当然，在诉诸实践理性解决知识论问题之前，必须清晰地界定理论理性在知识论中的应尽责任的界限。笔者将通过先验论证阐发一种改进型的先验框架来确定该界限。

第二节　知识论中的主体：先验自我和经验自我

上面已经通过一种具体的先验论证揭示了知识客体方面的最终依据。这为维护知识客观性，回应怀疑论攻击提供了最弱的辩护——它至少从客体方面说明知识并非人们天马行空、毫无根据的虚构。但是，这种客观性辩护的力量十分有限。由于我们承认对外部世界本来面目无知，外部世界对知识客观性的支持也就微乎其微，而且主体的主观因素很容易被夸大。这种夸大并不能为知识带来福音，相反它可能导致彻底的相对主义恶果，并进而导致唯我论的怀疑论——它们都会将知识的客观性销蚀殆尽。因此，为进一步维护知识的客观性，取得反驳怀疑论战役的进一步胜利，我们不仅要确立知识的外部根据，还要确定认知主体的可能形式和根据。如果认识的可能主体具有必然的规则，那么知识就因这些规则具有进一步客观性和必然性。因此，考察认识的可能主体至关重要。

这种考察的重要性有其哲学史的根据。人们从知识论的历史中发现，不同类型的知识理论总是与相应类型的认知主体密切联系的。一般而言，一个预设了简单认知主体的知识论体系，得出的结论离现实生活较远，对现存知识状况的解释力较弱；而一个预设了复杂认知主体的知识论体系，得出的结论离现实

---

① 这种外在性不仅仅是先验的外在性；也包含经验的外在性，即一般常识理解的外在性，它以先验的外在性为基础。没有先验的外在性，就不可能解释外在经验的最终来源。先验综合的材料需要先验外在性。而且这种外在性以经验自我为界限。

② 我们使用的实践理性概念是广义的，它并非康德狭义上的只与道德有关的实践理性。本书中广义的实践既包括道德实践，也包括人类社会的生存和发展的实践，或者说这是一种与效用相关的实践。关于这种实践后面进一步详述。

生活较近，对现存知识状况的解释力较强。洛克摩尔用自己的概念对这一规律做了清晰的描述。他发现不同知识论体系预设不同的认知主体，认知主体预设与知识论性质密切相关。[①] 他将哲学史上不同的认知主体观分为三种：虚无的（null）主体观、稀薄的（thin）主体观和厚实的（thick）主体观。虚无的主体观隐含在可以被直接直观或自我呈现（self-presenting）的知识客体观念内。这样的观念在柏拉图、奥古斯汀、胡塞尔和晚期海德格尔的文本中可以找到。在它的极端形式中（形而上学的观念实在论中），它的提倡者主张直接地、无中介地、即时地达及独立于意识的、不变的、永恒的概念框架。诸如柏拉图这样的、认为知识客体是独立于主体的并且是直接被给予的哲学家，就将认知主体看作仅仅是知识中的附带角色。笔者认为，后来的直接实在论的主体观事实上也属于虚无的主体观。稀薄的主体观则为知识目的通过理想化主体的认知能力，以还原的方式理解主体。在笛卡尔、康德、胡塞尔那里，作为纯粹的理性存在者的"我思"和"先验自我"就是这样的主体。这种主体观主要是在应对怀疑论问题中提出来的。厚实的主体观将现实的人类（个人或集体）看作真实的认知主体。诸如英国的经验主义者（培根、洛克、休谟、密尔等）、经典的美国实用主义者（皮尔士、杜威、詹姆斯等）、晚期维特根斯坦、库恩等，就主张这样的主体。主张厚实的主体观的哲学家倾向于将知识看作语境性的。他们不太担心怀疑论或其他的理论性问题，而是更关心我们如何在实践中获得知识。他们放弃了不变的客观主义观念，认为得到辩护的知识主张是相对于可变的框架、视角、生活形式、观点或观念图式的。如此，厚实的主体观与基础主义不相容，稀薄的主体观则与基础主义相容。

笔者基本认同洛克摩尔的概括。与他不同的是，笔者并不认为英国的经验主义的主体观是一种厚实的主体观，恰恰相反，它应该属于稀薄的主体观。事实上，正是因为它对认知主体做了片面的理解，导致了怀疑论的结论。这突出地表现在休谟的怀疑论中。而美国实用主义者、晚期维特根斯坦以及库恩的主体观也同样算不上是厚实的，他们都太过注重认知主体的情境性而遗忘了其中固有的形式结构。正因如此，他们的主体观指导下的知识论很容易倒向相对主义的怀抱。因此笔者主张，一种合理的主体观应该有机融合笛卡尔、康德的主

① Tom Rockmore. On Constructivist Epistemology [M]. Oxford：Rowman & Littlefield Publishers, Inc. 2005：61-62.

体观和库恩等的主体观。这种主体观可称之为**融合的主体观**。下面笔者将从先验自我开始阐述这种融合的主体观。

一、先验自我：认知主体的逻辑支点和形式条件①

对先验自我的论述必须从笛卡尔开始。笛卡尔用普遍怀疑的方法得出"我思故我在"这一哲学第一原理的过程就蕴含着先验自我的产生。不过笛卡尔本人最后却将它转变成经验自我。为了更加清晰地认识先验自我，有必要对笛卡尔的混淆进行细致的澄清。在这一过程中，我们将看到先验自我在知识论中的本来地位。

（一）笛卡尔发现自我的过程②

笛卡尔哲学的核心问题是知识的确定性问题。为了寻找知识的确定基础，他要求：排除能够想象到有一点可疑之处的东西，把它们当作不确定的不予接受，以此找到在我心里完全无可怀疑的认识。笛卡尔用普遍的怀疑方法，首先将感官的可信性以及由此而来的知识排除掉。因为，感官有时是骗人的，由它得来的知识不可靠。笛卡尔用著名的"做梦论证"说明感官不可靠。笛卡尔由感官不可靠得出结论认为，那些包含感觉的"物理学、天文学、医学以及研究各种复合事物的其他一切科学都是可疑的、靠不住的"。③ 其中当然也包括关于我自己身体的知识。然后笛卡尔将看似确定无疑的几何和数学怀疑为不确定的。因为那些在我们看来如此确定无疑的几何和数学保不准也是错误的，现实中我们在这方面就犯过错误。而且既然我们能想象一个全知全能的上帝，那我们也能想象一个有如此本领的恶魔，"他用尽了他的机智来骗我"。④ 这就是笛卡尔的"恶魔论证"。这样一来，我所有的知识——关于我自身的、物理世界的以及数学和几何的，都是可疑的了。但是"我那样想的时候，那个在想的我就必然应该是个东西。""正是根据我想怀疑其他事物的真实性这一点，可

---

① 本节部分内容经修改拙作《先验自我与经验自我——笛卡尔自我观新探》一文而来，参见：尹维坤. 先验自我与经验自我——笛卡尔自我观新探 [J]. 华南师范大学学报（社会科学版），2015（2）：147 – 151.
② 在对笛卡尔的自我观进行重述时，由于所引用的文献出自不同的译者，有些关键词翻译不一致，考虑到行文的方便，笔者在此采用现在通行的译法。
③ ［法］笛卡尔. 第一哲学沉思集 [M]. 庞景仁，译. 北京：商务印书馆，1996：17.
④ ［法］笛卡尔. 第一哲学沉思集 [M]. 庞景仁，译. 北京：商务印书馆，1996：20.

以十分明显、十分确定地推出我是（即我在——引者注）。"① 即使那个恶魔用尽一切伎俩欺骗我，甚至我的怀疑以及"我不能怀疑我在怀疑"这个界限都是恶魔制造出来以满足我们虚幻的好奇心的，"我存在"仍是确定无疑的。因为"如果他欺骗我，那么毫无疑问我是存在的；而且他想怎么骗我就怎么骗我，只要我想到我是一个什么东西，他就总不会使我成为什么都不是。所以，……最后必须做出这样的结论，……即有我，我存在这个命题……必然是真的。"② 这就是人们通常表述为"我不能怀疑我在怀疑"的自我发现的过程。从以上笛卡尔的论证过程中，我们可以看出这个论证的逻辑实质是使用反证法的否定性论证。

到此，笛卡尔发现"我思故我在""这条真理是十分确实、十分可靠的，"可以"作为我所寻求的那种哲学的第一条原理。"③ 笛卡尔进一步追问这个"我"是什么。通过之前的怀疑，笛卡尔发现"我"可以没有形体，没有所在的世界，没有立身的地点以及没有任何以前拥有过的关于"我"知识。但考虑到只要"我"停止思想，"我"就没有理由相信"我"存在过，于是笛卡尔断言"我"是一个实体，它的全部本质或本性只是思想。④ "我思维多长时间，就存在多长时间"，"我"只"是一个在思维的东西。"⑤ "那就是说，一个在怀疑，在领会，在肯定，在否定，在意愿，在不意愿，也在想像，在感觉的东西。"⑥ 到此为止，笛卡尔就将"我"作为一个思维着的实体确立起来了。但是这个"我思"实体的确立还有许多模糊之处，从而导致到笛卡尔对这个"我思"定性错误。接下来我们将看到这种混淆。

（二）先验自我——笛卡尔"自我"的本来含义

如上所述，笛卡尔认为自己已经找到知识的坚实地基。按照正常的逻辑，笛卡尔应该在此基础上一鼓作气，再接再厉地建构知识的大厦。但令人们不解的是，笛卡尔却在此基础上论证了上帝的存在！其中缘由除了笛卡尔本人的宗教情结以外，难道就没有笛卡尔理论的逻辑依据吗？我们发现，笛卡尔的自我

---

① ［法］笛卡尔. 谈谈方法［M］. 王太庆，译. 北京：商务印书馆，2005：26 - 27.
② ［法］笛卡尔. 第一哲学沉思集［M］. 庞景仁，译. 北京：商务印书馆，1996：23.
③ ［法］笛卡尔. 谈谈方法［M］. 王太庆，译. 北京：商务印书馆，2005：27.
④ ［法］笛卡尔. 谈谈方法［M］. 王太庆，译. 北京：商务印书馆，2005：27 - 28.
⑤ ［法］笛卡尔. 第一哲学沉思集［M］. 庞景仁，译. 北京：商务印书馆，1996：25 - 26.
⑥ ［法］笛卡尔. 第一哲学沉思集［M］. 庞景仁，译. 北京：商务印书馆，1996：27.

论证过程本身隐含着他必然借助上帝来确保知识正确的逻辑依据。在阐述笛卡尔必然借助上帝的力量来确保知识的过程中，我们将会发现笛卡尔在给自我定性时，发生了混乱。

笛卡尔在确立了"我思故我在"这个真理后，作了一个一般的考察："看看一个命题具备什么条件才是真实可靠的。"他发现，"我思故我在"这个命题之所以是真理，是因为它是"我"十分清楚、极其分明地理解的。笛卡尔由此认为"可以一般地规定：凡是我十分清楚、极其分明地理解的，都是真理。"这样，他就确立了知识的标准——自明性。在此值得一提的是，笛卡尔在这里发现的作为知识标准的自明性是逻辑的自明性。它来自否定性思维（怀疑）否定（怀疑）自身的不可能性，因为怀疑怀疑仍是怀疑。这种逻辑自明性与感受的自明性十分不同。

"自我"（先验自我）具有的逻辑自明性虽然被确立为真理的标准，但也阻碍了人们用它发现更多的知识。笛卡尔对此深有感受，他说，凭借真理的标准"要确切指出哪些东西是我们清楚地理解的，我认为多少有点困难。"① 这些困难之所在，可以从他发现"我思"基点的过程中查申。困难出现在如下两个方面：其一，笛卡尔在之前的怀疑中，已经将一切知识都排除了。现在他甚至都没有确定的知识对象，确定的知识当然无从谈起。其二，他也不能从"我思故我在"这一命题中推出任何知识，因为这一命题除断定了在思维的"我"（其实是怀疑着的我）以外，什么也没有多说。"我思故我在"这一论断在理论上的直接后果是心灵实体的虚无化：除了"存在"这一空洞规定外，心灵实体——"我"没有任何与"思"不同的内容和本质，它完全变成了与"思"等同的东西，其存在就由"思"决定，"思"的停止意味着"自我"的消灭。甚至可以更彻底地说，连"我思"是个实体也值得怀疑——因为实体概念的存在正是被怀疑的知识。因此，为了论证人类有可靠的知识，笛卡尔首先必须恢复外在认识对象的真实性；其次，将"自我"这个封闭的实体打开，使其与认识对象发生关系。关于第一点，除了诉诸上帝的存在，笛卡尔找不到其他更有效的保证了。而在第二点上，笛卡尔除了采取天赋观念的方法，同时还采取了将"自我"经验化的方法。但将"自我"经验化却使笛卡尔增加了对上帝存在的依赖。从笛卡尔遇到的这些理论难题中，我们看到他的"我思"

---

① ［法］笛卡尔. 谈谈方法［M］. 王太庆，译. 北京：商务印书馆，2005：28.

并不是一般意义上知识的现实主体——作为活生生的、个体的人。

关于笛卡尔将"我思"经验化这一论断一定会遭到反对。因为人们一般认为，笛卡尔的"我思"本来就是经验的，根本没有经验化的必要。但实际并非如此。如上所述，封闭和空洞的"我思"是由笛卡尔的论证方式导致的。笛卡尔"怀疑论证"的逻辑实质是一个使用反证法的否定性论证，它依靠否定自身之不可能的逻辑力量，论证了"我"的存在，但对"我"作为什么存在却没有任何断言，这需要肯定性论证。[①] 其实，笛卡尔这个推理得出的"自我"或"我思"仅仅是知识的一个逻辑前提，它只保证思维的确定性和思维作为知识逻辑主体的地位。对于知识的内容，它没有，也不可能提供任何保证。如果我们要为笛卡尔在此过程中发现的"自我"定性的话，它只能是"先验自我"——即在康德意义上的知识的形式条件和逻辑条件。当然它的实体性是康德要批评的，这种批评也是正确的——正是康德用功能化将先验自我去实体化，先验自我才能走出笛卡尔设置的牢笼。然而，笛卡尔最初发现的"先验自我"在笛卡尔或者为了建构理论的需要，或者因为不谨慎而将其经验化了。

（三）先验自我的经验化蜕化

在笛卡尔建构知识大厦过程中，起作用的不是上述形式主体或逻辑主体，而是现实主体：经验自我。这个经验自我从先验自我蜕化而来。这种蜕化就发生在从"我怀疑故我在"到"我思故我在"的跳跃中。

笛卡尔在追问这个"我"是什么的过程中，完成了从"我怀疑故我存在"到"我思故我在"的跨越。正是这个跨越最终导致了笛卡尔将到手的先验自我遗失了。这是如何发生的？其基本过程如下：笛卡尔通过普遍怀疑获得"怀疑故怀疑在"这个确定命题后，暗自引入一个前提——怀疑是思维的一种，因此由"怀疑故怀疑在"得出"思故思在"；然后又将思维理解成一种实体，即我，并将其称为"我思"，于是得到"我思故我在"；在得出"我思"和"我在"之后，笛卡尔进一步为"我思"加入经验成分，使其蜕化成经验自我。整个过程经历了几个跳跃：从"怀疑在"到"思在"、从"思在"到"我在"

---

① 当然这样的一般表述不太准确，因为"我思故我在"是通过"我怀疑故我在"确立的，"我"作为能怀疑的思维存在是确定的，只不过"我"和"思维"这两个词在这里的指称其实是相同的。这一点在我们对"我思"和"思"作出进一步区别之后会更明显。

和对"我思"的经验解释。其中最关键的跳跃是对"我思"加入经验解释。第一个跳跃看似没有任何问题。因为人们要确定一个属的存在，只要列举其中一个种存在就行了。既然怀疑是思维的一种，"怀疑在"就是"思在"。但是这个跳跃在笛卡尔理论中并不合法，因为关于这种种属关系的知识保不准已经被怀疑掉了。第二个跳跃是先验自我的实体化跳跃。将思维这种活动理解成实体化的"我思"也得不到笛卡尔体系内的支持，因为实体概念如何与活动联系起来的知识也保不准被怀疑掉了。对"我思"加入经验解释也得不到辩护。其中的错误在于，笛卡尔将"我思"分解成"我肯定""我否定""我想象""我感觉"等，然后无意识地将这些思维形式依照"怀疑故怀疑在""我思故我在"这种表述，肯定下来，即"我肯定故我存在""我否定故我在""我想象故我在""我感觉故我在"等。他认为，这些思维形式与"怀疑故怀疑在"一样清楚明白。因为它们是从其中推导出来的。既然怀疑和思都具有自明性，其他的思维形式也有自明性。正如笛卡尔所说："即使我所感觉和想象的东西也许决不是在我以外、在它们自己以内的，然而我确实知道我称之为感觉和想象的这种思维方式……一定是存在和出现在我心里的。"① 但错误就在于此。其错误之处有二：第一，笛卡尔在这个推论中使用了无效的推理形式，犯了过度推论的错误。笛卡尔不能从怀疑确证了"思"的存在，就从"思"的存在推论出"肯定""想象""意愿""感觉"的存在。他这个错误就如有人从"狗是动物""动物存在"推出"中国龙存在""凤凰存在""麒麟存在"一样。第二，笛卡尔混淆了两种自明性：逻辑的自明性和感受的自明性。笛卡尔"怀疑故怀疑在"的自明性来自逻辑。这也是所有否定性思维在否定自身时可以获得的自明性——顺便指出，否定思维也具有感受的自明性——否定思维只有在否定自身时才能获得逻辑的自明性。

相反，那些肯定性思维却不能获得逻辑的自明性。因为肯定性思维不能否定自身，这种不能否定自身不是模态逻辑上的不可能（即否定自身会导致逻辑矛盾），而是肯定思维根本不具有这种逻辑功能。因而，肯定性思维只能肯定自身。这种肯定有两种方式。其一是肯定性思维在活动时就获得了一种自身确定的感受。比如，我此时正在写作，手指敲击键盘的感觉自身就是明显的。其二，肯定性思维借助于反思获得自身肯定。例如，我之所以能够说我现在阅

---

① ［法］笛卡尔. 第一哲学沉思集［M］. 庞景仁，译. 北京：商务印书馆，1996：33.

读，是因为我可以反思到我阅读文章的感受，并且这种反思和之前的阅读的感受属于同一个主体，否则那个感受就可能不属于我，此时我就不能对它做出判断。但是那个反思阅读感受的反思与阅读感受的同一是如何获得的呢？我们或者诉诸感受，或者诉诸另一个更高的反思。但是那个反思的反思是否仍需要另一个反思来确定呢？我们不能断然排除这种可能性。于是我们为确认一个感受，要么直接诉诸感受的自明性，要么就陷入无限倒退的困境。但是这个无限倒退并不是逻辑禁止的，而是逻辑上可能的。为终止这个无限倒退不得不承认感受的自明性，这不是逻辑的理由，而是实用的理由。因此，肯定性思维自身的确立不能获得逻辑的自明性，它们只有感受的自明性。这种感受自明性的确定程度要低于逻辑自明性。当笛卡尔将怀疑的自明性推到思维上时，就错误地将肯定性思维的感受自明性变成了逻辑自明性。一旦笛卡尔将感受的自明性混同于逻辑的自明性，自我中经验的性质，如想象、感觉等就获得了确定的地位。先验自我就转变为经验自我！而想象和感觉这些思维的确定性质一开始是受到严格怀疑的东西。

由于先验自我蜕化成了经验自我，当初那个逻辑自明的知识标准也蜕化成了感受自明的知识标准。这进一步导致要求上帝存在来保证知识的确定性。因为，如果没有上帝的保证，仅有"凡是我们十分清楚、极其分明地理解的都是真的"这条原则，人们仍然分不清清醒和睡梦的情形，更不用说恶魔作怪的情况了。因此笛卡尔说："我相信，如果不设定神的存在作为前提，是没有办法说出充分理由来消除这个谜团的。因为首先，就连我刚才当作规则提出的那个命题：'凡是我们十分清楚、极其分明地理解的都是真的'，其所以确实可靠，也只是由于神是或存在，神是一个完满的是者，我们心里的一切都是从神那里来的。"① 从笛卡尔的这句话中，我们明白地读出他已经将知识的逻辑自明性标准蜕化成了感受的自明性标准了。因为逻辑自明性正如它能不依赖恶魔一样，也能不依赖上帝，而感性自明性却做不到这一点。通过混淆两种自明性，笛卡尔虽然将先验自我经验化，使得"自我"拥有了"想象""意愿""肯定"和"感觉"等肯定性性质，从而可以使"自我"走出牢笼，与对象发生关系产生知识，但却增加了笛卡尔对上帝存在的依赖。"因为如果不认识这两个事实真相（上帝存在和上帝不是骗子——引者注），我就看不出我能够把任

---

① ［法］笛卡尔. 谈谈方法［M］. 王太庆，译. 商务印书馆，2005：32.

何一件事当作是可靠的。"①

综上，笛卡尔作为知识基础的自我原初是一种先验自我，只不过笛卡尔自己在论述的过程中将先验自我经验化了。

（四）笛卡尔先验自我的实体化及其问题

当然，将笛卡尔哲学中原初的自我确定为先验自我并不会为笛卡尔哲学的完善性带来任何好处，反而会带来更多困难。这些困难都是由于先验自我的性质引起的。我们已经在前面论述了作为哲学第一原则"我思故我在"确立起来的先验自我是毫无内容、极其空虚的。这导致笛卡尔不得不将先验自我经验化，最后不得不求助于上帝来保证知识的确定性。笛卡尔将先验自我经验化的第一步是笛卡尔将先验自我实体化。② 笛卡尔将先验自我无意识地实体化，不仅取消了自我的先验地位，而且直接威胁到"我思故我在"第一哲学原则的地位。

在哲学史上，罗素将这个问题明确地提了出来。罗素指出："'我思'是他的原始前提。这里'我'字其实于理不通；他该把原始前提叙述成'思维是有的'这个形式才对。'我'字在语法上虽然便当，但是它表述的不是已知事项。"③ 也就是说，笛卡尔通过怀疑确立起来的仅仅是怀疑这个思维活动。即使人们承认从"怀疑"到"思维"的跳跃是合理的，笛卡尔那句"我思故我在"也应该表述为"怀疑故怀疑在"或"思故思在"。这才是笛卡尔发现的哲学第一原则。在"怀疑""思"之前的那个"我"来得莫名其妙。笛卡尔从"怀疑"到"我怀疑"、从"思"到"我思"有一个跳跃。这个跳跃之所以可能，是因为他潜在地接受了一对范畴：实体属性范畴。当笛卡尔说"我思"时，他将"思"作为一种属性赋予一个实体"我"。这表明他已经将实体属性范畴作为不言而喻的知识。④ 这样一来，"我思故我在"这个知识的阿基米德点名不副实。当然危及笛卡尔哲学第一原则地位的不仅有这对范畴，前面提到笛卡尔从"怀疑"跳跃到"思维"时，还预设了种属概念。

针对罗素这一问题，为维护"我思故我在"的第一原则地位，陈晓平先

---

① ［法］笛卡尔. 第一哲学沉思集 ［M］. 庞景仁，译. 北京：商务印书馆，1996：36.

② 因为实体属性概念在康德看来就是只能用于经验的概念。笔者在此采取康德的立场，将笛卡尔把先验自我实体化看作经验化的第一步。

③ ［英］罗素. 西方哲学史下卷 ［M］. 马元德，译. 北京：商务印书馆，2003：91.

④ 冯俊. 开启理性之门——笛卡尔哲学研究 ［M］. 桂林：广西师范大学出版社，2005：73.

生提出了一种解决方案。陈先生认为，可以对"我"和"思"做出语义上的解释从而消除罗素的诘难。他认为"'我思'中的'我'和'思'都指'进行着的思维'，但是二者的含义却不尽相同。我是当下直接感受到的思维，思是用以描述的'进行着的思维'，后者是关于前者的摹状词，而不是前者本身。这也就是说，作为摹状词的'思'不是正在进行的那个思，因而不是我，而是对我的某种描述。我作为当下进行着的思维是不能说的，一旦说出就不是我，而是对我的回忆。"也就是说"'我'是一个专名，而'进行着的思维'（即思——引者注）是一个摹状词。对于'我'这个特殊的专名即罗素所说的逻辑专名，"陈先生"接受罗素的看法：逻辑专名的意义只能通过亲知来把握，而摹状词的意义则是通过语言来把握和传递的。"而所谓亲知就是直接的体验或感受。① 陈先生这样解释确实回答了罗素对笛卡尔的诘难，但这个解释其实已经将笛卡尔的先验自我看成了经验自我。而且笔者认为，只有在实体属性这对范畴的基础上专名和摹状词的解释才有基础——专名指称实体，摹状词描述属性，属性是归属于实体的——否则"我"和"思"在这里就有可能成为两种不同的东西，而不是同一的"我思"。实体属性范畴正是"我"和"思"具有同一性的基础。虽然陈先生解决了罗素的疑问，但对先验自我作经验自我解释却是不可取的。当然，对于笛卡尔哲学中蕴含的先验范畴的思想，陈先生的洞察是极其敏锐的。②

笔者对笛卡尔先验自我的态度是，要坚持先验自我的原则第一性，既要反对将先验自我经验化；又要反对将其实体化。这其实是康德对先验自我的态度。因为经验化直接取消了"自我"的逻辑自明性，这在前面已有论述；而实体化不仅为先验自我经验化铺路，而且还将"自我"孤立起来，无所作为。在这二者中，对于先验自我的实体化倾向的反对更为重要，因为先验自我的实体化，不仅为先验自我经验化开启了道路，而且还潜在地取消了先验自我的哲学第一原则地位。它更是导致了一系列问题，比如，封闭空洞的实体化的先验自我如何具有知识内容？对象如何在此基础确立？它又如何与认识对象发生关系？先验自我和经验自我如何在获得知识的过程中统一起来？它们之间具有怎样的相互作用？……这些问题在笛卡尔的哲学体系里很难得到解决。这些问题

---

① 陈晓平. 可知与不可知之间 [J]. 现代哲学，2009（5）：86.
② 陈晓平. 可知与不可知之间 [J]. 现代哲学，2009（5）：81-82.

的关键在于先验自我和经验自我的关系。因为，如果先验自我与经验自我都是实体，那么两个如此不同的实体如何统一成同一个发挥作用的实体呢？而这个问题的症结就在先验自我的实体化。这个症结在康德形式化和功能化的先验自我那里是不存在的。因此为了确保先验自我在知识论的重要地位，需要详细考察康德的知识论自我观。

有一个重要结论在此需要重申：在笛卡尔的普遍怀疑过程中，先验自我在知识论中的逻辑主体地位得到确立，作为笛卡尔认识论的阿基米德点的自我是先验自我，而非经验自我。由于笛卡尔的自我有两种身份：先验自我和经验自我，为在概念上对它们做出区分，笔者建议将"思"用作先验自我概念，将"我思"用作经验自我概念。 必须指出的是，笔者在此将先验自我看作认识论的阿基米德点并不是要否定经验自我在认识论中的重要地位。事实上，恰恰因为区分了先验自我和经验自我，两种自我在认识论中的地位才能被清楚地认识到：先验自我是认识论的逻辑前提，而经验自我是任何现实认识的现实主体。这是个预先提出的结论，对它的论证必须结合康德的自我观进一步深入探讨。

（五）"我思"与"思"：对康德"自我"概念的澄清①

康德的知识论自我观被认为是先验认识论的，乃至"康德的一切学说的最重要的"部分，同时它又是康德哲学中最艰深的部分之一。甚至有学者将其形容为"在某些方面上又是最无从捉摸的学说"。这一方面是因为思想本身"是十足困难的"，另一方面是因为康德在用语上十分不小心。② 康德《纯粹理性批判》中用了很多术语，比如，"我""自己""自我""能思的存在者"以及"自我意识"等，来表述先验自我和经验自我。对于这些术语，康德没有做出清晰的界定，用得混乱而矛盾。因此，有必要对康德著述中，有关自我的概念进行清理。③ 一种可行的方法是，在涉及模糊的"我""自己""自我""能思的存在者"以及"自我意识"这些概念时，笔者在行文中明确标出它的具体所指。另一种简便的方法是对"我思"与"思"两个术语做出清晰的界定。

---

① 本节部分内容经修改本人与他人合作的"先验自我与经验自我——对康德认识论中自我观的澄清"一文而来，参见：张璟，尹维坤. 先验自我与经验自我——对康德认识论中自我观的澄清 [J]. 学术论坛，2015（2）：1-7.

② ［英］H. J. 裴顿. 康德的经验形而上学 [M]. 韦卓民，译. 武汉：华中师范大学出版社，2009：380.

③ 这样做时，我们先假定康德对先验自我与经验自我的区分是一个事实。下节将详细论述康德对两种自我的区分。

这对术语的使用，从笛卡尔哲学起广为学者接受。一般认为这两个概念并无实质区别，都意指作为认识论基点的主体：自我。但据上文考查，这对概念在笛卡尔哲学里就隐藏着重大的区别——"我思"意指经验自我；"思"意指先验自我。因此，笔者将沿用前述的界定。

在康德的著作中可以找到这种界定的印证。康德在其著作中明确指出"我思"概念是一个经验自我概念。比如，康德在一处说："'我思'……是一个经验性的命题，并且自身包含有'我实存'这一命题。"① 他在另一处说："'我思'或者说'我实存于进行思维时'这个命题是一个经验性的命题。"② 随后，他又说道："'我思'这个命题就其所表述的相当于'我实存于进行思维时'而言，就不是单纯的逻辑机能，而是在实存方面规定了主体（这个主体于是同时又是客体），并且这个命题没有内感官就不可能发生，而内感官的直观所提供出来的客体任何时候都不是作为自在之物本身，而是作为现象。"③ 另外，康德在明确区分先验自我和经验自我时，也将"我思"作为经验自我概念。为避免重复，笔者在后面给出引证。

但是，在《纯粹理性批判》先验辩证论第二卷第一章"纯粹理性的谬误推理"第二段中，康德却将"我思"说成是先验概念。他说："很容易看出，这概念是所有一般概念的承载者，因而也是先验概念的承载者，所以它总是在这些先验概念之间一起被把握的，因而本身同样是先验的；但它不能有任何特殊的称号，因为它只是用于把一切思维作为属于意识的东西来引述。"在这里，"我思"成了先验自我的概念。联系上文来看，矛盾十分明显。这里的"我思"应改为"思"。更为矛盾的是，康德接下来说，这个先验的"我思""不论它对于经验性的东西（感官印象）如何纯粹不杂，"它却可以"用来……把两个不同的对象区别开来。我，作为思维者，是一个内感官的对象，称之为灵魂。作为外感官对象的'我'则称之为肉体。因此，作为能思的存在者的'我'这个术语已经意味着心理学的对象了，这种心理学可以称为合理的灵魂学说，"如果从这种学说中，我们对灵魂知道的恰恰就是从那个"我"所知道的一样多的话。而对"我"所知道的只是不依赖于经验的概念推论。④ 在此，

---

① [德] 康德. 纯粹理性批判 [M]. 邓晓芒，译. 北京：人民出版社，2004：303.
② [德] 康德. 纯粹理性批判 [M]. 邓晓芒，译. 北京：人民出版社，2004：307.
③ [德] 康德. 纯粹理性批判 [M]. 邓晓芒，译. 北京：人民出版社，2004：308.
④ [德] 康德. 纯粹理性批判 [M]. 邓晓芒，译. 北京：人民出版社，2004：288.

笔者不禁要问，先验自我如何能够将"我"区分为作为内感官对象的灵魂和作为外感官对象的肉体呢？在后面我们会论述到，先验自我根本不能直观，这分明是对经验自我所作的区分。就算先验自我能做这样的区分，以这样的先验自我作为心理学的对象，其中可以认识的东西怎么是不依赖于经验的概念推论呢？毫无疑问，康德在这里的论述矛盾重重，混淆了经验自我和先验自我。

因此，下面，笔者将采用康德清楚地界定了的"我思"作为经验自我概念，而将"思"作为先验自我概念。涉及康德类似的混淆论述时，笔者将自行更改过来。笔者在此做出澄清，以免获引证不实，妄改康德用词之罪。值得一提的是，在国内一些阐述康德思想的重要著作中，延续了康德将"我思"有时看作先验自我概念，有时看作经验自我的混乱。比如李泽厚先生影响深远的《批判哲学的批判》中就是如此。[①]

（六）康德对先验自我和经验自我的区分

明确区分先验自我和经验自我是康德知识论开先河式的一大特点。众所周知，康德认为"意识的综合统一是一切知识的一个客观条件，不仅是我自己为了认识一个客体而需要这个条件，而且任何直观为了对我成为客体都必须服从这一条件"。[②] 对先验认识形式的综合统一作用，康德以两种方式作了探讨：主观演绎和客观演绎。在《纯粹理性批判》第一版中，他主要论述了意识从直观中领会的综合到想象中再生的综合再到概念中认定的综合这个不断上升的主观综合过程。这就是所谓的主观演绎。这个演绎"心理学成分相当突出"。[③] 康德认为这个演绎没有突出地表明先验统觉的综合统一性作为知识可能性的必要条件这一主旨，于是在《纯粹理性批判》第二版中将主观演绎全面改写为客观演绎。正是在这个演绎中，在论述综合统一性概念时，康德更明确地区分了先验自我和经验自我。

在客观演绎中，康德认为概念（范畴）的综合仍不是最终的综合。[④] 直观、想象和概念的综合统一性仍要以一个更高的综合统一性为前提。康德说：

---

① 李泽厚. 批判哲学的批判 [M]. 北京：三联书店，2007：175 – 176，192 – 194.
② ［德］康德. 纯粹理性批判 [M]. 邓晓芒，译. 北京：人民出版社，2004：92 – 93.
③ 李泽厚. 批判哲学的批判 [M]. 北京：三联书店，2007：172.
④ 在康德的论述中，"联结""综合"和"统一性"这些概念是有区别的，但他没有对它们的区别作细致清晰的阐述，行文中也有混同的使用。为行文简洁，笔者在此不作严格区分，将它们看作同义的。

"先天地（先验地——引者注）先行于一切联结概念的这个统一性，并不是如前面讲的……单一性范畴；因为一切范畴都是建立在判断中的逻辑机能之上的，而在判断中已想到了联结、因而想到了给予概念的统一性。所以范畴已经以联结作为前提了。"① 也就是说，范畴的统一性仍不是最高的统一性，它起码还要以判断的统一性为条件，更何况人类知识的逻辑形式中还有推理。因此，我们必须到更高的地方——去那包含着判断中不同概念之统一性根据的地方，去那包含着知性的可能性根据以及包含着知性逻辑运用的可能性根据的地方——寻找这种统一性，这种统一性就是"纯粹统觉"，或者也称之为本源的统觉，"它就是那个自我意识"。康德"也把这种统觉叫作自我意识的先验的统一，以表明从中产生出先天知识（关于先验认识条件的知识——引者注）来的可能性。"它不同于"经验性的统觉"。② 在此，我们看到康德对先验自我和经验自我作了明确的区分。那个"纯粹统觉""本源的统觉"和包含着先验的统一的"自我意识"就是先验自我；而那个"经验性的统觉"就是经验自我。康德给经验自我取了另外一个名称"我思"——它是由先验自我产生出来的一个表象，"这个表象必然能够伴随所有其他的表象，并且在一切意识中都是同一个表象"。正因为如此，我们才能说，在一个确定的直观中被给予的杂多表象都是"我的表象"，都属于一个经验性的"自我意识"——"我思"。在此，"我"和"自我意识"作经验自我理解。因为康德的先验自我不是一个实体，因而不能拥有任何表象——如果先验自我拥有任何表象，先验自我的存在样态就会是可知的，这与康德的根本观点相矛盾。③ 而且康德明确指出，作为本源统觉的"那个自我意识……决不能被任何其他表象所伴随，"④那些表象只能伴随经验自我、"我思"。在另一处康德说道："'我思'……是一个经验性的命题，并且自身包含有'我实存'这一命题。"但是"必须注意，当我把'我思'这个命题称之为一个经验性的命题时，我的意思并不是想说这个'我'（'思'——引者注）在这一命题中是一个经验性的表象，毋宁说，这表

①②④ ［德］康德. 纯粹理性批判［M］. 邓晓芒，译. 北京：人民出版社，2004：89.
③ 在《纯粹理性批判》第二版"统觉的本源的综合统一"一节最后一句话中，康德说道："我意识到这些表象（直观中被给予我的诸表象——引者注）的一个先天必然的综合，它叫作统觉的本源的综合统一，一切被给予的表象都必须从属于它，但也必须由一个综合来纳入它之下。"这里康德似乎将一切表象归属于先验自我了。但这是误解。这里的"从属于"不应作"归属于"理解，而应该作"受制于"理解。联系上下文，它意指一切表象都受先验自我的综合统一。康德之所以又说"但也必须由一个综合来纳入它之下"，意在指明一切其他的表象都是通过"一个综合"——一个经验自我，才能被现实地综合起来的。

象是纯智性的，因为它属于一般思维。"这也是康德区分经验自我和先验自我的代表性发言。①

以上对两种自我的区分是康德在论述先验综合统一性时做出的，目的在于讨论使认识成为可能的最高的综合统一性。除此以外，康德还在讨论先验辩证论下的先验理念时讨论了知性统一性与理性统一性的关系。在笔者看来，这是康德在不同情境下讨论先验统一性与经验统一性。因为从康德的论述中，我们明显感到，知性统一性和理性统一性这两个概念及其关系，在内容上与经验统一性和先验统一性这两个概念及其关系极其相似，虽然在用词上有明显区别。因此，笔者认为，在此有必要将它们放在一起讨论，以澄清它们的关系。这种做法也将有利于下面的论述。

众所周知，康德将人类意识的能力分为感性、知性和理性（狭义，广义的理性包含这三者，以下所用理性皆为狭义）。感性是接受性，是接受刺激，产生杂多经验材料的能力；知性是综合统一经验材料、形成认识对象的"规则的能力"；理性则是"原则的能力"，它是人类认识的最高能力。② 如康德所说："我们的一切知识都开始于感官，由此前进到知性，而终止于理性，在理性之上我们再也没有更高的能力来加工直观材料并将之纳入思维的最高统一性之下了。"感性与知性的关系毋庸赘言。康德在此主要探讨知性与理性的关系。对此，康德说，知性是借助于规则使诸现象统一的能力，"而理性则是使知性规则统一于原则之下的能力。""所以理性从来都不是直接针对着经验或任何一个对象，而是针对着知性，为的是通过概念赋予杂多的知性知识以先天的统一性，这种统一性可以叫作理性的统一性，它具有与知性所能达到的那种统一性完全不同的种类。"③ 与此相应，与知性判断不同，"理性推论并不是针对直观、以便将其纳入到规则之下（如知性以其范畴所做的那样），而是针对概念和判断的。所以纯粹理性即使针对对象，它也没有与这些对象及其直观的直接的关系，而只有与知性及其判断的直接关系……所以理性的统一不是可能经验的统一，而是与这种知性统一本质上不同的。"④

① ［德］康德. 纯粹理性批判［M］. 邓晓芒，译. 北京：人民出版社，2004：303.
② 关于"原则"一词意义的具体论述，读者可以参看康德关于"原则的知识"的论述，从这里得到"原则"的领会。笔者认为"原则"一词在康德那里意指最高或最后的根据。参见：康德. 纯粹理性批判［M］. 邓晓芒，译. 北京：人民出版社，2004：262.
③ ［德］康德. 纯粹理性批判［M］. 邓晓芒，译. 北京：人民出版社，2004：263.
④ ［德］康德. 纯粹理性批判［M］. 邓晓芒，译. 北京：人民出版社，2004：266.

从这段话中我们可以清晰地读出，知性的统一性是指直接作用于经验材料的统一性，即它属于经验性的综合统一性；[①] 理性的统一性是直接作用于知性、不直接作用于经验或对象的、赋予知性知识以统一性的综合统一性。这与上面讨论过的经验的综合统一性与先验的综合统一性正好呼应：知性的统一性加上感性的统一性就是经验的综合统一性，理性的统一性就是先验的综合统一性。[②] 如此看来先验自我概念就是理性统一性概念了。

这里必须指出的是，虽然先验自我与理性的统一性对应起来了，但是经验自我与知性的统一性却不是对应的。原因在于，先验自我和理性的统一性作为认识得以可能的最终条件，它们之间的对应顺理成章——因为在主体方面不可能存在两个独立的最终条件。而经验自我和知性的统一性很不相同。经验自我就其作为经验性的统觉而言，既包括知性的统一性又包括感性的统一性（时空形式对感觉材料的统一）。知性的统一性只是经验自我的一部分。而且经验自我作为实体、现象存在；知性的统一性则只不过是现象得以可能的形式，只有当它综合统一感性材料时，才显现于现象之中，即便如此它也不是任何实体和现象。因此，经验自我与知性的统一性不具对应关系，并不妨碍先验自我与理

---

① 在此需要说明的是，经验性的综合统一性应该包括知性的统一性和感性的统一性。书中康德只将知性的统一性列为经验性的综合统一性是为了论述它与理性的统一性方便起见。毕竟，感性的统一性是受知性统一性统摄的，它正是经验材料的来源。

② 康德在另一处论述统觉的先验统一性与主观统一性（经验统一性）的区别时，说道："统觉的先验统一性是使一切在直观中给予的杂多都结合在一个客体概念中的统一性。因此它叫作客观的，而必须与意识的主观统一性区别开来，后者是一个内感官的规定，它把直观的那个杂多经验性地提供给这样一种联结。我是否能经验性地把杂多作为同时的或相继的意识到，这取决于各种情况或经验性的条件。……意识的经验性的统一性凭借诸表象的联想，本身是涉及某种现象的，并且完全是偶然的。"（康德. 纯粹理性批判［M］. 邓晓芒，译. 北京：人民出版社，2004：93－94。）笔者认为，这段话很成问题。理由如下：其一，"一切在直观中给予的杂多都结合在一个客体概念中的统一性"应是经验统一性。因为它直接作用于感性直观产生出来的经验材料。其二，康德在这里只把与内感官相联系的统一性叫作经验统一性也是有问题的。因为照此说法，外感官的统一性该如何处理呢？是先验统一性还是经验统一性？按外感官与内感官是同层次的认识形式而言，当然属于经验统一性。其三，这段论述与前文所引论述明显矛盾。在那里，概念的统一性明显不是先验统一性，而只能是经验统一性。与此同时，康德在谈到知性统一性与理性统一性的关系时，也与这一段矛盾。其四、康德在这里将先验统一性与主观统一性对立起来，因而就把主观统一性与经验统一性看成是同一的了。先验统一性是一种必然的统一性，即除非如此，别无他途的必要的统一性，这样的统一性也是客观的；而经验的统一性不是必然的，因为它是涉及经验材料的统一性，经验材料的来源是偶然的和主观的，因此经验统一性是偶然的和主观的，这就解释了不同经验主体对经验材料的统一不一定相同这种现象。但是，经验统一性的形式，即只能通过先验的知性范畴去统一经验材料却是必然的、客观的，否则，先验综合判断就是不可能的，知识也就不具有任何普遍必然性。这就是康德所说的"在经验性的东西里的意识的统一性，就被给予的东西而言，不是必然普遍地有效的"意思所在（［德］康德. 纯粹理性批判［M］. 邓晓芒，译. 北京：人民出版社，2004：94。）。因而，康德说的"意识的经验性的统一性凭借诸表象的联想，本身是涉及某种现象的，并且完全是偶然的"就成问题了。因此笔者认为这段论述与康德整个先验知识论不相容，不予采信。

性的统一性具有对应关系。

既然先验自我就是理性的统一性，先验自我就会获得理性概念的特征。理性概念具有什么突出的特征呢？康德指出，因为"理性在推论中力图将知性知识的大量杂多性归结为最少数的原则（普遍性条件），并以此来实现它们的最高统一。"① 所以"先验的理性概念任何时候都只指向在诸条件综合中的绝对的总体性，并且除了在绝对的、因而对一切方面的无条件者那里之外，永远也不会终止。"② 康德依照从判断的逻辑形式演绎出知性诸范畴的方法，从推论的逻辑形式演绎出纯粹理性概念或先验理念。这些先验理念是：（1）思维主体的绝对的（无条件的）统一概念：先验的灵魂理念；（2）现象的诸条件系列的绝对统一概念：先验的世界理念；（3）思维的所有一般对象之条件的绝对统一概念：先验的上帝理念。③ 这些理念"将根据原则而在全部经验的整体上对知性的运用作出规定"，而其本身却绝不是经验性的东西。④ 毋宁说，它们"无非是有关一个给予的有条件者的诸条件的总体性的概念。"而这诸条件的总体性本身总是无条件的，"所以一个纯粹理性概念一般说可以用无条件者的概念来说明，只要后者包含有条件者的综合的某种根据。"⑤ 这些先验理性概念的特征与先验自我概念的特征恰如其分的一致。如此看来，先验的统一性、先验自我、"思"就是"思维主体的绝对的（无条件的）统一概念"。这就是康德为什么能够说，"思""并未被列入上面的先验概念的一览表中，但却必须被算入该表之中，而并不因此而对那个表有丝毫的改变和说明它有什么缺点"的原因所在。⑥

通过上述论证，康德的先验自我不可知和先验自我非实体的主张呼之欲出。

（七）先验自我真的不可知吗？

康德在认识论中赋予先验自我无与伦比的至上地位的同时，却主张先验自我不可知。他主张先验自我不可知的论述集中在他对纯粹理性谬误推理的讨论

① ［德］康德. 纯粹理性批判［M］. 邓晓芒，译. 北京：人民出版社，2004：265.
② ［德］康德. 纯粹理性批判［M］. 邓晓芒，译. 北京：人民出版社，2004：278.
③ ［德］康德. 纯粹理性批判［M］. 邓晓芒，译. 北京：人民出版社，2004：283.
④ ［德］康德. 纯粹理性批判［M］. 邓晓芒，译. 北京：人民出版社，2004：275.
⑤ ［德］康德. 纯粹理性批判［M］. 邓晓芒，译. 北京：人民出版社，2004：276.
⑥ ［德］康德. 纯粹理性批判［M］. 邓晓芒，译. 北京：人民出版社，2004：288.

中。纯粹理性的谬误推理属于纯粹理性的辩证推论。所谓纯粹理性的辩证推论是指人类理性在试图追求最高形式的统一知识时，用只能综合统一感性（经验）材料的知性范畴去综合统一我们对之不可能有任何感性直观的物自体层面的先验理念而导致的谬误或先验幻相。它是知性范畴超出经验使用去综合统一绝对无条件者的结果。纯粹理性的辩证推论是人类认识中关于先验自我的谬误推理。这些推理包含在一门所谓的理性心理学或先验的灵魂学说中。①

在《纯粹理性批判》中，康德提到了三个关于自我学说的名称：合理的灵魂学说、经验性的灵魂学说和先验的灵魂学说。就康德对于自我的划分而言，这三个名称显然不是并列的。因为只有两种自我：经验自我和先验自我，相应地就应该只有两种自我学说：经验性的灵魂（经验自我）学说和先验的灵魂（先验自我）学说。康德提出合理的灵魂学说这一概念是想在经验性的灵魂学说和先验的灵魂学说中做出判别，探寻它们的合理性。康德在这个过程中考察了先验自我的不可知。

康德首先考察这样一种"可以称为合理的灵魂学说"的心理学，它对于灵魂的认识只能从"我"（先验自我）或"思"这个概念中不依赖经验推出。② 他说："所以合理的心理学所做的唯一文章就是我思（应更正为'思'——引者注），它要从其中发挥出自己的全部智慧。很容易看出，如果要把这个思想与某个对象（我自身）联系起来，它就只可能包含该对象（思的表象——引者注）的一些先验谓词③，因为任何经验性的谓词都会败坏这门科学摆脱一切经验的合理的纯粹性和独立性。"因此，这种"合理的灵魂学说……是一种冒险；因为，如果我思维的任何一点经验性的东西、我的内部状态的任何一个特殊的知觉还混杂在这门科学的知识根据中的话，那么这门科学就会不再是合理的④，而只是经验性的灵魂学说了。"⑤

那么这种冒险会成功吗？康德认为一种以先验自我——"思"为对象的

---

① ［德］康德. 纯粹理性批判［M］. 邓晓芒，译. 北京：人民出版社，2004：283.
② ［德］康德. 纯粹理性批判［M］. 邓晓芒，译. 北京：人民出版社，2004：288.
③ 由于先验自我是使一切先验概念成为可能的条件，如果先验自我与某个对象（我自身）联系起来成为认识的主体同时又是客体，那么，它对这个客体只能有先验谓词，即我思维实体、我思维原因等。但实际上先验自我是不可能与某个对象联系起来的，因为那样就使先验自我实体化了，这是康德反对的。
④ 康德在使用合理的灵魂学说中"合理的"一词时也存在不清晰、一词两用或多用的情况。但这个问题于本书不十分重要，读者也可根据上下文得到清晰的理解，在此不作详细澄清。此处并不是说经验性的灵魂学说不合理，而是指原本意义上的先验的灵魂学说不能有经验因素。
⑤ ［德］康德. 纯粹理性批判［M］. 邓晓芒，译. 北京：人民出版社，2004：289.

合理的自我学说是不可能的，有的只是以"我思"为对象的合理的自我学说。因为"我思"这一命题表达了"自我对本身的知觉，自我在此之上毕竟拥有某种内部的经验，"但是"建立于这上面的合理的灵魂学说从来都不是纯粹的，而是部分根据某种经验性的原则的：人们对此不要有什么不满。"①

先验的灵魂学说为何是不合理的呢？除了上面提到的人类认识能力的界限，限制了人们用知性范畴认识先验理念这个总体理由外，康德还认真考察了这个学说的细节上的谬误。他认为，这种学说的基本内容包含谬误推理。这些谬误推理是：（1）灵魂是实体；（2）就其质而言灵魂是单纯的；（3）就其所在的不同时间而言灵魂在号数上是同一的，亦即单一性（非多数性）；（4）灵魂与空间中可能的对象相关。从这些基本的谬误推理中，"仅仅通过组合，而丝毫不用认识别的原则，就产生出纯粹灵魂学说的一切概念。"这些概念包括灵魂的非物质性、不朽性、精神性、交感与不死性等。② 这个充满谬误推理的先验灵魂学说"误被当作纯粹理性关于我们能思的存在者（先验自我——引者注）之本性的科学。但是，我们为这门科学所能找到的根据，只不过是个单纯的、在自身的内容上完全是空洞的表象：我（先验自我——引者注）；关于这个表象我们甚至不能说它是一个概念，它只不过是一个伴随着一切概念（先验范畴——引者注）的意识。通过这个能思的我或者他或者它（物），所表象出来的不是别的，而只是思维的一个先验主体 = X，它只有通过作为它的谓词的那些思维才能被认识，③ 而孤立地来看我们对它永远不能有任何起码的概念；所以我们围绕它在一个不断的循环中打转，因为我们如要对它作出任何一个判断，总是不得不已经使用了它的表象；与它不可分离的这种不便是因为，这个意识本身并不真的是对一个特殊的客体作出区分的表象，而是一般表象要称得上是知识时所具有的形式；因为只有出于这种形式我才能说我借此思维了任何某物。"④ 这是康德对先验自我不可认识的集中表述。在这里，"我"和"能思的存在者"都是先验自我，对这个"我"不能有任何判断，因为任何判断总是不得不使用以它为基础的先验谓词（范畴、概念）。这样的判断，其实是对先验范畴综合统一下的经验自我的判断。先验自我不像经验自我那样总是

---

① ［德］康德. 纯粹理性批判［M］. 邓晓芒，译. 北京：人民出版社，2004：289.
② ［德］康德. 纯粹理性批判［M］. 邓晓芒，译. 北京：人民出版社，2004：290.
③ 这里的"认识"应该作"意识到"理解，即先验自我通过思维的先验谓词显现出来。
④ ［德］康德. 纯粹理性批判［M］. 邓晓芒，译. 北京：人民出版社，2004：291.

与一个特殊的客体对立起来，它只不过是使一般表象成为知识的形式条件。这种形式是我们进行思维的先决条件，却不能成为被思维认识的对象。

由此，康德总结道："给理性心理学（也即先验的灵魂学说——引者注）提供来源的仅仅是一个误解。"在这个误解中，"为诸范畴奠定基础的意识统一性（先验自我——引者注）被当作了对于主体直观而言的客体，并将实体范畴应用于其上。但意识的统一性只是思维中的统一性，仅仅通过它并没有任何客体被给予，所以永远以给予的直观为前提的实体范畴并不能被运用于它之上，因而这个主体就根本不可能被认识。所以诸范畴的主体不可能由于它思维到这些范畴就获得一个有关它自己作为诸范畴的一个客体的概念；因为，为了思维这些范畴，它就必须把它的纯粹的自我意识作为基础，而这个自我意识却正是本来要说明的。"也就是说，用范畴认识先验自我时，范畴本身却以先验自我为条件，要确定这种认识，首先又要对先验自我有个确切的认识。这样就会陷入无穷倒退。总而言之，"通过范畴对主体（作为一般思维着的存在者）进行规定"是不可能发生的。① 这样的事，就如猫想要站着咬住自己的尾巴一样，徒劳无功。

值得一提的是，康德认为，与物自体一样，虽然对先验自我是什么、如何存在，我们一无所知，但既然物自体确实通过不为人知的方式显现在现象中，并且它的存在是确实无疑的，那么先验自我存在也千真万确——它通过先验谓词并作为先验谓词的主词显现出来了！如果先验自我不存在，那些使经验成为可能的先验直观形式和先验范畴就只能来自经验自我，如此，它们就失去先验的身份，整个先验认识论及其解释了的知识的客观性就灰飞烟灭了。因此，我们理解康德的先验自我不可知时，应该始终记住，这里的"不可知"是指"不可作为实体被认识"！先验自我并不是完全不可知，否则，作为先验自我综合统一的先验认识形式就无处归附。而且我们将发现，这些先验认识形式，正是先验自我的固有结构，对这种结构的认识就是对先验自我的认识。只不过这种认识不是通过任何经验方法获得的，它是通过我们对知识表述的逻辑形式进行先验演绎发现的。在下节论述改进的先验框架时，我们会看到这种先验论证的具体过程。

---

① ［德］康德. 纯粹理性批判［M］. 邓晓芒，译. 北京：人民出版社，2004：302 – 303.

（八）非实体化的先验自我

如上所述，康德的先验自我不可知的主张与先验自我不能实体化的主张是紧密联系的。其实，先验自我不可知的观点内在地以先验自我非实体为前提，正是因为先验自我这个先验理念不能实体化，它才不可知，而且先验自我不可知也以其不可实体化为界限——先验自我并不是在任何情况下都不可知——它可以通过先验论证显现！既然如此，详细阐述康德批评实体化先验自我的论证是必要的。

康德认为，将先验自我实体化的谬误是理性心理学的首要谬误。这个谬误在技术上来自一个三段论推论。"灵魂是实体"这一谬误论断是一个推论的缩写。这个推论如下：

"凡是只能被思考为主词的东西也只能作为主体而实存，因而也就是实体。

现在，一个思维着的存在者仅仅作为本身来看，只能被思考为主词。

所以，它也只作为一个主体、也就是作为实体而实存。"

康德认为，这个推论偷换了概念，犯了形式逻辑的四名词错误。"在大前提中所谈到的存在者（只能被思考为主词的东西——引者注）是可以……在它有可能于直观中被给出的这种意图上来思考的。但在小前提中所谈到的存在者（思维着的存在者——引者注）却只是把自己当作相对于思维和意识统一性的主词来考察的，而不是同时又当作在（使它作为思维的客体被给出的）直观的关系中的主体来考察的。[①]"也就是说，大前提中的主体，是一个在直观中被给予的主体，是被认识或被下判断的对象，因而是实在的主体（实体）——经验自我；而小前提中的主体却是逻辑主体，是一切判断之可能性的根据，是作为思维和意识统一性的形式的主体——先验自我。因此，"先验心理学"这个"三段论推理只是以一个假想的新见解蒙骗我们，"它用实在主体冒充了思维的那个持久不变的逻辑主体。[②] 它试图对先验自我的实体化是不成功的。

上面那个三段论是《纯粹理性批判》第一版中的简化版。第一版中的推论表述如下：

---

① ［德］康德. 纯粹理性批判［M］. 邓晓芒，译. 北京：人民出版社，2004：295.
② ［德］康德. 纯粹理性批判［M］. 邓晓芒，译. 北京：人民出版社，2004：311.

"这样一种东西，它的表象是我们的判断的绝对主词，因此不能被用作某个他物的规定，它就是实体。

我，作为一个思维着的存在者，就是我的一切可能的判断的绝对主词，而这个关于我本身的表象不能被用作任何一个他物的谓词。

所以，我作为思维着的存在者（灵魂），就是实体。"①

在第二版的一处脚注中，康德还对上述三段论中的"思维"一词作了分析。② 他说，"思维"在这两个前提中具有完全不同的含义：在大前提中，它是指向一般客体（该客体可以在直观中被给出）而言的；在小前提中，它处在与自我意识的关系中，只是表象了与自我、与主词（作为思维的形式）的关系，在这里根本没有什么客体被思考。"前者所谈及的是只能作为主体来思考的物；但后者所谈的并不是物，而只是思维（在其中我们已经抽掉了一切客体）"，因而那个"思维着的存在者"——"我"永远被用作意识的主词。"因此在结论中并不能推出：'我只能作为主体而实存'，而只能推出：'我在对我的实存的思维中只能把我用作判断的主词'，而这是一个同一性命题，它对我的存有的方式丝毫也没有揭示什么。"③ 因此，对"我"——先验自我作为实体存在这一点，以上推论同样是不成功的。

先验自我不能成为对象，根本上是由先验认识形式的本性决定的。先验范畴只能作用于来自感性直观的经验材料，从而形成认识对象，并获得认识。要认识先验自我，必须要有对先验自我的经验直观。但对先验自我不可能有这种感性的直观，任何感性直观得到的都是经验自我，是可被规定的自我，而不是进行规定的自我（先验自我）。进行规定的自我是直观形式和思维范畴得以可能的逻辑机能。这种机能只有在缺少了它就不能直观和思维的情况下才显示自己，才被意识到。这就是康德所说的"我（先验自我——引者注）甚至也不是通过我意识到我自己作为思维活动（通过内感官直观自己——引者注），来认识我自己的，而是当我意识到对我自己（经验自我——引者注）的直观是在思维机能方面被规定了的时候（意识到直观必须是以先验统觉、先验自我为条件——引者注），才认识我自己（先验自我——引者注）的。所以在思维中

① ［德］康德. 纯粹理性批判［M］. 邓晓芒，译. 北京：人民出版社，2004：310.
② 康德在这段论述中有概念所指不清楚，行文不统一之嫌。这段话出现在第二版的脚注中，但其内容却是针对第一版中的三段论的，因为第二版中的三段论根本没有出现"我"这个关键词，这是第一版的用词。其中的"思维"一词，其实是指"判断"一词或者是"思考"一词。
③ ［德］康德. 纯粹理性批判［M］. 邓晓芒，译. 北京：人民出版社，2004：296.

自我意识的一切样态自身还不是有关客体的知性概念（范畴），而只是一些根本不把任何对象、因而也不把自我作为对象提供给思维来认识的逻辑机能（先验自我不是以知性范畴表象自己，而是不直接作用于任何对象的逻辑机能——引者注）。这个客体并不是对进行规定的自我的意识，而只是对可被规定的自我、亦即对我的内直观……的意识"。①

因此，先验自我是不能实体化的。那种固执地将先验自我作为实体（客体）来认识的所谓理性心理学（先验的灵魂学说）没有正当根据。因为，我们为将先验自我作为实体来认识的理性心理学所能找到的根据，"只不过是个单纯的、在自身的内容上完全是空洞的表象：我；关于这个表象我们甚至不能说它是一个概念，它只不过是一个伴随着一切概念的意识。通过这个能思的我或者他或者它（物），所表象出来的不是别的，而只是思维的一个先验主体＝X，它只有通过作为它的谓词的那些思维才能被认识，而孤立地来看我们对它永远不能有任何起码的概念；……这个意识本身并不真的是对一个特殊的客体作出区分的表象，而是一般表象要称得上是知识时所具有的形式……"② 这个知识的形式条件（先验自我）被误解了。在这个误解中，"为诸范畴奠定基础的意识统一性（先验自我——引者注）被当作了对于主体直观而言的客体，并将实体范畴应用于其上。但意识的统一性只是思维中的统一性，仅仅通过它并没有任何客体被给予，所以永远以给予的直观为前提的实体范畴并不能被运用于它之上，……所以诸范畴的主体不可能由于它思维到这些范畴就获得一个有关它自己作为诸范畴的一个客体的概念……"③

"总之，康德的'先验自我意识'只是一切经验意识的前提和条件，是指一种形式、能力或功能，绝不是任何独立的实体或存在。"④ 但是，由于康德本人对"我思""思"两个概念的混淆以及其他概念的指称含糊，导致康德的先验自我非实体化和不可知的论述有时候看起来像是主张经验自我的非实体化和不可知。这是个误解。基于这个误解，认为康德要批评笛卡尔经验自我——"我思"的实体化和可知性，有失公允。⑤

---

① ［德］康德. 纯粹理性批判［M］. 邓晓芒，译. 北京：人民出版社，2004：293.
② ［德］康德. 纯粹理性批判［M］. 邓晓芒，译. 北京：人民出版社，2004：291.
③ ［德］康德. 纯粹理性批判［M］. 邓晓芒，译. 北京：人民出版社，2004：302 - 303.
④ 李泽厚. 批判哲学的批判［M］. 北京：生活·读书·新知三联书店，2007：194 - 195.
⑤ 陈晓平. 可知与不可知之间［J］. 现代哲学，2009（5）：83.

（九）笛卡尔与康德的比较与融合：知识论逻辑主体的确立

到此为止，我们看到先验自我与经验自我的区分在知识论发展过程中由模糊到清晰的历程。对于当代知识论而言，对这两种先验自我的发现过程和先验自我观进行比较，做出选择，是有启发作用的。从发现的角度看，笛卡尔是在试图维护确定的知识存在这一关系人类尊严的信条时，发现了作为认识的逻辑基点的先验自我，他使用的是普遍怀疑的方法；而康德则是在试图为人类知识的权利辩护时，通过先验论证，在承认已有知识的基础上，发现先验自我的。对比而言，笛卡尔的论证更为彻底，结论也更为稳固。但是，从对先验自我的具体描述而言，康德的论述则更为详细，也更为合理。笛卡尔的先验自我存在的问题，在康德那里被完全消解了。这种先验自我也更有利于知识论进步。因此从先验自我的内容上，笔者接受康德对先验自我的描述。但这并不意味着笛卡尔的论证不重要。笔者认为，笛卡尔的论证和康德的论证是相互支持的，是发现先验自我同一过程的两个不同论证方式。如果康德的论证是从知识论论证，那么笛卡尔的论证则是本体论论证。由于论证的立场和方式不同，他们得出的先验自我的性质也不同，但可以融为一体。我们认为，将笛卡尔论证的彻底性与康德论证结论的丰富性结合起来是合理的。事实上，就康德的先验论证前提（知识存在）而言，我们也可以找到替代，即在怀疑论不得不接受的前提上进行康德式的先验论证（详见下节）。这进一步坚定了我们对康德先验自我观点的信心。

最后必须指出，这里对先验自我的考察没有涉及胡塞尔对先验自我的论述。原因在于，笔者认为那是不必要的——就胡塞尔通过先验还原发现先验自我而言，它并不比笛卡尔的论证更彻底，更清晰易懂；就胡塞尔对先验自我的意向性构造能力的论述而言，它并不比康德对先验自我阐述先验认识形式的构造能力更有说服力。总之，胡塞尔在先验自我方面的论述就其对知识论的作用而言的并无新贡献，因此忽略。

二、经验自我：知识论的现实主体

（一）经验自我的知识论地位

虽然先验自我在知识论中具有至高无上的地位，但经验自我在知识论中的地位也至关重要。首先，如果不能确立经验自我的知识论地位，就不能回避怀疑论对自我实体的怀疑。先验自我的非实体化既不能反驳休谟对经验自我的怀疑，也不能反驳缸中之脑案例对于经验自我的怀疑。其次，经验自我的重要地位还体现在先验自我和经验自我的关系中。其实，上面谈到康德对先验自我与经验自我的区分时，我们已经提到先验自我与经验自我的关系问题。虽然先验自我是知识得以可能的最终的主体方面的形式条件和逻辑机能，因此也是实体化的经验自我的可能性根据，但它本身不直接与任何经验性的东西发生关系，因而需要发挥作用的载体。经验自我就是这个载体。再次，我们还能在认识过程中看到经验自我的重要作用。康德曾对此说道："一切表象都和某个可能的经验性意识有一种必然的关系：因为，假如它们没有这种关系，假如完全不可能意识到它们，那么就等于说它们根本就不曾实存。"① 在另一处康德强调："'我思'必须能够伴随着我的一切表象；因为否则的话，某种完全不可能被思考的东西就会在我里面被表象出来，而这就等于说，这表象要么就是不可能的，要么至少对于我来说就是无。能够先于一切思维被给予的表象叫做直观。所以，直观的一切杂多，在它们被发现于其中的那同一个主体里，与'我思'有一种必然的关系。"② 这些话将经验自我在认识现实世界的重要地位充分地表达了出来。它们指出，认识必须有一个经验自我——"我思"。否则，知识就是无主的知识。这样的知识要么是不可能的，要么是无意义的。因此，"在任何一个给予的直观里，我的一切表象必须服从这个条件，唯有在这个条件之下我才能把这些表象作为我的表象归于同一的自己，因而才能将其作为在一个统觉中综合地联结着的东西用'我思'这一普遍的表达方式总括起来。"③ 任何一个现实的认识都是某个主体的认识，任何现实的认识也都必须用"谁认识……"这种方式来表述，即总有一个现实的主体作为认识的承担者。这个主体必然是经验自我。

总之，没有经验自我，任何现实的认识都是不可能的，经验自我是对现实世界进行认识的现实前提！这个结论已经从笛卡尔自我观的各种问题以及康德的论述中得到支持。但是，就如洛克摩尔指出的那样，康德主义的主体观念是从分析知识的逻辑产生的。这种分析没有为人们理解认知主体与人类

---

① ［德］康德. 纯粹理性批判［M］. 邓晓芒，译. 北京：人民出版社，2004：125–126.
② ［德］康德. 纯粹理性批判［M］. 邓晓芒，译. 北京：人民出版社，2004：89.
③ ［德］康德. 纯粹理性批判［M］. 邓晓芒，译. 北京：人民出版社，2004：93.

的关系提供道路。① 也就是说康德通过对知识的逻辑分析得出来的认知主体并不能被断定为现实的人类，康德没有建立逻辑主体与现实的人类之间的完整联系。用笔者的话说，康德没有建立经验主体与先验主体之间的联系，虽然他确立了先验自我在知识论中的首要的逻辑地位，并一再强调经验自我的必要性。因此，现在的关键问题是如何将先验自我与经验自我的联系机制阐述明白。

（二）从先验自我到经验自我

在开始阐述之前，首先需要指出，这里不研究经验自我的自然发生过程，这是研究人类进化的自然科学或人类学的任务。笔者只想探讨经验自我的逻辑依据。另外，为使这种论述成为可能，需要预设先验认识形式。对这些形式的先验论证将在下一节给出。

要确立经验自我的知识论实际地位，首先要回答休谟对自我实体的怀疑。休谟认为经验自我只是一束连续的感觉印象，我们并不能确定自我具有实体的形式。面对休谟的怀疑，在预设了时空直观形式和实体—属性范畴的情况，不难反驳。具体反驳如下：既然先验自我与经验自我是明确区分的；先验自我作为知识论的逻辑主体总是通过先验认识形式综合统一杂乱的经验材料；并且我们总是拥有对于自我的各种经验（这是怀疑论承认的基本前提，第二章的结论）；那么对自我的经验就一定会以实体属性的形式在时空中呈现。因此，经验自我必定是时空中的现象实体。

但必须承认，对休谟的回答并不能解答如下问题：即经验自我为什么必须被表象为如此这般的（即人模人样的）实体？对此我们是否有一个纯粹理论理性上必然的论证呢？我们不能回答这个问题，同时意味着我们不能反驳缸中之脑假设对经验自我的另一种怀疑：即我不知道我不是缸中之脑那样的实体。就如我不知道我是否在做梦，或我不知道我是否是一只蝴蝶一样，我也不能绝对地知道我为什么是人模人样的实体。在哲学上，要从纯粹理论理性对之加以论证是徒劳的。原因很简单，这个问题不可避免地包含经验，因此也就不可避免地包含经验的不确定性。"我们认识到自己是如此这般的实体"这个命题，已经是一个经验知识。其中断言的经验自我的确定性，不可能有一种像先验自

---

① Tom Rockmore. On Constructivist Epistemology, Oxford：Rowman & Littlefield Publishers, Inc. 2005：5.

我和外部世界存在那样的先验论证。就此而言，对于作为实际认识主体的我为什么是如此这般的问题，我只能回答，我生来如此这般。这让人们想起存在主义的名言：我们被抛入了这个世界。①

对于这种无奈的必要妥协，如果尚有理性支持的话，我们希望能够得到实践理性的帮助。对此，笔者借用庄子梦蝶的故事作如下探索。假如庄子是一个十分爱好怀疑，并言行如一的思考者。他怀疑自己是真正的人类。他认为自己很有可能是一只蝴蝶梦中的幻影。为了证实这种怀疑，他砍掉了自己的四肢。这是一件疯狂而痛苦的事情。但追求真理的好奇心克服了痛苦。在经受了巨大痛苦之后，他发现自己仍然不能证明自己不是蝴蝶梦中的幻影，因为这一切也许本来不过是蝴蝶梦中的一幕。于是他决定走得更远。他废除了自己的眼耳鼻舌身意等感官。这仍然没有达到他的目的。最后，他决定从蝴蝶的梦境跳出，使自己清醒过来，看看从梦中醒来是不是能够变回翩翩起舞的蝴蝶。假如他如此行动了，结果会是什么呢？没有人能够确定地知道答案。也许庄子从梦中醒来，复原了自己蝴蝶的身份，但他从此就该怀疑他是否是人类梦中的幻影；也许他从此消失，不再拥有任何感觉经验。如果是前者，庄子的证明仍没有成功，这样的证明将是无穷后退的。如果是后者，那么后果将是悲痛的：他取缔了自己的生命。但从纯粹理论理性的角度，两种结局没有优劣。对于追求绝对确定的真理而言，它们都不成功。纯粹理论理性并不阻止我们放弃生命。该不该彻底放弃经验，倾向选择痛苦还是保全躯体，这些正是实践理性的问题。同样，面对无穷倒退的追寻，我们也只能出于实践的考虑，决定将思索停止在某一适当的位置。因此，选择接受经验自我是一个人模人样的实体是一个实践理性的问题。一旦我们做出这样的选择，认识主体的复杂性、丰富性就将决定性地影响人类知识的性质。

经验自我的实践抉择还会带来另一个有利的结果：为确定真理提供一个相对确定的标准。这个标准就是相对于人类目的的功用。在我们放弃追求绝对确

---

① 人类的这种被抛性，会给规范知识论带来自然主义的小麻烦。自然主义者会借此主张，既然人类不得不受自身实体形式（肉身）的限制，那么这种限制必然影响人类的知识。因此肉身化（自然化）的知识论是必然的趋势。我们当然承认对身体的研究（不管是心理学的还是生理学的），对知识论的进步是重要的。但是我们不承认自然化的知识论就是知识论本身：它只是知识论的一个方面。因此，规范知识论并不激进地反对所有从自然角度研究知识的方法，它反对的是，将从自然角度对知识的研究看成所有对知识的研究，即规范知识论并不反对知识研究的自然方法，而是反对排外而独断的自然方法。另外，自然主义对知识规范因素的忽视，会导致对知识研究的不彻底性。这在本书第一章第二节有所论述。

定的知识后，唯有这个标准才能将真理重新确立起来。我们将这个标准称为真理（知识）的实用标准。这个标准依据一个原则：知识的生命原则。它所蕴含的意思是，既然对如此这般的经验自我的确定是一种实践抉择，而且这种自我就是知识的现实主体，那么维持和改善如此这般的经验自我就是知识理所当然的目的。当然，对于维持和改善经验自我的具体方法需要借助于人们对善的研究。而且必须强调的是，这里的经验自我并不是某个或某些经验个体，它是指某个时期内活生生的人类整体。到此，我们惊奇地发现，知识论对真的追求与伦理学对善的追求如此紧密地联系在一起！自亚里士多德以来的，为求知而求知的纯粹（绝对的）知识论确实隐藏着巨大的缺陷。我们发现，真与善在经验自我中不可分离地连接在一起。在这种意义上说，实用主义哲学有其深刻根源。需要指出，我们的真理标准是实用主义的，但这种实用并不是指知识必须满足异想天开的目的，人们借此就可以随意设置目的，再随意建构某种概念系统满足这种目的，从而获得知识。一种严肃的实用主义必须承认如上已经给出论证的结论：外部世界存在、我们只能以有限的身份在经验的约束下从事认识、我们的知识遵从某些必然的形式。

以上对于经验自我的实践抉择，并不仅仅是反怀疑论者的无奈，也是怀疑论者的无奈。事实上任何一个能够存活于世的怀疑论者都做出了这样的实践抉择。休谟就是这种怀疑论者的典型。他清楚彻底怀疑论的严重危害。他说，怀疑论的原则"如果有了普遍的稳定的影响，人生就必然会消灭。一切推论，一切行动都会立刻停止起来，一切人都会处于浑然无知的状态中，一直到自然的需要，因为不满足之故，了结他那可怜的生涯。"[1] 为此，休谟十分苦恼。面对这种苦恼，休谟不能从理性上摆脱，只好借助自然的力量。他说："最幸运的是，理性虽然不能驱散这些疑云，可是自然本身却足以达到那个目的，把我的哲学的忧郁症和昏迷治愈了。"此外，实际的生活也促使他摆脱哲学怀疑论的困扰。"发现自己绝对而必然地决心要生活、谈话、行动，正如日常生活中的其他人们一样……[2]"使他感到欣慰。总之，"一个地道的怀疑主义者，不但怀疑他的哲学的信念，也怀疑他的哲学的怀疑；不论由于怀疑或信念，他都从来不会摒弃他可能自然享受到的天真的快乐。"[3] 也诚如贝克莱的告诫那样，

---

① ［英］休谟. 人类理解研究［M］. 关文运，译. 北京：商务印书馆，1957：141.
② ［英］休谟. 人性论（第一卷）［M］. 关文运，译. 郑之骧，校. 北京：商务印书馆，1980：300.
③ ［英］休谟. 人性论（第一卷）［M］. 关文运，译. 郑之骧，校. 北京：商务印书馆，1980：304.

"我们应该象学者一样思维，同俗人一样说话。"①

总之，从先验自我到经验自我的过渡不可能完美。但是，正是这种不完美为我们解释人类知识的复杂性质提供了依据。如此这般的经验自我的确立也表明，历史上诸多哲学家因其理论需要构造的理想的认知主体，因其不是人类，不被诸如时间、空间、背景、教育、意识能力或其他的因素限制而归于简单和空疏。与此相应的知识理论也就缺乏对复杂现实的解释力。相反，由于我们将知识的现实主体确定为活生生的人类，而人类总是被诸如时间、空间、背景、教育、意识能力或其他的因素限制，因此我们的认识总是在一定语境中的认识。正因如此，知识论的语境主义认为任何非理想化的知识理论必须从人类开始，而且是处于一定语境中的人类开始，知识论要注重人类与其环境的关系。② 如此一来，经验自我在现实认知活动中的重要地位将为知识论语境主义的辩护理论提供有力的支持。知识作为活生生的人类的知识，不可避免地包含着为人类维持和改善生命服务的维度，即实用的因素是知识的本质因素。在我们放弃了纯粹理论理性对知识的绝对确定性的追寻后，知识的确定性将从实践理性那里获得实用的确定性保证。因此，语境主义知识辩护理论，就其辩护的真理目标而言，将是实用主义的。这个结论将在一定程度上保留社会建构主义对知识的社会性的阐明（第一章第一节）。但是，这种保留并不是对社会建构主义的妥协，语境主义仍然是规范知识论，社会的影响和实用的因素必须在规范的语境之中得到说明，而不是抛给随意的约定和不负责任的意识形态蹂躏。因此，我们的实用主义不是罗蒂的庸俗实用主义，而是一种严肃的实用主义。严肃的"实用主义者比谁都更懂得他们被包围在从过去费力取得的全部积累的真理和他周围的感觉世界的约束中；我们心智进行活动所受到的客观控制的大压力，谁能比实用主义者感觉得更深刻呢？"③ 这种客观的压力会在后文进一步论述语境主义的真理观（知识观）时，得到较为细致的描述。

另外，也正是出于实践理性和生命原则，我们不得不相信有某种不因我们的意志为转移的外物存在，因为我们分明感到这种外物通过外在现象对生命的限制。这种外物不是由我们的先验认识形式组织起来的外在经验和现象实体，

---

① ［美］梯利. 西方哲学史［M］. 葛力，译. 北京：商务印书馆，1995：378.

② Tom Rockmore. On Constructivist Epistemology［M］. Oxford：Rowman & Littlefield Publishers, Inc. 2005：80.

③ ［美］威廉·詹姆斯. 实用主义［M］. 陈羽纶，孙瑞禾，译. 北京：商务印书馆，1979：120.

而是完全不在我们的先验框架中的本体。这种本体是外在经验现象之所以"外在"的根源。否则，我们就不能解释，为什么内在于我们的先验形式居然导致了外在的经验现象。也就是说，对于外部世界存在的怀疑论，从实践理性和生命原则出发也是可反驳的。这进一步巩固了前面从先验论证对外部世界存在的怀疑论的反驳。

最后，语境主义的认知主体并不是毫无原则的历史主义、相对主义的主体。语境主义的经验自我既然是先验自我的载体，就必然受先验自我的约束。经验自我在组织经验材料时不得不遵循先验自我的形式规定。因此，合理的语境主义并不是无原则的语境主义（绝对的相对主义）。为明确其中的区别，必须探讨先验自我所具有的先验认识形式。这些有结构的先验形式可称为先验框架。

第三节　一种改进型的先验框架

一种完善的知识论不仅需要确立认识的主体和客体，而且还需要确定主体把握客体的可能途径和手段。如果认识的主体把握客体的可能途径和手段有必然的规则，那么知识就因这些规则具有客观性和必然性。这就是康德"哥白尼革命"给我们的启示。这个启示为知识论带来了两个方面的革新：主体的能动性革新和客体的建构性革新。在客体方面，如洛克摩尔所言，"康德的哥白尼转向……由两个相互联系的主张组成。第一，因为我们不能表明我们知道独立于意识的外在客体，所以形而上学的实在论不成立。并且，第二，知识的最小（minimal）条件是主体以某种方式'建构'它所认识的东西。"[①] 在主体方面，康德的哥白尼革命指出了主体建构认识对象的先验形式。笔者将在继承康德关于先验认识形式的阐述上，对其做一些改进，以期为知识论语境主义奠定核心框架。遵照康德将与认识直接相关的意识分为感性、知性的主张，我们从感性直观形式开始，再深入到知性范畴，最后总结出知识论的若干先验原则。

康德阐发先验认识形式的方法是先验论证，先验论证必有一个普遍接受的

---

① Tom Rockmore. On Constructivist Epistemology [M]. Oxford：Rowman & Littlefield Publishers, Inc. 2005：5.

起点。在本书第二章第二节中，从分析怀疑论的具体论证中，我们得出了如下结论：**怀疑论本身不得不接受一些基础或者预设。它们是：**

（1）怀疑论要想自己的论证有意义，它必须是可理解的，即它必须与其论敌享有同一套语言系统。

（2）这套语言系统最基本的成分是逻辑规则和单一的时空系统。……

这些普遍接受的预设作为发现先验范畴的先验论证的基础还不够具体，必须进一步指明。① 通过对怀疑论语言的分析我们不难发现，作为共享的语言系统的最基本的成分包括，同一个逻辑规则，它就是普通命题逻辑规则。承认这个最基本的逻辑规则，就能为我们保留和使用康德的形而上学演绎提供足够的基础。

一、先验直观形式②

在这部分内容中，笔者不再复述康德对时空直观形式的先验论证，而是着重应对针对时空直观形式的挑战和对康德先验直观形式观的修正。众所周知，随着科学（相对论）和非欧几何学的发展，以及人类对自身认识能力研究的深入，康德关于先验认识形式的论断面临着各种挑战。在此情形下，为更客观地评价康德的贡献，批判继承其优秀成果，反思康德先验直观形式的合理性成为一个不能回避的任务。同时，康德论述的模糊之处导致各种误解，也需要澄清。下面从澄清康德的论述入手。

（一）康德对感性直观形式论述的模糊性及其澄清

康德对时空直观形式的论述分为形而上学阐明和先验阐明（纯批第 2版）。前者是论述时空作为感性直观形式的依据和理由；后者是论述时空对于数学、几何及物理学成为知识的必要性。在本节我们只关注康德的形而上学阐明，在下一节，我们将考查对先验阐明的挑战——几何学的新发展对时空直观形式的诘难。形而上学阐明分为两部分，第一部分阐明时空不是经验性的（分别是各自形而上学阐明的第 1、第 2 条），而是先验的观念，第二部分阐明时

---

① 对于先验直观形式的发现，统一的时空系统已经足够了。
② 本节部分内容由拙作"对康德先验直观形式的辩护与修正"修改而成。参见：尹维坤. 对康德先验直观形式的辩护与修正［J］. 广西大学学报（哲学社会科学版），2018（4）：30－35.

空是直观而非概念（空间形而上学阐明的第3、第4条；时间形而上学阐明的第4、第5条，第3条说明时间的一维性）。两者一起说明了时空是先验的或纯粹的直观形式。对康德时空直观形式的挑战有内部挑战和外部挑战之分。前者用哲学内部的论据反驳康德的论点；后者用哲学外部的证据反驳康德的观点。本节考查的对象从康德本人论述的缺陷入手，批评时空直观形式的观点。这种批评属于内部挑战。

康德时空观的一个重要缺陷是，康德有时将时间看作内直观的形式，有时又将时间看作"所有一般显象的先天形式条件"，而空间则被看作外直观的形式，"仅仅局限于外部显象"。① 康德的这种观点不仅矛盾，而且极易给人造成时间和空间直观形式不是普遍的，而且是彼此孤立的印象。尤其是，康德在图型论中过分强调时间图型的作用，进一步加深了人们对康德轻视空间形式的误解。这些误解都是康德思想中的不谨慎导致的。基于这些误解，产生了取消康德感性层面的先验直观，而把时间和空间提升为知性层面的先验范畴的主张。②

为应对这个挑战，首先需要澄清康德思想的混乱。笔者认为，就康德的整体思想而言，他并没有将空间看作比时间更次要的先验直观形式，在某些地方他也强调指出，空间对于范畴的应用同样重要。比如，康德说："为了理解事物依据范畴的可能性，从而阐明范畴的客观实在性，我们不仅需要直观，而且甚至始终需要外部直观。"接着康德以关系范畴要获得客观实在性的知识不能离开空间直观为例来说明其重要性。一个事物如果不是在空间里维持持久性就不可能有实体；如果缺乏事物在空间中的运动，因果范畴的运用是无法想象的；而共联性（邓晓芒先生译为协同性）也不能离开空间而表现相互作用。③李泽厚先生指出："与以前各范畴只讲时间不同，康德从交互范畴（共联性范畴——引者注）起强调了空间。……康德在《纯粹理性批判》（第二版）中增加了对空间的强调。在康德《自然科学的形而上学基础》一书中，空间占有极重要的地位，与《纯粹理性批判》中的时间一样。"④ 裴顿对这个问题作了细致的研究后也得出结论：不管是在《纯粹理性批判》（第一版），还是（第

---

① ［德］康德. 纯粹理性批判［M］. 李秋零，译注. 北京：中国人民大学出版社，2011：62.
② 陈晓平. 时间、空间与先验范畴［J］. 科学技术哲学研究，2009（5）：8.
③ ［德］康德. 纯粹理性批判［M］. 李秋零，译注. 北京：中国人民大学出版社，2011：209.
④ 李泽厚. 批判哲学的批判［M］. 北京：生活·读书·新知三联书店，2007：148.

二版）里，康德都主张空间和时间放在一起才是一切感性直观的纯粹形式；即使是内部经验也要通过外部的经验才成为可能，因为关于我自己的意识，同时也是关于我外部的其他东西存在的一种直接意识。① 由此我们看到时间和空间直观形式在康德的体系里获得了一种平衡，并且空间也是普遍的直观形式。

时间直观形式当然是普遍有效的。否则外部事物的运动无论如何是不可理解的。哪怕仅仅涉及空间的观念都必须考虑意识的状态，"而这样就必然一定是在时间里的。"因此，**从经验主体的角度来看**，康德将时间看作内感官的形式，而将空间看作外感官的形式的说法，裴顿认为应该更严谨地表述为："时间是所有一般显象的先天条件，进而是内部的（我们灵魂的）显象的直接条件，正因为此间接地也是外部显象的条件"；② 同时空间是外直观的直接条件，从而便是内直观的间接条件，也是一般显象的先天条件。

总之，"时、空在康德那里基本上是互为条件，空间固然离不开时间，时间也只有借外感觉的空间才能表示自己。"③ 它们是联系在一起发挥作用的，它们的重要性在康德的整个体系内是平衡的。因此，裴顿得出结论说，用时—空理论（中间的—表示时间和空间相互联系）替代独立的时间和空间的理论才是康德学说的自然发展。不过裴顿认为这可能导致一个难题。他说，这种替代会造成关于意识性质的种种困难，"因为心（意识——引者注）似乎是在时间里一直持续着，但不扩张到整个空间。"④ 笔者认为这种担心是多余的。这种担心继承了康德引人误解的内外之分。其实康德在论述时空直观形式时，时空形式并非经验主体的特征，而是先验主体的特征。**对于先验主体而言，根本没有内外之分。**由于经验主体已经是先验认识形式作用下的一个现象了，时空在此时已经是一种经验概念，由此才有内外之分。**有内外之别的时空，其实是站在经验主体的立场上说的。而时空直观根本是先验主体的直观形式。**虽然先验主体不是实体，必须通过经验主体发挥作用，但这并不能就此将时空仅仅看作经验的，否则时空直观形式就没有先验的普遍必然性。康德在此混淆了时空直观形式所属的主体。而裴顿问题中的"心"或意识，其实是经验主体（自

---

① ［苏格兰］H. J. 裴顿. 康德的经验形而上学［M］. 韦卓民，译. 武汉：华中师范大学出版社，2009：118.
② ［德］康德. 纯粹理性批判［M］. 李秋零，译注. 北京：中国人民大学出版社，2011：62.
③ 李泽厚. 批判哲学的批判［M］. 北京：生活·读书·新知三联书店，2007：99.
④ ［苏格兰］H. J. 裴顿. 康德的经验形而上学［M］. 韦卓民，译. 武汉：华中师范大学出版社，2009：119.

我），虽然它在时空中出现的问题是典型的心—身问题，但在先验认识论中先验意识根本不存在这样的问题。因为先验主体（自我）根本不能作为实体来认识，哪有在时间或空间中持续的问题？**因此，在这种意义上，笔者更为彻底地反对有所谓的内外直观以及间接条件与直接条件之分，不过笔者基本赞同裴顿关于时间和空间直观形式是相互联系、不可分离的起作用的观点，承认时—空理论是康德学说的自然发展。但是，为了分析的清晰性，将时间和空间直观形式分开阐述是必要的。它们在作用于经验材料时相互联系并不妨碍它们作为直观形式的独立性。因此，笔者在表述时空直观形式时，仍采取独立的表述。**

其实，很有意思的是，如果我们承认康德所谓内外直观的区分，那么这里区分的内外本身不也在同一个空间中吗？它本身不是正预示着有一个普遍的直观形式（那个统一的空间）吗？

（二）几何和科学的新发展对时空直观形式的挑战

康德时间和空间直观形式的主张所面临的最大的外部挑战来自非欧几何的发展和相对论的成功。这种外部挑战尤其针对康德关于先验直观形式的两个基本观点——（1）时间和空间是先验直观形式；（2）作为康德时代的知识典范的欧几里得几何学和牛顿力学，它们的普遍必然性的一个必要条件是时间和空间是先验直观形式，即如果时间和空间不是先验直观形式，那么欧几里得几何学和牛顿力学就不具有普遍必然性。许多著名的科学家都曾以非欧几何和相对论为论据批判康德先验直观形式的观点。例如，彭加勒如此论述先验综合判断与非欧几何之间的对立关系："……几何学公理的本性是什么？它们是像康德（Kant）所说的先验综合判断吗？于是，它们以如此强大的力量强加于我们，以致我们既不能设想相反的命题，也不能在其上建设理论大厦。那里也不会有非欧几何学。"[1] 海森伯对康德的先验综合判断和先验时空观有如此评价："现在来将康德的学说和现代物理学作比较，首先，看起来好像他的'先天的综合判断'的中心概念已被本世纪的发现完全消灭了。相对论已改变了我们的时空观，事实上，它已揭示了空间和时间的全新特征，这些特征在康德的纯直观的先天形式中是一点也看不出的。"[2] 在海森伯看来，现代物理学否定了康德的

① ［法］昂利·彭加勒. 科学与假设［M］. 李醒民，译. 北京：商务印书馆，2009：49－50.
② ［德］W. 海森伯. 物理学和哲学［M］. 范岱年，译. 北京：商务印书馆，2009：53.

先验时空观。① 还有研究发现，在以亥姆霍兹为首的德国现代物理学家（包括赫兹、普朗克、劳厄、爱因斯坦、玻恩等）看来，康德基于牛顿力学和欧几里得几何学而认为存在"先天综合判断"，并为之绞尽脑汁进行论证，结果却陷入自己所设定的独断论圈套。这些科学家基于经验事实所规定的外部条件，以批判的经验论为武器，相继揭示了康德关于空间、时间、因果性范畴的先验幻象及其虚构性，为现代物理学的发展奠定了思想基础。② 与此类似的批判十分常见。

上述现代科学家的反驳往往被视为对康德基本观点，尤其是对基本观点（1）的否定。其反驳的基本思路如下：欧氏几何和牛顿力学的普遍必然性是康德阐明"纯粹数学如何可能"和"纯粹自然科学如何可能"等先验认识论问题的前提；在此前提下康德用先验时空直观形式（和范畴等）的综合统一功能对前述问题予以回答；现在非欧几何和相对论否定了牛顿力学和欧氏几何的普遍必然性，而且牛顿力学和欧氏几何不再普遍必然的原因正是它们各自的时间观和空间观有问题——牛顿的绝对时空观受到相对论的相对时空观挑战，欧氏几何的第五条公理（平行公理，它是与空间性质有关的公理）受到质疑；既然支持康德先验直观形式的前提不存在，那么康德的先验时空直观形式的基本观点也就不成立。此基本思路在论证形式上可进一步明确为三种。

第一种：这个反驳可以简化为如下有效的充分条件推理：

前提1：如果时间和空间是先验直观形式，那么欧氏几何和牛顿力学是普遍必然性的；

前提2：欧氏几何和牛顿力学不是普遍必然的；

结论：因此，时间和空间不是先验直观形式（否定后件推理）。

这个反驳可靠（成立）吗？答案是否定的。因为前提1对康德而言不成立，即先验时空直观形式不是欧氏几何和牛顿力学普遍必然性的充分条件。康德的"时空是先验直观形式"的论点不能蕴涵"欧氏几何和牛顿力学是普遍必然的"。"欧氏几何学不只是根据空间概念，还加上它特有的假设，如过直线外一点只能作一条平行线，等等。牛顿力学更不是仅根据时间，还根据空间以及它特有的假设即运动三大定律和万有引力定律。"③ 更不用说，牛顿将时

---

① ［德］W. 海森伯. 物理学和哲学［M］. 范岱年，译. 北京：商务印书馆，2009：54.
② 许良. 德国现代物理学家与康德哲学［J］. 哲学分析，2015（6）：143.
③ 陈晓平. 时间、空间与先验范畴［J］. 科学技术哲学研究，2009（5）：8.

空看作物自体本身性质的绝对时空观恰恰是康德所反对的。

虽然康德对时空直观形式的具体性质作了一些描述，比如空间是三维平直的，时间是均匀流逝的等，并且这些具体描述被证明是错误的，但是这些描述是错误的不能证明"时空是先验直观形式"这个基本观点是错误的——除非能够证明"时空是先验直观形式"蕴涵康德对时空直观形式的那些描述。这个证明不可能，因为"时空是先验直观形式"与康德对时空直观形式的描述是相互独立的。康德研究专家赫费曾指出康德的先验空间和几何学空间的差别："几何学对象是通过空间性的客体化才产生的；数学家通过想象和设定把单纯的直观形式表象为一个具有某些结构的独特的对象，并且在纯粹几何学范围内独立于经验地对这些结构进行探索。在作为先验条件的空间和作为几何学对象的空间之间存在着不可消除的差别。"各种几何学对空间性质的具体说明"是一种几何学表述的谓词，而不是一种先验表述的谓词。"① 因此，非欧几何并不构成对康德空间直观形式论点的否定。"非欧几何的出现只是更加清楚地表明了康德思维的跳跃及其所带来的后果和误解。作为'纯直观'的空间只是几何学的可能性条件，但它并不等同于欧氏空间，也并不意味着所有的几何学都是欧氏几何学。人们可以在'纯直观'空间的基础上构造出不同的几何学，所用的方法都是在原有的几何的基础上，通过添加或删除或修改一些理想化的规定而得到新的几何学。"② 这些道理同样可以在时间直观形式上成立。如此，非欧几何和相对论在时空的具体性质上对欧氏几何和牛顿力学的反驳并不构成对"时空是先验直观形式"的反驳。另外，借用拉卡托斯科学研究纲领方法论的术语说，康德先验时空直观形式的基本观点属于研究纲领的硬核，而时空具体性质的描述是研究纲领的保护带。对保护带的否定一般不会威胁硬核。

第二种：现代几何和物理学的反驳与其采用充分条件推理的形式，不如采取必要条件推理的形式。有康德研究专家指出，康德的先验阐明要显示的是：时空的先验直观性质是几何学和力学成为先验综合知识体系的必要条件。③ 既然康德将"时空是先验直观形式"看作解释欧氏几何和牛顿力学普遍必然性的必要条件，反驳应表述为如下形式：

① ［德］奥特弗里德·赫费. 康德：生平、著作与影响 ［M］. 郑伊倩，译. 北京：人民出版社，2007：69.

② 包向飞. 论现代数学背景下的康德几何观 ［J］. 哲学研究，2012（2）：84.

③ ［美］亨利·E. 阿利森. 康德的先验观念论：一种解读和辩护 ［M］. 丁三东，陈虎，译. 北京：商务印书馆，2014：156.

前提1'：如果时空不是先验的直观形式，那么欧氏几何和牛顿力学不是普遍必然的；

前提2'：欧氏几何和牛顿力学不是普遍必然的；

结论：因此，时空不是先验的直观形式。

虽然前提1'是康德认同的，但这是无效的肯定后件式推理。即使从归纳逻辑的角度看，该形式符合假说演绎的确证方式，但由此得出的结论也只能是"时空可能不是先验直观形式"。这远不是对"时空是先验直观形式"基本观点的决定性否定。

第三种：一种更为直接的反驳会采取如下方式：既然康德意在解释的欧氏几何和牛顿力学不具有普遍必然性，即根本没有他要解释的对象，那么他用来解释的整套先验论工具就是虚构，就像根本没有龙可杀的屠龙术。但这种反驳有两个问题：（1）"欧氏几何和牛顿力学不是普遍必然的"，这个证据真的可靠吗？事实上，非欧几何并没有全盘推翻欧氏几何普遍必然性，而只是显示了它的普遍必然性的语境性；相对论与牛顿力学的关系也是如此。在限定的应用范围内，欧氏几何和牛顿力学仍然保有它们的普遍必然性。康德对它们的普遍必然性的先验解释不是屠龙术。（2）就算证据"欧氏几何和牛顿力学不是普遍必然的"是可靠的，是否存在其他普遍必然的知识的可能性有待解释呢？如果没有其他普遍必然性的知识，那么非欧几何和相对论（也不具有普遍必然性）不构成反驳欧氏几何和牛顿力学的证据，也就不构成反驳康德先验解释的证据。如果还存在其他普遍必然性的知识（比如相对论），那么这种知识的普遍必然性的必要条件仍然需要先验的解释（经验本身无法解释普遍必然性）。如此，这种对康德先验直观形式基本观点的直接反驳仍然不是决定性的。

其实，几何和科学的新进展与先验时空直观形式观没有冲突。就空间直观形式来说，即使康德假定了欧氏几何是所有可能的几何学的形式，而且假定欧氏几何对于物理世界必然为真；即使"我们现在得知，有不同类别的几何，又有不同类别的空间。这样的一种见解就其本身来说，是无伤于康德认为我们关于空间的知识是验前（先验的——引者注，下同）的这个学说；因为验前知识可以是逐渐获得的，而在任何阶段上，是可以'模糊的'或说'不清楚的'。"① 也

---

① ［英］H. J. 裴顿. 康德的经验形而上学［M］. 韦卓民，译. 武汉：华中师范大学出版社，2009：133.

就是说，几何的新进展所发现的是空间的具体性质，对这些具体性质的新发现是一个发生学问题，虽然它们何时被发现有不确定性，具体的几何研究处于何种阶段说不清楚，但是这些发现并不能反驳空间作为先验直观形式这个一般论点。就时间直观形式来说情况也是如此。"现代物理学的进展还包含着我们关于时间的见解的一些改变，但是这不一定意味着我们关于时间的知识是经验性的，纵然引导我们去作出新发现的乃是经验。如果物理学家还是预先假定，我们关于时间的各部分是什么，所知道的某东西乃是时间的各部分，或者甚至我们关于时空的各部分必须是什么，所知道的某东西乃是时空的各部分；而且如果哲学家仍然能够说，我们一切的观念必须或者是同时的，或者是前后相继的；那么，时间空间一样，仍然在某种意义上，有其双重的（即对科学和哲学二者而言——引者注）验前性格。"①

总之，"《批判》对后来出现的'欧几里得的或者非欧几里得的几何学'都保持了中立态度。"② "非欧几何和相对论与先验哲学是相容的"③ 即使"按照现代的种种发明来看，康德的学说确实太过简单。我们必须承认，他……把许多命题断定为关于现实世界的验前命题肯定是不真实的。"④

（三）对时空直观形式的一个内部挑战

在做出上述澄清和驳斥了外部批判之后，我们再来分析，要求取消康德感性直观形式、把时间和空间提升为知性先验范畴的主张。这是陈晓平先生在其《时间、空间与先验范畴》一文中的主张。陈先生的主张分为两部分，一部分是取消时间空间感性直观形式，另一部分是将时间和空间提升为先验范畴。陈先生对第一部分主张的论证有三点。第一点是从康德对先验时空直观形式的论述中出现的矛盾和错误出发，反驳康德时空直观形式的观点。第二点是沿用非欧几何和相对论取消欧氏几何和牛顿力学的普遍必然性这一论据，证明康德时空直观形式观点错误。如上所述，笔者已对这两个反对意见和挑战做出了回应，得出的结论是，它们对康德先验直观形式的反驳不成立。如此，建基于那

---

① ［英］H. J. 裴顿. 康德的经验形而上学 ［M］. 韦卓民，译. 武汉：华中师范大学出版社，2009：134.
② ［德］奥特弗里德·赫费. 康德：生平、著作与影响 ［M］. 郑伊倩，译. 北京：人民出版社，2007：69.
③ 黄敏. 后相对论时代的先验哲学 ［J］. 自然辩证法通讯，2005（6）.
④ ［英］H. J. 裴顿. 康德的经验形而上学 ［M］. 韦卓民，译. 武汉：华中师范大学出版社，2009：135.

两个反对意见之上，要求取消感性直观形式的观点也不成立。

陈先生取消时间和空间感性直观形式的第三点论证与第二部分论证，即时间和空间是知性范畴的论证联系在一起。陈先生首先认为，"康德认为空间是纯粹几何学的唯一根据，时间是纯粹数学的唯一根据，也是纯粹力学的唯一根据。"① 然后他从康德这句话，即"算学是在时间里把单位一个又一个地加起来，用这一办法做成数的概念"中②，读出"仅就自然数系而言，即使它是一种先验综合知识，也不是仅仅根据时间的直观而得出的。"随后引证皮亚诺的自然数理论"揭示出，自然数系的产生依赖人心的一种构造程序，即最基本的数学归纳法，我们将称之为递推方法。"因此，他认为算术里"自然数系的构造方法即递推方法在起作用；至于构造自然数系的过程需要时间，这只是一个经验事实，正如跑步需要时间，并非自然数系之成为先验综合知识的根据。"陈先生进而推出，"不是自然数系依赖时间，而是时间依赖自然数系。因为没有自然数系，时间就没有度量；同样地，没有自然数系，空间也没有度量；而没有度量的时间和空间便是不存在的。因此，时间和空间并不仅仅是一种直接的感性给予，而是有其内部结构的，其内部结构的基本特征是由自然数系表征的度量。既然有关数量或度量的概念属于先验范畴，那么时间和空间也应属于先验范畴，而不是直接给予的感性直观。"③ 至此，陈先生要求取消时间和空间的感性直观形式身份，将其提升为先验范畴。

对陈先生的论证，笔者持不同看法。首先，陈先生认为康德将数学看作仅仅根据时间直观得出来的，这误解了康德关于数学是先验综合判断的观点。在康德哲学里，任何先验综合判断都是知性范畴加之于感性直观（纯粹直观或经验性直观）得到的。没有感性和知性的联合作用，不可能有任何先验综合判断。这是康德非常明确地主张的观点："思想无内容则空，直观无概念则盲。"④ 在这个总体观点的统摄下，康德认为数学也需要概念（范畴）。这些范畴就是康德范畴表中第一、二组，即量的范畴和质的范畴。康德明确地将这两组范畴划为一类，将它们称为"数学性的范畴"，它们"针对直观（既包括纯直观也包括经验性直观）的对象"。而第三、四组范畴被称为"力学的范畴"，它们

①③ 陈晓平. 时间、空间与先验范畴 [J]. 科学技术哲学研究，2009（5）：8.
② ［德］康德. 未来形而上学导论 [M]. 庞景仁，译. 北京：商务印书馆，1978：42.
④ ［德］康德. 纯粹理性批判 [M]. 李秋零，译注. 北京：中国人民大学出版社，2011：76.

针对"对象的实存"。① 对于这种区别，康德明确地说道："在把纯粹知性概念运用于可能经验的时候，它们的综合的应用要么是数学性的，要么是力学性的：因为这种综合有时仅仅关涉到直观（纯粹直观形式），有时则关涉到一个一般而言的显象的存在。"② 那些仅仅关涉纯粹直观形式的综合，是数学性范畴对纯粹直观形式的综合。那些关涉经验性直观和"显象的存在"的综合，是数学性的范畴和力学的范畴对经验显象的综合。因此，几何的先验综合判断是数学性的范畴作用于空间纯粹直观形式产生的，而算术的先验综合判断是数学性的范畴作用于时间纯粹直观形式产生的。笔者认为，康德的这个解释是值得称道的——正因为数学是有关直观形式的知识，才解释了数学对力学的基础性，才解释了为什么数学具有比力学更高的普遍必然性，才解释了为什么数学被当作其他经验学科的形式。如逻辑是对人类思维形式的研究一样，数学是对人类直观形式的研究。明白了这一点，我们才能理解人类知识史上，将数学和逻辑的普遍必然性等同起来的探询；也只有明白了这一点，我们才能把握逻辑和数学在普遍必然性上的差异。当然康德这样说的时候，并没有否认数学性的范畴也能在力学中起作用，因为他还明确地指出了数学性的范畴也可以作用于经验性的直观。

总而言之，康德并没有主张数学是仅仅根据直观形式，不需要知性范畴的知识。康德也主张数学的知性建构，不过并不是在经验时间过程中的建构（在此，有必要再次指出康德的表述欠缺严谨，他将数的概念说成是"在时间里把单位一个又一个地加起来"构成的，十分引人误解），而是用先验范畴对时间直观形式的建构。数学中的度量来自先验范畴，经验性的有度量的时间以数学为根据。经验性的有度量的时间必须在数学成为现实之后才有可能，而不是数学在经验性的时间中成为可能。在此我们看到，陈先生说，"不是自然数系依赖时间，而是时间依赖自然数系。因为没有自然数系，时间就没有度量；同样地，没有自然数系，空间也没有度量；而没有度量的时间和空间便是不存在的。"——是值得商榷的。其实，从这句话中，我们可以读出，其中的时间和空间是数学产生以后，被数学计量的经验的时间空间，而不是作为直观形式的时间和空间。这与康德论述数学中的时间和空间完全不是一个概念。那个使数

---

① ［德］康德. 纯粹理性批判［M］. 李秋零，译注. 北京：中国人民大学出版社，2011：95.
② ［德］康德. 纯粹理性批判［M］. 李秋零，译注. 北京：中国人民大学出版社，2011：160.

学成为可能的时空形式，绝不是那个依赖数学的经验时空现象。作为直观形式的时间和空间也不可能离开数学性范畴的建构作用，单独地表现出任何结构和度量。在构造数学的过程中，时间直观形式和范畴是相互依赖的。陈先生误将时间直观形式和具体经验的时间等同起来了。基于这种等同要求取消时间、空间直观形式的观点值得商榷。在康德看来，取消了时空直观形式就取消了数学。而在此基础上，将时间和空间提升为先验范畴的观点也有待商榷。

（四）时间和空间是先验范畴吗？

如上所述，由于康德本人引人误解的表述，导致陈先生混淆了时间直观形式和经验时空现象，从而得出，"构造自然数系的过程需要时间，这只是一个经验事实，正如跑步需要时间，并非自然数系之成为先验综合知识的根据"的结论，进而推出，"不是自然数系依赖时间，而是时间依赖自然数系。……因此，时间和空间并不仅仅是一种直接的感性给予，而是有其内部结构的，其内部结构的基本特征是由自然数系表征的度量。既然有关数量或度量的概念属于先验范畴，那么时间和空间也应属于先验范畴，而不是直接给予的感性直观。"①

第一，必须指出，笔者对这段推理心存疑问。就算时间、空间依赖自然数系，有其内部结构，并且数量概念属于范畴，由此就能推出时间、空间一定属于范畴吗？时间、空间依赖数量范畴，有其内部结构是时间、空间成为范畴的充要条件吗？或者是充分条件？或者是必要条件？都不是。康德，或者任何人都不能将具有内部结构看作某概念成为范畴的充分条件，也不能看作是必要条件，那就更不用说是充要条件了。否则，质的范畴就要从范畴表中删除，因为肯定性、否定性以及限制性无论如何看不出它们具有任何结构——在逻辑上它们是最基本的运算。时间、空间依赖数量范畴有其内部结构与时间、空间成为范畴之间不存在明晰的逻辑联系。如果数量范畴依赖于具有内部结构的时间、空间，倒是有可能将时间、空间提升为范畴。但也只是有可能，而不是必然。因为依赖一词既不能必然地理解为逻辑上的必要条件，也不能必然地理解为充分条件，更不能理解为充要条件。在康德看来，时间、空间也可以表述为依赖范畴，但康德绝没有将时间、空间视为范畴。具有内部结构的时间、空间反过

---

① 陈晓平．时间、空间与先验范畴［J］．科学技术哲学研究，2009（5）：8．

来依赖数量范畴，就更不可能通过数量范畴是先验范畴，推出时间、空间是先验范畴了。更何况前面已经指出，时间、空间直观形式与数学性范畴是相互依赖构成数学的。

第二，为了更深入地讨论这个问题，有必要回顾康德对范畴的界定。康德对范畴（概念）界定如下："（1）概念是纯粹的概念，不是经验性的概念。（2）这些概念不属于直观，不属于感性，而属于思维和知性。（3）这些概念都是基本概念，与派生的或者由它们复合的概念明显有别。（4）概念表是完备的，完全显示出纯粹知性的整个领域。"① 我们从第三条可以看出，时间、空间就其依赖于数量范畴而言，它即使不是派生的，也是复合的概念了。因此它们不是基本概念，不能成为范畴。值得指出的是，陈先生在推导他的整个范畴体系时，时间、空间范畴的导出还与实体的质的规定有关系。他说："广延性和持续性是实体的质的规定，当我们把度量的范畴即自然数用于这两种质的时候就成为空间和时间，即有度量的广延性就是空间，有度量的持续性就是时间。"② 这段话不仅表明时间、空间范畴是派生的，而且存在循环论证的问题——在还没有时间、空间之前，实体的广延性和持续性来自何处？有不需要空间的广延性和不需要时间的持续性吗？这个问题也许是陈先生没有注意到的。

第三，前面提到康德对时空直观形式的形而上学阐明分为两部分。第一部分阐明时空不是经验性的，而是先验的观念。第二部分阐明时空是直观而非概念。在此不再赘述第一部分。这里需要回顾第二部分阐明。康德的第二部分阐明主要从时空的单一性和无限性论证时空不是概念而是直观。在康德看来，"人们只能表象一个唯一的空间，而当人们谈论多个空间时，人们只能把他们理解为同一个独一无二的空间的各部分。"而且这些部分还不能先行于那个独一无二的空间，而只能在它里面才能设想。③ 时间也是如此。而且时间和空间都是无限的，各部分的具体的时间、空间只有通过对无限的时间、空间的限制才是可能的。时间、空间的"源始的表象必须不受限制地被给予"。这些"只能通过一个惟一的对象被给予的表象就是直观。"④

① ［德］康德. 纯粹理性批判［M］. 李秋零，译注. 北京：中国人民大学出版社，2011：84.
② 陈晓平. 贝叶斯方法与科学合理性［M］. 北京：人民出版社，2010：252.
③ ［德］康德. 纯粹理性批判［M］. 李秋零，译注. 北京：中国人民大学出版社，2011：55.
④ ［德］康德. 纯粹理性批判［M］. 李秋零，译注. 北京：中国人民大学出版社，2011：60.

康德这些看似难以理解的阐明，当我们将它与概念的特征对比理解时，就清楚了。在康德那里，概念是可以对之进行分析或综合的观念对象。这种界定既可以从康德对分析判断和综合判断的区分中找到，也可以从康德对范畴的综合统一作用中找到。分析判断和综合判断的区分正是以主词和谓词是否存在分析或综合关系为标准的。范畴的综合统一作用就更不用赘述了。但时间、空间的唯一性和无限性阻止了对它们的分析和综合。无论各部分如何综合，得到的仍然是那个已经给予的独一无二的时空；无论对无限的时空做怎样的分析、限定，那个无限的时空已经被给予了。因此，时空的无限性和单一性阐明了时空不是范畴只是直观，它们都是只能通过唯一的对象被给予的表象。

第四，时空是否既是直观形式，又是范畴呢？笔者认为没有这种可能。除上述否定时空是范畴的理由外，笔者还认为这是一种多此一举的可能。因为，如果将时空形式也作为范畴，那么一定要求有可以给予这对概念的直观材料。但是，这些材料从什么别的直观形式组织起来呢？仍然以时空直观形式组织吗？那我们就要问，这样的范畴规定了什么呢？规定了来自时空直观形式规定了的材料？这岂不是重复规定——将时空直观形式规定了的东西，再用时空概念规定一遍？如果这是合理的，那就必须回答作为范畴的时空与作为直观形式的时空区别何在？如果不能回答这个问题，那种重复规定就是多此一举。笔者看不出时空概念与时空形式在综合统一感觉材料上到底有什么实质区别——时空范畴的综合统一既不能在结果上不同于时空直观的综合（它们综合的结果仍是同一个时空）；也不能在综合的方式上有所不同（它们都必须借助与其他范畴，比如实体属性范畴，才能得到具体对象）。因此，笔者认为不存在时空观念一身二任的情况。

第五，但是，对时空范畴的否定会导致如下问题：为什么日常生活中我们可以说时空概念呢？这是一个似是而非的问题。因为，首先，日常意义的概念根本不是先验认识论意义上的概念（范畴）。日常意义上时空概念其实只是观念意义上的概念，在康德那里，它只不过是人们的反思概念。其次，日常意义的时间、空间概念其实是时间性概念和空间性概念。它们是人们从经验现象中抽象概括出来的、事物的一般性质的概念。这种概念之所以容易与范畴混淆起来，与时空直观形式向我们显示有很大关系。

在前面我们已经论述到，在实际情况中，时间和空间是互为条件的。为了清晰地论述时间和空间的直观性质，逻辑上可以将它们区分开来，但实际上它们一起在感性中起作用。在现实中，我们不可能找到没有时间的空间，也不可能找到没有空间的时间，就连看似完全属于内感官的情绪和感受现象，也只能在一个有形的主体内被直观。因此，康德明确主张，我们的确不能觉察到空无一物的时间和空间，要觉察到时间和空间，必须觉察到时间和空间中的事物。我们只能在思维中靠排除或取消时空中的对象，才得到关于绝对的或纯粹形式的时间和空间。他在关于时间的类比和《自然科学的形而上学基础》中反复坚持这个论点。正是因为我们总是通过包含有具体现象的时空，即特殊的、具体的各个时空来认识时空——即时空直观形式总是在具体时间空间现象显示自己的，所以无论我们怎样想到时空是无任何特殊对象的，并且还是具体对象的先验条件，我们还是不能摆脱将认识时空直观形式的过程看作从具体到抽象的过程，因此时空就被看成从具体事物中抽象出来的、事物具有的共同特征的概念——时间性和空间性概念。这种概念虽有其合理性，但并非先验的概念，而是具体认识活动结果，不是认识得以可能的范畴，如果真要把这样的概念归入范畴，它只能作为事物的属性归属到属性范畴之下。这样的时空性概念要求成为范畴，与康德在形而上学阐明中的论述和对范畴不能来自经验的论述，是相违背的——因为，空间性和时间性概念恰恰是通过不断抽象具体的时空现象综合而成的。

因此，"我们一定不能把我们关于无限空间这个直观和空间性的概念混淆起来。"[1] 时间和时间性也是如此。空间性和时间性概念是由抽象得自于直观的。"我们关于空间性和时间性的概念，在逻辑上是派生的，而我们关于空间和时间的直观乃是'原始的'。"[2] 空间性和时间性概念的派生性说明它们不是范畴。因为没有任何一个范畴是派生的。比如"在知道一个实体时，虽然直观总是需要的，但是它的作用是次要的：实体这个概念是第一性的而且独立于直观的。知性的一切范畴或称纯粹概念都是这样。"[3] 而时间性和空间性"是得自我们的纯粹直观而又依靠我们的纯粹直观，有点像经验性的概念是得自经验上的直观而又依靠这种直观那样。它们不是像范畴或理性理念那样，是在我们

---

① ［英］H. J. 裴顿. 康德的经验形而上学 ［M］. 韦卓民，译. 武汉：华中师范大学出版社，2009：91.

② ［英］H. J. 裴顿. 康德的经验形而上学 ［M］. 韦卓民，译. 武汉：华中师范大学出版社，2009：92.

③ ［英］H. J. 裴顿. 康德的经验形而上学 ［M］. 韦卓民，译. 武汉：华中师范大学出版社，2009：93.

的知性或理性里被给予的。"①

总之，时间和空间不是范畴。

（五）同一与差异：感性直观形式的新成员

维护康德时空直观形式的思想并不意味着康德对感性直观形式的论述是完备的。相反，笔者认为有必要在时空直观形式之外增加**差异与同一**这对直观形式。这个主张并非标新立异，而是在康德的论述中有根据的。关于差异与同一是直观，康德说："我们对于相似、相等、然而不能相合的一些东西（比如两个彼此相反的螺旋），它们之间的差异是不能通过任何概念，而只能通过直接见于直观的右手和左手的关系来理解。"② 这是康德对差异与直观关系的表露。这句话清楚地表明，差异与同一只能通过直接见之于直观来理解。而且，如果时间和空间是直观形式，那么使时间和空间相互区别开来的那种形式，即差异与同一也一定是直观的。因为没有差异与同一这对直观形式，时间和空间都无法区分开来，它们又怎么能被意识界定为直观形式呢？这些都是最简洁明白的理由。

关于同一与差异是直观形式的更为深入的理由，可以从康德对矛盾律的论述中推出。一般而言，最基本的逻辑规律包括同一律、排中律以及矛盾律。它们的形式表达分别是 $A = A$、$A \vee \neg A$ 以及 $\neg (A \wedge \neg A)$。这些规律被看成是自明的。这些最基本的逻辑规律中，蕴含了同一、差异。康德在讨论分析判断和一切知识的形式原则时认为，一切判断都必须遵守矛盾律，违反矛盾律的判断本身什么也不是。但是这个基本的规律"仅仅属于逻辑"，"它所适用的知识纯然是一般的知识而不论其内容"。因此矛盾律虽然是断定分析判断真假的充要条件，但不是判定综合判断真假的充要条件，而只是必要条件。如康德所说，虽然"矛盾律是一切分析知识普遍的和完全充足的原则；但是它作为真理的一个充足标准的威望和可用性也不能走得更远，"它不能充分地断定综合知识的真假。③ 由于矛盾律仅仅是综合知识的必要条件，它不涉及综合的内容，因此我们可以合理地得出这样的结论：矛盾律仅是综合知识的必要形式。又由

---

① ［英］H. J. 裴顿. 康德的经验形而上学［M］. 韦卓民，译. 武汉：华中师范大学出版社，2009：173.
② ［德］康德. 未来形而上学导论［M］. 庞景仁，译. 北京：商务印书馆，1997：47.
③ ［德］康德. 纯粹理性批判［M］. 李秋零，译注. 北京：中国人民大学出版社，2011：155.

于它以差异与同一为基础，因此差异与同一也就成为综合知识的必要形式。还由于最基本的逻辑规律具有逻辑的、直观的自明性——它不需要任何进一步的理由支持，而是一切可能理由的先验条件，因此差异与同一的自明性也就是逻辑的和直观的。由此得出，差异与同一就是一对直观形式。与空间和时间一样，它们也是先验的、纯粹的，因为任何经验现象和经验知识都不可能在逻辑上先于同一与差异；相反，同一与差异却是一切经验得以可能的形式条件。这可以看作与时空形而上学阐明（先验性阐明和直观性阐明）对等的阐明。而对同一与差异作为直观形式的先验阐明，其实已经在上面的论述中表达出来了——即一切知识都必须遵守建基于同一律和差异律之上的矛盾律，也就等于说，一切知识都必须以同一与差异为必要的形式条件。与时间和空间是先验综合知识（数学知识和力学知识）的必要的感性形式条件不同，同一与差异是一切知识（包括逻辑知识）的必要的感性形式条件。

到此为止，同一与差异作为先验的感性直观形式就确立起来了。为了强调同一与差异是感性的，而非知性的，有必要考察康德对莱布尼茨将同一与差异看作反思概念的批判。①

康德在批评莱布尼茨的单子论本体论时指出莱布尼茨将差异与同一看成了反思概念。他认为，莱布尼茨用反思将对象与感性的关系隔离开来，仅从知性概念上规定对象的内在特征，从而得出不可辨别原则——任何具有相同内在规定的对象都是同一个对象。在这个原则中，"由于就某个事物的纯然概念而言，一种直观的诸多必然条件已经被抽掉了，所以通过一种奇特的草率，被抽掉的东西就被视为到处都不能遇到，并且除了在其概念中包含的东西之外，不承认事物有任何东西。"② 于是在莱布尼茨的不可辨别原则下就会遇到这样的情况。如果对象（是复数还是单数暂且不知）多次被展示给我们，并且每次都以同样的内在规定出现，那么，在不可辨别原则下，这就是同一个的对象。但是，情况可能并非如此，因为在不同时间中展示的对象可能是号数上不同的对象。当对象在同一时间不同空间显现时，差异仍然显示出来——尽管它们的内在规定是相同的，比如两滴内在规定完全一样的并排着的水滴在号数上仍是不同的。在这种情况下，不可辨别原则就失效了。之所以如此，原因在于，"他

① ［德］康德.纯粹理性批判［M］.李秋零，译注.北京：中国人民大学出版社，2011：227－228.
② ［德］康德.纯粹理性批判［M］.李秋零，译注.北京：中国人民大学出版社，2011：237.

（莱布尼茨——引者注）仅仅通过概念来对一切事物进行相互比较，并且除了知性把自己的纯粹概念彼此区分开来所凭借的差异之外，自然而然没有发现任何别的差异性。至于感性直观的那些自身就带有独特差异的条件，他并不看作是源始的……"① 但情况恰恰是，"位置的差异不仅无须进一步的条件就独自使作为显象的对象的多和区别成为可能，而且还使之成为必然。"② 因此同一与差异根本上是感性的，而非知性的。由此不难推出，将同一与差异看成范畴的可能性就消失了。当然，这不是说同一性和差异性这样的概念是不存在的。与时间性和空间性概念一样，作为从经验中抽象、反思得来概念，它们与其说是范畴，不如说是反思概念。

至此，我们就为先验认识论的感性直观形式找到两个新成员——差异与同一。从这个发现我们可以获得进一步的结果——**最基本的逻辑规律与我们的直观形式紧密地联系起来了。它们所获得的直观的自明性就根植于先验感性直观形式！如果事实并不是这样，那么我们就很难解释基本的逻辑规律所具有的自明性来自何处——如果不是来自先验认识形式，它就只能来自上帝加给我们的先天观念，因为经验的来源分明不具有这样的必然性，而天赋观念在哲学上早被人们扔进了历史的垃圾堆。**

另外，特别需要指出的是，在组织感觉材料时，直观形式之间是相互联系地起作用的。不仅时间离不开空间，空间离不开时间；同样差异与同一也无法单独直观。正是基于时空之间在起作用时的紧密联系，裴顿认为时间、空间直观形式的自然发展是**时—空直观形式**；而基于同一与差异之间的对立统一性，笔者认为同一与差异直观形式的自然发展就是**异—同直观形式**。当然，**时—空直观形式与异—同直观形式在综合统一经验材料时也是紧密联系的。但是考虑到保持分析的清晰性，以及它们在起作用时的联系性并不能掩盖它们作为直观形式概念上的独立性，将它们区别开来是必要的。因此在表述形式上，笔者仍将它们区分开来。**

综上所述，关于先验直观形式，笔者得出如下结论：**第一，康德本人对时空直观形式的论述存在不足。他将时空直观形式区分为内外直观形式的观点是不正确的。先验直观形式没有内外之分。第二，基于几何和物理学的新发展对**

---

① ［德］康德. 纯粹理性批判 ［M］. 李秋零，译注. 北京：中国人民大学出版社，2011：231.
② ［德］康德. 纯粹理性批判 ［M］. 李秋零，译注. 北京：中国人民大学出版社，2011：232.

时空直观形式的挑战不成立。第三，陈先生基于误解之上，要求取消时空直观形式，将它们提升为先验范畴的论点也是值得商榷的。第四，虽然康德关于时空直观形式的论述有不足之处，但是他关于时空作为先验直观形式的观点仍然可以得到辩护。同时，基于康德本人对差异与同一的观点，笔者认为，将差异与同一作为感性直观形式也是康德理论的应有之义。第五，虽然感性直观形式在综合统一经验材料时，是相互联系地起作用的，但是为了保持对它们的分析的清晰性，以及它们作为直观形式在概念上的独立性，在表述时，将它们区分开来也是必要的。

二、先验范畴

先验范畴是知性综合经验直观的先验形式。通过它们知识以某种必然的方式呈现出来。康德基于命题的逻辑形式，经过先验论证得出了 12 对（个）范畴。笔者基本赞成这个论证。但与先验直观形式需要完善一样，康德的先验范畴也存在一些问题。笔者将对这些问题提出改进方案。

（一）为形而上学演绎辩护

要讨论康德先验范畴的问题所在，必须从康德对范畴的演绎入手。康德对范畴的演绎分为形而上学演绎和先验演绎。形而上学演绎确定范畴表，进而说明它们在知性的性质里有其起源。先验演绎则是一种辩解，旨在说明这些范畴如何可能以及怎么必然应用于直观。也就是说，它涉及范畴的客观有效性、范畴使用的范围和限度。[①] 在此，我们仅仅关注康德的形而上学演绎，考察范畴提出，以及数量的依据。裴顿认为，康德的范畴形而上学演绎主要过程如下：

"（1）知性乃是借助概念来认识的一种能力。

（2）用概念来认识就是判定（判断——引者注）。

（3）判定在本质上就是联合我们的观念。

（4）判断联合我们的观念……的不同方法就是形式逻辑所讲的判断的各种形式。

---

① ［英］H. J. 裴顿. 康德的经验形而上学 ［M］. 韦卓民，译. 武汉：华中师范大学出版社，2009：217.

（5）因此，判断形式的完全表就是知性用判断来联合观念的不同方法的一个完全表；也就是说，它乃是知性的各种机能的一个完全表。"①

裴顿对康德形而上学演绎的逻辑做如此清理，简洁明了，而且符合康德本人的逻辑理路。康德从人类判断的四类逻辑形式演绎出人类的四组范畴，正是基于他所认为的，人类的判断能力就是人类的认识能力这一基本观点。如他所说："我们可以把知性的所有行动归结为判断，以至于一般的知性可以被表象为一种判断的能力。"② 因此在康德看来，对认识能力的批判就是对判断能力的考察。康德首先依据普通逻辑对判断的分类，列出了如下四类判断（为与康德范畴表相对应，笔者将第一类判断的顺序依据范畴表作了调整）③：

（1）判断的量：单称的、特称的、全称的；

（2）判断的质：肯定的、否定的、无限的；

（3）判断的关系：定言的、假言的、选言的；

（4）判断的模态：实然的、或然的、必然的。

根据以上判断的类型，康德给出了如下相应的四组范畴④：

（1）量的范畴：单一性、复多性、全体性；

（2）质的范畴：实在性、否定性、限定性；

（3）关系的范畴：依存性与自存性（实体与偶性）、因果性与隶属性（原因与结果）、共联性（行动者与承受者之间的交互作用）；

（4）模态的范畴：可能性—不可能性、存在—不存在、必然性—偶然性。

对康德提出的范畴表，历来存在各种批评。这些批评中有些从根本上质疑康德形而上学演绎的合理性，例如如下论述："康德直接依据形式逻辑对判断的分类来对先验范畴进行分类的做法是牵强附会的，因为二者属于不同的领域，其研究对象是有本质不同的。形式逻辑只是研究形而上学的必要方法，而不是形而上学的对象内容。事实上，康德也觉得二者在有些地方不太符合，特地加以说明。如关系范畴的共存性，康德是从形式逻辑的选言判断类比而来的。然而，选言判断'P 或者 Q'并不要求 P 和 Q 共同成立，只要求其中之一

① ［英］H. J. 裴顿. 康德的经验形而上学 ［M］. 韦卓民，译. 武汉：华中师范大学出版社，2009：226 – 227.

② ［德］康德. 纯粹理性批判 ［M］. 李秋零，译注. 北京：中国人民大学出版社，2011：87.

③ ［德］康德. 纯粹理性批判 ［M］. 李秋零，译注. 北京：中国人民大学出版社，2011：88.

④ ［德］康德. 纯粹理性批判 ［M］. 李秋零，译注. 北京：中国人民大学出版社，2011：93.

成立，更不要求 P 和 Q 之间有相互作用。"①

　　首先，笔者不得不说这是对康德形而上学演绎的误解。康德没有主张"直接依据形式逻辑对判断的分类来对先验范畴进行分类"。在康德那里，形式逻辑与先验逻辑的区别是十分明显的，虽然形式逻辑与先验逻辑联系紧密——先验逻辑对认识能力的探索是以形式逻辑中表现的判断能力为对象的，但是并不是直接从形式逻辑直接推出先验范畴。康德首先从形式逻辑过渡到先验逻辑，再演绎出范畴表。康德对判断的逻辑形式的划分一开始就是在先验逻辑之下做出的。形式逻辑与先验逻辑的区别在判断形式分类中就已经表现出来了。比如，在形式逻辑中不会将单称判断和无限判断单独列出。对这两种，乃至所有判断形式，康德都作了先验逻辑的说明（对形式逻辑的判断形式与知性能力的关系作了说明）。他明确地说道，由于"这种划分在一些虽然不是本质性的方面显得偏离了逻辑学家们惯常的做法，"因此有必要针对令人担忧的误解作一些抗辩。② 虽然对先验逻辑与形式逻辑的详细论述在此不可能展开，但是一定不能说"康德直接依据形式逻辑对判断的分类来对先验范畴进行分类"。实际表明，康德注意到了"二者属于不同的领域，其研究对象是有本质不同的"，实际上也没有将形式逻辑看作"形而上学的对象内容"。只不过康德看重的是，先验逻辑与形式逻辑共同关注的判断。正是在判断这一点上，两种逻辑紧密地联系起来——形式逻辑研究判断的形式；先验逻辑研究判断的能力；判断能力一定通过判断形式表现出来；因此研究判断形式的形式逻辑一定能以某种方式启发先验逻辑的判断能力研究。因此，对康德的形而上学演绎进行批判，不能过度强调两种逻辑的区别，因为康德本人对那种区别有清醒的认识。康德演绎的关键是两种逻辑的联系，对他的批判理应从这种联系的是否存在，以及如何联系入手。而两种逻辑的联系真实存在，康德对此有着精准的把握。因此，从根本上质疑康德形而上学演绎方法的合理性是不成功的。

　　其次，笔者还要指出，陈先生列举的例子确实存在。但是康德的辩解正好说明，他清楚地意识到先验逻辑与形式逻辑的区别所在。陈先生在他的文章中随后引证的、康德关于"交互性"（本书中的共联性）的解释，同样说明康德对先验逻辑和形式逻辑的区分。③ 当然，康德本人对共联性的论述确实存在问

①③　陈晓平. 时间、空间与先验范畴 [J]. 科学技术哲学研究, 2009（5）：9.
②　[德] 康德. 纯粹理性批判 [M]. 李秋零，译注. 北京：中国人民大学出版社, 2011：87.

题，笔者在此赞同陈先生的观点，但不会因此从根本上否定康德形而上学演绎方法的合理性。事实上，康德形而上学演绎的过程正是先验论证的过程。否定这种演绎就是否定先验论证，如此先验范畴的发现就或者靠经验论证，或者靠概念分析。而这两种方法，前者不能得到必然的范畴，后者会变成独断地预设——这种结果在后面会有显现。

还有学者从康德范畴数量与判断数量的对应有编造之嫌这一点批评康德的先验范畴。这种观点认为："为了照应十二判断，康德的十二范畴中好些是为了凑数而列出，并不为康德所重视，实际用的只是八个范畴，质、量范畴各一个，'多数'（复多性——引者注）、'否定'等范畴，康德并未作多少论述。有些十分重要的范畴，如关系三范畴是康德整个范畴表的核心，又与其他范畴并列在一起，显不出它的重要地位和意义。"[①]

笔者认为，这样的批评虽然看到了康德范畴表的一些弊端，比如有些范畴没有得到充分论述，还有的范畴因界定不准确，而有凑数之嫌等，但总体而言没有切中要害。笔者认为从十二判断演绎出十二范畴这恰恰是康德批判哲学的亮点，康德哲学的先验范畴不同于天赋观念之处就在于，这些范畴是以人类判断形式为依据的，是人类知性能力的完整显现。康德将逻辑与认识能力联系起来考察人类认识的举动堪称创举，在一定意义上可以认为他开了逻辑分析方法的先河。他如此推导的范畴避免了亚里士多德式范畴寻找方法的杂乱，又兼顾了范畴之间的关系，还将范畴与先验知识原理联系起来，具有难能可贵的好处。至于说他没有对某些范畴作多少论述，这不是康德范畴表的实质缺点。像"否定性""复多性""单一性"这样的范畴，在人类认识能力中实在太基本了，以致无须多做说明。而说到要将关系范畴特别加以重视，笔者认为这个批评是完全不正确的。因为在人类认识能力中，任何一种能力都是平等的，任何能力都不比其他能力更重要，因为没有哪种能力能够不依赖其他能力完成人类的认识。这些能力作为一个完整的结构起作用，在一个结构中任何要素都具有平等的重要性。当我们考察具体判断时，我们会发现现实中的具体判断没有哪个只属于一类判断，它总是不得不归属于多种判断。这就说明，范畴之间是相互联系的，它们的重要性是并列的。至于我们具体的科学知识主要在于探讨事物之间的关系，知识的内容主要是关于事物关系的，这并不能说明关系范畴就

---

① 李泽厚. 批判哲学的批判 [M]. 北京：生活·读书·新知三联书店，2007：125.

比其他范畴更重要。因为以内容的丰度来证明形式的比重，这是不合理的。这样的证明就好像是说，在人类生命形式中，碳水化合物是主要成分，因此微量元素就不如碳水化合物对生命更重要一样。而且我们还要注意康德的目标是讨论知识如何可能的条件问题，而不是讨论知识主要是什么的问题。这个主要任务决定了康德的论述重点是各种条件是什么，而不是各种条件的在知识中的具体表现。

最后，对康德先验范畴的形而上学演绎的批评和挑战当然不止这些，笔者不可能对所有批评加以回应，但就笔者所掌握的文献来看，这两种批评非常典型。对它们的回应基本上能够从根本上为康德的形而上学演绎进行辩护。有必要重申笔者的观点：**康德的形而上学演绎虽然细节上存在一些问题，但根本上是合理的**。

（二）质的范畴辨正

康德的形而上学演绎虽然根本上合理，但在一些细节上还存在问题。因此笔者对康德的范畴表作了一些更正，将康德的范畴表修改成如下形式（修改之处用加粗字体标出）：

（1）量的范畴：单一性、复多性、全体性；

（2）质的范畴：**肯定性**、否定性、限定性（**概率性**）；

（3）关系的范畴：**依存性**（实体与偶性）、**因果性**（原因与结果）、共联性（**部分与整体**）；

（4）模态的范畴：**可能性、实在性（现实性）、必然性**。

对范畴表的改动，笔者将作详细说明，本节说明质的范畴改动的理由。

首先，关于在质的范畴中**将实在性范畴改为肯定性范畴**的说明。

第一，如果肯定判断表达了实在性范畴，那么否定判断表达的就是虚无性范畴。既然与否定判断相对应的范畴没有被界定成虚无性范畴，与肯定判断相对应的范畴也不应该界定为实在性范畴。

第二，肯定性和否定性都是通过系词"是"（be）或"不是"（be not）表达出来的，如果说肯定系词表征实在性范畴，那么否定系词就表征虚无性范畴，如此"是"和"不是"就具有表达存在和非存在的功能。而将肯定判断和否定判断分别与实在性范畴和虚无性范畴对应起来，会使我们面临一些无法解释的困难。比如这两个判断："金山是方圆形的"和"海豚不是鱼"中，前者的主词和谓词所表达的对象哪一个是具有实在性的呢？后者的主词和谓词所表达的对象哪一个是虚无的、不存在的呢？将肯定判断和否定判断界定为与实在性范畴和虚无性范畴相对应的做法，不可能回答这些问题。

第三，系词"是"和"不是"具有表达存在和非存在的功能，这一观点为康德本人所反对。他说："'是'显然不是实在的谓词，"不是给一个事物的概念加上"某种东西的概念"。"在逻辑应用中，它仅仅是一个判断的系词。""它纯然是对一个事物或者某些规定自身的肯定。"比如，"上帝是全能的"这句话，"这个命题包含两个概念，它们都有自己的客体：上帝和全能；'是'这个词并不是此外的一个谓词，而仅仅是以与主词相关的方式设定谓词的东西。"① 也就是说，**系词"是"只起到连接主词和谓词的作用，被它连接起来的两个概念除了具有自身同一性以外，不会因为"是"的连接而增加任何东西**。在"上帝是全能的"这句话中，"是"的连接作用，并没有断定上帝和全能的实际存在。康德由此论及"存在"（being）这个词的性质。他说："当我思维一个事物时，无论我通过什么谓词以及多少谓词来思维它……，通过我附加上'该物存在'，也对该物没有丝毫的增益。"② 因为，这样做时，笔者只是在用概念思维该物。但是，"无论我们关于一个对象的概念包含着什么东西以及多少东西，我们都毕竟必须从它走出来，以便把实存赋予它。"也就是说，到感官对象那里与某个知觉发生联系，即实际存在必须依赖于感性材料的给予。③ 遵照这种解释，"金山是方圆形的"和"海豚不是鱼"这两个判断造成的麻烦就不解自消了。因为"是"和"不是"根本没有为主词和谓词增加实在性和非实在性。肯定性范畴和否定性范畴只是知性能力中两种连接主词和谓词的基本能力，不具有判断实在和非实在的功能。依据以上理由，笔者将实在性范畴改为肯定性范畴。

那么，实在性和非实在性在哲学中如此重要的范畴应该归于何处呢？它们在先验认识能力中处于什么位置？笔者认为，实在与非实在应该在模态判断中讨论。它与康德的范畴表中，存在—不存在这对范畴是同一的。这里需要解释的是"存在"与"实在"这两个概念在康德的体系中有无区别，以及如何区

---

① ［德］康德. 纯粹理性批判［M］. 李秋零，译注. 北京：中国人民大学出版社，2011：417.
② ［德］康德. 纯粹理性批判［M］. 李秋零，译注. 北京：中国人民大学出版社，2011：418.
③ ［德］康德. 纯粹理性批判［M］. 李秋零，译注. 北京：中国人民大学出版社，2011：418 -
419.

别。在康德的体系中，没有对这两个概念做出明确区分。笔者认为无须对这两个概念做出区分，存在就是实在，实在就是存在；不可能一物存在又不实在，也不可能一物实在而不存在。实在或存在，在康德的体系内，必须联系现实主体被给予的经验材料才有意义，而不是仅在孤立的判断中讨论。范畴表中，只有模态范畴才会涉及现实的感觉材料，从而涉及到现实主体。因此笔者认为，实在性和非实在性应该在模态范畴，而不是质的范畴中讨论。对模态范畴进一步的讨论，详见下文。

其次，关于在质的范畴中，**用概率性范畴解释限定性范畴**的说明：康德在对无限判断做出说明的时候指出，在普通逻辑（康德称之为普遍的逻辑）中，只有否定判断和肯定判断，无限判断应归于肯定判断。但在先验逻辑中，却要区分出来。因为在普通逻辑中，判断的谓词的属性是无关紧要的，其关注的焦点是系词——是或不是。"但在先验逻辑却还根据**凭借一个纯然否定的谓词所作出的这种逻辑肯定的价值或者内容**来考察判断。"① 也就是说，康德认为，在先验逻辑中还要考察一种判断，这种判断凭借纯然否定的谓词却具有逻辑上肯定的价值或内容。康德举例说，对于"灵魂是不死的"这一判断而言，虽然我们做出这一判断时，用"是不死的"这个纯然否定性的谓词，将无限多的有死的事物都排除了，但在逻辑形式上却现实地做出了肯定，即"把灵魂置入了不死的存在者的无限外延之中"。即使如此，对于灵魂的概念也不会因此就有丝毫的增加和得到具体的肯定的规定，因为，剩下的那部分其成员仍然是无限的。如此，就逻辑外延而言，康德认为这样的肯定判断应该属于无限判断。这种判断虽然形式上是肯定的，但"在一般知识的内容方面实际上纯然是限制性的。"②

笔者认为，康德对无限判断的论证是别扭的。康德借助否定性谓词试图论证其中所具有的肯定功能的做法，是多余的。因为否定性谓词可以很方便地转化为肯定性谓词，只要将其中的否定性提炼出来加在系词前，并用其反义词代替之即可。普通逻辑的否定系词就能说明：否定中暗含着肯定。而且肯定系词也有相似的功能：肯定中也暗含着否定。就康德要确立的无限判断的性质而言，它无非是既具有肯定性质，但又不具有一般肯定判断的明确的肯定性，而

---

① ［德］康德．纯粹理性批判［M］．李秋零，译注．北京：中国人民大学出版社，2011：88.
② ［德］康德．纯粹理性批判［M］．李秋零，译注．北京：中国人民大学出版社，2011：89.

是带有某种限定性（否定性）的模糊的肯定——**模糊判断**。康德需要用先验逻辑确立的正是这种判断。**为了与限定性范畴在字面意义更好地对应，笔者认为无限判断应该更名为限定判断**。否则，无限判断很容易被理解成没有任何限制的判断，而与其对应的范畴却称为限定性范畴，这容易让人误解为存在矛盾。而且，笔者认为，这种模糊判断中最为引人注目的是**概率判断**。**概率判断就是既有肯定又有否定的判断——它肯定了某一事物会以某种概率但不是确定无疑地出现**。因此与康德限定判断（无限判断）相对应的**限定性范畴可以解释为概率性范畴**。概率性范畴的引进，不仅解决了康德限定判断形式找不到具体判断例证的问题，也为康德认识论应用于解释新进的量子力学的发展提供支持。必须指出的是，限定判断的特征词不像肯定判断或否定判断那样由系词指示，它的特征词是判断中的概率性谓词。

笔者将概率性引入范畴受到了陈晓平先生的启发。不过与陈先生将概率性范畴（陈先生称之为"随机性范畴"）置于关系的范畴之下，与因果性范畴和统计性范畴并列不同，① 笔者认为概率性范畴不属于关系的范畴，而属于质的范畴。这首先是因为，将概率性范畴与因果性范畴并列会带来无法解决的矛盾。这种矛盾在陈先生的理论中已经显露出来了。陈先生在因果性范畴和随机性范畴之上，提出了与两个范畴分别对应的先验认识原则：普遍因果性原则和普遍随机性原则。由概率性范畴与因果性范畴具有并列地位，可以得出普遍因果性原则与普遍随机性原则也应该是并列的。但是陈先生并不这么认为。相反他认为普遍随机性原则"是以普遍因果性原则为依据的"。② 这是矛盾之一。在试图化解爱因斯坦与哥本哈根学派的争论，解决世界究竟是被决定的还是非决定的这个艰难问题时，他也采取了普遍因果性原则与普遍随机性原则属于不同层次的立场。他说："从形而上学或本体论的角度讲，爱因斯坦是对的，因为因果先验范畴和普遍因果性范导原则（即普遍因果性原则——引者注）已经告诉我们，任何事物都有其原因，只是我们有时不知道而已。在这个意义上，非因果决定论的量子理论是不完备的。""从认识论的角度讲，哥本哈根学派也是对的，因为康德的先验哲学告诉我们，人的认识能力是十分有限的，只能认识本体的现象而不认识本体本身。"③ 这些表述无疑将因果性范畴和普

---

① 陈晓平. 时间、空间与先验范畴［J］. 科学技术哲学研究，2009（5）：12.
② 陈晓平. 贝叶斯方法与科学合理性［M］. 北京：人民出版社，2010：227.
③ 陈晓平. 贝叶斯方法与科学合理性［M］. 北京：人民出版社，2010：228－229.

遍因果性原则归为本体论，而将随机性范畴和普遍随机性原则归为认识论。但是，因果性范畴和普遍因果性原则如何属于本体论的呢？它们原本不是属于先验认识论的吗？将先验范畴（因果性范畴）用于本体论不是会产生先验幻相的悖谬吗？这是矛盾之二。

所有这些问题本质上是试图调和决定论与非决定论的矛盾产生的。但这对矛盾不可能调和。其实就世界中存在的非决定现象而言，用爱因斯坦的解释——我们的具体科学知识尚不完备——就足够了。正是在这种意义上笔者赞同爱因斯坦的观点："上帝不会掷骰子"——在知识论中主张决定论，摒弃非决定论。但这并不意味着笔者是绝对理性主义者，在本质上，笔者是康德意义上的批判理性主义者。

最后，回到概率性范畴的归属问题中来，笔者将概率性范畴归为质的范畴不会面临上述问题。当然笔者也会面临这样的问题：在认识中如何界定概率性范畴与因果性范畴关系的问题。这个问题是能够回答的。既然概率性范畴属于质的范畴，那么它在认识中与因果性范畴处于平行并列的关系中，它们之间不存在谁依据谁，谁指导谁的问题。因果判断既可以采取完全肯定性的形式表达，也可以采取否定性表达，还可以采取概率性表达。如此才可以合理地解释概率性因果判断存在的现实，才可以避免世界既是决定的又是非决定的这个矛盾。因为概率性只不过是人们判断的一种性质，而不是本体之间的关系，因此它只与人类认识程度相关，而不是本体之间的性质。

（三）关系范畴辨正

第一，笔者要对康德给实体和属性范畴的另外两个对等的名称做出说明。**笔者认为，将依存性和自存性看作与实体和属性范畴同等的范畴名是不妥的。**因为实体和属性的关系根本不是依存和自存的关系。实体和属性是相互依赖、相互联系的，不存在没有属性的实体，也不存在没有实体的属性，实体和属性中任何一个都没有自存性，因此自存性在此是画蛇添足。**实体和属性的关系就是依存性的关系。**

第二，康德将隶属性与因果性并举，也是没有道理的。**原因和结果只有因果性关系，没有隶属性关系。**虽然原因和结果常常表现出时间上的先后关系，但我们不能说结果隶属于原因，更不能说原因隶属于结果。与其说隶属性与因果有联系，还不如说它更像是实体与属性范畴的性质——当人们采取实体优先的立场看待实体与属性的关系时，往往会得出属性隶属于实体的论断——但这种立场是人为的，而不是普遍一般的，所以笔者不主张用隶属性命名实体属性范畴。原因和结果的关系是两个独立的实体的交互关系——作用与反作用关系。这种关系不能用"隶属"这种引人误解的词表述。而且，通过阐明因果关系的交互作用特质，我们会发现，通常所说的因果关系具有先因后果这种性质也是需要澄清的。在我们详细地考察因果作用之后，我们会很清楚地看到这一点。

接下来我们通过实例具体考察原因和结果之间的关系。这个例子是根据康德的例子改造而成的——我们在平坦的沙面上放一个铅球，沙面上就会出现一个坑。在此，铅球是坑出现的原因，坑则是铅球放置后的结果。但这里的原因和结果的出现是同时的。康德也看到了这一点。关于因果同时性，康德论述道："自然中的绝大部分作用因与其结果是同时的，而结果的时间继起，只不过是由于原因不能在一瞬间就完成其全部结果而导致的。但是在其全部结果产生的瞬间，它却总是与其原因的因果性同时的，因为如果原因在此前一瞬间不再存在，那么，这结果就根本不会产生。在这里，人们必须充分注意到，受关注的是时间的**秩序**，而不是时间的**进程**：即使没有任何时间流逝，关系也依然存在。原因的因果性和其直接的结果之间的时间可以是微不足道的（它们因此而是同时的），但前者与后者的关系毕竟还总是可以根据时间来规定的。"①

但是，通常对因果关系的规定是：前因后果——在时间上原因先于结果。这样的规定就与因果关系的实际发生不相符合。面对这个矛盾我们如何抉择呢？不仅如此，这个矛盾还会产生一些重要问题，比如，因果关系中时间到底起了什么作用？它在规定因果关系中如何起作用？……

康德的解释似乎是：人们应当关注因果关系中的**"时间的秩序"**，而不是**"时间的进程"**。但是时间的秩序不正是在时间的进程中确定的吗？离开了进程如何确定秩序？康德试图区分"时间的进程"和"时间的秩序"来解决这问题，看来是不能成功的，至少从康德的论述来看是没有说服力的。但是康德对"时间的进程"和"时间的秩序"区分却是有启发的。

笔者认为，对"时间的进程"和"时间的秩序"所适用的对象做出不同解释，康德所遇到的麻烦就会得到解决。**这个解释是：所谓因果关系中"时间**

---

① ［德］康德. 纯粹理性批判［M］. 李秋零，译注. 北京：中国人民大学出版社，2011：186.

的进程"其实是指同一对象在不同时间中的状态变化；而"时间的秩序"，也即因果关系中的同时性，是指处于因果关系中的两个对象，当它们的状态发生变化时，它们在同一时间点上发生交互作用——那个主动的对象的状态变化是原因，而被动的对象的状态变化则是结果。因此，说原因和结果在时间上有先后顺序是不恰当的。时间上的先后顺序，即时间的进程是用来指示两个对象各自状态的前后继起，而不是用来指示作为原因的状态变化（在前）和作为结果的状态变化（在后）。作为原因的状态变化和作为结果的状态变化在两个对象交互作用的那一刻就同时发生了。如果我们区分出**因果关系的发生和因果关系的显现**，那么我们可以说，**因果关系的发生是同时的，但因果关系的显现却是时间性的**——我们必须知觉处于某种相互作用中的某个对象在某一时间点之前的状态，然后再知觉该对象在该时间点之后的状态。如此一来，我们就解决了康德对因果关系既是同时的又不是同时的矛盾。这同时也解决了，为什么假言判断根本不涉及时间关系，而从中演绎出来的因果关系却具有时间性这个问题。其原因在于假言判断陈述的是因果关系的发生——两个对象的交互作用，而不是因果关系的显现——两个对象各自状态的变化。

从以上的论述中，我们还可以发现因果关系中另一个较少为人注意的特征：因果关系中的交互作用是双向的，而非单向的。这种双向性导致这样一个结论：因果关系中，原因和结果是互相定义的，任何一个因果关系中不只有一个原因和一个结果，而是至少（具体数量取决于因果关系中相互作用实体的数目）有两个原因和两个结果。因为，在发生交互作用之后，两个不同的实体都发生了状态变化。这两种变化都是结果：因果关系中被动方的实体所产生的状态变化和主动方的实体也会受到被动方的实体的反作用产生一个状态变化。既然有作用与反作用，那么也就有两个主动方——选取的视角不同，主动方也就不同。

第三，经过上述分析之后，我们就有充分的理由对康德范畴表中的关系的范畴做出**第三处更改：在康德范畴表中被说成是行动者与承受者之间相互作用的共联性范畴应该重新界定。**因为行动者与承受者之间相互作用在因果关系中就已经包含了，不需要单独列出作为一个范畴。这一点也为陈晓平先生注意到了。不过他认为康德的"交互性"或"共存性"（即共联性范畴）作为先验范畴是多余的，"应当把它从作为基本范畴的先验范畴表中去除掉。"① 笔者则认为通过重新界定，**保留共联性范畴，但接替"行动者与承受着之间相互作用"的位置的应该是"部分与整体"**。

这样的改动也受到康德本人论述的支持。康德在对共联性关系范畴做出说明时说道，这个范畴与选言判断的形式一致性不像其他范畴那样引人注目，"为了保证这种一致性，人们必须注意：在一切选言判断中，领域（所有包含在它之下的东西的集合）被表象为一个整体划分为各个部分（各个从属概念），而且由于一个部分不能被包含在另一个部分之下，它们被设想为彼此并列的，而不是从属的，以至于它们不是像在一个序列中那样单向地相互规定，而是像在一个集合体中那样交互地相互规定。"② 康德在此明确指出，共联性必须看作部分与整体的关系才与选言判断的形式显得一致。其实选言判断本身体现的就是部分与整体这对范畴。部分与整体这对范畴的引进，还符合康德在对范畴进行演绎时遵从的正反合的规律。**实体和属性范畴**指示**不独立的两种东西之间的关系；原因和结果范畴**指示**独立事物之间的相互关系；部分与整体范畴**则是要**融合独立关系与不独立关系**，使之成为一个合概念。部分与整体的关系正是这样一种关系——部分不能脱离整体而成为部分，但任何一个部分都可以独立存在。用康德的话说：每一部分都以排斥其余部分的方式拥有它们的实存，但毕竟结合在一个整体之中。③ 由此看来将部分和整体这对范畴看作共联性范畴的内涵是合理的。

康德将共联性范畴说成是行动者与承受者之间相互作用的一个外部原因是，康德深受牛顿力学在天文学上的巨大成就的影响，试图将牛顿力学对天体关系的解释引入了先验认识论中。"如同实体原理、因果原理表现当时自然科学的状况一样，交互原理（共联性原理——引者注）也是为了在哲学上表述当时的科学（特别是天文学）所呈现出来的图景：对象间相互和互为因果，构成一个机械力学的全景。"④ 但是作为哲学原理的共联性范畴不能局限于一个时代的科学成就上。共联性范畴作为说明科学成就的基本范畴，可以得到科学的支持，而不能用科学成就给出解释。康德过分地追求先验范畴与当时科学

---

① 陈晓平. 贝叶斯方法与科学合理性 [M]. 北京：人民出版社，2010：246.
② ［德］康德. 纯粹理性批判 [M]. 李秋零，译注. 北京：中国人民大学出版社，2011：96.
③ ［德］康德. 纯粹理性批判 [M]. 李秋零，译注. 北京：中国人民大学出版社，2011：97.
④ 李泽厚. 批判哲学的批判 [M]. 北京：生活·读书·新知三联书店，2007：150.

成就的对应导致了他对共联性范畴不精确的理解。其实将共联性范畴赋予整体与部分的关系内涵，更能为当时科学的成就提供完整的先验认识论依据。

（四）模态范畴辨正

第一，对**消去模态各范畴的对立范畴**的理由说明如下：既然在质的范畴中已经具有肯定性和否定性这对性质相反的范畴，同时各类范畴总是相互联系起来对现象起综合统一作用的，那么模态各范畴的反范畴就可以通过模态各正范畴与否定性范畴组合得出。因此模态各反范畴是一种复合概念。根据康德界定范畴的第三条："这些概念都是基本概念，与派生的或者由它们复合的概念明显有别。"① 各反范畴不应该列入范畴表。

第二，笔者将存在性范畴列入模态范畴，并将其解释为现实性范畴的理由在上面已有部分说明。另外的更为全面的理由，还需在仔细考察康德对模态范畴的解释之后才能给出。

康德的先验范畴表中，第四组范畴是模态范畴，它包括可能性和不可能性、存在和不存在、必然性和偶然性三对范畴，与这组范畴相对应的先验原理是一般经验性思维的公设。这样的公设有三条：

"（1）凡是与经验的形式条件（按照直观和概念）一致的，就是可能的；

（2）凡是与经验的质料条件（感觉）相关联的，就是现实的；

（3）凡是其与现实的东西的关联被按照经验的普遍条件规定的，就是必然的（必然实存的）。"②

康德在对这三条公设中，具体地指明了可能性、现实性和必然性的内涵。毫无疑问，**康德在此已经将现实性与存在—不存在这对范畴等同看待了。**由于**笔者在上文中已经消去了模态范畴的各反范畴，因此，模态范畴就可简化为可能性、现实性和必然性。**接下来我们将考察康德对模态范畴的解释，尤其是对现实性范畴的解释，以期从中看到现实性与实在性（存在性）之间的关系。

康德认为模态范畴与其他范畴相比有特殊性。与其他范畴相比，"它们作为客体的规定丝毫不扩大它们作为谓词所附属的概念，而是仅仅表示与知识能力的关系。"通过这些范畴"并没有在客体本身中思维任何规定，而是仅仅问

---

① ［德］康德. 纯粹理性批判［M］. 李秋零，译注. 北京：中国人民大学出版社，2011：84.
② ［德］康德. 纯粹理性批判［M］. 李秋零，译注. 北京：中国人民大学出版社，2011：196.

道：该客体（连同其一切规定）与知性及其经验性应用、与经验性的判断力以及与理性（就其应用于经验而言）的关系是怎样的?"① 也就是说，康德认为，模态范畴并不为它们的主词（被思维的客体）增加更多的描述，而只是向人们显示出客体与认识能力及其应用的关系。康德如上三条公设就是对这种关系的描述。

如第一条公设所述，事物的可能性是要求对事物的经验要符合一般经验的形式条件。这是容易理解的。康德先验认识论的整个形式框架就是为了解释一般经验的可能性。在康德看来，没有先验形式就没有任何经验。但先验形式只是经验的必要条件，而不是充分条件，因此先验形式只为经验事物提供可能性。事物的现实性不仅需要形式条件还需要质料条件。② 这个质料条件就是现实的知觉。因此康德说："认识事物的现实性的公设，要求有知觉，从而要求有人们意识到的感觉"，但并不要求拥有关于被认识的对象本身存在的全部直接的知觉，只要那些知觉能够"按照说明一般经验中一切实在的结合之经验类比与某一个现实的知觉的关系"。③ 这里讲的"一般经验中一切实在的结合之经验类比"是指康德先验原理中经验的三条类比原理——实体的持久性原理、根据因果性规律的时间相继的原理和根据交互作用或共联性规律并存的原理。也就是说，康德认为事物的现实性并不需要对每一事物都有直接的感知，而是只要有一些现实的知觉，并且按照实体的持续性、因果关系的时间相继和事物之间相互共存并作用等原则，这些现实的知觉与那些没有直接知觉的事物相联系，那么那些事物也是现实的。简而言之，与某一现实知觉存在时空、纵横的联系的事物都是现实的；能通过现实（直接的）知觉间接感知的事物是现实的。知觉是现实性的唯一特征，但不是仅有直接知觉才是知觉。这是康德第二条公设的内在含义。**联系上文讨论质的范畴时，康德关于实在性的界定，我们**

---

① ［德］康德. 纯粹理性批判［M］. 李秋零，译注. 北京：中国人民大学出版社，2011：196.
② 李泽厚先生在其著作《批判哲学的批判》中谈到康浦·斯密对康德模态原理的另一种解释。这种解释认为，康德在别处曾说："可能性是被思维而未被给予的，现实性是被给予而未被思维的，必然性是通过被思维而被给予的。"这种解释与上文的解释主要差异在于对现实性和必然性的解释。上文的现实性满足形式条件与质料条件，而此处的现实性只要求满足质料条件；上文的必然性是现实的普遍联结，而此处的必然性只是上文的现实性。笔者认为康浦·斯密指出的这种解释是不可取的。因为现实性一定要求形式条件和质料条件都满足。没有被思维或者没有满足形式条件的东西，仅仅是杂乱无章的知觉材料，根本不会是任何现实的东西。必然性也绝不仅仅只需满足形式条件和质料条件就足够了。否则，任何一个经验主体的知觉都是必然的。参见：李泽厚. 批判哲学的批判［M］. 北京：生活·读书·新知三联书店，2007：153.
③ ［德］康德. 纯粹理性批判［M］. 李秋零，译注. 北京：中国人民大学出版社，2011：199.

很自然地得出这样的结论：现实性就是事物的存在性或实在性。因为上文康德明确说道："无论我们关于一个对象的概念包含着什么东西以及多少东西，我们都毕竟必须从它走出来，以便把实存赋予它。"即到感官对象那里，与某个知觉发生联系，通过感性材料的给予获得实存。①

接下来我们考察康德对必然性的规定，即第三条公设。康德的必然性公设指出，必然的事物是"与现实的东西的关联被按照经验的普遍条件规定的"事物。也就是说，必然性不能从与知识的形式和质料条件的关系界定，而是基于现实性之上来界定。因为在用形式、形式和质料的结合解释了可能性和现实性之后，康德不可能再找出知识条件的其他组合了。那么，要在现实性上加入什么因素才能得到必然性呢？我们从康德对模态原理的性质的论述中可以发现这些加入的东西。康德说，模态各原理"仅仅展示概念一般而言与知识能力相联结的方式。"康德在一处脚注中对所谓的联结方式给出了解释。他说："通过一个事物的现实性，我当然设定了比可能性更多的东西，但并不是在事物中；因为该事物在现实性中所包含的东西绝不能多于在它完全可能性中所包含的东西。相反，既然可能性仅仅是在与知性（知性的经验性应用）的关系中对事物的一种设定，所以现实性同时就是事物与知觉的联结。"② 康德这里说的已经被我们解释过了——事物的可能性只与先验认识形式相关，先验认识形式设定了事物在主体中的联结方式，但这种联结是没有实现的；而事物的现实性则在设定的认识形式中加入了质料条件，是在一个主体中实现了的联结。以此类推，事物的必然性是"与现实的东西的关联被按照经验的普遍条件规定的"。它的意思不过是指必然性中的联结是按照自然规律的联结。因为这里的"经验的普遍条件"决不能只是普遍的形式条件，即先验认识形式——它在可能性中就具备了。这里的"经验的普遍条件"只能指自然规律。这在康德的这句话中可以看到。康德说："实存的必然性永远不能从概念出发、而是任何时候都只能从与被知觉的东西的结合出发，按照经验的普遍规律来认识。……必然性的标准仅仅蕴含在可能经验的规律中……必然性仅仅涉及种种显象按照因果性的力学规律的关系……"③ 这种按照自然规律的联结是一种普遍的联

---

① ［德］康德．纯粹理性批判［M］．李秋零，译注．北京：中国人民大学出版社，2011：418 - 419.

② ［德］康德．纯粹理性批判［M］．李秋零，译注．北京：中国人民大学出版社，2011：207.

③ ［德］康德．纯粹理性批判［M］．李秋零，译注．北京：中国人民大学出版社，2011：203.

结——在所有主体中都如此联结。① 到此我们发现，从可能性、现实性到必然性的上升过程中，不断加入的东西正是事物的概念与知识能力联结的确定性。而且这种确定性是感受的确定性。因为知觉总是某个经验主体的知觉，这种知觉总是感受性的。现实性是在一个主体中，先验认识形式对经验材料的综合联结。主体的感受确定性的增加，使现实性中拥有了比可能性更多的确定性。必然性是普遍（所有主体中）的联结，当然又比现实性拥有更多的感受确定性。

由康德对必然性的界定，我们再一次看到现实性与实在性（存在性）是同一的范畴。

（五）范畴表的完备性辩护

在对康德范畴表的具体细节做出修改后，笔者认为，它将比康德本人制定的范畴表更为完备。当然这里的完备不是指范畴数量上的增减，而是指范畴的名目与范畴的内容更为相符。笔者的工作是严格遵照康德发现范畴的方法进行的，因此在数量上与康德的范畴表一致理所当然。但是，难道纯粹的范畴只有这么多，而不是更多吗？康德对这个问题回答有点模棱两可。他一方面主张自己的范畴表是完备的；另一方面又主张存在纯粹的派生范畴。因此，要维护范畴表中范畴数量的完备性必须考察是否存在纯粹的派生范畴。

关于纯粹的派生范畴（概念），康德认为，"为了这些源始概念还必须说明：范畴作为纯粹知性真正的基本概念，也拥有其同样纯粹的派生概念，在一个完备的先验哲学体系中绝不可以忽略它们，但我在一个纯然批判的尝试中就可以满足于仅仅提到它们了。"② 康德将这些派生的纯粹知性概念称为纯粹知性的可陈述词。他认为，一旦拥有原始的知性概念，就可以轻而易举地附加上派生的和从属的概念，并完整地描画出其谱系。"例如使力、行动、承受的可陈述词隶属于因果性范畴，使在场、阻抗的可陈述词隶属于共联性的范畴，使产生、消亡、变化的可陈述词隶属于模态的陈述词，等等，人们差不多就可以

① "所有主体"这个表述是一种理想化的表述，如果我们将在一个主体中连接的现实世界，看成一个可能世界的话，那么所有主体中的普遍连接的意思就是在所有可能世界都实在。这是借用可能世界理论对康德模态概念的改造，它对我们解决主体间性问题助益巨大，只是限于篇幅，我们不讨论。一般而言，科学规律所指的"所有主体中普遍连接"是一种理想化的表述，科学规律并不具有这样的普遍必然性。科学规律所指的所有主体一般是指某个时期或某个地域的主体。也就是说，这里的必然性并不是形而上学的必然性，而是知识论的必然性。科学涉及经验现象，而不涉及自在之物，而只要涉及经验，就不可能有形而上学的必然性，即绝对的普遍必然性和确定性。那种追求绝对确定性的狂妄正是我们反对的。

② ［德］康德. 纯粹理性批判［M］. 李秋零，译注. 北京：中国人民大学出版社，2011：94.

实现这一意图了。范畴与纯粹感性的样式相结合，或者也彼此之间相结合，提供出大量派生的先天概念……"① 总而言之，康德认为纯粹先验的派生范畴是存在的，而且很容易找到。这些话的言外之意是，原来的范畴表在数量上是不完备的。

奇怪的是，康德把这个已经上手的工作推掉了，而"把这一补充留待另一项研究"。在笔者看来，康德之所以如此，是因为这项工作并不"轻而易举"。从上文康德提出的那些派生的先验概念——行动、阻抗、变化等（它们都与运动密切地联系在一起，甚至可以将它们看作运动的表现形式）——来看，它们其实都是经验概念。因为运动的概念：在亚里士多德体系里作为范畴的概念，康德自己就明确地指出，它是一个"经验性的样式"。② 康德还在另一个地方明确将变化定位为经验概念。在那里他说："例如'每一个变化皆有其原因'这个命题就是一个先天命题，但并不是纯粹的，因为变化是一个只能从经验中取得的概念。"③ 康德在此的自相矛盾不可谓不明显。

由上面的分析还可以看出，康德初步提出的那些派生的纯粹知性概念，都是经验性概念，根本不纯粹。其实根据康德自己界定纯粹概念（范畴）的标准，根本不允许存在纯粹的派生范畴。康德制定的范畴的标准中有如下两条："（1）概念是纯粹的概念，不是经验性的概念。……（3）这些概念都是基本概念，与派生的或者由它们复合的概念明显有别。"④ 根据这两条可知，不存在纯粹的派生范畴。

另外，笔者认为，康德提出的派生的纯粹知性概念的原则本身有问题。康德在上文引述的话中提出，通过范畴与纯粹感性直观形式的结合或者范畴之间的结合，提供派生的先验概念。但是，如果要避免黑格尔式的概念辩证法的话，这样的结合只能在经验材料之上结合。因为范畴之间的关系以及范畴与直观形式之间的关系只能发生在经验联结中。这样得来的，体现范畴之间和范畴与直观形式之间的关系的概念，只能是经验概念，不可能是先验概念，即纯粹的概念。对于不存在派生的纯粹范畴这一点，我们可以从具体的经验判断中得到验证。我们知道，所有显示出纯粹知性范畴的判断都是经验的判断，而且这样的判断都不只显示一个（对）范畴。因为任何经验判断都是两个（对）以

①② ［德］康德. 纯粹理性批判［M］. 李秋零，译注. 北京：中国人民大学出版社，2011：94.
③ ［德］康德. 纯粹理性批判［M］. 李秋零，译注. 北京：中国人民大学出版社，2011：29.
④ ［德］康德. 纯粹理性批判［M］. 李秋零，译注. 北京：中国人民大学出版社，2011：84.

上范畴作用的结果。也正是因为这样，某一判断总是可以在不同的判断类型中出现。例如，"人是动物"这个判断。它既涉及量的范畴（全称判断），也涉及质的范畴（肯定判断），还涉及依存性（实体与属性）范畴（定言判断）。由此也可以看到，范畴之间、范畴与直观形式之间联合作用只能在经验中存在，能够显示它们之间关系的概念总是经验概念。如果范畴之间以及范畴与直观形式之间的关系不需要经验就能产生派生的范畴，那就只能是黑格尔的概念辩证法产生的概念。这样的概念对于康德的批判哲学而言是致命的颠覆。因此，**笔者认为，不存在派生的纯粹先验范畴。这是对先验范畴表的完备性辩护之一。**

为先验范畴表的完备性辩护还需考虑到其他发现范畴的方法，以及这种方法提出的范畴表的合理性。因为发现范畴的方法也许不止一种。事实上已有学者尝试用不同的方法寻求完备的范畴表了。就笔者所知，这些其他方法中，最为典型的是陈晓平先生的方法。笔者在此通过考察他的范畴表，将他阐发范畴的方法与康德阐发范畴的方法做一对比，为康德范畴表的完备性做出第二个辩护。陈先生的范畴表具体如下：

"（1）关于对象的范畴：实体，属性，事态。

（2）关于质的范畴：存在，虚无，实在。

（3）关于量的范畴：单一，复多，集合。

（4）关于度量的范畴：（基始数）一，（某数）加一，自然数集合。

（5）关于界限的范畴：有限，潜无限，实无限。

（6）关于形式的范畴：时间，空间，变化。

（7）关于关系的范畴：因果性，随机性，统计性。

（8）关于模态的范畴：必然性，可能性，实然性。

与康德的先验范畴相比，这个先验范畴体系不仅从四组增加到八组，而且第七组即关系范畴的成员发生了很大变化，其他一些组在表述上也有所不同。"①

不同的范畴表来自不同的方法。陈先生在阐发自己的范畴表时，承认康德从逻辑学中寻找先验范畴表线索有其道理。但与康德不同的是，他认为"只需从现代谓词逻辑借鉴一点，即最基本的命题形式：'a 是 F'，或者，'a 和 b 具有 R'，其中 a 和 b 是个体词，表示某个实体；F 和 R 谓词，表示某种属性；

---

① ［德］康德. 纯粹理性批判［M］. 李秋零，译注. 北京：中国人民大学出版社，2011：247 – 248.

具体地说，F 表示一个实体的性质，R 表示多个实体之间的关系。可见，实体和属性是谓词逻辑预设的两个概念，没有它们，谓词逻辑便没有意义。此外，谓词逻辑的这种基本命题表示某种事态，这也就是说，实体和属性合在一起构成事态。于是，第一组先验范畴是：实体—属性—事态。这组范畴是关于对象的，即当我们谈论任何对象时都必须预设这组范畴。"①

在得到第一组范畴之后，陈先生使用康德的"'正反合'的方法"推导其他范畴。② 他在这个推导过程引入了他"在质料形而上学中已经确立"的"第一个经验事实即我思。"并且"我思"是一个实体。而作为实体的我显然是存在的。于是，他得出"'存在性'是'实体'这个范畴的应有之义，否则就不成其为实体。"这样"存在性"这个范畴就推导出来了，然后再通过"正反合方法"就得出第二组质的范畴：存在，虚无，实在。③

但在笔者看来，这个推导有问题。问题出在那个经验实体"我思"。陈先生的推理逻辑很清晰："我思"是一个实体；"我思"是存在的；于是实体是存在的。不借助"我思"这个经验的实体，从实体范畴不可能推出存在范畴。否则所有实体（包括上帝、中国龙、方的圆等）都是存在的了。但是这个结论存在大量反例，比如，中国龙是一种动物，是实体，但却不存在。正是因为不是所有实体都存在，所以他不得不借助"我思"这个实体的存在性，推导实体范畴蕴含存在性范畴。但这个推理本身有问题。因为作为某个经验实体的"我思"是存在的，并不能由此断定所有实体都是存在的，否则就会犯以偏概全的错误。在三段论中这是无效的推理。这是问题之一。这个推理的第二个问题在于，由此得出的范畴，与康德界定的范畴截然不同。康德对范畴的界定要求范畴不是经验性的概念，也不属于直观和感性，还不能是派生的或者复合的概念。④ 陈先生的第二组范畴，不仅借助于经验实体，而且还有从第一组范畴派生的嫌疑。这样的范畴能成为真正的范畴吗？如果回答是否定的，那么用这种方法推出的其余范畴都是可疑的。

陈先生的范畴推导的派生性很明显。比如在确立了实体范畴之后，他很自然地得出"一个实在在其量上是单一，实在和虚无合起来在其量上是复多，一

---

① 陈晓平. 贝叶斯方法与科学合理性 [M]. 北京：人民出版社，2010：246.
② 陈晓平. 贝叶斯方法与科学合理性 [M]. 北京：人民出版社，2010：248.
③ 陈晓平. 贝叶斯方法与科学合理性 [M]. 北京：人民出版社，2010：249.
④ [德]康德. 纯粹理性批判 [M]. 李秋零，译注. 北京：中国人民大学出版社，2011：84.

个实在和一个虚无构成一个集合。"于是就有了量的范畴：单一——复多—集合。在此基础上，他也很方便地得出度量的范畴。[①] 他甚至还从他的关系范畴推出模态范畴。[②] 在笔者看来它们属于如此不同的人类能力范围，绝对是不可以推导出来的。此类推理笔者不再详细介绍。撇开这些推理过程中存在的具体问题不谈，这样的推理给人的整体感觉是，与其说这是康德意义上的"'正反合'的方法"，还不如说这是黑格尔的概念辩证法。如果将这种方法运用得彻底一些，我们还会像黑格尔那样推出整个宇宙、自然及其辩证发展，而不仅仅是这八组范畴。因此，笔者对使用这种方法推导的范畴心存质疑，不敢苟同。基于上述论证，笔者认为，康德从判断的形式演绎出来的范畴表是完备的。但是必须指出的是，陈先生在此过程中对一些重要概念的阐述很有启发，其中的一些概念作为具体科学概念或经验概念是非常基本的。它们需要哲学的说明。但是这些基本的概念应该得到哲学的说明是一回事，是否可以对它们做出先验的说明又是另一回事。

综上所述，通过对康德形而上学演绎的考查，对先验范畴的数目以及具体的名目和内容进行了必要的修正，康德的先验范畴表更改为如下形式：

(1) 量的范畴：单一性；复多性；全体性。

(2) 质的范畴：肯定性；否定性；限定性（概率性）。

(3) 关系的范畴：依存性（实体与偶性）；因果性（原因与结果）；共联性（部分与整体）。

(4) 模态的范畴：可能性；现实性（实在性）；必然性。

三、先验原则

在对先验认识形式做了如上考查和修正之后，我们将这些先验形式用命题表述为经验综合的普遍原则。[③] 这些原则是：

① 陈晓平. 贝叶斯方法与科学合理性［M］. 北京：人民出版社，2010：250.
② 陈晓平. 贝叶斯方法与科学合理性［M］. 北京：人民出版社，2010：254.
③ 由于数学和逻辑知识的普遍必然性并不涉及经验，不在我们的讨论范围；再由于数学和逻辑，根据康德的理论，是先验范畴综合统一纯粹直观形式得到的，构成（基础）数学和逻辑（基本的命题逻辑）知识的要素都是普遍必然的，它们的确定性会得到比经验知识更多的先验保证。因此我们在此将它们看成是经验知识的基础，已经摆脱了怀疑论的怀疑。出于上述考虑，我们只关注经验综合的普遍原则。事实上，在怀疑论与我们共享的语言系统中，由于我们都承认基本的命题逻辑，我们就在基础的数学和逻辑知识上达成一致了。因为命题逻辑不仅承认一般的逻辑规律，也承认一般的数学知识。

（1）所有现象客体都以时—空直观形式和异—同直观形式得到呈现；在空间中具有广延，在时间中得以持续。

（2）任何现象客体都是具有某种属性的实体。

（3）一切现象都由于原因与结果的相互作用而发生。

（4）一切实体，就其在空间中被知觉为同时的而言，都无一例外地处于整体或部分的关系之中。

（5）凡是与经验的形式条件一致的经验都是可能的。

（6）凡是已经获得经验质料的充实的可能经验都是现实的。

（7）凡是在所有主体中表象为普遍的都是必然的。

（8）所有现象之间的联结要么是确定的（是或不是），要么是概率的。

（9）所有现象都有质和量的规定性。

这些先验原则就是先验知识。它们通过先验命题表述。而且，它们属于先验命题中的先验论命题。关于命题的具体分类，参看第一章的第二节相关内容。

在此，还需强调指出，先验认识形式对语境主义理论的重要性。先验认识形式不仅指示出经验综合的一般原则，还展示出语境包含的一般要素。这些要素就是时间与空间、同一与差异、实体与属性、原因与结果、整体与部分、确定与概率，以及一般的数量关系。这些要素再加上主体要素，就构成了知识论的最基本语境，我们将它称为知识论的基础语境。在这个基础语境框架内中，随着各种要素的增减我们就能构造出各种具体的知识语境。而且随着人类实用目的的确定，我们就能判定该语境中主体是否具有知识。正是从确定语境要素这一角度而言，这一章可冠以另一个标题："语境要素分析"。

第四节　先验论证补遗

到目前为止，通过先验论证，我们回应了外部世界存在的怀疑论、因果关系怀疑论和自我实体存在（自我同一）的怀疑论。另外，由于我们抛弃了绝对确定性的知识标准，接受了外部世界可知的怀疑论，剩下的就是休谟对知识不确定性不断积累导致完全丧失确定性的怀疑。① 对于这种怀疑，不能使用先验论证的方法应对。因为它涉及知识具体内容的合理组织方式的选择，这种合理的组织方式必须根据经验本身的性质来选定。只要这种合理方式还没有确定，那么知识的确定性也就仍然没有得到辩护。要完成这种辩护需要我们构建一种完善的知识辩护理论。先验方法做不到这一点。因此，先验论证在构建知识辩护理论时无能为力。从这个意义上说，先验方法不是生产性的方法，它根本不能生产通常意义上的知识，先验方法仅仅是反思性的，它是对知识基础的反思，它试图证明知识的必要的基本设置。当然，先验论证为我们提供了一种特殊的知识，即先验论的知识，它是关于知识形式的知识，通过它我们知道知识生产到底是什么样的以及知识生产的能力到底有多大。这种先验论的知识正是康德追求的。他说："我把一切与其说是关注对象，不如说是一般地关注我们有关对象的、就其应当为先天可能而言的认识方式的知识，称之为先验的。这样一些概念的一个体系就将叫做先验哲学。"②

由于先验论证不是生产性的，于是有人认为，先验论证至多是在思想自身范围内克服了怀疑论，它至多是证明了：我思只能如此这般去思，没有别的选择。"这难免有些讥讽性。"③ 但在语境主义辩护理论的论述中，我们将会发现，先验论证奠定的基础作用巨大。如果我们不是喜欢求全责备的人，那么我们应该满足先验论证为知识论所作的贡献。

对于先验论证另一个需要补充说明的是，先验论证结论的可错性和可修正性。必须防止这样一种主张加之于我们，即任何主张从先验论证中获得先验知识的人，都势必主张先验知识是绝对确定的。作为先验论证的提倡者，笔者开诚布公地承认，笔者所阐发先验知识并不是绝对真理。理由很简单：其一，主张先验论证的特定历史时期的哲学家不可能是全知全能的，因此"我们不要求先验论证产生亘古不变的结论，我们不是从超越一切的视角，而是从一个全新的角度看待先验论证。这个新角度针对特定时刻特定目标，必要时接受进一步的阐明和修正。……哲学不必终结在人类历史的某个特定阶段。"④ 其二，任何先验论证都有一个公认的起点，但这个起点并不因为公认而是不可错的。既

① 怀疑论的分类参见第二章第二节中"经典的怀疑论实例及其论证"相关内容。
② ［德］康德. 纯粹理性批判［M］. 邓晓芒，译. 陶祖德，校. 北京：人民出版社，2004：19.
③ 赵汀阳. 先验论证［J］. 世界哲学，2005（3）：100.
④ 程炼. 先验论证［J］. 哲学研究，1998（10）：34.

然先验论证的起点是可错的，先验论证的结论也是可错的。就我们反对怀疑论而言，公认的单一的时空系统和基本的命题逻辑也许会因为知识的进步得到修改。这种修改也许会导致原来的先验论证无效。

　　但是，不能因此否定先验论证方法的可靠性，先验论证起点的变更，并不能否定这种论证形式的稳定性。在新的起点上，人们仍能构建有效的先验论证。正是基于这种考虑，笔者不再考查逻辑可错性思想对康德先验论证的威胁。就算基本的命题逻辑的形式是可错的，在其被修正之前，它仍是先验论证的公认起点。在错误之处被指明，替代者出现之前，我们不可能有其他的起点。

第四章

语境主义知识论的难题及解决

"语境主义"是一个含义多元的术语。目前，它被广泛应用在道德哲学、知识论、语言哲学和科学哲学等领域中。本书只考察知识论中的语境主义，因此在下面没有明确指明的情况中，"语境主义"皆指知识论的语境主义。在本章，笔者指出当下流行的语境主义知识论，即认知语境主义（epistemic contextualism，EC）的核心困难，并对一种改进的语境主义知识论进行论证，以期对知识的语境性做出更完善的解释。这种改进的语境主义是建立在先验框架之上的。通过用先验框架规定语境的基本结构和基本要素，语境主义的核心困难将得到解决，进而得到完善和发展。另外，出于为第五章的论述奠基的需要，本章第三节还简洁地阐述了语境与真的关系，指出语境中的真理（知识）就是得到该语境下最大辩护的信念。

第一节　知识论语境主义及其问题

知识论语境主义是 20 世纪后半叶兴起的知识论流派。即使在当代知识论中，"语境主义"也还是一个很笼统的概念，它泛指这样一种基本主张：知识问题与语境有关。因此，知识论中存在多种类型的语境主义。① 一般认为，知识论语境主义的不同流派，具体包括：刘易斯、科恩和德罗斯等所倡导的归赋

---

① 曹剑波. 知识与语境：当代西方知识论对怀疑主义难题的解答［M］. 上海：上海人民出版社，2009：208－210.

者（attributor）① 语境主义，威廉斯的推论语境主义，霍桑和斯坦利的主体语境主义，莱伯的解释语境主义，尼塔的证据语境主义，伯克的认知语境主义和格列柯的德性语境主义等。② 在诸多语境主义类型中，归赋者语境主义较为成型，得到广泛关注，堪称知识论语境主义的标准形式。③ 这种语境主义的基本主张是，包含"知道"一词的"知识归赋（knowledge-ascribing）句和知识否定（knowledge-denying）句（形如'S 知道 p'和'S 不知道 p'的句子以及这些句子的相关变形）的成真条件，以某种方式，根据它们在其中被说出的语境发生变化。"④ 这种学说试图通过揭示"知道"一词的语义语境性，应对怀疑论对知识的挑战，从而解救日常知识。但是这种语境主义存在诸多问题。西方诸多学者，如索萨、韦伯、普理查德等对这些问题多有论述。因此，本节将以归赋者语境主义为考察重点，指出语境主义的核心困难。在此之前，有必要澄清几个概念之间的关系。

一、几个概念之间的关系

（一）认知语境主义与语境主义知识论

语境主义知识论的最一般的主张是，人们是否具有知识是相对于语境而言的，知识的标准因语境的变化而变化，知识也随语境的变化而变化。从这个最一般的观点看，认知语境主义秉承了上述核心观点，毫无疑问是语境主义知识论中的一个流派。但是，较为独特的是，据《斯坦福哲学百科》介绍，认知语境主义是一种关于知识的语义学理论，这种语境主义认为，通过知识归赋句表达的命题（如，S 知道 p，S 不知道 p）的真值依赖于这个命题被说出的语

---

① attributor 一词存在多种翻译，如曹剑波译为"归因者"，阳建国则在其未出版的博士论文中译为"归赋者"——这种译法比前者合理，因为 attributor 的确没有因果的意思。与此相应，attributing/ascribing 被译为"归因"和"归赋"。陈晓平先生则将 attributor 译为"评知者"，意指对认知主体说出的认识命题评判真假的人。这种译法较之"归赋者"更明白地表达了知识评价者的地位。但是他对 attributing/ascribing 的翻译仍采用"归属"的译法。笔者在此采用阳建国的译法，原因在于"归赋"既能表达出评知者的含义，又能使术语尽量保持一致。

② 阳建国. 归因者语境主义与怀疑论问题［J］. 哲学动态，2009（10）：90.

③ 归赋者语境主义又有多种解释。出于主旨和篇幅的考虑，对这些解释的差异，不再详述。参见：阳建国. 知识归赋的语境敏感性：三种主要的解释性理论［J］. 自然辩证法研究，2009（1）：11 - 16.

④ Keith De Rose. The case for contextualism：Knowledge，Skepticism and Context（Vol. 1）［M］. Oxford：Oxford University Press，2009：2.

境。这种语境主义被冠以知识论的名字，仅仅是因为，它关涉知识归赋句或知识否定句，它不是任何一种关于知识本身性质的理论。① 如果这种区分成立，那么语境主义知识论流派中就存在关于知识的实质的（substantive）语境主义和关于知识的语义学的（semantic）语境主义的区别。认知语境主义就是知识的语义学的语境主义。本书要论证的恰恰是一种知识的实质的语境主义。这样一来，将认知语境主义作为典型来标示当代语境主义知识论的核心困难似乎是成问题的。也就是说认知语境主义的问题可能并不能代表整个语境主义知识论的问题，尤其不代表关于知识实质的语境主义的问题。对此，笔者认为，认知语境主义的核心问题就是知识论语境主义的核心问题。理由如下：语言与世界是紧密关联的，世界是语言里的世界，语言是关于世界的语言。这种观点运用到知识上，可以得到如下推理：对知识语句的考察，就是从语言角度对知识本身的考察；没有脱离知识语句的知识；因此对知识归赋句的语境性的阐明，就是对知识本身语境性的阐明。不能人为地将实质的语境主义与知识语义学的语境主义阻隔开来。认知语境主义共享了语境主义知识论的核心主张，它就自然地面临语境主义的核心困难。另外，从认知语境主义的理论目的，即解决知识论的怀疑论问题看，它并不是单纯意义上的语义学理论，而是密切关注知识实质的语境主义。怀疑论难题绝不是语言学问题。将认知语境主义限制为语义学论题会剥夺它的反怀疑论力量。② 从这个角度说，将语境主义分为实质的和非实质的（语义学的）是没有道理的。

（二）主体语境主义与归赋者语境主义

在争论最为激烈的认知语境主义中，又存在主体语境主义和归赋者语境主义的区分。所谓主体语境主义是指知识归赋句的真值随主体的语境变化而变化，而归赋者语境主义则指知识归赋句的真值随知识归赋者的语境而变化。前者的"语境"是指特定知识主体的特征（如他的证据、历史和其他信念等）或主体的客观处境（如真或假是什么，可能获得哪些可替代的信念等）；后者的"语境"是指知识归赋者的心理和会话实践的处境。归赋者语境主义是语

---

① Epistemic Contextualism［EB/OL］. http：//plato. stanford. edu/entries/contextualism-epistemology/，First published Fri Sep 7，2007；substantive revision Mon Nov 14，2011.

② John Greco. What's Wrong with Contextualism？［J］. The Philosophical Quarterly Vol. 58，No. 232. 2008：416 - 436.

境主义知识论中最受关注的流派，也是本节主要的考察对象。这里似乎又遇到了归赋者语境主义是否具有代表性的问题。但这仍然是个似是而非的问题。理由就在于，在讨论人类知识状况时，主体语境主义与归赋者语境主义之间是相互转换的。而我们讨论的正是人类的知识状况。

这种转换关系如下：在讨论人类知识状况时，人类既是知识的主体，也是知识的归赋者——如果我们不希望引入高高在上、不可企及的上帝的话。在整个人类的知识情境里，我们不仅是认知的主体，也是我们是否具有知识的评价者。

在另一些更为微观的场合中，判定某人或某个群体是否具有知识，是依据公认的知识标准而定的，而不是依据主体的语境确定的。在这种情况下，主体语境主义是不合适的。但是，如果将归赋者与知识标准联系起来，那么，归赋者语境主义在更为微观的情境中同样适用。由此看来，对归赋者语境主义的考察是具有代表性的。

总之，我们以归赋者语境主义作为知识论语境主义的代表，考察整个语境主义的问题是合适的。

二、认知语境主义的论证：反驳与辩护

认知语境主义要想成为一种站得住脚的理论，必须有站得住脚的论证。研究这些论证，对我们的语境主义知识论主张十分必要。由于我们主要关注认知语境主义对知识的语境性论证，所以，我们只需考察对知识语境性的总体论述是否成功即可，对其内部理论分歧导致的论证差异不做详细考察。①

另外，对知识的语境性存在一种全面和整体的反对，即绝对主义反对。我

---

① 一般认为，认知语境主义由于理论来源和界定语境的方法不同，一般可分为相关替代论语境主义和虚拟条件语境主义，前者主要以刘易斯和科恩为代表，后者以德罗斯为代表。不同类型的语境主义对知识的语境性的论证存在细致的差别。另外，认知语境主义对知识标准多样化的思想并无严谨而翔实的论证，这种思想主要来自当代哲学多元化思潮的影响。有学者将语境主义的思想溯源到维特根斯坦、奥斯丁、图尔明、库恩和费耶阿本德等。参见：Andrew P. Norman. Epistemoligical Contextualism：It's Past，Present，and Prospects［J］. Philosophia 27，1999：384 – 385. 从这些名字中，我们容易发现，多元化思潮源远流长。而要考察这种思潮，寻求细致的论证是一件困难的事。但是这不意味着这种思想没有道理。笔者在前一章已经论述了知识的实践本性，实践的目的是多元的，与实践相应的知识标准也就是多元的。这是理所当然的，因此，我们无须为此烦恼。事实上，这种多元性论证还是语境主义的结论，因此，对它的论证已经隐含在其他的论证方式中了。

们已经知道，绝对主义知识观最终会导致怀疑论。① 我们还知道知识的实践理性背景和实用性质已经杜绝了这种绝对主义知识观。因此我们不再详细考察这种反对。在做出这些澄清之后，我们来考察认知语境主义对知识语境性的论证：基于语义学的类比论证和基于案例的论证。

（一）语义学的类比论证

认知语境主义对知识语境性的语义学类比论证为大多数语境主义者所推崇。这种论证的基本思路是，将知识归赋句中的"知道"一词及其同类词（比如"辩护"）与索引词（比如"我""你""这里"和"现在"等）和等级形容词（如"高""平"和"富"等）类比，或者将"知道"视为索引词，或者将"知道"视为等级形容词，从索引词和等级形容词因语境不同真值不同，推论出"知道"一词也具有语境性。最后论证知识是语境性的。对这些论证的细节，这里不再详述。因为实在没有必要——这种论证总体上看不算成功，关注细节实属多余。

这种不成功的论证，已经为许多挑战所证明。

首先，"知道"与索引词类比不成立。卡普勒和勒普已经明确地论证"知道"和"我""这""现在"等不一样。② 他们通过指出"知道"不能通过索引性（indexicality）的特征测试，论证"知道"与索引词不同。我们知道，对包含索引词的语句的报告，不能在不改变索引词形式的情况下，从直接引语转变成间接引语。例如，"卡尔说：'我来自西班牙'"这句话不能直接转换成"卡尔说，我来自西班牙。"但是，包含"知道"的语句却不具有上述转换的限制。如，"卡尔说：'小明知道银行明天营业。'"与"卡尔说，小明知道银行明天营业。"这两句话中，"知道"一词并不需要任何转换。一般认为，索引词的如上性质是它们的独有特征。它们的语境敏感性也与这种特征紧密相关。如果"知道"并不具有这样的特征，那么将"知道"与索引词类比，试图说明"知道"一词的语境性，就是不成功的。

---

① 当代知识论中，既主张绝对主义，又反对怀疑论的人物有德雷斯克，他在其论文《知识的实用维度》中表达了这种观点。但是他所谓的绝对知识，是相对于相关替代项界定的。也就是说他的绝对知识仍然是相对的，由实践的相关性界定的相关替代决定的。这无疑是将从前门踢出的知识的语境性和相对性，又从后门引进来。这里不再浪费笔墨于这种无益的做法，其详细论述参见：Fred-Dretske. The Pragmatic Dimension of Knowledge [J]. Philosophical Studies 40，1981：363－378.

② Cappelen，H.，E. Lepore. Context Shifting Arguments [J]. Philosophical Perspectives 17，2003：25－50.

"知道"一词的语境敏感性有可能不是索引词的敏感性。与索引词类比来论证"知道"一词的语境性是一个很弱的论证。因此，即使这个论证不成立，也不能就此否定"知道"的语境性，也许还存在其他的语境敏感性的指标种类。为此科恩等试图将"知道"与程度（gradable）形容词类比，从而论证"知道"的语境敏感性。①

但是，"知道"与程度形容词类比也不成立。斯坦利就论证了"知道"与"高""平"和"富"等不一样。他从以下几个方面进行论证。首先，程度形容词允许像"十分""非常"等程度修饰，但"知道"不行。比如，"这是平的，虽然不是十分的平。"这是合理的说话方式。但人们不能说，"它是已知的，虽然它不是非常已知。"这句话如果不是对于某一个确定的事态的认知广度而言，即同一事态对许多主体而言的程度性，而是对某一主体认识某一单个事态而言，它是十分古怪的。其次，程度形容词允许像"与……比更高""与……比更平"等对比结构，但"知道"不行。例如，"琼斯比约翰更知道特朗普是美国总统。"和"相比他知道特朗普是美国总统，琼斯更知道拜登是美国总统。"显然是个奇怪的表述。当然，我们这样讨论的时候，已经排除了语言中的语气（如强调）的修饰成分。这种语气成分在如下语句中可以表现出来："约翰比任何人都更知道教育对国家发展的重要性。"这句话中的比较成分旨在强调约翰具有某种权威性。总之，斯坦利认为"知道"并不像"高""平"等具有程度性，因此也就不具有程度性的语境敏感性。②

当然，就寻求"知道"一词语境敏感性的语义学证据而言，斯坦利的反驳并不是致命的。因为即使上述两种类比都已经失败，也不能表明不存在支持"知道"一词语境敏感性的、其他种类的语境敏感词。这样说并不是要怂恿他人继续在类比论证的道路上误入歧途。因为，无论人们找到怎样类似于"知道"的语境敏感词，只要加以必要的变通，语言学上种类的区别都将出现，因

---

① Stewart Cohen. Contextualism, Skepticism, and the Structure of Reasons [J]. Noûs, Vol. 33, Supplement：Philosophical Perspectives, 13, Epistemology, 1999：57 – 89.

② J. Stanley. On the Linguistic Basis for Contextualism [J]. Philosophical Studies 119, 2004：124 – 130. 斯坦利在文章中详细地考察了"知道"一词各种可能的、但是是而非的"比较结构"的用法，考虑文章的简洁，在此不详细介绍。斯坦利还在这篇文章中批驳了科恩对知识语境性的论证。但是这种批判是建立在对科恩观点几经转换之上的，其中有严重的误解，并且包含低级错误。因此我们不再对这种批判进行详细解读。当然，这并不意味着科恩的论证是成立的。在科恩看来，辩护是知识的成分，知识归赋包含辩护的归赋，而且辩护肯定包含程度的区别，是语境敏感性的。因此，知识归赋就一定是语境性的。科恩的论证是成问题的。因为，即使辩护作为知识的成分，并且辩护是语境敏感性的，这也并不能蕴含知识是语境敏感性的。辩护成分的性质不能决定知识其他成分对知识性质的影响。

而威胁到这种类比的相似性，进而使得类比论证失败。因此，与其在这样易攻难守的道路上艰难前行，还不如强调，"知道"不需要任何类比，直接具有语境敏感性。① 而且仅从语义学角度而言，就算反驳了所有可能的类比论证，即"知道"的语境敏感性与所有其他语境敏感词不同，也不能否定"知道"一词的语境敏感性。因为，"知道"一词完全可以作为特立独行的一类语境敏感词。从语用学的角度考虑，不仅"知道"在不同语境中具有不同意义，而且除逻辑连接词与数量词之外的所有语词都具有这种语境敏感性。如此一来，"知道"的语境敏感性的语义学论证并无多大必要，也没有什么重大意义——尤其是对揭示知识本身的性质而言。

总之，表述形式对于我们而言，即使在语形上和语义上不具有语境敏感性，因为语用因素的介入，它们仍可以是语境敏感的。因此，我们不需要假定必然存在某种语境敏感的语义学来支持"知道"的语境敏感性。② 对此，有论者进一步要求我们摆脱一种哲学病症："语言学转向倒错症（a perversion of the linguistic turn）"，即要求我们对"语言学转向"后哲学界存在的一种含混而根深蒂固的观念保持警惕。这种观念始终认为哲学问题的回答或多或少要在我们的公共语言中寻找对策。这是将哲学的"语言转向"教条化。它始终固执地坚持从语言学角度论证知识的语境性，而忽略了知识论探索的经验性事实，错将方法论当成了研究的动机和旨归。③ 笔者认为，保持这种警惕是必要的。我们要在适当的时候跳出"语言转向"对我们的禁锢。正因如此，笔者并不仅仅停留在语言哲学内讨论知识论，同时，也不认为语义学论证是一种可资借鉴的成功论证。

（二）基于案例的论证

认知语境主义为人们普遍接受的论证是基于案例的论证。这些案例以德罗斯的和科恩的为代表。

① Robert J. Stainton. Contextualism in Epistemology and the Context Sensitivity of "Knows". Knowledge and Skepticism [C]. Ed. M. O'Rourke and H. Silverstein. Cambridge, MA：MIT Press, 2010：120.
② Robert J. Stainton. Contextualism in Epistemology and the Context Sensitivity of "Knows". Knowledge and Skepticism [C]. Ed. M. O'Rourke and H. Silverstein. Cambridge, MA：MIT Press, 2010：120. 当然，这种论调听起来已经十分武断，因此，也就称不上合格的论证。
③ Robert J. Stainton. Contextualism in Epistemology and the Context Sensitivity of "Knows". Knowledge and Skepticism [C]. Ed. M. O'Rourke and H. Silverstein. Cambridge, MA：MIT Press, 2010：121. 很遗憾的是，罗伯特·J. 斯坦顿本人却没有跳出"语言学转向"的禁锢，仍然试图在语言哲学内坚持语境主义的基本精神。

1. 德罗斯的银行案例①

银行案例A：一个周五下午，我与妻子开车回家。我们计划在回家的路上顺便去银行存钱。然而当经过银行时，看到里面存款者排着长队。尽管我们希望尽快把钱存进银行，但这次存钱并不是特别重要的事，因此我建议直接回家，等周六上午再来。妻子说："银行明天可能不营业，许多银行周六都关门的。"我回答："不，我知道这个银行会营业。两周前的周六我在这，它一直营业到中午。"

银行案例B：如案例A一样，一个周五下午，我与妻子开车回家，计划路上顺便去银行存钱，并发现银行里面存款者排着长队。我建议周六再存，并给出了上述一样的理由。但是这次，我们仅开出了一张重要的大额支票。如果我们在下周一之前没有把这笔钱存入两人的账户，那张大额支票就会被退票，这会给我们带来大麻烦。而且，周日银行不营业。妻子提醒我注意这些事实。然后她问道："银行有时候会改变营业时间，你知道银行明天会营业吗？"虽然我还是像以前一样确信银行明天营业，但是回答："哦，不知道，我们最好进去弄清楚。"

2. 科恩的机场案例②

玛丽和约翰在洛杉矶机场打算乘某趟班机去纽约。他们想知道该趟班机会不会临时停靠芝加哥。他们无意听到有人问一个叫史密斯的乘客，该趟班机是否在芝加哥停留。史密斯看了一下旅行社给他的飞机行程表，回答道："是的，我知道这趟班机确实在芝加哥停靠。"玛丽和约翰必须在芝加哥参加一个很重要的商务活动。玛丽说："那个行程表可靠吗？它可能有打印错误，行程表可能刚刚改了。"玛丽和约翰一致认为史密斯并不真的知道该趟班机在芝加哥停留。他们决定去航空公司核实。

这两个案例中，银行案例是以第一人称表述的，很容易被误解为主体语境主义案例。对这个案例稍加改造，比如，让读者作为知识归赋者来评判案例中

---

① Keith DeRose. Contextualism and Knowledge Attributions [J]. Philosophy and Phenomenological Research, Vol. 52, No. 4, 1992: 913.

② Stewart Cohen. Contextualism, Skepticism, and the Structure of Reasons [J]. Noûs, Vol. 33, Supplement: Philosophical Perspectives, 13, Epistemology, 1999: 58.

那对夫妻是否具有知识，就是一个归赋者语境主义的案例。第二个案例是以第三人称表述的，其中知识归赋者（玛丽和约翰）的地位突出，是一个典型的归赋者语境主义案例。

通过这些案例，德罗斯和科恩试图表明，知识的标准是随语境的变化而变化的，较高的知识标准要求较严格的证据，较低的知识标准要求较宽松的证据，并以此用来解决怀疑论难题。在笔者看来，这种对知识语境性的论证是合理的——虽然它对怀疑论难题的解决不成功。这些案例的基本特征是：当涉及话题对说话者无关紧要时，特别是认知主体没有提及他不能排除的某种不寻常的可能性时，我们（归赋者）会认为主体具有知识，即将知识归赋给认知主体；但是，当涉及话题对说话者很重要时，特别是认知主体要考虑他不能排除的某种不寻常的可能性时，我们（归赋者）不会认为主体具有知识，即不将知识归赋给认知主体。

这些案例透露出来的另一个重要信息是，实践的重要性是知识的决定因素，而且实践（实用）作为决定知识标准的重要因素是有等级的，因此，在不同语境中，知识的标准是变化的。如此"知识归赋是语境敏感的——包含'知道'一词以及同类词的语句的真值依赖于由语境决定的标准。"[①] 知识的语境性得以彰显。这与第三章的论述，即实践对知识标准起决定性作用是相符的。只不过在那里是从理论理性的限度和实践理性的作用论证的，更具哲学严格性。上述基于案例的论证得到普遍认同，在此不做过多论述。

总之，认知语境主义对知识语境性的论证是成立的，虽然它的某些论证方法不合理。

三、认知语境主义的三个难题[*]

认知语境主义论证了知识的语境性，并不表明它就是一种完善的理论。在处理知识论的核心问题（怀疑论难题）中，认知语境主义出现了许多问题，也受到广泛批判。这些问题可综合成三个难题，而它们又有一个共同的核心。

---

① Stewart Cohen. Contextualism, Skepticism, and the Structure of Reasons [J]. Noûs, Vol. 33, Supplement: Philosophical Perspectives, 13, Epistemology, 1999: 57.

* 本节部分内容由拙作"语境转换：归赋者语境主义之症结 [J]."（然辩证法研究，2013（7）：3–8）改写而成。

为进一步完善语境主义知识论，有必要细致考察这些问题，对症下药，予以解决。

认知语境主义应对怀疑论的措施可以简述如下：依据它的分析，怀疑论者知道，只要我们处于日常的对话语境中，我们就能正确地主张知道那些怀疑论否定的事情，否认我们知道那些事情是错误的。但是，怀疑论通过提高知识的标准构造出一个语境，使得我们在其中不知道任何事情或者知道得很少。于是认知语境主义从知识标准的语境敏感性出发，将讨论知识问题的语境区分为怀疑论语境和日常语境。两个语境的知识标准不同，日常语境中的知识标准较低，因此，主体很容易满足此标准，知识归赋句的成真条件具备，归赋者可以成功进行知识归赋；怀疑论语境的知识标准很高，没有人能够达到，知识归赋句的成真条件不具备，归赋者不能将知识归赋给认知主体，因而怀疑论者能够否认他们拥有知识。认知语境主义者还认为，不能用怀疑论的高知识标准要求日常知识的低标准知识；低标准的知识不受高标准的威胁。如此，日常知识相对于日常语境是真的，虽然它相对于怀疑论语境不真。语境主义者认为，这种方法既保护了日常知识，又解释了怀疑主义论证的说服力。①

但是这种看似两全其美、一箭双雕的方法存在诸多问题。西方诸多学者，如索萨、② 韦伯、③ 普理查德④等对这些问题多有论述。布雷迪和普理查德在其论文中集中论述了针对语境主义的反怀疑论方案提出的各种批评⑤。曹剑波先生在其著作《知识与语境：当代西方知识论对怀疑主义难题的解答》中也考察了一些批评，并将这些批评区分为三种：来自无用论的批判、来自缺陷论的批判和来自替代论的批判。⑥ 这些批评综合起来大致包括无用论批评或对怀疑论过分妥协的批评（过分妥协以致不能应付怀疑论）、相对主义批评、"一会知道一会不知道"怪论批评、认知怠惰悖论批评、无法解释认知上升和下降问

---

① Keith DeRose. Solving the Skeptical Problem, in Epistemology：An Anthology［C］. edited by Ernest Sosa, Jaegwon Kim, Jeremy Fantl, and Matthem McGrath. 2nd ed, Oxford：Blackwell Publisher, 2008：670.

② Ernest Sosa. Skepticism and contextualism［J］. Noûs, Vol. 34, Supplement：Philosophical Issues, 10, Skepticism, 2000：1 – 18.

③ Michael Veber. Contextualism and Semantic Ascent［J］. The Southern Journal of Philosophy, Vol. XLII. 2004：261 – 272.

④ Duncan Pritchard. Contextualism, Scepticism, and the Problem of Epistemic Descent［J］. Dialectica Vol. 55, No4, 2001：327 – 349.

⑤ Michael Brady and Duncan Pritchard. Epistemological Contextualism：Problems and Prospects［J］. The Philosophical Quarterly, Vol. 55, No. 219, 2005：161 – 171.

⑥ 曹剑波. 知识与语境：当代西方知识论对怀疑主义难题的解答［M］. 上海：上海人民出版社, 2009：246 – 248.

题批评①、否认知识标准可变的批评和否认"知道"的语义语境敏感性批评等。笔者在此将这些批评区分为内部批评和外部批评。所谓内部批评是指承认语境主义的知识具有语境性这个基本主张之上，对语境主义提出的批评；外部批评则是指不承认上述基本主张的批评。显而易见，上述各种批评中，除最后两个批评属于外部批评外，其他都可以归属为内部批评。由于上面已经承认了认知语境主义对知识语境性论证的合理性，因此笔者主要考察内部批评。语境主义反怀疑论方案面临的各种内部批评之间存在着紧密的联系。根据它们之间的联系，笔者将它们区分为三类难题：相对主义难题、认知上升难题和认知下降难题。

（一）认知语境主义的相对主义难题

语境主义承认，在怀疑论的标准下否认我们知道各种事情，与在日常标准下肯定我们知道各种事情，是相容的。也就是说，语境主义仍为怀疑论留有后路。正如索萨所言："在应对怀疑论者的过程中，语境主义者既拒绝否认其前提，事实上也没有否认其结论。这是一种妥协。"② 依据这种妥协，在低知识标准下，我们拥有日常知识；但在高知识标准我们没有那些知识。那么严格来说，我们还是没有知识。这是语境主义妥协的最坏结果：这个妥协太过分而倒向怀疑论——进一步的结论是，语境主义在反怀疑论上无用。这种妥协的另一个可能结果是导致相对主义。因为上述妥协的另一种表述是："就同一个认知主题而言，相对于日常语境为真，相对于怀疑论语境为假；或者相反。"如果不能合理地解释这个折中判断，将日常语境与怀疑论语境的区别与联系——尤其是它们的联系阐述清楚，那么这种妥协极有可能导致相对主义结果——怀疑论和日常知识分别在自己的标准下或真或假，它们分别限于自己标准下的判断泾渭分明、互不相干、各居一方，无法比较，如此就像庄子所言，不能以人之美丑比之于鱼鸟，也不能以人之能居比之于鳅猿，万物都各有各的标准，"彼亦一是非，此亦一是非"，最终导致相对主义。如此看来，语境主义对怀疑论**过分妥协**的问题要么会直接导致其反怀疑论失败，要么间接导致相对主义难题

---

① Duncan Pritchard. Contextualism, Scepticism, and the Problem of Epistemic Descent ［J］. Dialectica Vol. 55, No. 4, 2001: 327–349.

② Ernest Sosa, Jaegwon Kim, Jeremy Fantl, and Matthem McGrath, Introduction, in Epistemology: An Anthology ［C］. edited by Ernest Sosa, Jaegwon Kim, Jeremy Fantl, and Matthem McGrath. 2nd ed, Oxford: Blackwell Publisher, 2008: 663.

（因语境跳跃而产生的"一会知道一会不知道"怪论就属于相对主义难题）。这两个结果都让人难以接受。为了避免最坏的结果，语境主义者需要从怀疑论语境下解救日常语境。这是下面所述的认知下降或语境下降转换问题。为了避免相对主义，语境主义者需要打破两个语境之间的对立，阐释它们的联系。而阐明这种联系就是给出语境转换的机制。这需从相对主义的特征说起。

相对主义的本质特征如下：相对主义主张（1）真、善、美都是相对于某个参考系统的；（2）在这些相互竞争的参考系统之间不存在绝对的裁决标准。① 用伯恩斯坦的话说："相对主义者的基本观点是，不存在比一定的概念系统、语言游戏、社会实践系统和历史时期更高层次的求助手段。只有这些系统、范式和实践不可还原的多样性；没有实质性的权威框架能公度本质上不同的和可变的系统——在这些竞争性的选择之外和之上不存在普遍的标准。"② 参照上述相对主义界定，我们发现，语境主义反怀疑论方案的基本精神满足相对主义的第一个特征，即知识归赋句的真假是相对于语境而言的；但不满足第二个特征——因为语境主义明确地指出日常语境与怀疑论语境之间存在着某种公度或裁决标准：怀疑论语境的真理标准远高于日常语境的真理标准。这就是语境主义者与相对主义撇清关系的依据。但是，这个公度具体为何？如果语境主义不能回答这个问题，它就陷入相对主义泥潭。语境主义对这个问题的回答就是对语境转换机制的回答。因为一旦确立了这个公度，语境转换的节点就清楚了——日常语境与怀疑论语境之间的公度一定会指明日常语境与怀疑论语境在什么情况下相互转换。这样一来，语境上升或下降无非增加或减少语境因素的操作问题。因此，相对主义难题的解决仍要诉诸语境转换机制的建立。这也是语境主义与相对主义划清界限的关键。

（二）认知上升（epistemic ascent）的语境转换难题

认知语境主义的批评者一般不会认为认知上升的语境转换是语境主义面临的问题。原因大概是他们和语境主义者一样接受了语境主义的某些潜在前提。但是，笔者并不认为语境主义给出了认知上升的解释。

---

① Michael Krausz. Introduction, in Relativism: A Contemporary Anthology [C]. edited by Michael Krausz, New York: Columbia University Press, 2010: 1.

② Richard J. Bernstein. Beyond Objectivism and Relativism: Science, Hermeneutics, and Praxis [M]. Oxford: Basil Blackwell, 1983: 11 - 12.

关于认知上升，语境主义一般主张，怀疑论通过提出更严格的证据要求，为对话引入更多的错误可能性，提高相关替代项（relevant alternative）的数量等途径引起认知上升。但是笔者认为，这些方法都没能成功地阐述从日常语境上升到怀疑论语境的机制。

一方面，为认知对话引入更多的错误可能性，从而提出更严格的证据要求，将日常语境提升为怀疑论语境的做法，是值得怀疑的。因为，在日常语境中，人们要么根本没有意识到过于严格的证据要求和罕见的错误可能性；要么出于实践的需要，忽略它们。这种情况下，日常语境对高标准的怀疑论语境有一种天然的免疫力，从而阻止语境转换。而且，人们在日常语境中即使清楚地认识到有更多与我们所知相关的、不为人知的方面——它们会影响目前所掌握的日常知识的成真条件。但这并没有导致人们日常知识的丢失。就拿流行的"动物园案例"为例，当有人针对"我知道那是一只斑马"提出"你知道那是一只精心伪装的驴吗"的疑问时，日常语境并没有变为怀疑论语境。即使有人关于"你是否知道那是斑马"提出更多相关的未知问题，也不能就此判定日常语境变成了怀疑论语境。在科学探索中尤其如此，科学家们并不因为自己尚未全面地认识世界（这些未知可能会导致目前科学知识出错，要排除这些可能的错误需要更严格的证据），而否定人类已经获得的知识，投入怀疑论的怀抱。尽管他们总是在不断地提出需要探索的、未知的相关问题。因此，通过引入更多的错误可能性，提出更严格的证据要求的途径并不能合理地解释认知上升的机制。

其实，上述提升语境的做法存在明显错误。它混淆了用怀疑论提问方式进行的日常的对话和科学探索与真正的怀疑论提问之间的区别。这种区别不是形式上的，而是内容上的。怀疑论诘难日常知识的关键在于它沿袭了理智主义的绝对确定性和绝对真理概念，通过非充分决定性论证指出，绝对确定性和绝对真理是不可能得到充分论证的。日常知识恰恰放弃了那种理智主义的真理，转向实用真理。这一转向从根本上杜绝了日常语境向怀疑论语境转换的可能。笔者在前面已明确指出实用因素和实践对知识的重要性，有效地杜绝了怀疑论语境。当然，即使如此，从哲学上给出日常语境中认知上升的具体机制仍然是必要的。

另一方面，试图运用相关替代项概念或可能世界概念解释语境上升的做法也不成功。相关替代论语境主义者刘易斯用适当忽略相关替代项的办法解释语境下降的机制，但没有论及语境上升的机制。但是，既然语境上升是语境下降的逆过程，解释了下降机制，也就等于解释了上升机制。令人失望的是，刘易斯的语境下降解释不成功。笔者将这种解释留待后文阐述。

德罗斯认识到这些难题。他就认知上升难题说道："这种应付怀疑论的方法（认知语境主义方法——引者注）的成功很大程度地依赖于语境主义解释怀疑论如何在他的论证中提高知识的标准。如果可以成功地建构那样的解释，那么那种应对怀疑论的方法就很有吸引力，……并且可以为接受语境主义提供强大的动力。"但是，"如果只是接受怀疑论论证会提高知识的标准，那么语境主义解决怀疑论谜题的方法就不能公正地应付怀疑论论证加之于我们的影响。"① 总之，如果我们没有独立的理由来论证知识归赋的标准如何发生变化，那么语境主义解决怀疑论的方法就没有说服力。因为，要么我们的语境主义关于语境转换的论断是武断的，这种武断将导致知识论的相对主义；要么怀疑主义随时都可以将知识的标准提高，从而否定日常知识。不过，德罗斯没有就此问题给出具体答案，而是将它作为《为语境主义辩护》（2009 年版）一书未来第二卷的工作任务。很有意思的是，这个问题其实是德罗斯 1995 年遗留下来的问题。在他提出语境主义思想的纲领性论文"解决怀疑论问题"中就已经说道："重点是确定（identify）怀疑论威胁提高知识标准的机制。""如果我们不能找到和解释怀疑论提高知识标准的会话规则或机制，那么我们就不能解释 AI（怀疑论论证，引者注）的说服力，因此也就不能解决我们的谜题（怀疑论谜题，引者注）。"② 从这个问题被拖延了 14 年的情况来看，问题真可谓是难题了。同样困扰语境主义的还有认知下降难题。

（三）认知下降（epistemic descent）的语境转换难题

认知下降难题指的是，语境主义无法明确的回答一旦讨论进入怀疑论语境，为了维护日常知识，我们如何还能回到日常语境。如果语境主义没有告诉我们如何由怀疑论语境下降到日常语境，从知识高标准语境下降到知识低标准语境；那么，在讨论哲学问题时，由于我们始终在注意着怀疑论假设，又由于

---

① Keith DeRose. The case for contextualism：Knowledge，Skepticism and Context，Vol. 1 ［M］. Oxford：Oxford University Press，2009：42.

② Keith DeRose，Solving the Skeptical Problem，The Philosophical Review，Vol. 104，No. 1，1995：6－7.

怀疑论成功地否定了我们的知识，最后导致日常知识在哲学领域得不到辩护。解决这个难题对语境主义而言十分重要。正如普理查德所言，对于语境主义的反怀疑论进路而言，解释认知上升的怀疑论现象与解释相反的认知下降现象是同等重要的，因为否则在怀疑论语境下失去的知识就再也不能重新获得。①

对这个问题的解决首先必须提到刘易斯的相关替代论语境主义。虽然刘易斯并非有意解决语境下降难题。但是他的相关思想对解决此问题还是有启发的。刘易斯认为，S 知道命题 p 当且仅当 S 的证据消除了每一种非 p 的可能性。由于非 p 的可能无限多，于是，刘易斯区分了与 p 相关的非 p 的可能性和与 p 不相关的非 p 的可能性。前者是 p 的相关替代项，后者是 P 的非相关替代项。S 的证据要消除的非 P 可能性指的是 P 的相关替代项。也就是说，刘易斯认为，S 知道命题 p 当且仅当 S 的证据消除了所有 p 的相关替代项为真的可能。刘易斯在区分相关替代项与非相关替代项时，提出了七条界定相关替代项的规则。这七条规则可以被看成是界定命题 p 在其中为真的语境的规则。因为界定相关替代项就是界定语境的组成要素，而非相关替代项就被排除在语境之外。如果这七条规则能顺利发挥作用，那么语境的上升和下降机制也可依此建立。刘易斯将排除非相关替代项的活动称为"适当忽略"。他提出了七条适当忽略规则：②

（1）现实性规则：实际存在的可能性不能被适当忽略，实际存在的可能性总是相关替代项。

（2）相信规则：不论其信念正确与否，认知主体相信其存在的可能性不能被适当忽略。

（3）相似性规则：对于两种明显相似的可能性，如果一种可能性不能被适当忽略，那么另一种也不能被适当忽略。

（4）可靠性规则：尽管感觉、记忆和证据是可错的，但通过它们所获得的信息一般是可靠的。是否可以适当忽略它们要看具体情况。

（5）方法论规则：这种规则对选择语境要素的影响，刘易斯论述得十分

---

① Duncan Pritchard. Contextualism, Scepticism, and the Problem of Epistemic Descent [J]. Dialectica Vol. 55, No. 4, 2001：336.

② David Lewis. Elusive Knowledge, in Epistemology：An Anthology [C]. edited by Ernest Sosa, Jaegwon Kim, Jeremy Fantl, and Matthem McGrath. 2nd ed, Oxford：Blackwell Publisher, 2008：695 – 689.

模糊。笔者将其"适当忽略"。

（6）保守性规则：假设周围的人通常确实忽略某些可能性，这种忽略已经成为一种公共知识，那么这些忽略是适当的。

（7）注意规则：如果一种可能性被注意到，那么这种可能性就不能被适当忽略。

刘易斯的这些规则可以用来解释我们的知识为何是捉摸不定的。怀疑论者运用第七条规则，将一些不能排除的可能性引入相关替代项，此时语境因素中就包含十分丰富的知识归赋的反例，日常语境提升成一个怀疑论语境，在这样一个超常的语境下，由于证据不能排除某些相关替代项，知识归赋就会失败。但是这只是暂时的。知识论的消遣不可能总是处于这样的语境下。通过其他几条规则，尤其是第六条规则，我们可以适当忽略的怀疑论假设的可能性，使之成为非相关替代项，从而使怀疑论语境下降到日常语境，进而保卫我们的日常知识。

但是，刘易斯的这个语境转换规则并不合理。首先，刘易斯的七条规则中，保守性规则与注意规则明显不一致。在没有指明在哪种情况下，哪个规则应当起主导作用时，归赋者不能一致地确定相关替代项，因而也就不能确定语境。其次，相关替代项的确定或非相关替代项的排除，其实是以语境的确定为前提的，而不是相反。这也是科恩的看法。① 最后，在七条规则中，尤其是现实性规则、可靠性规则和保守性规则中，明显地透露出语境已经确立的信息。所谓的"现实""公共知识"和"可靠"都表明这是站在日常语境而非某个中立立场，更不是怀疑论语境下制定的规则，否则那些关键词就是不可理解的。果真如此，怀疑论语境在起点上就被排除了，何来语境上升与下降的问题？因此刘易斯的相关替代论语境主义既没有合理地解释相关替代项的产生，也没有给出语境转换的机制。

当然，认知下降的难题也没有解决。按照语境主义观点，在没有解决这个问题之前，我们既不能够断言，也不能思考。因为一旦我们思考，知识的标准就会被提高，我们就不再具有知识。这样一来，知识论"这种特殊的消遣劫掠了我们的知识"成了罪魁祸首。② 这给人们一种印象：思考使知识消失，不思

---

① Stewart Cohen. How to be a Fallibilist［J］. Philosophical Perspectives，Vol. 2，1988：91 – 123.

② David Lewis，Elusive Knowledge，in Epistemology：An Anthology［C］. edited by Ernest Sosa，Jaegwon Kim，Jeremy Fantl，and Matthem McGrath. 2nd ed，Oxford：Blackwell Publisher，2008：692.

考反而拥有更多知识，从而鼓励认知上的懒惰。这就是认知怠惰悖论批评。

（四）德罗斯对认知下降难题的解决

语境下降难题将语境主义逼入既要避免相对主义陷阱，又要从怀疑论淫威下拯救日常知识的困境中。德罗斯认识到，如果语境主义的基本主张只是将怀疑论者与日常知识论者隔绝在两个不相互对话的世界里，使他们在各自的世界里都是正确的，那么这可能导致相对主义难题。而且这种和事佬的主张还会被指责对怀疑论太友善而没有实质的反对作用。德罗斯将这种情况称为"复式记分卡（multiple scoreboards）"或"私人记分卡（personal scoreboards）"，即怀疑论与日常知识可以自行其是，互不相干地进行知识否定或归赋，他们自己为自己的得分卡填写分数。德罗斯承认，语境主义这样应对怀疑论没有说服力，而且这种方法也不能解释我们日常知识归赋和怀疑论相冲突的强烈直觉。因此他以及科恩都不认可这种观点。① 由此，他提出一种"单一记分卡（single scoreboard）"的情况。在这种情况下，怀疑论者与日常知识论者面对面地进行着矛盾的知识归赋。这才是语境主义解决怀疑论，维护日常知识的真正战场。在这种情况下他就不得不给出认知下降——怀疑论语境让位于日常语境的机制。

那么在"单一记分卡"情况下，谁说的是真的？针对这种情况，德罗斯不接受通常归给语境主义的观点（这是刘易斯语境主义的观点）——在怀疑论超常高标准胜出的情况下，我们没有知识或知之甚少。② 也就是说，即使在怀疑论高标准下，德罗斯也不承认怀疑论者赢了。因为，这种观点比"复式记分卡"情形下的观点更加"亲怀疑论"。这样的观点也不能实现认知下降的语境转换。德罗斯为反对这个观点考察了一种解释：日常知识论者对怀疑论者有否决的权力（veto power）。这种否决的权力使得认知语境从高处下降到低处。他参照刘易斯为维护日常知识提出的"迁就规则（rules of accommodation）"——语境敏感词向使所说为真的方向倾斜——提出，如果日常知识论者不同意提升认识标准，那么怀疑论者就不能改变得分。在这个观点下，因为

---

①② Keith DeRose. The case for contextualism：Knowledge, Skepticism and Context, Vol.1 ［M］. Oxford：Oxford University Press，2009：137.

标准没有提高，日常语境获胜，说出了真理，怀疑论的主张则是错误的。① 但是这个观点有明显的缺陷。一方面，它在一种"有缺陷的价值观"指导下，假设了认知标准是从可满足的低标准开始上升的。这为日常知识受到怀疑论反驳时提供了停留的基地。这个假设没有普遍性，笛卡尔的知识论就是从怀疑论开始的。另一方面，即使如德罗斯那样承认这种假设是足够可能的，为什么只能是日常知识论者单方面的否决怀疑论者，而不是相互否决（这种情况会退回到类似"复式记分卡"的情形）或者怀疑论者否决日常知识论者呢？毕竟，按合理的价值观，我们总是追求更精确的知识。如此，这个观点的成立不得不依赖于价值观的选择。而这种选择并不比独断地选择语境合理多少。如果语境主义者试图合理地论证自己的价值观选择，他们还是得回到选择哪个语境更合理的问题。

近乎无聊的是，德罗斯真的为"有缺陷的价值观"提出了辩护。他将合理性观点分为两种："完全合理性（pure reasonableness）"和"有约束力的仲裁（binding arbitration）"。在前一种合理性观点下，不管各个说话者私人表达的内容实际上是什么，会话得分都是说话者最（most）合理的得分。在后一种合理性观点下，当一个说话者私人表达的内容偏离与其对话的另一个说话者的表达内容时，会话得分与两个会话者中表达了比较（more）合理内容者的私人内容相匹配。② 这个观点运用于反怀疑论论证上，得到的结果是：怀疑论者要求的合理性是完全合理性，而反怀疑论者要求的是受约束的仲裁合理性，在反怀疑论者与怀疑论者对话的情形下，怀疑论者的合理性是不合理的，因此日常知识论者的知识标准，而不是怀疑论的高知识标准才是决定会话得分的标准。如此，怀疑论者说我们不知道就是错误的。这样怀疑论语境的高标准就被硬生生地拽了下来。但是，这个解答仍然没有说明，在知识归赋的争论中，为什么应该采取日常知识论者比较合理的观点，而不采取最合理的观点。对合理性观点做出区分并不能代替对合理性观点做出选择的理由。

因此，德罗斯不得不放弃这种立场，转而考察另一种毫无助益的观点：所谓的"真值空白观（the gap view）"——在单一记分卡情形下，双方矛盾的主

---

① Keith DeRose. The case for contextualism: Knowledge, Skepticism and Context, Vol. 1 [M]. Oxford: Oxford University Press, 2009: 140 – 141.
② Keith DeRose. The case for contextualism: Knowledge, Skepticism and Context, Vol. 1 [M]. Oxford: Oxford University Press, 2009: 141 – 142.

张会出现真值空白的情况，此时连续的真值就出现了裂口。这种观点认为，当怀疑论者和日常知识论者都坚持自己的知识标准，就同一认知主题做出不相容的判断，僵持不下时，双方的记分卡都失效了。此时，双方关于知识的结论既不真也不假。[①] 但是这并不能因此降服怀疑论。德罗斯清楚地认识到，将怀疑论和日常知识在某些情况下宣布为既不真也不假，同时也就表明日常知识并没有战胜怀疑论！在这种情况下，怀疑论的主张仍然算是"赢了"日常知识的主张。面对怀疑论的这种胜利，德罗斯只能表示自己不是很关心怀疑论在这种意义上的胜利。他的这种漠视态度只能表明，德罗斯主张的反怀疑论语境主义方法失败了。同时被宣布失败还有他的语境下降的转换机制。不甘失败的德罗斯试图进一步发展出"非对称的真值空白观（the asymmetrical gap view）"以说明这个空白如何只出现在怀疑论怀疑日常知识，而不出现在日常知识否定怀疑论的情况中。由于这种观点不能合理地解释"非对称"为什么只针对怀疑论语境，而不针对日常语境，因此也是一种没有前途的观点，笔者不再细谈。总而言之，以德罗斯为代表语境主义没有合理地解释语境下降的转换。

四、语境主义的核心困难

综上所述，认知语境主义的相对主义、认知上升和认知下降三个难题的症结在于给出合理的语境转换机制。要给出这个机制，语境主义必须令人信服地回答如下问题：为什么日常语境的知识标准较低，而怀疑论语境中知识的标准很高？这种高低的比较以什么标准判定？日常语境是怎样提升为怀疑论语境的？为什么在知识论应对怀疑论的讨论时，已经处于怀疑论语境中的归赋者能够轻松地转入到日常语境进行知识归赋？这种语境下降的机制是怎样的？在日常语境中，人们也时常会用怀疑论的提问方式，此时语境为什么没有提升？然而，很不幸的是，目前为止认知语境主义还没有合理地解答这些问题。更不幸的是，上述问题也是整个语境主义知识论要回答的问题。因此语境转换机制就成了所有语境主义的核心难题。下面将为解决这一难题出谋划策。

---

① Keith DeRose. The case for contextualism：Knowledge，Skepticism and Context，Vol. 1 ［M］. Oxford：Oxford University Press，2009：143 – 145.

第二节　先验框架与语境主义知识论

认知语境主义在反怀疑论事业上的不成功已经是公认的事实。在哲学领域，认知语境主义接受怀疑论的前提和结论，并将之束之高阁不予理会，转身回到日常语境下讨论知识，这是对哲学的不负责任。因为日常语境（甚至科学语境）里的知识根本用不着上升到哲学的高度讨论。于是，哲学在该发挥作用的地方无所作为，在不该发挥作用的地方被遗弃。这不仅在知识论上说明哲学无能，同时也向外行表明哲学无用。

幸好，先验论证在反怀疑论战争中保护了哲学的阵地。先验论证不仅详细地表明哪些怀疑论是人类不得不接受的，并给出接受的理由，同时，它还对某些怀疑论给出彻底的反驳。这个论证过程已在第三章给出。在第三章第四节中，我们已经总结出：外部世界存在的怀疑论、因果观念怀疑论和自我实体存在（自我同一）的怀疑论已得到回答；我们抛弃了纯粹理论理性的绝对确定的知识标准，接受了外部世界可知的怀疑论；通过揭示实践理性对知识确定性的决定作用，我们引入实用标准来保证知识的确定性，同时指出知识由于实践的影响根本上是语境性的；最后剩下的任务是应对休谟对知识不确定性不断积累导致完全丧失确定性的怀疑。后文将要论述的语境主义知识论是以先验论证已取得的成果为基础的。因此，一旦完成剩下的反怀疑论任务，作为基于先验论证的语境主义者，我们无须为认知语境主义反怀疑论的失败担忧。

但在解决剩下的任务之前，我们仍需面对上述语境主义本身的难题。只有解决了这些困难，一种语境的知识辩护理论才有坚实的基础。而对这些难题的解决也需使用先验论证的既得成果。在接下来的论述中，笔者将以先验论证获得的先验框架作为语境的结构和因素，以期解决语境转换这个症结。

还需注意，从反驳怀疑论既得的成果来看，改进后的语境主义不会像认知语境主义那样认为在怀疑论语境下怀疑论命题是真的，日常知识命题是假的；在日常语境下日常知识命题是真的，怀疑论命题是假的。我们明确地表示，除外部世界（本体或物自体）不可知的怀疑论以外，我们不承认知识论中其他怀疑论的合理性。如果外部世界不可知的怀疑论还有一个依存的语境的话，那这个语境就是**纯粹理论理性的语境**。与这个语境相对的是**实践理性的语境**，在这个语境中怀疑论问题将得到有效回应。

一、语境的基本结构与先验框架

反驳怀疑论，维护人类知识的权利，是知识论的重要任务。反驳相对主义，维护人类知识的客观性，是知识论的另一个重要任务。目前为止，我们的语境主义仍可能遭到相对主义的攻击。因为，仅仅从时间上考虑，人类在不同时期有不同的实践目的，因而存在满足这些目的的不同知识。这些知识有些似乎是相互矛盾的，有些看似完全不可通约。既然它们都是知识，那么它们可能完全是相对的。更不用说在不同族群中，相对同一客体存在各种迥异的知识了。因此，反驳相对主义仍是我们的任务。要完成这一个任务必须解决语境转换这个症结。要解决这个症结必须先弄清语境的基本结构和要素。我们惊奇地发现语境的基本结构与先验框架有着惊人的相似。既然先验框架是思维把握对象（现象）的必要条件，世界就必然在先验框架内显现。因此，任何一个认识语境都不可避免地带有先验框架的烙印，它既不能超出先验框架的约束，也不能缺少任何一种先验形式的作用——因为先验框架是作为一个整体表象世界的。而语境的基本要素就是填充语境基本结构的各种经验现象。**语境与先验框架的结合，不仅使语境成为一个有结构的要素集合，而且使得所有认识语境具有同构性。这种同构性是解决相对主义难题的关键，它使语境之间具有可比较的公度。**多少有些令人尴尬的是，由于语境的基本结构和先验框架的关系如此紧密，我们似乎给不出更多的论证了。① 既然如此，我们的任务就在于考察先验框架如何规定语境的基本结构。

回顾前文，我们已获得如下先验框架：

感性直观形式：时—空直观形式；异—同直观形式；

知性范畴：

（1）量的范畴：单一性；复多性；全体性。

---

① 语境基本结构与先验框架的偶合并非巧合。考虑到研究语境结构的归纳方法上的困难，通过先验方法发现先验框架和语境结构似乎是理所当然的。归纳方法不适合研究语境结构的原因在于：一方面，语境复杂的多样性和动态性使得归纳方法捉襟见肘；另一方面，归纳方法本身的偶然性限制了通过此方法得到的语境结构的可靠性。不仅归纳方法无助于语境结构的研究，而且一般意义的演绎的方法对此也无从着手——因为从中演绎出语境结构的前提找不到。幸好，康德的先验演绎或先验论证方法提供了解决问题的利器，不仅如此，他还用此方法提供了语境结构的雏形，即先验框架。

（2）质的范畴：肯定性；否定性；限定性（概率性）。

（3）关系的范畴：依存性（实体与偶性）；因果性（原因与结果）；共联性（部分与整体）。

（4）模态的范畴：可能性；现实性（实在性）；必然性。

根据上述先验框架，我们得到了如下经验综合的先验原则：

（1）所有现象客体都以时—空直观形式和异—同直观形式得到呈现；在空间中具有广延，在时间中得以持续。

（2）任何现象客体都是具有某种属性的实体。

（3）一切现象都由于原因与结果的相互作用而发生。

（4）一切实体，就其在空间中被知觉为同时的而言，都无一例外地处于整体或部分的关系之中。

（5）凡是与经验的形式条件一致的经验都是可能的。

（6）凡是已经获得经验质料充实的可能经验都是现实的。

（7）凡是在所有主体中表象为普遍的都是必然的。

（8）所有现象之间的联结要么是确定的（是或不是），要么是概率的。

（9）所有现象都有质和量的规定性。

由于语境的基本结构是被先验框架规定的，先验框架就是语境的框架。另外，由于语境总是先验框架综合统一经验材料而形成的，先验框架中的先验形式（直观形式和范畴）将不再是纯粹的，而是转化成基本的经验概念。如此，我们可以给出规定语境的基本概念。它们是：时间概念、空间概念、同一概念、差异概念、单一性概念、复多性概念、全体性概念、肯定性概念、否定性概念、概率性概念、实体概念与偶性概念、原因概念与结果概念、部分概念与整体概念、可能性概念、现实性（实在性）概念、必然性概念。

这些基本概念以上述先验原则为依据构成一个相互作用的网络，形成有结构的语境。作为人类认识的最大语境，即自然现象的语境就是如此形成的。这个语境是一个统一的时空系统，其中所有有质、量规定性的现象客体都是有属性的实体，它们或者是可能的，或者是实在的，或者是必然的；所有实体要么处于历时的因果关系中，要么处于共时的共联关系中；这些关系或者是确定的，或者是概率的。这个最大的语境因现象的层出不穷，是不断扩展、没有边界的。正因如此，人类对自然的认识总是不断深化、没有止境的。现象的边界就是本体（物自体）。正因无法穷尽现象，我们才不能认识世界本来如何。但对整个自然现象的认识仍然是人类的理想，**我们将这种对整全现象的整全认识称为绝对真理。这种追求绝对真理的语境可称为整全语境。**除了这个最大的认识语境外，人类现实的认识语境都是有限的，我们称这种语境为局部语境。局部语境的结构同样受先验框架的支配，只不过有些基本概念因人类求知的目的和各种条件限制，在局部语境中隐而未现。因此，局部语境不仅在认识的对象上是局部的，而且在语境的维度也不是整全的。比如在某些语境中，人们并不讨论概率性，或可能性问题。但是，**即使最小的认识语境结构也是相对完整的，即它至少必须支撑一个有限而完整的时空系统。这个系统以关系的范畴为核心。**从这些发现中，我们进一步看到，人类现实的认识语境总是整全语境的某个局部。正是这种局部与整体的关系为我们后文反驳相对主义知识观提供有力根据。根据这种整体与局部的关系，我们知道，看似毫无关系，不可对比的两种知识仍然会产生联系，而这种联系总会在它们之间产生**至少是局部的可通约性**，如此，相对主义就站不住脚。

一旦我们把握了语境的基本结构，对语境边界的界定就成为可能。而语境边界的界定将直接关系到知识确定性的界定。为更细致地考察语境的结构，需要引入两个新的概念：**语境的维和语境的元。语境的维是指语境的基本维度。**它是由直观形式和知性范畴转化而来的经验概念，即上述 16 个（对）概念。**语境的元是指充实语境结构的通过各种概念表象的现象，如具体的因果关系、实体对象等。每一个语境维度下有多个不同的语境元。比如在实体与属性维度下可以有多个实体和多种属性。语境的维和语境的元二者的数量将规定语境的大小，即语境的边界。**语境大小的界定将直接关系到知识确定性的界定。在此需要提醒注意的是，由于受整体与部分概念的支配，任何语境中的元，都可以分裂为**次元**，比如分子包含原子，原子包含原子核和电子，如此等等。次元同样处于语境的基本维度之中，比如原子之间、原子核与电子之间仍然受各种关系的范畴支配。因此，**语境是有层次的。**语境会随着人们意识关注的广度和深度发生变化。这种变化可称为语境转换。语境转换有其机制，它包括语境转换的形式、动力和逻辑节点。

在详细论述语境转换的动力、逻辑节点和机制之前，还需对规定语境的基本的数学和逻辑知识做一点补充说明。根据康德的理论，由于基本的数学和逻辑知识（基础数学和基本的命题逻辑）是先验范畴综合统一纯粹直观形式得到的，构成它们的要素不涉及经验，因此它们的确定性得到先验保证，都是普遍必然的，我们将它们看成是经验知识的基础，已经摆脱了怀疑论的怀疑。事实上，在怀疑论与我们共享的语言系统中，由于双方都承认基本的命题逻辑，我们已经在基本的数学和逻辑知识上达成一致了。由此，我们有理由将它们看成是分析语境的背景知识，不再对它们的普遍必然性做出论证。

二、语境转换的动力与机制（形式和节点）

（一）语境转换的形式和动力

在弄清语境的基本结构之后，语境转换的大致形式就可以确定下来了。一个语境要转换到另一个语境，一般有这几种形式：**（1）通过增加或减少语境中的元使语境扩展或缩小；（2）通过增加或减少语境中的维使语境扩展或缩小；（3）通过调整语境中各个元所处的关系（维）使语境的具体结构发生变化；（4）通过语境层次的升降使语境在深层语境与浅层语境之间变换。**这几种形式可进一步概括为**两种基本形式：语境的量的变化，语境的质的变化。**前者仅指语境的大小变化，即（1）所描述的情况；后者则指语境的结构变化，即（2）、（3）和（4）所描述的情况。这两种变换的不同在于，前者很大程度上仍然保留原有语境的结构；后者则是对语境的结构的调整，即其核心和边缘概念的倒换或是为新的概念替代，从而是一个全新的语境。

一般而言，语境的量的变化会导致大小语境之间的转换，在这种转换中，知识的精确性会受到影响，从小语境转换到大语境会要求增加知识的精确性，反之则相反。语境的质的变化所导致的语境结构的转换对知识所带来的影响则要复杂得多。有些情况下，这种转换会导致知识从确定性的转换成概率性的，比如经典力学到量子力学的转换；有些情况下，它会导致知识的替代（新旧更替），比如日心说对地心说的替代；还有的情况下，它会导致知识的部分重叠，比如相对论对牛顿力学的近似包含。当然，在现实生活中，语境转换的情况都是质的变化和量的变化的综合，因此就更为复杂。但是只要掌握语境转换的基本形式，就可以分析语境转换对知识的影响，分析不同语境下知识的联系与区别，从而回应相对主义对知识的挑战。

但是，语境为什么会发生转换呢？是什么促使语境发生转换？语境在何种情况下发生转换，即转换的节点在何处？对这些问题的回答是阐释完整的语境转换机制所必须的。我们将这些问题分为两步来回答：**语境转换的动力与语境转换的节点**。

对语境转换机制的分析需在实用主义真理（知识）观的基础上展开。就语境转换的动力而言，**因为知识的最终目的是满足人类生存和发展的需要，所以人类满足自身新的需要的动力就是语境转换的原始动力。不断追求更完善的知识是语境转换的原始动力的表现。这种原始动力也表现为人类对绝对真理理想的追求。**但就这种追求最终来自人类不断完善自身的需要而言，它是表层的。"掌握真理，本身决不是一个目的，而不过是导向其他重要的满足的一个初步手段而已。"① 如果人们为表层的动力所迷惑，就会产生为知识本身而求知的幻觉，将绝对真理的理想视为现实，从而脱离实践，陷入纯粹理论理性的语境，导致怀疑论。需要指出的是，语境并不随意地因人类目的的变化而转换。人类的目的并不是随心所欲、天马行空的任意建构。它受人类已有的知识限制，也就是说，人类的目的也处于一定的语境中。惟其如此知识论语境主义才是真正的语境主义；惟其如此语境主义才是客观的，而非主观的。这种客观性是语境主义与相对主义区别开来的重要特征。虽然如此，但是，如果不阐明语境在怎样的条件和规则下转换，语境主义声称的知识客观性仍是难以令人信服的。因此，必须阐明语境转换的条件，尤其是其中的逻辑规则——这可称为语境转换的逻辑节点。

（二）语境转换的逻辑节点

语境转换的时间节点处在一种需要产生，但又无法得到满足之时。但是时间节点的界定较为模糊。某种需求要从个人需求变为社会需求的过程会受很多因素影响，很大程度上它是一个社会学研究的课题。在这种意义上，我们承认社会建构主义对知识的社会学探索。但是语境转换还存在逻辑节点。这正是我们所关注的语境转换的规范性。

在具体论述这个逻辑节点之前，有必要引入关于知识的逻辑标准的讨论。因为没有知识的逻辑标准就不可能有认识语境转换的逻辑节点。

前面已经指出，我们持实用主义的知识观（真理观）。实用主义的知识观或知识的实践态度，其基本思想是，当我们考察一种信念是否是知识时，必须

---

① ［美］威廉·詹姆斯. 实用主义［M］. 陈羽纶，孙瑞禾，译. 北京：商务印书馆，1979：104.

考虑按照这个信念行动是否会导致我们所期待的实际效果。能够满足人类目的是信念成为知识的必要条件。采取这种态度，是克服知识论中纯粹理论理性导致的"绝对幻想"的要求，也是实践理性的内在要求。如詹姆斯所说："掌握真实的思想就意味着随便到什么地方都具有极其宝贵的行动工具；我们追求真理的责任绝不是从天上下来的命令，也不是我们理智所喜欢的'技艺'，乃是可以用很好的实际理由来自我说明的。"① "掌握真理，本身决不是一个目的，而不过是导向其他重要的满足的一个初步手段而已。"② 因此，行动是知识的必然归属，也是检验知识的最终方式，而知识的最终检验标准是目的是否达到，预期的效果是否能够实现。

不仅如此，**知识不仅要达到预期的效果，它还必须能够使人们有效率地获得预期的效果。**"实用主义对于或然真理的唯一考验，是要看它在引导我们的时候是不是最有效果，是不是和生活的各个部分最合适，是不是毫无遗漏地和经验所要求的总体密切结合。"③ 这种追求效率的实用主义的知识观要求知识具备两个核心的逻辑特征：逻辑一致性和最大解释力。其中最大解释力包括解释（预测）④ 的普遍性、精确性和形式的简单性。

有效地达成目的怎么会规定知识的逻辑标准呢？**其中的道理是这样的：由于我们追求圆满的真理（知识）和最高的自身完善境界；又由于我们面对的是一个统一时空系统中无限的对象；在这种情况下要达成目的，能力有限的我们必须排除知识中的各种矛盾，以简单的形式，包含尽量多的内容（解释更多的现象），才能更经济地指导我们的行动，有效地趋近目标。在这个总体规定下，在任一具体的认识语境中产生的知识都必须遵循逻辑一致性和最大解释力的规则。这就是有效达成目标与知识逻辑标准的内在联系。**⑤

总之，使人们有效达成目的的知识，其实践表现是以经济的方法指导人们

---

① ［美］威廉·詹姆斯．实用主义［M］．陈羽纶，孙瑞禾，译．北京：商务印书馆，1979：103 – 104.

② ［美］威廉·詹姆斯．实用主义［M］．陈羽纶，孙瑞禾，译．北京：商务印书馆，1979：104.

③ ［美］威廉·詹姆斯．实用主义［M］．陈羽纶，孙瑞禾，译．北京：商务印书馆，1979：44.

④ 解释和预测在科学哲学中有细微的区别，但是它们包含的理论与现象的逻辑关系是相同的。成功预测只不过是在时间上提前了的解释，而成功的解释就是已证实的预测。在此，我不做细致区分。另外这里所说的最大解释力是有语境限制的，是指既定语境中的最大解释力。

⑤ 这里，我们预设了人类追求绝对真理（知识）和不断追求自我完善的目标。对此我们承认，我们没有对之进行论证。但任何有关树立理想的事情，论证本身是不充分的。在这个问题上，我们是独断的，形而上学的。如果有人愿意树立相反的理想，他当然可以反对我们，构造一种自甘堕落的知识论。只不过，我们希望他能言行如一、身体力行。

的行动产生实际效用；其理论表现就是最大的解释力。"我们追求'优美'或'经济'。……科学里的真理是那些给我们最大限度满意的东西，其中也包括趣味在内；但与以前真理和新事实彼此一致，永远是最迫切的要求。"① 与詹姆斯不同的是，笔者不仅将形式的"简单性""优美"看成是人类的趣味，还将其看成实用主义知识观的内在要求。②

在指出知识真理性的逻辑标准后，语境转换的逻辑节点就呼之欲出了。既然任何知识都要求逻辑一致性，那么产生知识的语境也就不能容忍矛盾。一个语境一旦出现矛盾，就违反了基本的逻辑原则，这个语境就不再稳定，语境转换的节点就出现了。在此情况下，语境转换会按上一小节所描述的转换形式变换。但是，语境的变换并不马上导致知识的替换。知识更替的发生需要等到人们在新语境下发现满足新标准的新知识。另外，知识的更替不仅需要满足一致性标准，还要满足更大解释力的标准，即满足更简单、更普遍或更精确的要求。

为方便理解，我们用前面提到的科恩的例子具体说明。

在机场案例中，玛丽和约翰想知道，他们将要乘坐的这趟班机会不会临时停靠芝加哥。他们无意中从一个叫史密斯的乘客那里听说，该趟班机在芝加哥停留。而且史密斯查看旅行社给他的飞机行程表，予以证实。在这样的语境中，相对于较低的知识标准而言，知识归赋者应该将知识归赋给史密斯，即玛丽和约翰应该认为史密斯知道那趟班机在芝加哥停留。

但是，由于玛丽和约翰必须在芝加哥参加一个很重要的商务活动。他们要

---

① ［美］威廉·詹姆斯. 实用主义［M］. 陈羽纶，孙瑞禾，译. 北京：商务印书馆，1979：111.
② 正如爱因斯坦所说："逻辑简单的东西，当然不一定就是物理上真实的东西。但是，物理上真实的东西一定是逻辑上简单的东西，也就是说，它在基础上具有统一性。"（爱因斯坦文集（第一卷）［M］. 北京：商务印书馆，1976：380.）关于知识形式的简单性有许多著名的例证：哥白尼日心说取代托勒密地心说；开普勒和伽利略的理论为牛顿理论所统一；菲涅尔和法拉第的理论为麦克斯韦的理论所取代；牛顿理论和麦克斯韦理论又为爱因斯坦理论统一和取代。表述知识内容的知识形式的简单性，具体包括外在形式的简单性（表征知识的语言、符号等）和内在形式的简单性（逻辑结构的紧致性、内容的概括性、解释的普遍性）。从这里我们进一步看出，形式的简单性与知识的真理性是紧密相连的。但是有必要指出，就简单性与真理性的关系，如下观点——大多数知识论者和科学哲学家都认为简单性仅仅是识别知识（科学理论）的辅助标准，真理性才是知识的首要标准——是有问题的。这种观点的问题在于，它割裂了简单性与真理性的关系。在笔者看来，简单性就是真理性的一部分，能够使人们有效率地获得实际效果的任何信念，都是真理。简单性是保证知识的效率的必要条件，因此，它就是真理性的核心指标，而不是外在于真理性的辅助标准或第二标准。知识的任务是简洁明了地概括和说明纷繁复杂的现象。知识形式的简单性正好使人们在应用知识指导行动时更方便、更容易、更经济。作为语境主义者，此处的简单性当然是以语境为背景界定的。在不同时代、不同领域，知识的简单性的标准是可变的，但它在同时代，与同领域的其他内容相等的信念（信念体系）比，是最简单的。总之，"知识简单性及其简化的问题本身属于一个认识论问题。"（何云峰. 简单性原则——知识增长的道路［M］. 北京：人民出版社，1989：15.）而不仅仅是一个美学问题。

考虑那个行程表可能有打印错误，或行程表刚刚改了。这样一来，由于实践需要提高班机信息的准确度（精确性），原来的语境加入了新的语境元素，这种元素会改变原来语境中因果维度的赋值。而这些改变是否属实，还需证实。因此，面对新语境和更高的知识标准，玛丽和约翰认为史密斯不知道该趟班机在芝加哥停留。这样的分析，在德罗斯的案例中同样适用，勿用赘述。

（三）语境主义与知识的相对性

在给出语境转换的机制后，语境上升和语境下降的难题也就迎刃而解了。事实上，我们在第二、第三章中，已经给出怀疑论语境与日常语境的联系了，只不过没有在语境转换的名义下指明。在此对怀疑论语境与日常语境的关系集中说明：**日常语境上升为怀疑论语境是因为人类理智要追求绝对确定的真理，摆脱实践理性的范围，要从感觉经验之外引入某种可能而不实在的差异因素，以确定认识的结果；怀疑论语境下降为日常语境（或科学语境）的过程与此相反，是一个降低知识确定性要求，减少语境因素的过程。**笔者在论述认识主体从先验自我到经验自我的过渡中已经表明，现实的认识主体是受实践理性支配的经验自我，这也表明，实践理性对知识的干预和实用标准的引入阻止了纯粹理论理性对理智的过高要求。这从根源上反驳了怀疑论。**由于怀疑论难题是在理论理性追求绝对确定的知识中产生的，我们可将怀疑论语境称为理论理性语境，而日常语境或科学语境由实践理性主宰，因此可称为实践理性语境。**当然，这种区分不是绝对的，实践语境中并不是完全排除理论理性的因素。先验框架作为理论理性的发现，仍然主宰着人类知识的形式。

也正是由于先验框架的普遍必然性，我们的知识才不是完全的约定主义和相对主义的。因为语境的维被先验框架规定，语境结构的改变和语境元素的增减都有据可循，不同语境之间以及它们的知识标准之间的比较是可能的。语境之间的这种可比较性可称为语境之间的可通约性。可通约性正是相对主义的克星。

但是，我们不得不承认，知识的相对性不能因此被完全消除。因为，**不同语境下形成的知识目标不是完全相同的。一个主要的原因是不同的知识目的所包含的社会意义、心理意义有可能是不相同的。我们将这种不同称为目的意义，而将知识所达成的实际效果称为目的效果。有相同效果的知识可以有不同的意义。相同的效果决定了知识目的的可通约性，而目的意义则影响知识目的**

的相对性（不可比性）。 知识效果与知识意义的区别使得具有同样功效的知识具有不可比性或不可通约性。这种情形可以在科学发展史中找到印证。这表明知识的效果与知识的意义之间的分别。也正是这种分别使得具有同样功效的知识具有不可比性或不可通约性。类似的，即使爱因斯坦的理论在处理低速运动时与牛顿理论是等效的，但牛顿的理论仍然不能完全被爱因斯坦理论解释，因为两种理论语境中的知识包含意义不同的因素。

目的中包含的意义的不可通约性是导致知识不可通约性的主要因素。这种意义的不可通约性在语境结构变化时（此时，知识的效果和意义可能会发生剧烈变化），更为明显。但这种不可通约性是局部的。知识作为实用的真理，效果具有优先性。即使同样处于基督教氛围中，日心说凭借其简单性上具有的优势仍然不可逆转地取代了地心说，而简单性就是真理性的具体体现。正是因为效果的优先性，我们才会更好地理解：正是富有效果的科学改变了我们的世界观（人类对世界赋予意义的看法），而不是世界观改变了科学。当今，即使最虔诚的宗教信徒和最蛮不讲理的非理性主义者，他们的生活仍然不可抗拒地被知识产生的功效改变着。与理智清醒的诚实人不同的是，他们要么不识时务；要么假装反抗。

在我们的生活中，还有一些现象——存在不同领域的知识，它们看起来是完全不可通约的，比如宇观领域的天体力学与微观领域的生物化学，宏观领域的生态学与微观领域的量子力学——需要解释。如果不能解释这种不可通约性，语境主义知识论就不能更好地应对相对主义责难。我们认为，语境主义完全能够解释这些现象。我们已经知道，在先验框架（或语境的维）中，有整体与部分的概念（维度）。据此，在整个自然现象中，存在不同的组成部分，比如，有机现象、无机现象；也存在不同层面的现象，比如宇观、宏观和微观。又由于整个自然界如此之大，现象如此之丰富，这些现象之间的联系还没有被完整地把握，因此出现看似毫无联系的各领域的知识。但是这种毫无联系并不是知识论上的，而是人类历史长河中有待证实和发现的联系。因此，这种现象不是语境主义的反例。语境主义已经将整个自然界看成是一个统一的时空系统，并指出这个时空系统的基本框架和元素，它就是最大的语境（整全语境），其下的部分语境不可能不与之发生联系，也就不可能存在完全不可通约的情况，因此也就不会为相对主义留下空子。只要我们理解了整全语境下包含有层次性的子语境，并且子语境之间的距离有远近之别，那么看似完全不可通约的知识现象就只是假象。

到此为止，语境主义面临的相对主义症结及其表现的三个难题是可解决的。再次强调，由于知识目的的部分不可通约性，我们并没有否认知识的相对性，但我们不承认相对主义的知识观。

三、先验框架、语境主义与本体论承诺

在第三章我们已经表明，我们所能认识的仅仅是由我们的先验框架建构的经验现象，而不是外部本体（物自体）。但是，果真如此，在我们的知识命题中，那些被意识确认的各种实体究竟是什么？如果这些实体不是本体，那么现象依附于何处？一言概之，作为认识对象的实体具有怎样的本体论地位？

这是一个尖锐的问题。自休谟怀疑各种实体的存在，以及康德从纯粹理性批判的角度宣告本体不可知、以思辨的方式获得科学的本体论（形而上学）不可能之后，逻辑实证主义更是以痛打落水狗的行事风格，要求将这种形而上学逐出哲学话语。从此，传统本体论（形而上学）在哲学领域已是臭名昭著，万人嫌弃。但是另一方面，在科学哲学中，科学实在论与反实在论的争论仍余火未烬。这又表明，关于本体的问题仍然紧紧地拽着哲学家们的思绪。

作为一种知识论的语境主义，不得不面对这种矛盾。我们必须就作为认识对象的实体的本体论地位问题给出答案。所幸的是，蒯因的本体论承诺学说为我们指明了出路。由于我们的语境主义是先验框架下的语境主义，经由先验框架，语境主义妥当地将本体论承诺学说视为同道，它能为我们解决问题提供宝贵的工具。接下来，我们将从本体论承诺入手，考察先验框架与本体论承诺的关系，阐述语境主义对于本体的看法。

蒯因将本体论问题区分为两个问题：一个是何物实际存在的问题，另一个是我们说何物存在的问题，前者是关于"本体论的事实问题"，后者则是语言使用中的"本体论承诺"问题。在这种思想指导下，他要求以一阶逻辑为背景框架，通过对科学的理论表述进行语义整编，把本体论这种形而上学问题转换为本体论承诺这种语言问题，力求在语义学领域讨论本体论命题的意义和选择。蒯因认为，对世界进行认识的科学理论都包含着本体论承诺。当我们探求某个学说或一套理论的本体论承诺时，我们所问的是，按照那个理论有什么东西存在。一个理论的本体论承诺问题，就是按照那个理论有什么东西存在的问

题。当一个人谈论一种事物，他就有义务接受某种本体论的论断。因此，我们接受一个本体论在原则上同接受一个科学理论，比如一个物理学系统，是相似的。而本体论承诺所涉及的本体事实上存不存在，如何存在，却是一个经验问题。他说："除非根据人们的与社会可观察的刺激明显相应的倾向，去核实语言的意义就是毫无道理的。"①

由于存在多种理论，也就存在多种本体论承诺。在选择何种本体论承诺上，蒯因主张实用精神。本体论承诺就是一套概念框架，在选取概念框架时，"我们所采取的是能够把毫无秩序的零星片段的原始经验加以组合和安排的最简单的概念结构。"② 正因如此，关于我们的科学是否或在多大程度上与物自体相符的问题是一个超验的问题，本体论像任何科学理论一样，不应当以是否同实在相符作为取舍标准，而应当以是否方便和有用作为选择标准。他说道："要问一个概念系统作为实在的镜子的绝对正确性，是毫无意义的。我们评价概念系统的基本变化的标准必须是一个实用的标准，而不是与实在相符合的实在论标准。概念是语言，概念和语言的目的在于有效的交际和预测。这是语言、科学和哲学的最高任务，正是在同这一任务的关系中才能对概念系统做出评价。"③

蒯因的本体论承诺思想改变了传统的本体论问题的研究方式。这一转变给我们的启示是：在知识论中，作为认识对象的实体，只不过是我们的本体论承诺，这个承诺是否兑现取决于各种经验现象。因此，关键并不在于寻找永恒存在的实体，而在于不断变化和增加的现象。

蒯因的思想可以得到批判哲学的支持，也可以为语境主义所用。

我们知道，先验哲学对知性的考察，很重要的部分就是对客体（一般对象）如何可能的考察。通过阐发一切与一般对象相关的概念和原理，康德回答了休谟对实体的怀疑。在康德看来，先验统觉以实体与属性概念为核心，加之于各种直观材料，各种可能的实体就成为现实的客体。从这个角度看，这些实体不具有传统本体论界定的本体地位，它们只不过是人们在先验框架下将各种感觉材料方便地集合而已。由于一个范畴和纯粹知性原理的系统同时规定了一类本体论系统，那么在这一类本体论系统中，本体论承诺可以是多元的。本体

① W. V. Quine. Word and Object [M]. Cambridge: Harvard University Press, 1960: 1.
② ［美］蒯因. 从逻辑的观点看 [M]. 陈启伟，等译. 北京：中国人民大学出版社，2007: 17.
③ ［美］蒯因. 从逻辑的观点看 [M]. 陈启伟，等译. 北京：中国人民大学出版社，2007: 81 – 82.

论承诺之所以不是唯一的，是因为知性概念和原理并不是本体论的唯一要素，经验的要素将决定本体论的内容。因此人们选择不同的经验输入角度会导致不同的本体论承诺。这种结论与蒯因本体论承诺学说是相符的。进一步说，本体论承诺的思想是基于康德对知性的考察之上才有可能。正是因为知性为各种可能的实体提供了依据，本体论承诺才可能是多元的。这种多元的本体论承诺又使不同语境得以形成。因此，本体论承诺的思想既是语境主义思想的资源，又是语境主义的结论。正如陈晓平先生所说："对于语境主义而言，本体论的语言学转向（即本体论承诺，引者注）和实用主义转向是同时发生的……""语境主义的本体论最终也是实用主义的。"①

人类认识的历史就是本体论承诺更替的历史。语境主义应该继承本体论承诺学说，实现严谨与实用结合：一方面从语言层面，用现代摹状词理论消解传统的本体论问题，另一方面它又将宽容的实用精神引入本体论，为科学知识的增长开创广阔空间。

第三节　语境主义与实用真理

前面已经从知识是人类主体自我完善的工具的角度明确指出，语境主义知识论要辩护的目标真理必然是实用主义的真理。但是，实用主义的真理与语境主义的目标是否一致仍需要细致论述。因为，在实用主义真理观与语境主义真理观之间可能存在明显的差别，互不一致，从而导致语境主义知识论变成没有目标的知识论。为此，让我们从回顾实用主义的真理论入手。

一、实用主义真理的语境性以及对工具主义指责的反驳

自皮尔士始发至今，实用主义哲学几经变更，各种理论变体层出不穷，但作为其核心的真理观仍然被不同的实用主义者所秉承。出于本书的主旨所需，无须历数变更，我们开门见山地引入实用主义的真理观。实用主义的真理观认为，所有以思想、概念和理论表述的知识并不是某种绝对的物质或精神存在的

---

① 陈晓平. 盖梯尔问题与语境主义［J］. 哲学分析，2013（3）：151.

反映，它们只是人们借以准备行动、获得实际效用、应付环境的工具，信念的真理性标准就在于它能否使人的行动、实践获得成功。"各种概念、理论、体系，不管怎样精雕细琢、自圆其说，都只能算是一种假设。只能承认它们是行动的出发点，受行动的检验，而不是行动的结局。……它们是工具。同所有的工具一样，它们的价值并不在于它们自身，而在于它们的功效，功效是显示在它们所造成的结果之中的。"① 实用主义以指导行动获得功效为信念真理性的标准，直接表明了实用主义真理的语境性。因为功效总是相对于目的而言的，人类生活中的目的总是具有由环境决定的特征。目的的语境性必然导致功效的语境性，从而导致真理的语境性。

实用主义真理的语境性还表现在它的相对真理特征上，实用主义者一致主张，真理并不是主观信念与外在于人类意识的事物本体相符合所具有的性质，传统知识论所追求的绝对确定的、符合论的真理仅仅是人类的美好向往，而实际生活中的真理都是相对真理。对于实用主义相对真理的特征，杜威指出，"每一个与真理相关的命题归根到底都是假设的和暂定的，尽管许许多多这样的命题已经被如此频繁地和毫无差错地加以证实，以至于我们有理由运用这些命题，好像它们是绝对真实的。然而，逻辑上的绝对真理是一种理想，至少在所有这些事实被记载下来之前……而且在不再可能做出其他的观察和其他的经验之前，这个理想是不可能实现的。"② 詹姆斯也说："'绝对'真的就是以后的经验再也不至于改变它的，就是我们想象中一切暂时的真理有一天会聚集在一起的理想的终点。"在这个理想没有实现之前，"我们今天只好按照所能够得到的真理去生活，并且准备明天把它叫做假的。"③ 实用主义相对真理的特征与语境主义相对真理的特征是一致的，而且这种一致是必然的。它们的必然联系在于人类的生活就是语境性的，它产生语境性的目的，从而要求语境性的真理指导行动，获得效果。

实用主义的真理与语境主义的密切联系，已无须多言。需要特别回应的是，针对实用主义真理观的工具主义指责。毋庸讳言，自从皮尔士把真理归结为"实用的"信念以来，真理就被归结为确定信念以便行动的工具。在杜威

---

① 洪谦主编. 西方现代资产阶级哲学论著选辑［M］. 北京：商务印书馆，1964：175.
② ［美］杜威. 美国实用主义的发展，载于杜威文选［M］. 涂纪亮，编译. 北京：社会科学文献出版社，2006：12.
③ ［美］威廉·詹姆斯. 实用主义［M］. 陈羽纶，孙瑞禾，译. 北京：商务印书馆，1979：114.

那里，这种思想已经旗帜鲜明地被称为"工具主义"了。但这个标签后来逐渐沦为贬义词，以此指责实用主义真理观的狭隘和庸俗——实用要么被理解成单纯的物质欲望；要么被理解成任何私欲的满足。

但这种泼脏水式的理解反映的恰恰是其本身的狭隘与浅陋。实用主义主张知识作为工具，与实用主义主张知识作为什么工具是两个不同的问题。如果我们将知识的目的不仅仅看作满足人类的物欲或个人的私欲，而且还将其看成人类自身不断完善的手段，那么这种工具主义有什么值得指责的地方呢？对实用真理观的如上指责是基于对人类目的的狭隘理解之上的。人类目的多种多样，除了满足物质需求以外，还需满足精神需要，两者综合起来才是人类自身完善的目标。那种头脑懵懂的浪漫主义者所经常指责的、人们将真理（知识）仅仅作为满足物欲的工具、用以控制、剥夺自然满足人类贪欲的工具主义，与我们主张真理（知识）是人类自我完善的观点没有关系。他们基于其狭隘的工具概念，对知识工具主义的指责是以偏概全，不负责任的。知识作为工具是相对于目的而言的，要用知识满足什么欲望，取决于人类树立什么样的目标。人类自身在目的上的狭隘性导致的严重后果，不能归咎于实用主义对真理的界定。人类在目的上的自我作践，与知识本身具有的功效没有因果、更没有蕴含关系。出于同样的混淆，某些人文主义者将科学的昌明视为对人类的伤害，从而将人文素质的提高完全归结为科学的责任，实在是头脑不清，推卸责任！为人类树立更饱满、更完美的生活目标不正是人文工作者的任务吗？

事实是，狭隘的人抱着狭隘的目的，狭隘地理解和运用了科学知识，其根源在于人们没有用正确的眼光，确立正确的目的，导致了对科学（知识）的狭隘工具主义应用，而不是相反（科学导致了狭隘的目的观）。某些后现代主义者连这种简单的因果关系都搞不清楚，又谈何人类科学的危机？还是让我们更多地谈谈人文的危机吧！殊不知，正是科学（知识）揭开了遮蔽自然和人类自我的面纱，让他们在澄明之境照面，彰显出丰富的意义。而有人抛弃了这种照面本身所具有的多元意义，只将科学（知识）作为满足物欲、厉行控制的工具。这如何成为科学（知识）的过错？

当然，我们这样说并不是要主张科学主义，我们的实用主义既不是"一种侵略性的科学主义"，也不是"一种装模作样的文学的浅薄风格"。① 这两种实用主义，前者由于彻底的经验主义倾向将导致自然主义；后者则导致罗蒂类型的社会建构论。它们都否认，至少是部分否认知识的规范性特征。

二、实用主义的真理与语境主义的辩护

上面提到，对实用主义真理观的个人主义的庸俗理解，是对实用主义真理观的另一种浅陋误解。实用主义的真理观从来反对个人主义的真理观，而是主张指导人们行动获得效果的真理（知识）只能是集体探索的结果，是人们在不同条件下共同发现的结果。在实用主义看来，真理不是个人的事情，而是一个有规则的社会过程——有别于社会建构主义社会过程，实用主义十分注重经验检验的规范性。其中的规则性已经在论述语境的基本结构中有所论及，进一步的论述将在第五章给出。

对于实用主义真理的非个人主义性质，杜威曾经明确批评对"实用"或"满足"的个人主义的狭隘理解。他说道："例如当真理被看作一种满足时，常被误认为是情绪的满足，私人的安适，纯个人需要的供应。但这里所谓满足却是观念的和行动的目的和方法所由产生的问题的要求和条件的满足。这个满足包含公众的和客观的条件，它不为乍起的念头或个人的嗜好所左右。又当真理被解释为效用的时候，它常被认为对于纯个人目的的一种效用，或特殊的个人所着意一种利益。把真理当做满足私人野心和权势的工具的概念非常可厌，可是，批评家们竟将这样一个意想归诸健全的人们，真是怪事。其实，所谓真理即效用，就是把思想或学说认为可行的拿来贡献于经验改造的那种效用。道路的用处不以便利'山贼劫掠'的程度来测定。它的用处决定于它是否实际上尽了道路的功能，是否做了公众运输和交通的便利而有效的手段。观念或假设的效用所以成为那观念或假设所含真理的尺度也是如此。"② 实用主义的真理观之所以被人憎恶，很大一部分原因就在于这种曲解。而我们发现应该被憎恶的是那些望文生义的瞎说。

正是实用主义真理（知识）的公共性和主体间性为我们界定语境主义的

---

① ［美］苏珊·哈克. 导论：新老实用主义［M］//意义、真理与行动. 陈波，译，北京：东方出版社，2007：3.
② ［美］杜威. 哲学的改造［M］. 许崇清，译. 北京：商务印书馆，1958：94.

辩护概念提供了基础。需要声明的是，我们在原则上大致认同知识的三元定义，即知识是得到辩护的真信念。我们仍然认为知识是需要辩护的，没有辩护就没有知识。但这个定义中的核心概念，如"真""辩护"，需要经过语境主义的重新解释。对于其中的"真"，我们已经表明了实用主义态度。以这种"真"作为辩护目标，辩护的性质也将得到确定。既然真理是一种集体的事业，那么为真理辩护的过程也是集体的事业。**我们将这种集体的辩护确立为一个规则：集体主流意见规则。**① **这个规则规定，在一个语境中，知识就是在该语境中得到集体主流意见辩护的真信念。在该语境中得到集体主流意见的辩护也是在该语境中的最大辩护。这一规则不仅清晰地界定了语境主义的辩护概念，而且还使真信念与辩护紧密无间地联系起来。因为实用主义的真理（知识）就是得到集体的主流意见辩护的信念。这种使辩护条件蕴含真实条件的联系将有利于盖梯尔问题的解决。**

三、语境主义对盖梯尔问题的彻底解决

在第二章，我们已经表明为消解盖梯尔反例所提出的各种修正条件都失败了。对此，扎戈泽布斯基试图找出其根本原因，指出构造盖梯尔反例的秘诀是：第一步，构造一个案例，其中的认知主体 S 得到一个被辩护的假信念 P，并满足第四条件 X。第二步，适当修改这个案例，使 P 碰巧成为真的。通过这两个步骤可以使得任何一个 JTB + X 方案面临盖梯尔式反例。而这两个步骤的作用，无非就是要造成辩护条件和真实条件的断裂。对盖梯尔反例起作用的机制，扎戈泽布斯基说道："我们所考虑的三个例子提示出盖梯尔反例产生的一般规则。什么样的具体的知识要素添加到被分析的真信念上是于事无补的。只要其他要素与真实条件之间存在一点点独立性，那么我们就可以通过如下过程构造盖梯尔反例：首先构造一个得到辩护的假信念案例。使辩护要素强到足够拥有知识，但是信念却是假的。然后通过增加幸运的要素，使得信念为真。这种幸运的要素必须独立于辩护，即它不改变辩护的程度。……结论是，只要知

---

① 这个规则是笔者从陈晓平先生关于知识辩护的论述中获得的。陈先生在论述语境主义解决盖梯尔反例的策略时，提出了这一规则。与陈先生稍有不同，笔者引入这一规则的角度是真理（知识）的主体间性和公共性特点。从真理的特征规定辩护的特征更为基础，这种引入是顺推式的，而陈先生的引入是倒推式的，两种方式相互支持，更好地说明了这一规则的合理性。陈先生的详述参见：陈晓平. 盖梯尔问题与语境主义 [J]. 哲学分析，2013（3）：138 – 151.

识的概念与辩护条件和真实条件紧密联系，同时又承认在它们之间存在某种程度的独立性，得到辩护的真信念对知识而言就绝不会是充分的。"① 陈晓平先生从扎戈泽布斯基的分析得出如下启示：除非**让辩护条件蕴涵真实条件**②，以阻止通过第一步构造出一个得以辩护的假信念，否则，盖梯尔反例总是可以构造出来的。陈先生认为，语境主义正是从**让辩护条件蕴涵真实条件**这个方向努力，消解盖梯尔反例的。基于这种思想，陈先生通过分析刘易斯和科恩对绵羊案例的语境主义解决方法，提出了"集体主流意见规则"，将 JTB 定义重构为C—JTB 定义："S 知道 P，当且仅当，（1）S 相信 P；（2）S 的这一信念得到辩护；（3）这一辩护属于最大辩护，即在某一语境内恰当地把 P 的高概率看作 1；在这个意义上，P 是真的。"③ 这里的最大辩护就是得到集体主流意见的辩护，得到这种辩护就被看成是真的。基于让辩护条件蕴涵真实条件这一改进上，陈先生将小语境中的绵羊案例，置换成大语境，通过承认知识的可错性，解决了盖梯尔反例。

笔者基本认同这一观点，考虑到避免重复，在此不再详述其具体方案。

笔者在此想着重讨论语境主义解决盖梯尔问题的核心观点。为此，需要再次引入扎戈泽布斯基的讨论。

上面提到，扎戈泽布斯基准确地指出了盖梯尔反例的作用机制，并基于这种分析指出了两条出路，让辩护条件蕴含真实条件就是其中的第一条。但是很有意思的是，扎戈泽布斯基本人却对让辩护条件蕴含真实条件持有疑问。一方面，她看到，只要知识的真实条件与其他条件之间存在一点点独立性，作为真

---

① Linda Zagzebski. The Inescapability of Gettier Problems [J]. The Philosophical Quarterly, 1994, 44 (174)：69.

② 这里的"让辩护条件蕴涵真实条件"是指出于实用的考虑接受辩护对于真实是充分的，如果我们用 J 表示辩护，用 T 表示真理，它们的关系在逻辑形式上可表示为 J→T。其中蕴含的并非纯粹的逻辑关系，而是带有人为的指派含义。有人会问，为什么不以定义的方式，将辩护条件等值于真实条件呢？这样不是更好地将二者联系起来吗？我们的回答是，因为等值（J↔T）还包括 T→J，而后者对于实际生活的要求过强了。在现实中，人们完全有可能无意识地应用某种真理，但是对于这种真理却没有任何辩护。比如说，在人类历史上，很长时期来，人们用水止渴，使用空气呼吸，但对于水为什么能够止渴，空气为什么能够用来呼吸却没有任何辩护。但我们不能说长期以来人们不知道水能止渴，空气能用来呼吸。在稍后的文章中，我们还会承认幸运在实用真理中的作用。人们有时候碰运气掌握某种实用真理，但这种运气中所包含的辩护因素完全不在人们实际提供的辩护条件中。比如，中国古代发明火药，拥有制造火药的知识，但是这却是在炼丹过程中的偶然发现，对于制造火药的化学原理，人们完全无意识。也就是说，运气达到真理的辩护理由并不是完全的、彻底的。我们所说的让辩护条件蕴涵真实条件的辩护充分性，是实用的充分性，而不是逻辑的充分性。也正是因为这个原因，我们不赞同扎戈泽布斯基所说的取消知识定义中的真理条件。因为**辩护不能等同于真理**。这不仅是从反对绝对真理的角度考虑，还是从真理实用角度考虑的结果。

③ 陈晓平. 盖梯尔问题与语境主义 [J]. 哲学分析，2013（3）：145.

信念加上其他某些东西的知识解释就不可能击败盖梯尔反例。因此，解决盖梯尔反例的第一条可选的道路是，放弃辩护条件和真实条件的独立性。如此一来，辩护将以如下方式被界定：辩护不能产生假信念。任何假信念都被排除在得到辩护的信念系列外。另一方面，她又指出，依这条进路，知识分析中的真实条件就是多余的，知识仅仅需要被界定成是得到辩护的信念足矣。但对于大多数哲学家而言，（S 得到辩护的相信 P）蕴含 P 这样的辩护太强了，因此，很少哲学家选择这个观点。

除了上述解决盖梯尔反例的出路外，她还发现另外一种可能：即承认辩护条件和真实条件独立性，同时接受真信念＋X 的知识解释是不充分的，知识分析必须加入幸运的成分。因此，这种方法认为知识就是真信念＋X＋幸运。只不过，这种方法认为 X 应该与获取真理有一个很强的一般的连接，虽然这种连接不能必然达到真理。这样一来真理不可避免地带有运气的成分，盖梯尔反例仍然不可避免。因此，她得出结论：盖梯尔反例不可避免，盖梯尔问题也不能解决。①

为什么面对同样的病症，在相同的诊断上给出的相同的处方，却被认为有两种不同的结果呢？问题的症结在于，我们与扎戈泽布斯基持有不同的真理观：我们主张实用主义的真理；而她仍然崇尚绝对确定的真理。毫无疑问，在辩护要达到绝对真理的前提下，任何现实的辩护都是不够好的——绝对的辩护已经被怀疑论指出是不可能的，而幸运的成分会导致盖梯尔反例。但幸好，我们已经摒弃了绝对真理和绝对辩护，怀疑论的过高要求已经不再合理。这为解决盖梯尔反例和问题奠定了基础。另外，我们主张的实用真理，也并不排除知识中的幸运成分。只要信念能够指导行动达到预期效果，哪怕其中包含我们还没有确定把握的因素，我们仍然认为，那种信念就是知识。除非这种未被把握的因素阻碍目的的达成，进入人类认识视野，成为一个顽固问题，使得认识语境出现矛盾，让我们站在语境转换的节点上，我们就可以适当忽略它。

在此，还需强调的是，人们可以随便构造盖梯尔反例，但是，任何一个这样的反例中，其实已经规定了一种合格的辩护路径，用以对比显示出案例中认知主体的辩护之不合格。案例中的认知主体只要还不能代表人类的绝大多数，

---

① 她本人的分析中指出了三种选择，但其实是两条出路。笔者在此做了融合。参见：Linda Zag-zebski. The Inescapability of Gettier Problems ［J］. The Philosophical Quarterly, 1994, 44 （174）: 72–73.

那么，反例就不会对知识构成威胁。这样的反例仅有的作用在于：它向人们显示出，在个人为自身具有知识辩护的过程中，有些辩护是不合格的，带有幸运的成分，作为标准掌握者的知识归赋者不应该将知识归赋给认知主体。因此，这样的案例其实只是显示，个人的辩护只有在与主流辩护相符的情况下，才能说拥有知识。盖梯尔反例责问的是对单个主体的知识归赋如何合理，但是，在未有知识之前，根本没有知识归赋的问题！这些案例，如果想对人类的知识构成挑战，那么其中的认知主体必须是人类这个群体。但这样的案例如果不暗示存在一个具有上帝之眼的全能主体，掌握着知识标准，拥有最正确的知识，这种反例就不可能有说服力。而一旦它暗示了上帝之眼的存在，他就已经不再是讨论人类的知识了。由此看来，针对盖梯尔反例引出的许多争论其实都不得要领，而以此为出发点构造的许多看似高深的理论，多少有些误入歧途。它们的不得要领之处在于，仅着眼于辩护概念，试图寻求达到绝对真理的辩护；而遗忘了对辩护目标合理性的反思。我们的语境主义正是从两个方面入手弥合辩护与真理的裂缝的。其中降低真理标准的做法，是在应对怀疑论中得出的结论，这再一次表明盖梯尔问题与怀疑论难题的紧密联系。另外，他们同时还忘掉了在更宽广的社会层次上考虑知识问题，掉入了为人诟病的个体主义中。这种个体主义倾向在我们后面讨论辩护理论时会进一步指出。

至此，盖梯尔问题已被消解，但怀疑论难题中还剩下最后的任务需要完成——回答辩护的具体形式是怎样的问题。这个问题没有解决之前，对怀疑论的反驳就不彻底。接下来，我们将探讨语境主义的辩护理论。

第五章

语境主义的知识辩护理论

所有试图解决盖梯尔问题和怀疑论难题的理论，最终都可归结为知识辩护理论。因此，语境主义必须对知识辩护的具体形式给出答案，否则休谟关于经验不确定性不断积累，最后将导致我们一无所知的怀疑论仍然没有被反驳。要消除这种怀疑，就要找到一种合理的经验组织形式，使经验的不确定性受到约束，确保知识的确定性和普遍必然性。这就是本章的主要内容。本章基于对各种倾向的知识辩护理论（尤其是融贯主义和基础主义）的考察之上，通过指出先验框架的融贯性与经验内容的语境基础性，表明知识辩护既是融贯的，又是有基础的。我们将这种基础融贯主义称为**语境的基础融贯主义**。

第一节　当代知识论关于辩护的几种争论①

一般而言，在当代知识论中存在如下相互争论较为激烈的辩护理论：内在主义和外在主义、基础主义和融贯主义以及可错论与不可错论。在这几种一般的争论中，通过各种倾向的组合，又有一些细节上的争论，比如在基础主义中，又有可错的基础主义和不可错的基础主义之争，也有人主张内在主义与外

---

① 本节部分内容修改自拙作"知识辩护的困境与语境主义辩护观——语境主义的辩护是怎样的"，参见：尹维坤. 知识辩护的困境与语境主义辩护观——语境主义的辩护是怎样的 [J]. 科学技术哲学研究，2015（3）：51–56.

在主义的某种融合①，因而批评单纯的内、外在主义，在融贯主义中对"融贯"概念也存在不同理解之间的争论，在内、外在主义内部还有一些不同的分支流派等。但是出于本书的主旨、个人能力和时间考虑，我们只考察三种基本的争论，并在考察中确立自己的辩护倾向。另外，波洛克为给自己提出的直接实在论找到归宿，还提出了信念理论与非信念理论的区别，好使直接实在论既是内在主义的，同时又不是信念论的。② 根据我们考察的命题知识主题，以及由于他的直接实在论是一种没有希望的理论，笔者不再考虑这种划分。

在此不得不事先说明，对于上述各种主义，不同知识论家的具体界定不相同，使用的术语也各具特色。要从纷繁复杂的学说中筛选出能够定于一尊的概念是困难的，因此，我们在此只能尽力把握各种差异中的大致同一。

一、内在主义与外在主义

1980 年，美国的《中西部哲学研究》第五卷同期发表了邦久的"经验知识的外在主义理论"以及戈德曼的"辩护的内在主义观念"两篇针锋相对的文章，开启了内/外在主义的争论。自此，这个争论就一直没有消停，而且日趋混乱。③ 虽然也有人主张融合，但都没能解决这一争端。在这场争论中，主要的外在主义理论有戈德曼的可靠主义、因果理论和概率主义（Probabilism）（阿姆斯特朗也是可靠主义和概率主义的代表），诺齐克的知识追踪理论等。外在主义又经历了无辩护的外在主义与有辩护的外在主义的发展。与外在主义阵营相比，内在主义阵营更为强大，可以说历史上大多数知识论者都是内在主义者，他们包括笛卡尔、洛克、休谟、罗素、齐硕姆、雷尔、邦久、费德曼和奥迪等。当代知识论的主流意见认为，外在主义各种理论都有严重缺陷，它在知识论中已经日渐式微。波伊曼、波洛克、克拉兹、丹西、胡军、陈嘉明等的知识论著作都持这种看法。但是，持这种看法的作者大部分都是外在主义的批

---

① See Marshall Swain. Alston's Internalistic Externalism [J]. Philosophical Perspectives, Vol. 2, Epistemology 1988: 461 – 473, and James F. Sennett. Toward a Compatibility Theory for Internalist and Externalist Epistemologies [J]. Philosophy and Phenomenological Research, Vol. 52, No. 3, 1992: 641 – 655; 方环非. 对立抑或融合的选择——也论确证的内在主义与外在主义 [J]. 自然辩证法研究, 2009 (3): 14 – 18.

② [美] 约翰·波洛克，[美] 乔·克拉兹. 当代知识论 [M]. 陈真，译. 上海：复旦大学出版社, 2008: 35.

③ 陈英涛在其论文"当代英美知识论中的内/外在主义之争：历史与现状"（厦门理工学院学报，2006 (12): 75 – 80.）中，较为细致地综述了内/外在主义之争的混乱状况，在此不再重复。

判者，因此，这个结论并不公正。而笔者将表明，两种主义都不可取。这需要从两种主义的基本特征说起。

既然知识辩护的外在主义与内在主义是相对的，那么界定了内在主义，外在主义就相应得到界定了。但对内在主义的界定较为复杂。不同知识论家有不同的界定。① 陈嘉明先生在分析了各种界定之后，总结出一般意义上的内在主义。他认为内在主义的基本共同点在于，把知识的辩护归结为"内在于心灵"的活动。其基本主张是，信念的辩护完全是心灵"内在状态"的功能，"是一个建立在心灵内部的活动过程"。决定一个信念对于认知者是否得到辩护，"在于一些共同的内心因素、倾向与条件，它们构成心灵的活动过程"。信念得到辩护就是由这类正确的心灵活动按照一定的认识规范所产生和决定的。因为这种内在主义实际上认为认识的心灵过程有一些本质因素，有的知识论者也将其称为"心灵主义"。对于其中的"内在状态"，又有许多不同解释，但大致而言，它指的是知觉与记忆这两类认识的表象要素。相应于内在主义，陈嘉明先生给出了外在主义的基本规定：外在主义主张辩护中至少有些因素不需要内在于认知主体。② 也就是说，一个信念得到辩护不必为认知主体所把握，至少辩护的部分因素是外在于主体的认知视角的；信念变为知识需要一定的条件，但不必要求主体一定知道或把握这些条件。他在另一篇文章中指出了内在主义与外在主义的基本区别，认为内在主义主张起辩护作用的因素是可直接把握的信念的内在状态；外在主义主张辩护的过程是与外部世界相联系的，有些因素不能把握。③ 由此看来，辩护因素的可把握性（Accessibility）要求成了内在主义和外在主义的核心区别之一。这种界定与大多数学者对内/外在主义的界定是一致的。总之，"内在主义主张一个信念的可辩护性应该由我们的内在状态所决定。"④ 外在主义则认为至少有些有辩护地位的因素外在于一个信念主体。

---

① 陈嘉明先生在其著作中列举了一些内在主义的界定，并对内在主义进行了细致的分类研究。笔者在此省略这些细节，参见：陈嘉明. 知识与确证：当代知识论引论［M］. 上海：上海人民出版社，2003：121 – 151. 陈英涛在其论文"当代英美知识论中的内/外在主义之争：历史与现状"（厦门理工学院学报，2006（12）：75 – 80.）中，较为细致地综述了内/外在主义之争的混乱状况，在此不再重复。这些都表明，对内/外在主义的界定十分复杂。

② 陈嘉明. 知识与确证：当代知识论引论［M］. 上海：上海人民出版社，2003：128 – 131.

③ 陈嘉明. 当代西方知识论的外在主义［J］. 哲学动态，1998（10）：40. 陈先生的"确证"即是我的"辩护"。

④ ［美］约翰·波洛克，［美］乔·克拉兹. 当代知识论［M］. 陈真，译. 上海：复旦大学出版社，2008：31.

从上面的基本区别，我们看出，内/外在主义争论的焦点在于主体意识在辩护中的地位。内在主义始终要维护自笛卡尔以来的知识论主体性原则。这可以从内在主义一贯强调，要继承笛卡尔、洛克阐明的认识主体的辩护责任的做法中看出。但是，在外在主义者看来，笛卡尔式的"我思"并不能承担起这样的责任，不能有效反驳怀疑论。内在主义诉诸的"心灵的内在状态"（内在信念）的辩护作用几乎没有一样能经得起诘难，内省、直觉、自明的感知觉和记忆的确定性，早被笛卡尔怀疑的"利箭"戳得千疮百孔、体无完肤了，自不必外在主义来反驳。除此以外，内在主义的辩护还有无穷后退的弊病。因为如果可以通过内省把握一个信念的内在特征，使其具有为其他信念辩护的资格，那么对这个内在特征的把握是不是仍会形成一个信念？而这个信念也有某种特征？对这个特征也需要把握？而对这个把握的把握是不是还要内省来把握？如此推导，为信念辩护将是不可能的。

但是，外在主义者试图突破主体性原则的禁锢，为知识寻找外部的客观支持也有困难。比如，"可靠论无法为信念形成的方法是可靠的这一点提供一个独立的理由，因为根据可靠论，一旦我们要作出关于信念形成方法是可靠的这一信念，它必须诉诸信念形成的方法，从而导致循环性。"[①] 更为困难的是，如果可靠的过程不为认识主体把握，那么如何确定一个过程是可靠的呢？由谁来保证其可靠性？由其他的主体来保证吗？这只不过是另一种形式的内在主义！或者由上帝来保证（如普兰廷加所说的那样）？那这就不是知识论！一旦这种外部的可靠性得不到保证，辩护如何可能？当然，也有一种无须辩护的外在主义，对此人们只能将它留给研究启示的神学了。

那么，这种争论将是无法调解的吗？上面提到有一些主张融合的观点。笔者在此不想再烦琐地给予评介。[②] 笔者在此直指**这场争论的核心问题：无论是外在主义还是内在主义，都错误地将知识辩护作了个体主义的理解。两种相反的立场都采取了个体主义的辩护立场。**无论是《斯坦福哲学百科全书》（网络版）[③] 还是《因特网哲学百科全书》（网络版）[④] 在界定内/外在主义时，都是

① 方红庆. 先验论证研究［M］. 上海：上海人民出版社，2012：296.

② 事实上已有人指出，这种融合的不一致性，参见：Duncan Pritchard and JesperKallestrup. An Argument for The Inconsistencyof Content Externalismand Epistemic Internalism［J］. Philosophia，Vol. 31，Issue 3 - 4，2004：345 - 354.

③ Internalist vs. Externalist Conceptions of Epistemic Justification［EB/OL］. http：//plato. stanford. edu/entries/justep-intext/. First published Mon Jan 24，2005.

④ Internalism and Externalism in Epistemology［EB/OL］. http：//www. iep. utm. edu/int-ext/.

在描述"a person"（一个人）为自身具有知识辩护的情况。这种状况与内外在主义之争的起因有关。这种争论起源于盖梯尔反例对"知识即得到辩护的真信念"的挑战。盖梯尔反例中单个主体对自己具有知识的辩护被混淆成人类对自身具有知识的辩护。对单个主体的知识归赋被混淆成人类为知识辩护的情形。在第四章我们已经指出这种混淆的个体主义知识观根源。**这种个体主义的理解已经将内在和外在的界限具体化成脑壳或躯壳了。内在主义主张的"心灵的内在状态"就是最好的证明。外在主义试图从单个主体的外部寻找客观的辩护，也没有跳出内在主义的个体主义圈套。于是出现这样的景象：内在主义千方百计而又徒劳无功地寻找为确定性辩护的心理学现象；外在主义试图跳出不确定的心理学描述，但对于寻找确定性的辩护又茫然无措。**这种情况表明，这场争论已经误入信念发生学和信念心理学的歧途，而这与知识和知识辩护的逻辑规范离题千里。他们看似在追求辩护的逻辑规范，其实是在进行心理描述，内在主义的知识辩护尤其如此。这种情况下如何能够产生有说服力的规范知识论理论？这种迷失的另一个根源在于，西方当代知识论仍然没有突破笛卡尔和洛克以来为知识论确立的个体主义的主体性原则。

面对如此情形，我们该有何作为？**我们仍然坚持主体性原则下的辩护，即内在主义。只不过我们的内在主义是指在人类意识内的内在主义，而不是个体心理主义的内在主义。具有知识绝不是个人的事情，个人无论具有怎样的具体心理特征对于知识的辩护都不是充分的。个体心理活动对于知识的辩护而言仅仅是必要的。**因此，我们不难理解，即使像爱因斯坦那样天才的脑袋，在相对论被验证和认同之前，也不是知识。**知识必须得到公认的辩护，而不是私人的辩护，尤其不是私人心理主义的辩护。**那么，相应于我们的（人类意识内的）内在主义，外在主义的辩护就是在不被任何人意识到的情况下，有些东西仍具有为知识辩护的作用。我们反对这种观点。除非我们假定上帝慈悲为怀，怜悯人类，否则用于辩护的证据，只能是人类意识中的公共的证据。私人的证据就如私人的语言一样，不可能为知识做任何辩护。但是信念可以是私人的，信念正是通过单个主体产生出来，并接受公共检验。从单个主体产生的信念如何成为公共信念，这需要在主体间性问题中探究——在此之前还需要解决心—身问题和他心问题。这个艰巨的任务留待以后研究。在此，我们将知识的主体间性作为事实接受下来。这种接受也是第四章的结论。虽然我们不能对主体间性问题给出论证，但是，在下节我们将给出具有主体间性的信念类，以此支持语境主义的辩护理论。另外，如果从注重证据这一点来命名我们的内在主义，它也可称为证据主义。语境主义是一种证据主义。证据从来都是公共的。

二、基础主义与融贯主义

当代知识论关于辩护理论的另外一场同样激烈的争论——基础主义与融贯主义的争论——发生在内在主义内部。内在主义认为一个信念得到辩护是由它与其他信念的关系决定的。基础主义和融贯主义就是从辩护的信念与被辩护的信念之间不同关系界定的。这一争论起源于人们对"回溯论证"（regress argument）问题的不同解决。

所谓"回溯论证"问题，简单地说就是，如果一个信念 A 要得到辩护才能成为知识，那么为 A 辩护的信念 B 本身要么是自我辩护的（即自己为自己辩护或自明的），要么是得到其他信念 C 辩护的。而信念 C 要能为 B 辩护，本身要么是自我辩护的，要么是得到其他信念 D 辩护的。信念 D 也是如此。这样一来，如果找不到无需辩护的信念，辩护的责任就会无限回溯，获得知识将是不可能的。因为知识必须是得到确定辩护的真信念。回溯论证也是阿格里帕三难问题和皮浪主义怀疑知识辩护可能性的简单表述。

对于回溯问题，存在四个可能的回答。一是论证结束于本身得不到辩护的信念。二是回溯无法结束；它一直持续下去。三是回溯结束于某个得到自我辩护的信念，即这个信念不依赖于其他信念。四是回溯以信念间循环支持的形式，最后结束于一个封闭的信念系统中。为获得确定的知识，可能的选择是后两种（三、四）结束回溯的方法——前两种会导致怀疑论。基础主义选择用不依赖于其他信念的、自我辩护的信念，解决回溯；融贯主义则选择让回溯结束于相互支持的封闭的信念系统中。为认清两种选择各自的优缺点，我们先考察基础主义。

（一）基础主义及其问题

基础主义的一般特征有二：第一，基础信念必须是自我辩护的，而不需要在与其他信念的关系中得到辩护；第二，其他得到辩护的信念都依赖于基础信念的自我辩护。① 非基础信念由某个或某些基础信念的直接或间接的支持而得到辩护。基础主义的两种信念的辩护关系是不对称的、单向的。只存在基础信念为非基础信念辩护的路线，而不存在相反的辩护路线。这种特征是基础主义辩护与融贯主义辩护的重大区别。正因如此，基础信念有时也被称为**非推论性的（noninferential）信念**，而非基础信念则被称为**推论性的信念**。其中的推论是指基础信念为非基础信念提供辩护的形式。至于推论具体采用何种形式，如演绎的、归纳的或最佳解释的，由不同的基础主义类型决定。基础主义对辩护的单向理解有很大问题，后文详述。

基础主义中又可分为可错的基础主义和不可错的基础主义。② 当代知识中主要的基础主义者有齐硕姆、索萨、奥迪等。基础主义的知识辩护思想源远流长。古典的基础主义可以从柏拉图的理念论中找到身影。柏拉图的一切知识的源泉：理念，就是一种基础。基础主义思想在亚里士多德那里也很清晰。他曾说道："并不是所有知识都是可以证明的。直接前提的知识就不是通过证明获得的。这很显然并且是必然的。因为如果必须知道证明由已出发的在先的前提，如果直接前提是系列后退的终点，那么直接前提必然是不可证明的。……我们不仅主张知识是可能的，而且认为还存在着一种知识的本原。我们借助它去认识终极真理。"③ 在哲学的认识论转向后，以笛卡尔为代表的唯理论者和以洛克、休谟为代表的经验论者都是基础主义传统的典型。包括亚里士多德、笛卡尔在内的基础主义是不可错的基础主义，这种基础主义主张，基础信念是不可错的，它们与非基础信念之间的联系是演绎性的，非基础信念由此得到不可错的辩护。但面对怀疑论的诘难，不可错的基础主义有关辩护和知识的主张显然太强，不可能得到满足，不可错的基础主义转向了可错的基础主义。可错的基础主义不仅认为基础信念是可矫正的，还把基础信念与非基础信念之间的

① Keith Lehrer. Theory of Knowledge［M］. Boulder：Westview Press，1990：41.

② 对基础主义的种类有不同的划分方法，如古典的基础主义、非古典的基础主义、激进的基础主义和温和的基础主义等，参见：陈嘉明. 论作为西方知识论主流性观念的基础主义［J］. 文史哲，2004（4）：96；张立英. 基础主义的确证观［J］. 山东师范大学学报（人文社会科学版），2004（5）：20. 苏珊·哈克在其著作《证据与探究》中对基础主义和融贯主义进行了更加细致的分类，用以证明在基础主义和融贯主义之间还存在其他辩护理论的逻辑空间。参见：苏珊·哈克. 证据与探究［M］. 陈波，等译. 北京：中国人民大学出版社，2004：14－18. 这些区分大同小异，为简便起见笔者采用可错的基础主义和不可错的基础主义的分法，其中可错的基础主义大致相当于温和的基础主义，而不可错的基础主义则包括古典的基础主义和激进的基础主义。

③ ［古希腊］亚里士多德. 亚里士多德全集：第1卷［M］. 苗力田，主编. 北京：中国人民大学出版社，1990：251.

联系由演绎关系进一步扩展到归纳的关系（概率的关系）和最佳解释的推论关系。这一扩展进一步增加了知识辩护的不确定性。

基础主义既然主张存在基础信念，那么他们必须指明哪些信念是基础信念。对什么信念是基础信念的问题，不同的基础主义有不同的回答。① 综合起来，基础信念的种类大致如下：

一是经验主义的基础信念，如休谟和洛克等认为通过感觉或内省而获得的印象或观念就是基础信念。

二是理性主义的基础信念，如笛卡尔、莱布尼兹等主张至少存在某些来自理性直观的基础信念，比如"我思故我在"。

三是先验论的基础信念，如柏拉图、康德等主张存在着内在的、先验（先天）的知识（理念和纯粹理智的范畴）。

四是语境主义的基础信念，如库恩主张处于相同语境中的同一科学共同体视为理所当然的科学范式。

当代基础主义者一般采取经验论的观点，把感觉经验看作是认识主体与外部世界联系的唯一途径，它们构成为其他信念辩护的基础信念。

但是，基础主义最大的问题就在于他们给出的基础信念。这些基础信念遭到包括融贯主义和后现代主义在内的反基础主义者的强烈批判。对于后现代主义反基础主义的状况，笔者在此不想涉及，主要原因在于，这种外部批判本身存在很多问题，既不细致，也很少讲道理。相比之下，来自知识论的内部批评要严肃得多。限于篇幅和文章主旨，笔者不能将这些批判详细陈述。国内有专门研究基础主义辩护观的著作对此做了详细的介绍。② 在此只列举出几种较为突出的批判。

第一，基础主义的基础信念是任意的。如上所述，不同的基础主义者给出的基础信念不同。人们在它们之间如何选择有很大的任意性。

第二，经验信念不可能成为基础信念，因为任何单个的经验信念都是可错的。这是怀疑论给出的不可否认的结论。对于刘易斯等的感觉"所予"，塞拉斯等已经给出了令人信服的批评，不可能存在纯粹的感觉"所予"。在科学哲

---

① 当然也有基础主义者主张，起基础辩护作用并不是信念，而是知觉所予，比如波洛克和刘易斯，这种知觉是无须经过概念处理的直接感觉。但我们既然承认了先验框架的综合统一作用是任何经验的前提，我们就不可能承认有这样的直接感觉。事实上，塞拉斯已经对此做出了严厉批评。在此略去。

② 张立英. 基础主义确证论的批判与重建［M］. 上海：上海人民出版社，2011：103–177.

学中，观察渗透理论的论题、整体论论题已经被普遍接受，这进一步加剧了人们对基础主义经验基础信念的不信任。这些批评一方面取消了基础主义要求基础信念的独立性；另一方面取消了经验基础信念的确定性。

第三，可错的基础主义对于基础信念和辩护关系的可错性的承认，使得非基础信念得到辩护成为不确定的，而知识的确定性也将变成遥远的梦幻。

第四，基础信念的安全性和丰富性是相矛盾的。根据基础主义的观点，要想用基础信念建构知识的大厦，基础信念必须既要可靠，还要丰富。因为，基础信念不可靠则基础不牢，知识的大厦建不起来；而基础信念不丰富，则没有足够的建筑材料，知识大厦同样建不起来。但是，要保证基础信念安全，它们就必须说得尽量少，因为如果它们包含的信息越丰富，就越准确，那就容易包含更多的错误；如果它们说得尽量的少，包含的信息又将影响知识内容的丰富性。这个矛盾似乎无法解决。

总之，不可错的基础主义不现实，而可错的基础主义又太妥协，以致无法获得知识需要的确定辩护。面对这些困难，基础主义很难给出令人满意的答案，这也是人们转向融贯主义的原因所在。

（二）融贯主义及其问题

面对基础主义在解决回溯问题的无能为力，融贯主义选择了知识辩护的另一条道路。它认为，既然知识的辩护不能找到基础，那么最好的选择就是让信念之间保持一种融贯的关系，使得每一个信念与其所在的信念集合相互融贯，组成一个自我辩护的信念系统。在当代知识论中，持这种观点的主要代表有雷尔、邦久等。这样界定融贯主义是非常简单的。事实上，存在不同类型的融贯主义辩护观。这些不同主要源于对"融贯"一词的不同理解，以及对信念间以何种形式融贯，融贯在辩护中究竟起何种作用的不同理解。

对于"融贯"的含义大致有两种理解。传统的融贯主义认为融贯关系就是蕴含关系。这种理解认为融贯由三个条件构成：逻辑一致性条件、完全性条件和蕴含条件。蕴含的融贯强调信念之间的必然的和演绎的推导关系。布拉德雷、布兰夏尔德是持这种观点的代表。但是这样理解的融贯太强，显然不适用于经验知识的辩护。经验知识的真不可能达到逻辑必然性的高度。因此，当代知识论中的融贯指的是解释的融贯性。这种理解认为，融贯关系就是解释关系，信念间的解释关系的改善就是融贯程度的增加，这种解释关系主要是因果解释、概率解释和最佳解释，这些解释仅仅是一种推论，而不是推导。因此作为解释的融贯也被称为推论性的融贯。当然，这两种理解都保持了对融贯的逻辑一致性（不矛盾性）要求，这是融贯的必要条件。本书采用第二种融贯解释。这种融贯解释与先验原则相互呼应。先验原则构成一个融贯体系。这个体系显然不是演绎体系。先验原则的融贯性质必然约束知识辩护中信念之间的关系。

对于信念间的融贯采取何种形式实现的问题，有两种最基本的回答：线性的（linear）融贯和整体的（holistic）融贯。[①] 线性融贯是指如下形式的融贯：信念 B_1 从信念 B_2 得到辩护，而信念 B_2 则从信念 B_3 得到辩护，信念 B_3 从信念 B_4 得到辩护……信念 B_{n-1} 从信念 B_n 得到辩护，最后信念 B_n 从信念 B_1 得到辩护。这种融贯类似于简单的圆圈运动。整体的融贯观点认为，信念系统中的所有信念都是相互联系的。信念间的联系就如一个三维的网络，每一个信念都是一个连接点，被其他信念共同连接着。大多数当代融贯主义者都拒绝线性融贯而主张整体的融贯。因为线性的融贯实质上就是一个循环的自我辩护，并没有使得信念系统获得真正的辩护。

对于如何使融贯在辩护中起作用也有两种观点：肯定的（positive）融贯主义和否定的（negative）融贯主义。肯定的融贯主义主张，人们必须提供正面的理由证明一个信念与某个相关的信念系统相融贯。如果这种证明的理由存在，那么该信念就得到了辩护，成为该信念系统的一员。否定的融贯主义则主张，人们拥有一个信念本身并不需要主动地寻求与相关信念系统的融贯来辩护，只有当存在反面的理由证明这一信念与某个相关信念系统不相融贯时，该信念才没有得到辩护。因此，"一个否定性连贯（融贯，引者注）理论告诉我们：我们自动得到辩护地持有任何我们已持有的信念，除非我们有肯定的理由认为我们不应当持有它。"[②] 这是对信念持一种"在证明有罪之前都是清白的"态度。在此，笔者对这种否定的融贯主义存有疑问。疑问在于，它赋予了人们持有一种信念即得到初始辩护的权利。这种辩护条件过于宽松。在后面我们还会看到，持有一种信念有许多表象形式，人们既可以用否定的态度持有一种信

① ［美］路易斯·P.波伊曼. 知识论导论（第二版）［M］. 洪汉鼎，译. 北京：人民大学出版社，2008：128.
② ［美］约翰·波洛克，［美］乔·克拉兹. 当代知识论［M］. 陈真，译. 上海：复旦大学出版社，2008：100.

念，也可以用存疑的态度持有一种信念，还可以用肯定的态度持有一种信念。但是不能将这些持有信念的心理形式视为信念得到初始辩护。拥有（或持有）一种信念是一种心理学事实，而信念是否得到辩护是知识论的逻辑规范。二者不能等同。任何为信念辩护的活动，必须以人们持有某种信念为前提。因此持有信念不能看成是是否得到辩护的条件。肯定的融贯主义要提供正面理由证明某一信念与相应的信念系统具有融贯关系，也必须持有该信念。因此，我们认为持有信念应该被视为在辩护上中立的。这样一来，否定的融贯主义仅仅是指，我们因一个信念与其所在的信念系统不融贯，便将其视为没有得到辩护。与肯定的融贯主义提供正面证据不同，否定的融贯主义需要提供的是反面证据。因此，这种划分不再具有如原初划分的意义——它只不过指示出人们在使用融贯性检验信念是否得到辩护时，提供证据的方式不同而已。作为辩护的标准，融贯性在肯定一个信念得到辩护同时，也起了否定的作用（与它相矛盾的命题没有得到辩护）；反过来，在否定一个信念得到辩护同时，也起了肯定的作用。正因为如此，我们不采用肯定和否定的融贯这种划分方法。在后面提到的辩护的融贯性没有这样的区分。我们做出这样的处理以后，有一个好处，即无论是肯定还是否定一个信念的融贯性，都必须给出理由。如此一来融贯主义和基础主义在要求证据上，就是相同的。这为后面融合两种对立立场打下基础。

与基础主义的处境相同，融贯主义的辩护观也存在许多难题，其中三个问题最突出。① 它们是"可选择系统"问题、"真理"问题和"输入或孤立"问题。

"可选择系统"问题是指，如果存在多个融贯程度相同，但内容各不相同，甚至是相互排斥的信念系统，那么，按照融贯性的辩护标准，人们在选择其中某一系统作为真理（知识）时，无法避免任意性。因为它们都是同样融贯的，得到相同的辩护，而人们除了融贯标准以外再无其他标准。因此，融贯不是辩护的充分条件。

---

① 据波伊曼介绍，对融贯主义的诘难可分为针对融贯作为辩护的充分条件的和针对融贯作为辩护的必要条件的诘难。参见：［美］路易斯·P. 波伊曼. 知识论导论（第二版）［M］. 洪汉鼎，译. 北京：人民大学出版社，2008：129 – 135. 也就是说，融贯既不是得到辩护的充分条件也不是必要条件。我们在此较为详细地考察对融贯的辩护充分性的诘难。理由是，在笔者看来，对必要性的诘难不成立。其中所举的各种反例是经不起分析的。为了文章的简洁，故略去。另外，《哲学互联网百科全书（网络版）》也对融贯的辩护必要条件诘难作了介绍。参见：Coherentism in Epistemology ［EB/OL］. http：//www. iep. utm. edu/coherent/。

"真理"问题是指，知识论的目标是使辩护达到真理，因此，我们寻找的辩护一定是要能够达到真理的辩护，我们选择的辩护理论一定要保证人们通过这种辩护获得真理。但是，融贯主义的辩护理论没有说明自己的辩护与真理具有必然联系。除非它假设真理的融贯论作为前提，即将真理界定为融贯的。但是，借助真理融贯论会导致循环论证：首先，将真理界定为融贯的；其次，又用融贯来界定辩护；最后，得出使用融贯的辩护达到融贯的真理的结论。这种论证是没有说服力的。更为关键的是，融贯主义还不能选择符合论的真理观，因为一方面符合与融贯没有必然联系，另一方面"输入或孤立"问题阻碍了融贯系统的经验输入。

"输入或孤立"问题是指，融贯主义的辩护理论缺乏将融贯信念系统与经验现象联系起来的标准。由于融贯主义主张信念是在一个信念系统中得到辩护的，信念之间的关系是对称的，即它们之间没有基础信念与非基础信念的区别，任何一个信念得到辩护就是通过其他信念将它推论出来，这种相互推论关系完全杜绝了非推论信念（经验信念或基础信念）的介入。如此，融贯系统就与经验世界孤立起来，得不到经验输入。正如戴维森指出的那样，"坚决支持融贯主义的人不允许从信念系统之外寻求保证，而在信念系统之内又没有什么东西能够提供支持，除非可以证明信念（最终或同时）依赖于独立地可信任的某种东西。"① 这一问题事实上是融贯主义的最关键的问题。因为，不管是"真理"问题还是"可选择系统"问题，都有望通过经验输入、经验检验得到解决。通过经验输入我们不但可以确定哪个融贯系统是现实的，而且可以确定这个系统的真理性。正因如此，我们在后面论证基础融贯主义时，将主要解决这一问题，以此拯救融贯在知识辩护中的必要地位。但是，就目前而言，这个问题仍然困扰着融贯主义者。

综上所述，从基础主义和融贯主义的十分简单的定义来看，它们在辩护观上最大的不同在于，融贯主义的辩护是对称的，基础主义的辩护观是非对称的。但是非对称辩护的基础主义没有找到合格的基础信念；而对称辩护的融贯主义则无法说明经验输入。总之，两种辩护观点都没有正确地描述知识辩护的实际情况。这种状况促使人们试图将二者融合起来，解决双方的困难。这种融

---

① Donald Davidson. A Coherence Theory of Truth and Knowledge, in Lepore（ed.）, Truth and Interpretation: Perspectives on the Philosophy of Donald Davidson [C]. Oxford: Blackwell, 1986: 310.

合就是后面将要考察的基础融贯主义（foundherentism）。在此之前，我们还需考察可错论与不可错论。

三、可错论与不可错论

在开始讨论之前，有必要澄清，这里的可错与不可错是对知识辩护的理由或证据与辩护结论的连接而言的，而不是指知识本身——当然辩护的确定性直接关系到知识的确定性：可错的辩护只能得到可错的知识，可错的知识也不可能得到不可错的辩护。但是，指明可错论与不可错论这两个术语的应用范围仍是必要的。在知识辩护观上，可错论与不可错论的争论是关于辩护的确定性程度的争论。

当然，可错论与不可错论已经不构成一种势均力敌的争论了。绝大多数知识论者已经是可错论者了。理由十分简单，不可错的辩护观对辩护的要求太强。前面已经指明，要想反驳怀疑论，承认知识的可错性是必然选择，同时承认辩护的可错性也是理所当然的。正如科恩所说："任何认同，仅当 r 蕴含 q，S 才能基于理由 r 知道 q 的知识论，都必将导致怀疑论结论。可错论反对这个蕴含原则，因此避免了这种直接的怀疑论结论。"① 与科恩稍有不同，我们反对怀疑论的理由是知识论中实践理性的必要性和纯粹理论理性的局限性，实用主义知识观（真理观）以及康德阐发的物自体不可知的结论。这种支持可错论的理由更彻底，也更合理。它从知识辩护的先验不充分性出发论证了知识不可能达到绝对真理。这种辩护的先验不充分性的优越性在下面界定可错论的可错性定义中会进一步显现。为此，有必要从可错性定义开始讨论。

当下流行的辩护可错性定义是从辩护证据与辩护结论之间的逻辑不充分性入手的。如科恩的上述引言表明的，既然可错论拒绝证据或理由能够蕴含被辩护的知识，那么可错论就允许 S 基于 J 知道 P，且 J 只是使 P 成为高概率可能而并不排除非 P 的可能性。依此，人们得到如下辩护可错性的定义：

S 可错地知道 P，当且仅当（1）S 基于辩护 J 知道 P；（2）J 不能蕴含，S 的信念 P 是真的。它的意思是，虽然 S 对信念 P 的辩护非常好，但它不能蕴含

---

① Stewart Cohen. How to be a Fallibilist［J］. Philosophical Perspectives, Vol. 2, Epistemology, 1988: 91.

或保证 P 是真的。①

这个定义为许多当代知识论者赞同。如普罗（J. Pryor）说："一个可错论者是这样一种人，他相信我们可以基于可错的辩护上具有知识，辩护不保证我们的信念是正确的。"② 费德曼说："即使 S 没有逻辑上决定性的证据为相信 P 辩护，S 也有可能知道 P。"③ 斯坦利也指出，可错论是关于知识证据的特征的某种主张，它认为，即使人们关于 P 的证据在逻辑上与非 P 的真理性相容，某人也可能知道 P。④ 总之，可错的辩护观主张知识辩护不需要基于演绎的推论，证据不需要蕴含知识结论。

但是，有人认为可错论的逻辑定义带来了两个问题。

（1）由于它否定了证据与结论之间的蕴含关系，它就否定了基于这种关系之上的必然真理。但是必然真理既然是必然的（在所有可能世界中为真），那就是不可错的，并且在我们的知识中存在。这样一来，这个定义太强而不适用于必然真理。面对必然真理与知识的逻辑可错性相矛盾的情况，同时出于维护知识可错性观点和必然真理的考虑，有人试图对可错论的逻辑定义做出各种心理学的修改，将逻辑的可错性修改成认知心理活动的可错性。⑤ 但在笔者看来，看似成功的解释只不过是在烦琐地描述人们发生错误的各种心理现象，完全背离了可错论辩护的规范性内涵，是不可取的。其实，**这种表面矛盾的关键在于人们错误地理解了经验知识中必然真理的性质和可错性定义中的蕴含的含义。**

首先，人们错误地认为可错性的定义否定了逻辑蕴含的必然性，从而否定了逻辑蕴含的必然真性质。其实，可错性的定义否定的不是逻辑蕴含的必然性，而是经验证据蕴含知识结论的必然性。它表明的是经验证据与知识结论之间不具有蕴含关系。其次，这里的必然真理并不是绝对不可怀疑和修正的绝对真理。可错性的定义是从辩护的逻辑上否定作为绝对真理的知识存在，而不是一般认为的必然真理。在经验领域，这种通常认为的必然真理仅仅是成真概率

① Baron Reed. How To Think About Fallibilism［J］. Philosophical Studies 107，2002：145.

② J. Pryor. The skeptic and the dogmatist［J］. Noûs，2000，34（4）：518.

③ R. Feldman. Fallibilism and knowing that one knows［J］. Philosophical Review，1981，90（2）：266.

④ Jason Stanley. Fallibilism and Concessive Knowledge Attributions［J］. Analysis，2005（65：2）：127.

⑤ Baron Reed. How To Think About Fallibilism［J］. Philosophical Studies 107，2002：145 – 153. 这篇文章为解决上述困难共考察了 6 种可选方案，其中 4 种与认知心理有关，由于这种修改是不必要的，笔者在此略去。

非常高的知识，在人们的生活中实用性非常高的知识，而不是概率为1的绝对真理。**在经验知识中，不存在在任何可能世界中都为真的知识。在任何可能世界中都为真的知识就是世界本体的知识。这是可错论明确否定了的。上述挽救必然真理做法，其实是试图挽救绝对真理。这种挽救是不必要的。**任何试图从心理上修正逻辑不可能，挽救绝对真理的现实性的做法都是徒劳的。因此，辩护可错性的逻辑定义没有问题。只不过它的表述形式容易引起误会。如果我们理解了可错论是从经验证据支持经验结论的先验不充分性界定的，这种误会就会消失。

（2）可错论不仅听起来很疯狂，而且它间接地接受了怀疑论，虽然它避免了直接的怀疑论结论。科恩指出，上述辩护可错性的定义等于说，S 知道 P 为真，虽然他不知道非 P 为假。这首先听起来很疯狂——一个人不知道 P 的矛盾命题为假，却知道 P 为真——这隐含着对矛盾律的违背。更为严重的是它还会导致怀疑论。因为通过闭合原则怀疑论可以构造出这样的论证：如果 S 知道 P 为真，并且 S 知道（P 为真蕴含非 P 为假），那么，S 知道（非 P 为假）；S 不知道（非 P 为假）；因此 S 不知道 P。[①] 这正是怀疑论的结论。科恩为了解决这个问题，在承认闭合原则的情况下，选择使用语境主义的相关替代项理论。在此，我们认为，这个问题是一个假问题。首先，认为可错论听起来很疯狂是一种幻觉，是一种受绝对真理观迷惑而产生的幻觉。在没有把握绝对确定的知识之前，任何命题都还具有不确定性，不具绝对的真值，而矛盾律是在假定命题的真值确定的情况下使用的。因此，我们说 S 知道 P 为真，虽然他不知道非 P 为假，并不违背矛盾律。同样，在第二章讨论闭合原则的实用性时，我们已经指出，闭合原则本身暗含了绝对真理前提，在绝对真理未被掌握之前，使用闭合原则的目的是去检验作为前提的知识的确定性，而不是将该前提视为正确性得到保证的原理。另外，预设绝对真理导致怀疑论根本无须闭合原则。因此，通过闭合原则曲折地推出怀疑论结论是多余的。放弃还是接受绝对真理是可错论和怀疑论的分水岭。接受闭合原则就间接接受了怀疑论，放弃了可错论。因此，可错论者不会将闭合原则作为绝对规则接受下来的。但是，如第二章所言，在范导原则意义上，在预测和检验语境中闭合原则是合理的。

---

① Stewart Cohen. How to be a Fallibilist［J］. Philosophical Perspectives, Vol. 2, Epistemology, 1988：92 – 94.

上述可错论是对绝对不可错论的革命。哲学史上笛卡尔是绝对不可错论思想的最突出代表。笛卡尔认为，知识是确定无疑的、不可怀疑的。因此，他要寻找绝对不可怀疑的基础，为知识提供绝对保真的辩护。这种完全的绝对的辩护观可表述如下：仅当 S 知道每个与 p 不相容的命题都是错误的，S 的信念 P 才是得到辩护的。由于这种辩护观必然导致怀疑论，它已经失去了哲学家的宠爱。

除了这种极端的不可错论以外，还有一种在可错论和不可错论之间的折中选择：语境的不可错论。这种观点认为存在有语境的、不可错的、辩护的真信念，并把语境不可错论定义为：S 语境地、不可错地知道 P，当且仅当在特定的语境下（能满足当下的对话或实践的目的），S 能排除非 P 的每一种可能性。① 为支持这种观点，曹剑波先生给出了三个理由。他说："可错论把知识的高标准从知识论中驱逐出去，引入低的知识标准，用以反驳怀疑论的做法，不是反击怀疑论的最好出路，理由有三：第一，不可错的知识标准是传统知识论所坚持的，是知识的神圣性的根基，对其否认会亵渎知识的神圣性，也是违反直觉的。""第二，区分真理与意见，击败相对主义，是不可错论产生的最初动因。对高知识标准的放逐会为相对主义打开方便之门，会使人们无法区分真理与意见，甚至可能导致'可错性一出现，知识就会离开'的严重后果，这种代价实在太大了。""第三，可错论并不是避免怀疑论的惟一方案。"更好的选择是语境不可错论。②

对于这种语境不可错论的基本精神，我们承认其合理性。这种合理性将在语境的辩护理论（下节）中得到保留。在那里我们提出的语境的基础信念和辩护就是一种语境不可错的信念和辩护。但对支持这种主张的理由却不敢苟同。第一，语境的不可错论与可错论并不冲突。它仍然继承了可错论对可错性的逻辑定义。在语境中不可错的辩护，并非逻辑上排除了错误的所有可能性。另外，可错论丝毫没有违反人类知识的直觉。曹剑波先生所谓的"直觉"仍然是绝对真理的直觉，这种"直觉"恰恰是违反直觉的。更不能因为这种"直觉"来自传统就必须维护。而其中所谓的维护"知识的神圣性"更是让人

---

① 曹剑波. 批驳怀疑论的最佳策略：语境不可错论［J］. 北京师范大学学报（社会科学版），2010（2）：85.

② 曹剑波. 批驳怀疑论的最佳策略：语境不可错论［J］. 北京师范大学学报（社会科学版），2010（2）：84.

听起来像是教士在为"绝对真理的上帝"布道。从这样的理由中我们看到，他并没有放弃怀疑论的绝对真理标准。果真如此，他应该主张绝对不可错论才合理，而不是主张语境不可错论。第二，他的第二个理由与第一个理由如出一辙，试图用绝对真理反驳相对主义。这恰似用想象的拐杖驱赶恶狗。这会导致人们既得不到绝对真理，也不能反抗相对主义——既然没有绝对真理，那么一切就是相对的了！第三，他的第三个理由十分不充分——它既没有论证为何辩护在某个语境中是不可错的；也没有给出语境不可错论如何反驳怀疑论。总之，对于这种语境不可错论暗含的绝对真理标准，我们表示遗憾，而这样的语境不可错论最后将只不过是个空口号。

基于以上理由，**我们认为语境的辩护理论是可错论的一种，而不是不可错论的一种。为与这种语境不可错论相区别，我们将自己的语境辩护理论命名为"语境可错论"。**这种可错论将在可错的辩护中，寻找知识的确定性。那么，语境的可错论要寻找的确定性究竟是什么样的确定性呢？正如在实用主义真理观相关章节介绍的那样，这种确定性就是实践的确定性，这也是知识的确定性。总之，我们的"知识主张确实承诺了对确定性的一种要求，然而，这种确定性实际上必须用有效的、世俗的和实践的术语来解释。"① "知识的确定性是生活的确定性！"② **当我们对知识的辩护达到如此地步——当非 P 的可能性并不影响我们按照信念 P 指导行动时，P 就是我们的知识③——这个辩护就是成功的。**

还有一些知识论者认为可错论终究暗示了怀疑论，毕竟按照绝对真理的标准，我们确实没有知识。我们的回答是，在纯粹理论理性语境中，怀疑论是不可反驳的，我们承认对于世界本体没有知识。可错论的知识论者并不倾向于全面的怀疑论，除了承认外部本体不可知外，可错论者反对其他形式的怀疑论。可错论者在实践理性的语境中，以一种相对现实的方式思考知识。

可错论者不主张放弃知识，只是认为我们不需要为知识提供逻辑上决定性的辩护。可错论承认经验知识可以被进一步地观察修正，我们视为知识的任何

---

① Nicholas Rescher. Epistemology：An Introduction to the Theory of Knowledge ［M］. New York：State University of New York Press, 2003：44.

② Nicholas Rescher. Epistemology：An Introduction to the Theory of Knowledge ［M］. New York：State University of New York Press, 2003：42.

③ Jeremy Fantland Matthew McGrath. Advice for fallibilists：put knowledge to work ［J］. Philos Stud（142），2009：65.

事情都有可能被证明是假的。更一般地说，可错论认为，无论人类为拥有的某个信念提供多好的辩护，这个辩护也绝不会好到决定性的、一劳永逸地达到真理的地步。正因如此，可错论为知识的发展提供了无限的未来。可错论是一种保留了真理理想的知识论。

在简单地回顾知识辩护理论的概况之后，接下来将构造我们的知识辩护理论。笔者将自己要主张的知识辩护理论称为**"语境的基础融贯主义"**。

第二节　语境的基础融贯主义

在本章第一节介绍基础主义和融贯主义之争时，笔者没有表明自己采取哪种立场。同时，在结束对基础主义和融贯主义之争的考察时，还提到一种将两种对立观点进行融合的主张——基础融贯主义。"基础融贯主义"是哈克的发明。她在其著作《证据与探究：走向认识论的重构》中对基础融贯主义进行了详细的论证。国内学者张立英在其著作《基础主义确证论的批判与重构》中考察了基础主义、融贯主义，以及哈克的基础融贯主义，提出一种"语境的一致基础论"。这种综合的主张也是笔者在知识辩护理论上的立场。但是，笔者并不准备以"拿来主义"的态度接受它们。在笔者看来，这两种理论都不成功。尤其是张立英的"语境的一致基础论"，她仅仅停留在提出概念的层次上，而没有深入地阐述基础和融贯所指为何，辩护的基本结构如何等核心问题。导致这一现象的主要原因是，当代知识论语境主义（尤其是认知语境主义）本身很少系统地阐述知识辩护理论，没有为人们留下足够的思想资源。如诺曼所说，语境主义者关注的重心是，对各种看似可行的知识论替代选项的批判，而在试图详细说明一种建设性的知识辩护模式上还远没有成功。当然许多语境主义者很难将他们对辩护的理解以一种明晰的理论建议详细论述也是其中原因之一。但是，这没有妨碍语境主义对知识辩护的理解以其他方式（非正式评论的方式，或在批判性的考察中）表明自身。① 更重要的是，由于我们继承和发扬了康德先验论证的成果，一种更完善的"语境的基础融贯主义"已水

---

① Andrew P. Norman. EpistemoligicalContextualism：It's Past，Present，and Prospects ［J］. Philosophia，1999，27：383.

到渠成。但是，要清楚地阐述一种语境的基础融贯主义，必须从对现成的基础融贯主义的批判考察入手。

一、哈克的基础融贯主义①

在结束基础主义和融贯主义之争的考察时，我们已经看到，基础主义没有找到合格的基础信念；而融贯主义则无法说明经验输入。两种辩护观点都没有正确地刻画知识辩护的实际情况。如何解决这些问题寻找合理的知识辩护理论呢？哈克在细致分析基础主义和融贯主义的各种类型（尤其是刘易斯的基础主义和邦久、戴维森的融贯主义）后发现，基础主义和融贯主义并没有穷尽所有选择。在她看来，"基础论要求单向性，融贯论并不要求；融贯论要求辩护是只与信念之间的关系有关的事情，基础论不要求。……所以，一个理论若允许非信念输入，就不能是融贯论的；一个理论若不要求单向性，就不能是基础论的。"② 如此看来，在基础主义和融贯主义之间，还存在既不要求单向性，又允许经验输入的理论空间。这种理论就是哈克的基础融贯主义或基础融贯论。③ 这种理论"将允许经验与辩护的关联，但不要求任何类型的特殊信念，它们只为经验辩护，而不需要来自其他信念的任何支持"。它可以被近似地刻画如下：

"（FH1）一个主体的经验是与其经验信念的辩护相关联的，但是不需要任何类型的具有特殊地位的经验信念，它们只能被经验的支持所辩护，而与其他信念的支持无关。

---

① 本节部分内容修改自拙作"哈克的基础融贯主义仍是基础主义"，参见：尹维坤. 哈克的基础融贯主义仍是基础主义［J］. 嘉应学院学报（哲学社会科学），2015（9）：27–32.
② ［英］苏珊·哈克. 证据与探究［M］. 陈波，等译. 北京：中国人民大学出版社，2004：19. 译文有改动。为尽量保持全书所用术语一致，在《证据与探究》中译为"证成"的"justification"，笔者将视被动或主动语态的情况改为"辩护"或"得到辩护"等。后面不再注明。
③ 哈克对基础融贯主义的可能性证立建立在对各种基础主义和融贯主义的细致分析上，通过这些分析表明某些较弱的融贯主义与较弱的基础主义正在向对方靠拢，以此支持一种相互融合的基础融贯主义是可能的观点。笔者认为这种论证不是必不可少的，因为基础融贯主义是在基础主义和融贯主义留下的逻辑空间中生发出来的，仅需指出这种逻辑可能性就足够了，剩下的重要任务在于论证一种现实的基础融贯主义。事实上，哈克的论证方法弄巧成拙，她对各种基础主义和融贯主义的细致分析最后给论敌留下把柄，使自己掉入某些较弱的基础主义类型中。对这种针对哈克的批判，在此略去，笔者更关注哈克对基础融贯主义的现实性论证（正面论证）。对哈克反面论证的批判，参见：Peter Tramel. Haack's Foundherentism is a Foundationalism［J］. Synthese，2008（160）：215–228；Laurence Bonjour. Haack on Justification and Experience［J］. Synthese，1997，112：13–23.

（FH2）辩护并不只是单向的，而是包含着渗透其中的相互支持关系。"①

基于这两个最基本的刻画，哈克试图解决融贯主义没有经验输入的问题和基础主义需要特殊经验信念而又找不到的问题。这个理论的前景是美好的，那么这种"允许经验关联（不像融贯主义），又不要求被经验结论性辩护的有特权的信念和本质上单向的证据支持概念（不像经验主义的基础主义）"，② 作为一种中介型理论的基础融贯主义将通过怎样论证细节实现呢？为回答这个问题，哈克试图从经验信念的分析入手，找到基础与融贯的融合。

哈克首先继承了基础主义对于经验基础的重视。为此，她提出了非信念形式的经验辩护三原则：

"（1）一个人有各种不同的感觉的、内省的和记忆的经验；

（2）除非一个人有这种经验，他的任何经验信念不会在任何程度上得到辩护；

（3）对一个人所有的（待辩护）经验信念的辩护，最终至少部分地依赖于这些经验。"③

这些论题看上去与基础主义如出一辙。但哈克认为，这三个论题"丝毫不具有明显的基础论倾向；事实上，它们构成感觉—内省论的核心"，"能够被基础融贯论所接纳"。④ 哈克如何做到这一点呢？她如何解决基础主义只承认经验与命题的因果关系，而不能解释命题与命题之间的逻辑关系的责难呢？哈克指出，感觉—内省论的基础论⑤可以通过区分信念状态和信念内容解决这个问题。用信念状态保持经验与命题之间的因果关系，让信念内容承载命题与命题之间的逻辑关系。这就是哈克对基础主义的融贯主义改造，哈克想凭借它解决基础主义的单向性辩护的问题。

让我们仔细分析哈克的具体措施。

哈克认为，从信念的构成上看，A 的信念 P 具有两个方面：S—信念和

---

① ［英］苏珊·哈克. 证据与探究［M］. 陈波，等译. 北京：中国人民大学出版社，2004：19.

② SusanHaack. Double – Aspect Foundherentism：A New Theory of Empirical Justification［J］. Philosophy andPhenomenological Research Vol. LIII，No. 1，1993：113.

③ ［英］苏珊·哈克. 证据与探究［M］. 陈波，等译. 北京：中国人民大学出版社，2004：35.

④ 哈克是在详细分析刘易斯"所予论"的基础主义的三个核心论题存在的问题的基础上，得出感觉—内省论的核心的。参见：［英］苏珊·哈克. 证据与探究［M］. 陈波，等译. 北京：中国人民大学出版社，2004：50.

⑤ 哈克从基础信念的基础性来源方面将基础主义分成三种：基础性来自于感觉—内省的感觉—内省基础主义，基础性来自外在事态的外在基础主义和基础性内在具有的内在论基础主义。参见：［英］苏珊·哈克. 证据与探究［M］. 陈波，等译. 北京：中国人民大学出版社，2004：15.

C—信念。S—信念是指一个人为什么相信 P 的那些方面。C—信念是指一个人所相信的内容（命题内容），即他相信的是什么的方面。如此，一个信念 P 要得到辩护，就必须从两个方面提供证据。哈克说："如何辩护一个人相信某事，不仅取决于他相信的是什么，而且取决于他为什么相信它；'为什么相信它'不单是他相信别的什么的问题，或者他相信并察觉、内省或记住了别的什么的问题，而且也是在他的 S—信念和经验中，它是什么的问题，他具有所讨论的 S—信念便取决于此。""……如何辩护 A 的信念 P，以某种方式取决于引起他有 S—信念的东西是什么。"① 这里"引起他有 S—信念的东西"就是引起 S—信念的非信念的经验原因，它因果地导致了 S—信念。这些原因有"激发原因"和对信念辩护的"有效的原因"。有效的原因又分为"支持性原因"和"抑制性原因"。这些原因都是被讨论的主体 A 内在具有的。信念得到辩护的程度取决于支持性原因和抑制性原因的力量对比。所有这些起作用的原因或"力量"都可以被表述为"A 的 S—信念 P 在 t 时的因果关系"。这个 S—信念的因果联系"包括直接支持或抑制那个 S—信念的状态，支持或抑制这些状态的状态，等等。"② 在导致 S—信念的非信念的经验原因的范围内，还可以分为"证据成分"和"非证据成分"。"信念状态、知觉状态、内省状态以及记忆状态将被看作是证据性的；其他状态如主体的愿望与忧虑、他受酒精或恐慌的影响等将不被看作证据性的。"③ 那些证据性的状态可用一个术语表示："A 关于 P 的 S—证据"。它与"A 关于 P 的 S—理由"不同，后者"是指那些支持 A 的 S—信念 P 的 S—信念。"也就是与 A 的 S—信念 P 相关的，他所相信的别的什么或者他所相信并察觉、内省或记住了的别的什么。比如，A 看到眼前有一个红苹果，其中的感觉因果联系导致 A 相信 P："我眼前有一个红苹果"。其中的感觉因果联系就是"A 关于 P 的 S—证据"。但是 A 的大脑中同时还有一些与此有关的信念，比如"我现在处于正常的意识状况中"，"光线和周围环境是正常的"等，这些就是"A 关于 P 的 S—理由"，即其他的 S—信念。哈克还对各种证据进行了界定，因与主题无关，在此略去。**总而言之，在此，证据是用来指称非信念状态的，理由是用来指称信念的。**哈克将上述对 S—信念的论述称为"辨明（explication）的因果阶段"——也是辨明的第一阶段。它主

---

① ［英］苏珊·哈克. 证据与探究［M］. 陈波，等译. 北京：中国人民大学出版社，2004：74.
②③ ［英］苏珊·哈克. 证据与探究［M］. 陈波，等译. 北京：中国人民大学出版社，2004：75.

要是说明 S—信念的非信念来源，以此为信念的辩护提供来自经验的证据。

此后，哈克对信念 P 的第二构成方面，即 C—信念的辩护做了说明。这一阶段她称为"辨明的评价阶段"。C—信念的辩护也分为证据和理由两个方面或来源：A 相信 P 的 C—证据和 A 相信 P 的 C—理由。不过"C—证据"已经不是 S—证据那样的非信念状态，而是命题，"因为正是语句或命题而不是人的状态能够相互支持或削弱，相互给予更大可能或否证，相互一致或不一致以及作为解释性说辞融贯或不融贯。"① 从这句话我们可以看到，哈克试图用 C—证据来说明辩护的融贯性质，为辩护加入双向关系。那么，前一阶段的证据与后一阶段的证据具有什么关系呢？哈克为它们提供了一个过渡："对'A 关于 P 的 C—证据'的刻画取决于对'A 关于 P 的 S—证据'的刻画，后者是该理论的因果部分提供的。哪些语句或命题组成了 A 关于 P 的 C—证据，这取决于什么状态在支持 A 的 S—信念 P 的力量中起重要作用。"② 这也就是说，"A 关于 P 的 C—证据"依赖于"A 关于 P 的 S—证据"，并最终依赖于引起信念 P 的非信念状态。证据在此仍然指称来自非信念状态的力量。那么，"A 相信 P 的 C—理由"所指为何？哈克的"A 相信 P 的 C—理由"概念，是与"A 相信 P 的 S—理由"概念对应的。它们的关系是："'A 相信 P 的 C—理由'指 A 所相信的 C—信念，它构成了 A 相信 P 的 S—理由。"③如此一来，A 相信 P 的 C—理由就等于 A 相信 P 的 S—理由，而它们都是 A 所相信的 C—信念。

为了减轻哈克论述中由于怪异术语和曲折逻辑导致的不耐烦，笔者将上述内容用图 5–1 呈现如下。

为清楚起见，我们再将图 5–1 中的几对关系单独列出，它们是：

（1）P 的 S—理由 = P 的 C—理由 = 与 P 相关的其他信念，如 Q、R 等的 C—信念。

（2）P 的 C—证据（信念）取决于 P 的 S—证据（非信念状态）。

（3）P 的 C—信念要得到辩护，取决于**"P 的 S—证据（非信念状态）"** + **"与 P 相关的其他信念，如 Q、R 等的 C—信念"**。

（4）P 的 S—信念要得到辩护，取决于**"P 的 S—证据（非信念状态）"** + **"与 P 相关的其他信念，如 Q、R 等的 C—信念"**。

①③　［英］苏珊·哈克. 证据与探究［M］. 陈波，等译. 北京：中国人民大学出版社，2004：78.
②　［英］苏珊·哈克. 证据与探究［M］. 陈波，等译. 北京：中国人民大学出版社，2004：79.

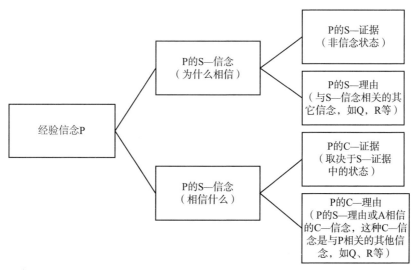

图 5 – 1　哈克的信念构成与辩护关系

（5）P 的 C 信念要得到辩护和 P 的 S—信念要得到辩护，取决于相同的证据。

（6）经验信念 P 要得到辩护，取决于 P 的 C 信念得到辩护和 P 的 S—信念得到辩护，也就是取决于**"P 的 S—证据（非信念状态）" + "与 P 相关的其他信念，如 Q、R 等的 C—信念"**。

从这些关系的推导结果，我们可以看出，经验信念要得到辩护，最后只依赖于经验信念中的 **S—证据**。因为所有 **C—证据**最后都依赖于 **S—证据**，所谓其他信念 **Q、R** 等的 **C—信念**概莫能外！哈克试图通过区分 **S—信念**和 **C—信念**，让两种信念相互辩护的努力落空了！哈克用如此怪异的术语和特别烦琐的论证仅仅表达了一个很简单的基础主义的观点：所有经验信念的辩护最终都依赖于产生该信念的非信念状态，这是信念产生的因果方面，也是信念拥有经验内容的原因。当然，不得不承认，由于哈克主张非信念状态为经验信念提供最后的辩护，因此，她并没有主张任何类型的具有特殊地位的经验信念作为基础。但是到此为止，她也没有证明经验信念与其他信念的支持有关，而是证明它们只能被经验的支持所辩护。也就是说，经验信念得到融贯辩护的观点还没有确立。哈克试图以区分理由和证据的方式解决经验信念辩护的双向问题不成功，因为如上所述，理由并不能独立于证据，而是取决于证据。如此一来，理由还能提供什么独立于证据的辩护呢？理由如何阻止被证据的同化？在哈克的论述中，我们找不到答案。事实上，命题内容完全可以是因果关系导致的，如果真是如此，经验信念的 C—信念在何种意义上独立于 S—信念？一旦 C—信念失去独立性，它就很难作为 S—信念的理由，而一旦失去 S—理由，S—证据（非信念状态）的好坏就很难断定，因为状态本身如果不在一个特定的环境中被识别，那么它们没有真假（好坏）之分，它对真理（知识）的辩护作用要么是完全的，因为所有状态看上去就是事实；要么是毫无用处，因为没有任何独立的评定标准来判定它们的好坏，因而不能用作证据。总之，哈克区别信念状态和信念内容的方法不奏效。

为了进一步论证经验信念的双向辩护，哈克还借用纵横字谜模型来类比信念辩护的融贯性。就如纵横字谜模型允许普遍的相互支持一样，经验信念的辩护也是信念间的相互支持。她说："（填写各个格）的提示是主体的经验证据的类似物；已经填好的那些格是他的理由的类似物。这些提示不取决于这些格，这些格在可变的程度上是相互依赖的；这些都是已经提到过的经验证据和理由之间的不对称的类似物。"① 但是，填字游戏不仅仅是"这些提示不取决于这些格"，而且"这些格不取决于这些提示"。也就是说，它们是相互独立的。这种特征是哈克的证据和理由所不具备的。填字游戏的提示（证据）不取决于已经填好的格（理由），而且反过来已经填好的格（理由）也不取决于提示（证据），不能类比哈克的、理由对证据的单向依赖关系。从上面的分析我们已经看到，证据完全决定了理由——也就是说哈克的类比不能满足"已经填好的格（理由）也不取决于提示（证据）"这一条件。因此，以此类比来说明证据和理由在信念辩护中的关系是不恰当的。对于这样的类比也就无须赘述了。总之，哈克并没有论证经验信念的辩护为什么一定是融贯的。融贯来自何处，它的合理根源在哪里？在后面，我们将通过先验框架解决这个问题。

哈克的基础融贯主义不仅没有达到预期目标的问题，而且还有更深层的问题。这些更深层的问题是导致她理论失败的根源。

导致哈克基础融贯主义失败的第一个根源是个体主义。哈克的基础融贯主义要辨明"一个人的信念 p 或多或少得到辩护，依赖于……"她说："当我展开我的基础融贯论时，我依赖下述假定：一个人相信某物在某个时间是否得到辩护，如果得到辩护，在何种程度上得到辩护，这取决于他的证据在那个时间

---

① ［英］苏珊·哈克. 证据与探究［M］. 陈波，等译. 北京：中国人民大学出版社，2004：80.

相对于那个信念是多么好。辩护有程度之分；它是相对于时间的；它是个人的，尽管不是主观的……"① 这里透露出明显的个体主义。又由于哈克主张经验证据是经验信念的唯一的最终的证据，于是证据就是个人经验。个人经验具有强烈的主观性和相对性。哈克试图通过界定"经验的"一词的外延来排除这种主观性和相对性。但哈克遇到了不可克服的困难。既然经验是个人的、私人的，对于有没有超人的视力、通灵能力或超感知能力以及宗教经验这些问题，哈克只能自认不力，只好武断地"选择比较容易的路径，将'经验的'解释得足够狭窄，以便使有关宗教经验的争议无处藏身。"② 在这里，个人经验的神秘莫测性质使个体主义辩护观窘相百出。她最后不得不诉诸自然科学和进化论的援手，自称是个"温和的自然主义者"。她说："我的认识论是自然主义的认识论，它完全不是先验的，因为它依赖于关于人的认知能力及其局限的经验假定，于是它也就承认了对认知的自然科学式研究与认识论的有关贡献的关联。"③ 个体主义、自然主义以及反先验倾向必然导致她的理论不能应付怀疑论诘难。因此，在谈到笛卡尔式怀疑时，她总是显得捉襟见肘。

哈克辩护理论的个体主义的另一个问题是，她的"非信念证据"概念的问题。哈克承认证据与理论相关。果真如此，这样的证据很难是非信念的。因为，根据经验渗透理论原则，感觉经验在一开始就会被理论概念化、信念化。这种经验如何是非信念的呢？进一步的困难是，如果非信念的输入与直接经验或所予不能区别开来，哈克还将面对"所予神话"的批判。

哈克辩护理论不成功的第二个根源在于她仍然坚持绝对真理概念。对绝对真理的执迷，使得她的基础融贯主义辩护无法显示真理。哈克承认"显示真理就是辩护标准为了成为好的标准所需要的东西。""基础融贯论的标准是显示真理的。"④ 但是，哈克本人也承认，自己并没有找到合适的论证表明基础融贯主义如何显示真理。她说："关于基础融贯论标准的显示真理的性质……人们可以有两条不同的途径去思考这个问题：或者努力将完全的辩护与所讨论的信念为真的决定性标志关联起来，或者努力将较低程度的辩护与显示真理性质

---

① ［英］苏珊·哈克．证据与探究［M］．陈波，等译．北京：中国人民大学出版社，2004：188–189.
② ［英］苏珊·哈克．证据与探究［M］．陈波，等译．北京：中国人民大学出版社，2004：213.
③ ［英］苏珊·哈克．证据与探究［M］．陈波，等译．北京：中国人民大学出版社，2004：4.
④ ［英］苏珊·哈克．证据与探究［M］．陈波，等译．北京：中国人民大学出版社，2004：6.

的等级关联起来。"① 但两者她都不能做到令人满意。原因就在于，她对形而上学的绝对真理观念仍然依依不舍，而"按照基础融贯论的标准，关于经验信念的最终证据是经验证据，即感觉和内省。"② 这样的证据是可错的。于是，怀疑论的老毛病又犯了。

对绝对真理的执迷还导致她反对知识论的语境主义。哈克将罗蒂的哲学视为语境主义的典型，对语境主义大加挞伐。在哈克看来，语境主义关于辩护的观点可以表述为如下论题：A 的信念 P 得到辩护，就是关于信念 P，A 满足其所在的认知共同体的认知标准。这个观点"迅速地达到了下述论题，即认知标准不是客观的，而是约定的。"③ 而在约定论中，"问哪个辩护标准（这个或那个认知共同体的辩护标准）是正确的，问哪个标准是真理的可能标志，都没有意义。"④ "而这意味着语境主义是隐含的反认识论的，它将破坏认可方案（即辩护显示真理的标准，引者注）的合法性基础。"⑤ 这些话如果仅针对罗蒂的庸俗实用主义，笔者是理解并赞同的，但由此迁怒于整个语境主义则不公平。我们的语境主义不是罗蒂的语境主义，更不是约定论和相对主义的。事实上，哈克也承认我们在什么证据是相关的这个问题上不一致，"因为我们在一些背景信念上不一致。"⑥ 这两种不一致必然影响不同时空和文化中的人们对真理的界定不一致。而这就是知识语境性的重要体现。事实上，当哈克承认绝对真理只是理想而不能实现时，她也承认"如果我们根本上想要探究，我们只能心怀这样的希望前进：我们最好的东西是足够好的。"⑦ 这正是我们语境主义者对知识和真理的看法！而且让人觉得更为矛盾的是，她对经典实用主义的思想却是推崇的。⑧ 而实用主义的知识（真理）观就是语境主义的。她本人的辩护理论中也明确地包含语境因素，比如，辩护的时间、地点因素。

最后，上面已经提到，哈克的基础融贯主义实质仍是基础主义。因此她一直试图避免基础主义的第一个难题：基础信念既要丰富，又要可靠这一矛盾。

---

① ［英］苏珊·哈克. 证据与探究 ［M］. 陈波，等译. 北京：中国人民大学出版社，2004：211 - 212.
② ［英］苏珊·哈克. 证据与探究 ［M］. 陈波，等译. 北京：中国人民大学出版社，2004：212.
③⑤ ［英］苏珊·哈克. 证据与探究 ［M］. 陈波，等译. 北京：中国人民大学出版社，2004：20.
④ ［英］苏珊·哈克. 证据与探究 ［M］. 陈波，等译. 北京：中国人民大学出版社，2004：中译本序言第 2 页。
⑥ ［英］苏珊·哈克. 证据与探究 ［M］. 陈波，等译. 北京：中国人民大学出版社，2004：206.
⑦ ［英］苏珊·哈克. 证据与探究 ［M］. 陈波，等译. 北京：中国人民大学出版社，2004：213.
⑧ ［英］苏珊·哈克. 证据与探究 ［M］. 陈波，等译. 北京：中国人民大学出版社，2004：234.

哈克认为，"这个论证对于弱的、不纯粹的基础论是相当无效的……对于根本不要求任何类型的具有特殊地位的基本信念的基础融贯论来说，它不具有任何效力。"① 既然，弱的、不纯粹的基础主义已经能够应对上述困难，哈克为什么不选择弱的基础主义呢？原因是，她认为弱的基础主义虽然承认基础信念的基础性非常弱并且是初步（暂时）的（可错而且可撤销），但仍然坚持基础信念的单向辩护关系。而这种单向关系使得弱基础的初步性、暂时性、可错性和可撤销性变得不现实。因为如果它不接受来自其他信念的辩护、检验，那么它的弱的基础性就会变得相当强；如果它的可错性、初步性和暂时性进一步依赖单方面的经验，那么这个经验一定是比原初的基础信念更不可错，否则原初基础的可错性就无法显现出来，如此类推，弱的基础主义就会潜在地依赖于强的基础主义。为了排除对强的基础主义的潜在依赖，哈克建议放弃任何特殊种类的基础信念，即不存在只有单向辩护的特殊的基础信念。如此一来，具体的基础信念消失了，也就不可能出现上述潜在威胁。但接下来的问题是：经验的基础性如何体现呢？如果真的没有特殊种类的基础信念，那么我们的认知起点在哪里？如果起点是随机的，那么完全有可能存在另一个，发生自不同起点的知识系统，这两个系统如何达到同一个真理？毕竟它们可能是不相容的。如此真理性如何得到保证？这些问题都将成为哈克辩护理论的严重阻碍。

另外，哈克的"哲学新术语铸造学派"（Neologistic Typographical school of philosophy）② 风格，也着实让人烦恼。

二、语境主义的辩护是怎样的？*

在考察了一种并不成功的非语境的基础融贯主义辩护观后，笔者将着手建构语境主义知识辩护理论。针对知识辩护理论的一般困难，笔者将以回答三个问题的方式阐述自己的主张。这三个问题是：语境主义的辩护是怎样的？语境主义中经验如何仍是基础？语境主义的融贯如何总是趋向真理？让我们从第一个问题开始。

---

① ［英］苏珊·哈克. 证据与探究［M］. 陈波，等译. 北京：中国人民大学出版社，2004：30.
② ［英］苏珊·哈克. 证据与探究［M］. 陈波，等译. 北京：中国人民大学出版社，2004：7.
* 本节部分内容修改自拙作"知识辩护的困境与语境主义辩护观——语境主义的辩护是怎样的"，参见：尹维坤. 知识辩护的困境与语境主义辩护观——语境主义的辩护是怎样的［J］. 科学技术哲学研究，2015（3）：51–56.

毫无疑问，**语境主义的知识辩护是可错的、历时的、社会的（公共的）**。①其可错性本章第一节已有论述。所谓"历时的"是指知识辩护是在社会实践的动态过程中完成的。因为辩护既然是可错的，那么在一种辩护事实上被证明是错误的以后，人们会再次寻找更为正确的辩护。这种从得到辩护到失去辩护，再得到辩护的过程必然是历时的。所谓"社会的"是指认知的标准总是一定社会群体的标准。笔者已经明确指出知识的主体间性，要达到这种主体间的知识，辩护及其所用的证据当然也是主体间的。因此，笔者反对个体主义和静态主义的辩护观。但是语境主义的知识辩护的可错性、历时性、社会性并不是相对主义的。那种将语境主义知识辩护的观点理解为知识辩护无须任何合理的固定结构的看法是错误的。诸如罗蒂之类的所谓语境主义者认为将辩护看作一种结构是可疑的，并且极力避免将合理性具体化。这种语境主义是庸俗的语境主义，是理智欠缺或懒惰的表现。因此笔者这样的语境主义仍然坚持一个信念的认知价值应该在一个相对（比较稳定的社会实践目的）固定的、同时性的信念结构中表现。笔者承认过去和未来作为认知相关的因素会影响知识辩护，但这种因素也要通过一定的理智结构发挥作用。那么语境主义知识辩护如何在流动的实践长河中，保持自身的稳定性？回答这个问题需要从人类认识目的的相对确定性以及人类社会的历史局限性入手。

在一定的社会历史时期，人类的认知目的是由生存实践的目的决定的。这样确定的目的不可能脱离尘世，高高在上，不食人间烟火。因此为达到这种认知目的的辩护不会超出当时社会语境太远，更不会要求排除所有错误可能获得绝对的真理。在寻找语境主义的辩护界限时，我们必须从认知目的（生存目的）与面临的实际问题的相互关系入手，找到辩护的确定性边界。也就是说，语境主义者特别注重阐明认知实践中的冲突性和论争性的维度。辩护就是面向挑战或疑问，有理由地维护一种主张。辩护中不可能没有冲突与论争。因此，**辩护总是处在"挑战（反驳）—辩护"过程中的动态活动**。语境主义者反对现代以及当代知识论"对确定性的神经质式的痴迷"，并反对不可怀疑的、不可矫正的辩护观点。在语境主义眼里，基础主义和融贯主义都被去语境化范式挟持了。去语境化的范式将知识论的注意力限制在信念、感觉材料之类东西的

---

① Andrew P. Norman. Epistemoligical Contextualism: It's Past, Present, and Prospects [J]. Philosophia, 1999, 27: 384 – 388.

推论或半推论的关系中。①

激发基础主义和融贯主义之争的回溯论证实际上是一种假想的论证方式，是以绝对真理作为现实目标，无止境追求的思维方式。我们这样的语境主义者将得到辩护与某个社会的认知（实践）目标得到满足等同起来，从而避免了这个无穷回溯。正如安尼斯所说："确定 S 在相信 h 上得到辩护，我们必须考虑 S 所属社群人们的实际辩护标准……要为信念 h 辩护，S 必须能够以满足他们的实践和规范的方式面对他们的批判。"②

人们对辩护的无止境追求的思维还反映在人们对辩护的基本意义的错误理解上。辩护的基本意义是，**一个命题得到辩护就是有某种理由和证据支持它；辩护由支持性的东西组成，如果不是由论证或理由，那么至少由某种证据或原因组成。**有学者将这个辩护的基本解释称为"要求许可论题"（Required License Thesis，RLT），即要求每一个诉求认知合法性的候选者得到许可或保证。③ RLT 具有很强的直觉合理性，以致人们认为所有关于辩护的理论都立足于这一论题，否认这一论题就否认了辩护的必要性。在这一论题的指导下，人们试图寻找起终极辩护作用的理由或证据，以期一举完成知识辩护的事业。

但这个论题错误地理解了辩护的性质。这种误解在英语中有一个语言使用的来源。人们使用"辩护"（justify）这个动词，尤其是以被动形式使用"is justified by"时，隐含了辩护项与被辩护项的二元关系。人们很容易将一个命题得到辩护理解成这个命题必须接受来自他处的支持。追寻来自他处的支持必然导致回溯论证。实际上"得到辩护的"（is justified）还可以是形容词性的谓词，即"得到辩护"并不一定依赖他处的支持。④

更为严重的错误还在于人们将 RLT 提升为一个全面的认知禁令。它用"除非得到支持，任何东西都不允许进入知识"的形式，从头到脚规定了认知的空间。它的目的在于排除人们的错误信念，因此它具有突出的规避错误的性质。这种性质要求在接受任何具体的理由为好时，保持极高程度的谨慎。这过

① Andrew P. Norman. Epistemoligical Contextualism：It's Past，Present，and Prospects［J］. Philosophia，1999，27：385.

② David Annis. A Contextualist Theory of Epistemic Justification［J］. American Philosophical Quarterly，1978，vol. 15 number 3：215.

③ Andrew P. Norman. Epistemoligical Contextualism：It's Past，Present，and Prospects［J］. Philosophia，1999，27：402.

④ Andrew P. Norman. Epistemoligical Contextualism：It's Past，Present，and Prospects［J］. Philosophia，1999，27：404.

高的谨慎在西方知识论与怀疑论互动的历史中源远流长。但过分谨慎将导致失去获得真理的机会。因为最好的谨慎就是对事物不做任何判断，这才不会有犯错的可能。但是知识辩护规避错误的目的是获得真理。因此，对于 RLT 避错的诉求要结合知识辩护的趋真目的来评价。从获取真理的角度考虑，需要对 RLT 的全面禁令性规范做出调整，使其成为适当的认知禁令。纠正 RLT 对辩护的误解的可行方案是引入一条维护信念免受质疑的**最小认知许可原则**。通过此原则，避免 RLT 将知识辩护的责任总是推给知识主张方，造成辩护责任的无限追溯的困境。最小认知许可原则类似于法律中的"无罪推定"原则：**只要不存在适当的理由挑战一个命题的认知地位，该命题就具有认知价值**。我们将这个原则称为**"认知的无罪推定原则"**。"认知的无罪推定原则"削弱了 RLT 过强的避错性，进而保护辩护的趋真性质。两个原则综合使用将会获得更完善的辩护。①

要清楚地界定"认知的无罪推定原则"，需要弄清"适当的挑战"的具体意思。我们从解释"挑战"开始。我们认为，挑战最好被理解为一种语言互动活动，挑战直接质疑一个主张，认为它存在争论或问题。挑战的作用在于，直到找到证据支持某个主张为止，暂时悬置该主张的认知价值。一般有两种类型的挑战：论证性的挑战（argumentative challenge）和直白的挑战（bare challenge）。前者是基于理由的怀疑性的挑战；后者是不给出反驳理由，而是直接地询问"你如何知道"，并要求主张方提供理由。两种挑战关键的不同之处在于，前者提出的反对理由本身有需要辩护的风险，后者则没有这种风险。正是因为直白的挑战具有这种特点，它实质上是一个扩展证明责任的方法。挑战方用它可以要求主张方承担无限的举证责任。这种要求主张方承担无限责任的挑战显然是怀疑论惯用的挑战方法。知识论者不太可能阻止这样的挑战。所幸这种挑战并不总是适当的。因此"适当的挑战"要限制直白的挑战的使用。

既然存在两种挑战方式，界定"适当的挑战"也应该考虑两种情况。笔者认为，**对于论证性挑战而言，当论证性挑战的基础被证明是有问题的时候，**

---

① 需要指出，有些学者认为语境主义并不采取这种方式，而是采取全盘抛弃 RLT 和认知无罪推定原则的方式理解辩护。比如诺曼，他说："无论如何，语境主义者既反对 RLT，也反对与其相反的全面许可。""……拒绝辩护由充分的证据支持组成的观念，打开了理解语境的基础信念作为没有支持的辩护的迷人的可能性。但是这也要求我们清楚说明这种意义的辩护的可能性。"（Andrew P. Norman. Epistemoligical Contextualism: It's Past, Present, and Prospects [J]. Philosophia 27, 1999: 406.）这种主张明显不是我们的语境主义。笼统地拒绝辩护由充分的证据支持容易导致知识论无政府主义。我们的语境主义维护充分证据的辩护概念，不过这种充分性由语境界定。

论证性挑战将不起作用。也就是说，适当的论证性挑战一定是合理的。 对于直白的挑战而言，在一次论辩中，合适的直白的挑战不能连续两次或更多，如果主张方对某一直白的挑战给出了合理的回答，挑战方除非提出论证性的挑战，不能再使用直白的挑战质疑主张方的合理回答。也就是说，挑战方不应该毫无代价地使用直白的挑战。**在不断深入的辩论中，挑战者不能连续两次使用直白的挑战。** 这一规定将使举证责任公平化。如果直白的挑战总是将举证责任推卸给主张方，这就是不公平的辩论，因而也就是不适当的。**总之，一个适当的挑战是一个有合理理由支持的论证性挑战或非连续的直白的挑战。** 在一次认知论辩中，如果没有适当的挑战，一个命题就算得到了辩护。这意味着，在某些情况下，辩护可以不需要其他的支持。在这种解释下，"得到辩护（justified）"并不蕴含"被……辩护（justified by）"：一个命题不需要在任何情况下都接受辩护项的辩护才能成立。因此，RLT 对辩护的误解得到矫正。当然一个挑战是否适当，最终取决于语境的现实性和认知目的的确定性。这是语境主义辩护的必然要求。

在界定"适当的挑战"的过程中，我们其实指出了两种应对（克服）挑战的方法：直接应对和间接应对。直接应对是提供证据或理由支持被诘难的命题；间接应对是对原初的挑战进行挑战，以消解原初挑战的破坏力量。对于两种挑战，我们既可以给出进一步的支持性理由，也可以质问挑战的合理性，要求对方给出进一步的理由。

总之，语境主义的辩护除了具有可错性、历时性和社会性外，还具有论辩的特征。[①] 这种特征为我们界定在语境中得到辩护的信念提供帮助。**根据语境主义辩护的上述特征，我们得到语境主义辩护理论的核心论题：一个判断在一个语境中是得到辩护的，当且仅当在该语境中，每一个针对它的合法性提出的适当挑战都能被克服。**[②] 这个观点允许这样一种辩护存在，即有时候即使没有辩护的理由，但是如果没有适当的反驳理由出现，信念也是得到辩护的。语境主义的辩护以克服适当挑战的方式，防止对辩护责任的无限追溯，既不过分谨慎也不轻率鲁莽。正是根据这一观点，我们可以进一步界定语境主义的**初始辩**

---

① 语境主义辩护的论辩，从其维护人类知识的任务而言，其对象归根结底是怀疑论者。当然根据不同的目的和语境，论辩双方可以有不同的类型，并不是所有为知识辩护的活动都是针对怀疑论的辩护，不同主张的知识论者之间也存在辩护与反驳的关系。

② Andrew P. Norman. Epistemoligical Contextualism：It's Past，Present，and Prospects［J］. Philosophia，1999，27：407.

护概念——对于认知主体 S 而言，如果没有恰当的理由认为他不该相信"信念 P 为真"，那么"信念 P 为真"就得到了初始辩护。在没有被证明有罪之前，所有信念都是清白的。获得初始辩护的信念还可以作为语境的基础信念，为语境主义的辩护提供起点——当然，这样的信念是可错的——它的可错性随着语境的转换或扩展，潜在挑战的凸显而变成现实。在获得语境的初始辩护概念之后，知识辩护就不再无限倒退。经验信念在语境中的基础地位将会得到有力的维护。接下来我们要去寻找语境的基础信念。

三、经验如何仍是基础？

在指出何种类别的信念是基础信念之前，我们需要对语境的基础融贯主义做一个简要的交代，指出其合理性的根源。根据上面对语境的辩护概念和初始辩护概念的界定，以及第二章对怀疑论的诊断，我们可以得出经验是所有经验知识的基础，这是无疑的。因为即使是怀疑论者也承认，经验是可能知识的最终证据。另外，根据先验论证的结论，先验框架也是知识的基础，既然它们是一切经验知识的必要条件，而且它们的合法性已经通过先验论证对怀疑论的前提的分析得到保证。先验框架无疑具有融贯性，因此以先验框架作为规范的知识以及对知识进行的辩护必然是融贯的。这种先验框架正是哈克纵横字谜类比中无法提供的。先验框架恰似字谜游戏中的填字提示。因此对于知识辩护的基础性与融贯性的综合，我们无须做过多论述。另外，由于我们是语境的可错论者，作为基础的信念是在一定的语境中得到初始辩护的信念，因此这种辩护的基础融贯主义是语境的基础融贯主义。现在剩下的重要问题是：什么样的信念是基础信念，以及融贯性的辩护如何总是趋向真理？我们先来回答前一个问题。

虽然我们对哈克的理论进行了严肃的批评，指出她的理论中经验状态作为辩护的基础存在问题。但是，我们赞同她对经验基础地位的维护立场。因为，"尽管我们很快就得知我们不能总是信任我们的感觉，但信任它们初看起来对我们是自然而然的。"① 经验，而且是经验信念毫无疑问必须作为语境的基础信念。任何非信念的经验都不具有辩护证据的资格。

---

① ［英］苏珊·哈克. 证据与探究［M］. 陈波，等译. 北京：中国人民大学出版社，2004：208.

　　我们摒弃非信念的经验状态的辩护作用，与哲学家们摒弃经验"所予"的辩护功能是相同的。"所予"作为基础主义的核心范畴，最早由石里克以"直接经验"的概念提出。20 世纪最著名的古典基础主义者刘易斯在《心灵与世界秩序》一书中首先使用"所予"概念。罗素的感觉材料论是所予论的变形。齐硕姆也是这种所予论的支持者。在"所予论者"看来，"所予"是某种直接的、能被任何具有认识能力的人直接意识到的、不需加以解释的"事实"。它构成经验的直接因素，具有直接性与稳固性的特点，因此是知识的确定基础。但这种观点在塞拉斯以后的知识论中已被普遍抛弃了。

　　正如塞拉斯所指出的那样，所予论混淆了两类不同的东西：对特殊事物的感觉和具有非推论的命题知识。前者是一种感性印象即"所予"，它对于获得知觉是必需的，但它本身不属于知识论的范畴，不能进入知识的序列，从而无法成为知识的基础；只有以非推论方式产生的经验命题才是基础，它需要借助概念来加以理解，并且是可错的。因此，在需要概念这个层次上看，不存在所谓直接的、独立的知觉经验，任何知觉经验已经包含了概念的或命题的因素。这其实早已为康德所指出。在康德那里，没有不需要概念的直观，也没有不需要直观的概念。所谓杂多的经验材料仅仅是知识分析的逻辑起点，而非任何现实存在。同样，先验认识形式也是知识的另一个逻辑起点，不存在没有任何经验内容的认识形式。因此，一切经验必须以信念的形式存在，经验信念必然以概念的形式组织经验材料。所以，作为知识的经验一定是信念形式的经验，而作为知识基础的经验，当然就是经验信念。事实上塞拉斯虽然反驳了所予论中经验所予的直接性与基础性，但他并没有否认经验知识仍然需要基础。只是经验知识的基础不再是直接的经验所予，而是建立在命题层次上的经验。这些作为基础的经验信念就是得到初始辩护的经验信念。

　　但也有人反驳经验信念作为知识基础的观点。这种反驳认为，如果只有信念才能成为辩护的基础，那么经验本身就不再为知识提供任何形式的辩护了。他们说："只有信念才能构成对另一个信念的辩护。因此，如果知觉经验能够作为辩护的源泉，那么它一定是以一种信念形式发生作用，而不是它作为经验本身发生作用。这样，知觉经验本身并没有为我们提供任何可以作为认知辩护的基础。"[①] 要么是经验本身提供基础性的辩护，要么是信念间提供融贯性的

---

　　① 王娜. 语境主义知识观：一种新的可能 [J]. 哲学研究，2010（5）：89.

辩护，不可能有某种经验信念具有基础的辩护地位。对于这种反驳，我们认为几乎不足为辩。这种观点几乎将经验刺激对信念产生的因果作用抛到九霄云外了！经验信念既然是由经验刺激引发的，其中就必然包含经验内容——不管其中的经验内容是对是错，是多是少。经验信念的产生所具有的因果必然性，就是经验信念作为知识基础的根据。而且，这种因果必然性是得到先验论证的支持的。所以，就人类的整个知识而言，获得经验信念的基础性辩护是毫无疑问的。尽管在选择何种经验信念作为辩护的基础仍需要进一步探讨。如果硬要否认经验刺激对经验信念的因果作用，那么任何意识都不能反映哪怕一丁点世界内容。这样所有知识没有对错，都可以被天马行空地构造了！这正是融贯主义面临的困境。融贯主义最大的缺点就是没有看到经验刺激对经验信念的因果作用，也没有看到经验信念中包含的经验内容。哈克的辩护理论对经验因果作用的辩护地位做了详细的阐述，这是值得肯定的，只不过其中的基础主义色彩过分突出了，而且她试图将经验状态与经验内容截然分开的做法也欠妥当。事实上，从**因果角度**看，没有离开经验状态的经验内容，也没有离开经验内容的经验状态。经验状态总是通过经验内容展现；经验内容也总是经验状态的语言形式——尽管就经验内容和经验状态的**逻辑关系**而言，它们之间具有独立性：一种经验状态可以与多种经验内容对应，一种经验内容也可以与多种经验状态对应（请考虑真实感觉、错觉和幻觉的情况）。一旦人们接受了经验刺激对经验信念的因果作用，以及经验内容与经验状态的不可分割性，经验以信念的形式发生作用还有什么问题呢？要求经验要么赤裸裸地站出来为知识辩护，要么什么作用也不发挥，这简直令人哭笑不得！事实上经验信念作为知识的基础之一没有问题！

真正成问题的是，哪一类或哪些类别的经验信念应该成为经验知识的基础。对此问题，哈克采取了回避的姿态——她不给出任何具体的经验基础，以此削弱她理论的基础主义特征——这也是她主张经验状态基础的必然结论（既然它们不是任何信念，当然也就无法表述！）。但是这种回避等于取消了经验信念的基础地位。找不到任何特殊种类的基础的经验信念，就等于没有彻底回答经验知识如何得到基础辩护这一问题。因此，我们认为存在并能找出作为基础的经验信念。

它们是哪些经验信念呢？归根结底，它们就是我们应对怀疑论挑战所获得的得到初始辩护的经验信念，是我们为了生存而不得不认同的那一类经验信念。不得不承认的是，详尽地列举出在所有语境中的基础信念是困难的。原因是这类信念即使是其他信念的基础，它们本身仍是可错的。在不同时代、不同语境下，即使是关乎生存的信念集的内容也是不断改变的。比如，在一个时代，跳入万丈深渊的经验是必须避免的，因为它会导致生命的灭亡。但是在另一个时代下，有技术条件支持下的人们，却将此视为获得极限刺激的理想机会。在一些时代，大脑和心脏离开躯体的经验是应该极力避免的，但是在另一个时代，这些经验也许是拯救生命的重要途径。但是，无论如何，那些维持人类生命的最基本经验信念是不能取代的，虽然要指出这样的经验信念非常困难。即使这类信念是可错和可修正的，但是它们作为基础信念的地位相对稳定。相对于指出所有语境中的基础信念而言，在具体语境中具体指出哪些经验信念属于基础信念更容易一些。

在此有必要指出，**我们得到初始辩护的经验信念作为基础并不是作为推论出非基础信念的推论性基础。从人类维持生存的基础信念不能推出我们至今所拥有的绝大部分知识。我们的基础信念作为基础仅仅是指，其他信念不能因果地或推论地导致我们违反基础信念。**如果在基础信念和非基础信念之间出现矛盾，非基础信念就得不到辩护，不能成为知识。这种基础信念的基础性较弱，它们不是作为知识大厦的基础支撑整个建筑，而是作为目的指引知识前进的最小内核。这个最小内核会随着知识整体状况的变化而变化。比如，冷兵器时代，任何规模的战争都只不过是解决或调和人类矛盾的手段；但核武器时代，即使是局部的核战争也不被视为解决问题的手段，因为它不会解决问题，只会解决人类。因此在这样的语境下，包含在人类生存经验的内核中的内容就扩展了。与此同时，由于科学技术的发展，一个语境下视为人类生存不可或缺的经验，在另一语境下有可能不再是必需的，此时包含在人类生存经验的内核中的内容就缩减了。

总之，语境的基础信念不再是推论的前提，而是要求符合的目的；不是为理论（知识）提供材料的外延，而是所有理论所围绕的核心。因此，我们的知识图像，从其获得基础性的辩护来看，不再是堆积式的金字塔或大厦，而是围绕轴心转动的旋转门。以上论述都是针对怀疑论对知识基础的挑战的反驳。现实生活中的知识辩护很少是面向怀疑论的辩护，这种辩护所要求的基础信念更容易满足。在讨论一般的知识辩护的书中，指出具体语境中的基础是不合适的。但这不表明语境主义的辩护理论是空话，恰恰相反，它为具体的辩护提供了可以遵循的规范。

最后需要再次强调，我们不得不将那些关乎我们生死命运的信念视为基础，并非意味着它们是不可错的，没有改善的余地，或任何进一步的辩护都对它们无所助益。它们仅仅是我们开始认识世界立足点。如果我们要使门转动，那么枢纽必须固定。得到初始辩护的基础，就是这个枢纽。随着认识深度和广度的增加，我们随时准备改变它们。如果某一天知识的旋转门变得足够高耸，扩展得足够宽广，那么与之匹配门轴就应变得更坚固。也就是说，人们必须将它们看成是初始辩护的并不意味它们具有先验的合理性。它们仍有可能是武断的，包含着运气巧合或未知而没有得到辩护的因素。人们认定初始辩护信念的必然性并不能取代其获得进一步辩护的合理性。作为基础的经验信念（事实上是所有信念）的合理性也需要来自其他（基础的或非基础的）信念的融贯性的辩护。只有获得了这样的辩护，知识才始终保持趋向真理的姿态。

在此，笔者想借用皮尔士的长征隐喻来描述我们对经验基础的看法。人类寻找知识的过程就是在沼泽中走向真理的无穷遥远的长征。在长征途中，我们脚下没有坚实的道路。我们唯一能够确定的是，在茫茫无际的沼泽有些地方能暂时承载我们，这是我们唯一能取得的确实性。正是由于这一基础的脆弱性逼迫我们往前走。追寻真理是一种荣耀，更是一种负担！

四、融贯为何总是趋向真理？

上一小节论述了辩护的经验基础性（经验基础起作用的方式不是推论性的），没有给出辩护的双向关系。要为知识辩护引入双向关系，先要解决融贯主义的三个难题："输入或孤立"问题、"真理"问题和"可选择系统"问题。这三个难题中，真理问题是融贯主义最根本的问题。"可选择系统"问题不过是真理问题的一个方面。只要解决真理问题，我们就有选择不同融贯系统的标准。要成功地解决这两个问题，核心在于将经验引入融贯的信念体系。因为一旦引入了经验，在多个融贯体系中进行选择就有了经验检验的标准和依据，而经验检验的标准就是经验知识的成真标准。因此，要解决融贯主义的问题关键是解决经验输入问题。对这个问题的解决，依赖于对这个问题成因的分析。

融贯主义的经验输入问题起源于推论性信念与非推论性信念的划分。一般认为包含经验内容的信念是通过直接感知的方式得到的，因此是非推论性的信念；而推论性的信念是从其他信念推论出来的，其产生过程与直接的感知没有关系。由于融贯主义主张辩护是信念之间存在相互推论的关系，因此融贯主义就杜绝了直接感知产生的非推论性信念，这导致融贯系统无法输入经验，与经验世界隔绝。因此，有人说："一致主义（融贯主义，引者注，下同）的思想体系中包含经验观察的内容，这似乎在理论上就产生了一个矛盾。因为对于经验观察这一概念来说，很重要的一点是观察信念按其本质来说是非推论性的，换句话说，我们是通过一种直接的方式得到的，而不是借助于推论的过程而得到的。但是，一致主义本身的要求是，所有的确证（辩护，引者注）关系都是推论关系，而不是什么非推论的直接的关系。在这里，我们看到上述的两种看法是截然对立、冲突的，没有调和的余地。这样我们即可发现将一致主义论和观察内容结合在一起的理论尝试是根本行不通的。"①

但这里的矛盾是个似是而非的矛盾。基础主义与融贯主义同时犯了一个低级错误——他们在区分推论性信念与非推论性信念时，**都将信念的产生方式与信念的得到辩护方式混为一谈了**。只要将信念产生的方式和信念得到辩护的方式区别开来，融贯系统的经验输入问题就迎刃而解。

信念的形成和信念的辩护是非常不同的两个概念。信念的形成是指信念的产生方式。信念的形成一般有两个途径：非推论的途径和推论的途径。前者是指主体受到刺激形成的感觉信念。后者是指主体以已有的信念为前提，通过推论得出的信念。因此从信念形成的方式上界定，人们可以有两种不同的信念：推论性的信念和非推论性的信念。信念的辩护则是指信念与其他存在物或者信念之间的解释或支持关系。因此信念辩护的方式也有两种，即非推论的辩护和推论的辩护。前者是指信念得到感觉经验的支持；后者是指信念得到其他信念的支持或解释。基础主义者和融贯主义者在信念辩护问题上各执一词。基础主义者主张基础信念对非基础信念的单向辩护，这导致他们寻求在形成方式上是非推论性的信念作为基础，但是**基础信念与非基础信念的辩护关系仍然是推论性的。在信念之间的推论关系上，融贯主义和基础主义的区别仅仅在于双向与单向之间的区别。**但是，由于基础主义者混淆了信念的形成方式和信念的辩护方式，他们认为只有**以非推论的方式才能为信念辩护**——实际上，在基础主义那里只有基础信念才要求得到非推论性的辩护，而不是所有信念都必须得到非

---

① 张立英. 基础主义确证论的批判与重建［M］. 上海：上海人民出版社，2011：236.

推论性的辩护。要求所有信念都以非推论性的方式得到辩护是对基础主义单向辩护的违反——基础主义的单向辩护也是推论性的辩护。以非推论方式形成的信念仅仅为辩护确立基础。基础主义混淆了信念的形成和信念的辩护，认为融贯主义既然主张所有信念都是相互融贯而得到辩护的，因此，融贯主义的理论中就不可能出现非推论的信念，因此就不可能有经验输入。融贯主义者接受了基础主义的混淆，因此被困在基础主义的诘难中不能自拔。事实上，融贯主义完全可以承认以非推论性方式产生的信念，并且这样产生的信念必须与一个信念系统融贯才能得到辩护。也就是说，非推论性产生的信念必须得到推论性的辩护，而且这种辩护是双向的——一个非推论产生的信念被纳入一个信念系统，这是原初信念系统解释力的增强，这种增强无疑是对原初系统的辩护；而非推论产生的那个信念也由此获得了更多信念的解释，因而获得辩护。事实上，不仅非推论产生的信念可以获得推论性的辩护，而且以推论方式产生的信念，也能得到非推论的辩护。在科学哲学中，从一个理论及其初始条件推论出来的理论预测就是一个推论性的信念。但是它必须经过经验现象的检验才能被纳入理论。这种检验就是推论性产生的信念获得非推论性的辩护。不幸的是，融贯主义者将否定确定的基础信念误解成否定任何非推论性产生的信念。这当然使得他们无法获得经验输入，既然他们否认可以通过感观以非推论的方式获得经验信念。总之，融贯主义沿袭了基础主义的混淆，将所有信念都必须在与其他信念的关系中才能得到辩护，混淆成任何信念都必须以推论的方式才能产生。非推论方式产生的信念不能得到推论性的辩护，推论方式产生的信念不能得到非推论性的辩护，这是基础主义和融贯主义都有的观念。但这是错误的。我们既可以从理论中推论出某个信念，然后用经验观察的方式辩护；也可以用已有的理论对以经验观察方式产生的信念进行解释。这就是推论产生的信念得到非推论性的辩护，以及非推论性产生的信念得到推论性的辩护的生动写照。

总之，不仅信念形成具有非推论性的和推论性的之分，而且信念辩护也有非推论性和推论性两种方式。"同一个信念既可在一种意义上被认为是推论性质的，又可以在另一种意义上被认为是非推论性质的。"[①] 明白了这个道理，

---

① 胡军. 知识论 [M]. 北京：北京大学出版社，2006：257. 很遗憾的是，在另一个地方胡军又说出了这一段话："信念的性质在很大的程度上决定了信念的证实（辩护——引者注，下同）方式。从理论上讲，不同质的信念应该具有不同质的证实方式。如果信念是由推论方式产生的，那么它的证实方式也应该是推论性质的。如果信念是由非推论方式产生的，那么显然它的证实方式也相应的是非推论性质的。"（同上书，第 260 页）这其实是退回到融贯主义和基础主义的混淆中去了。

融贯主义不允许经验输入的问题就解决了。随之一起被解决的还有真理问题和系统选择问题。融贯性是知识辩护的必要条件是没有问题的。融贯性与知识辩护趋向真理没有矛盾。不仅如此，推论地产生的信念也能得到推论性的辩护，比如通过先验论证得到的先验原则；非推论地产生的信念也能得到非推论性的辩护，比如得到初始辩护的基础信念，就它们是已经非推论地产生了的信念而言，它的产生过程本身已经是一个事实，这就是某种程度上的辩护。我们不能否认某个已经产生的信念，说它从来没有产生。

但标题中的问题并没有得到完全解决，其中的"总是"二字还深藏玄机。因为，如果我们不能为解释"融贯如何总是趋向真理"，那么在经验的可错的基础之上，我们仍然可能像休谟所说的那样，随着不确定性的不断积累，我们必然会离真理越来越远。**这里的"总是"就是要表明通过辩护可以将知识与真理必然地连接起来。**

为行文方便有必要重温第四章得出的关于实用主义真理观（知识观）的相关结论。在那里我们指出，**有效率的达成目的是实用主义知识观的核心。**这种知识观为我们的知识界定了逻辑上的真理性：逻辑一致性和最大解释力。其中最大解释力包括解释（预测）的普遍性、精确性和形式的简单性。有效地达成目的通过如下道理规定知识的逻辑标准：由于我们追求圆满的真理（知识）和最高的自身完善境界；又由于我们面对的是一个统一时空系统中无限的对象；在这种情况下要达成目的，能力有限的我们，必须排除知识中的各种矛盾，以简单的形式，包含尽量多的内容（解释更多的现象），才能更经济地指导我们的行动，有效率地趋近目标；在这个总体规定下，在任一具体的认识语境中产生的知识都必须遵循逻辑一致性和最大解释力的规则。

通过回顾实用主义知识（真理）观，我们不难看到，融贯的辩护正是保证知识的逻辑一致性和最大解释力的手段。越是融贯的经验信念体系，就越具有解释力，在形式上也就越简单，因而也就越符合实用主义的真理标准。因此，融贯总是使我们的信念趋向真理。

那么，为什么经验不确定性的积累没有导致实用主义真理的破产呢？经验基础的不确定性（可错性）是怎样在辩护（通过某种形式组织信念）过程中得到遏制的——虽然它们不能被完全消除？首先，实用主义知识观不要求达到绝对真理，它允许一定程度的不确定性。这是不确定性不会导致实用主义真理破产的根本原因。关于这一点，前面已有论述。其次，休谟的问题产生于一种错误的辩护观。他预设了知识的辩护是基础主义的线性辩护，而不确定性的积累在基础主义的线性辩护模式上会无限放大。因为经验基础具有不确定性，这种不确定性不能通过与其他信念的融贯关系排除或削弱，而是通过基础信念对上层信念的单向推论关系传达，结果才会导致信念不确定性积累、放大。我们的基础融贯主义辩护观并非线性的辩护观。正是因为基础信念本身也会受到其他信念（基础的和非基础的）检验（是否融贯），它们的不确定性会受到限制。而且信念系统的内容越丰富，融贯关系就越复杂，每一个信念在其中受到的约束就越多，不确定性就会受到更多控制。因此，在这个意义上说，融贯辩护还是一种排除不确定性的信念组织形式。最后，先验框架所具有的规范性和确定性使经验不确定性进一步受到约束。

融贯不仅是保证我们获得实用真理的有力手段，也是我们向往绝对真理的阶梯。因为经验知识总是通过不断增加经验内容扩展的，通过非推论方式产生的经验信念，一旦得到推论性的辩护，便进入一个信念体系，并与其他信念融贯起来。如此原有的信念体系就获得了更多的经验内容。如果这个过程不断进行，那么随着经验内容的不断增多，我们就有理由说这个信念体系逐渐趋近于世界的本来面目或绝对真理。虽然这个趋近的过程是无限的，信念的融贯进度总是追不上绝对真理的脚步，但它已经与绝对真理行走在同一条道路上。这足以使我们感到安慰。从这个角度说，语境主义的辩护观还是永恒运动的辩护观。这对我们突破基础主义和融贯主义在解决回溯问题上的局限思维很有帮助。基础主义试图让辩护终止于固定的基础；融贯主义试图让辩护终止于一个足够大的融贯封闭系统内部。这两个选择都否定了辩护的开放性，因此不可避免地带有封闭性和狭隘性。我们认为，既然探求绝对真理就是没有终点的追寻，那么任何知识系统都应该是开放的，不仅它的基础是可错的，而且它的系统融贯性还要保持不断吸纳新信念的活力。只有如此，这个知识系统才在根本上具有趋向真理的特征。而语境主义的辩护观就能保证这一点。因此，语境主义的辩护理论满足辩护趋向真理这个标准。它是一种合理的辩护理论。

至此，我们得出结论：融贯总是使我们的信念趋向真理。

第三节　遗留的问题和未来的任务

本书到此该告一段落了。虽然意犹未尽，但受主题和个人能力的限制让笔者不得不暂时止步于此。当然，就一项知识论的研究要完成的任务而言，目前所做的还不够完整。在知识论研究中一直处于核心地位的某些怀疑论问题没有得到全面的回应。这本书虽然围绕怀疑论难题和盖梯尔问题展开，并对怀疑论难题中的外部世界存在的怀疑论、外部世界可知的怀疑论、因果关系的怀疑论、实体的怀疑论和辩护的怀疑论给出了回应，但对于心灵存在的怀疑论、他心存在和可知的怀疑论以及主体间性的怀疑论等难题还没有涉及。这本书预设了知识的主体间性，同时意味着预设了与主体间性相关的个体心灵、他者心灵和他心可知的前提。这些预设是不得已的权宜之计。这意味着我们未来的研究将面向这些知识论的核心难题展开。

有些遗憾的是，在当代知识论研究中，很少人关注知识的主体间性问题了。人们似乎已经将主体间性视为一个无须解释的事实，因而也将主体间性的怀疑论视若无物。这让人很难心安理得。因为，如果人们能够无动于衷地面对主体间性的怀疑论，那么人们也没有必要对其他类型的怀疑论大惊小怪。毕竟，现实生活并不会因为怀疑论的存在改变多少。但哲学不能用生活的现实性取消思想的反思性。人类的理智正是在知其然并知其所以然的反思性追问中不断前行的。要面向怀疑论为人类知识的权利辩护，我们不得不对主体间性做出合理解释。

更加令人遗憾的是，在当代知识论中，个体主义和真理绝对化倾向几乎将知识论研究领入穷途末路的境地。那些看似反驳怀疑论，维护人类理智尊严的理论，实质上是引狼入室，在自觉不自觉地对怀疑论投怀送抱。了解了这种现状就不难解释，为什么种种理论努力几乎都苦寻无果，名目繁多的理论最后总是不堪一击。

当然，这样说并不是要全盘否认当代知识论。我们只是想借此表明对知识论研究的建议。在笔者看来，关于人类知识的问题大概可以分为三个领域：知识论（哲学认识论）、认知心理学和认知科学，以及知识社会学。作为哲学的知识论，其核心任务就是应对怀疑论问题，给出知识何以可能的逻辑规范。而关于记忆、感觉、反思等单个主体的心理活动的研究应该交给认知心理学和认知科学等自然化的科学。但问题恰恰出在这里，当下的许多知识论者都热衷于讨论个体的心理品质。于是不同程度的自然主义方法大行其道，而对知识的逻辑规范的研究被抛之脑后。如此，知识论似乎被带入了"狗拿耗子——多管闲事"的尴尬境地。另外一些知识论者则试图用知识论去处理知识在社会环境中的形成、传播、社会效果以及知识共同体对个人的知识归赋过程等问题。这无疑也是误入歧途。因为这分明是知识社会学的任务。因此，我们认为知识论应该摆正自身的位置，回归自己的本职，将反驳怀疑论的未竟事业进行到底。

不仅反怀疑论事业仍需努力，语境主义的辩护理论——基础融贯主义也还有进一步细化的空间。语境的基础融贯主义仅仅为我们指明了一个合格的辩护应该具备的基本要素，而没有详细地说明某个具体的信念如何得到辩护。假定已有一个信念（推论得来的或非推论得来的）和几个信念系统，我们如何判断该信念与哪个信念系统融贯呢？其中有可以凭借的量化标准吗？在不同的信念系统中，又该如何从量化的角度依据得到辩护的标准做出选择？这些问题很有意义。为解决这些问题，笔者想到了贝叶斯方法。贝叶斯方法的多理论检验模型、主观主义的概率解释、验前概率、验后概率、条件概率等概念与基础融贯主义的思想内核（可错性和最大解释力）十分一致。事实上，贝叶斯方法在科学解释和检验等领域的应用就是其在知识辩护领域的应用。对一个证据如何为一个理论提供支持的描述，就是对信念系统如何被一个信念辩护的描述；而对一个理论如何为一个经验现象提供解释的描述也正是对一个信念如何与信念系统融贯的描述。基于这些相似性，我们认为一个可以量化操作的知识辩护理论应该与贝叶斯方法紧密联系起来。笔者未来研究的另一个方向就是探索将贝叶斯方法纳入其中的、可量化操作的知识辩护理论。事实上在科学哲学中，贝叶斯方法也受到广泛应用。这进一步为我们将来的研究指明方向。

最后，本书还遗留了另一个重要问题——真与善的连接问题——这也是知识论未来的研究任务。这个任务就是研究实用真理在人们生活中的一般实现形式。在为知识确立真理目标时，我们摒弃了过高的绝对真理要求，而将实用真理确立为知识的现实目标。这个目标的确立依据于理论理性与实践理性的联合。这种联合实际上就是真与善的联合。对真与善的关系的研究必然涉及道德哲学，尤其是其中的功利主义。但是，纯粹的功利主义研究并不一定回答真的问题，因此我们设想在真与善，事实与价值之间有某种中介桥梁，它就是功能概念，因此在未来的研究中，我们或许可以探索一种功能主义理论，实现真与善的连接。

参 考 文 献

中文文献

[1] [美] 爱因斯坦. 爱因斯坦文集（第一卷）[M]. 北京：商务印书馆，1976.

[2] [德] 狄尔泰. 精神科学引论 [M]. 童奇志，王海鸥，译. 北京：中国城市出版社，2002.

[3] [德] 黑格尔. 哲学史讲演录 [M]. 3 卷. 北京：商务印书馆，1959.

[4] [德] 海德格尔. 存在与时间 [M]. 陈嘉映，王庆节，译. 北京：生活·读书·新知三联书店，2006.

[5] [德] 康德. 纯粹理性批判 [M]. 邓晓芒，译. 陶祖德，校. 北京：人民出版社，2004.

[6] [德] 康德. 纯粹理性批判 [M]. 李秋零，译注. 北京：中国人民大学出版社，2011.

[7] [德] 康德. 未来形而上学导论 [M]. 庞景仁，译. 北京：商务印书馆，1978.

[8] [古希腊] 赛克斯都·恩披里可. 悬搁判断与心灵宁静 [M]. 包利民，等译. 北京：中国社会科学出版社，2004.

[9] [古希腊] 亚里士多德. 亚里士多德全集：第 1 卷 [M]. 苗力田，主编. 北京：中国人民大学出版社，1990.

[10] [法] 笛卡尔. 第一哲学沉思集 [M]. 庞景仁，译. 北京：商务印书馆，1996.

[11] [法] 笛卡尔. 谈谈方法 [M]. 王太庆，译. 商务印书馆，2005.

[12] [美] 杜威. 美国实用主义的发展，载于杜威文选 [M]. 涂纪亮，

编译．北京：社会科学文献出版社，2006.

[13] ［美］杜威．哲学的改造［M］．许崇清，译．北京：商务印书馆，1958.

[14] ［美］蒯因．从逻辑的观点看［M］．陈启伟，等译．北京：中国人民大学出版社，2007.

[15] ［美］奎因．自然化的认识论［J］．贾可春，译．陈波，校．世界哲学，2004（5）.

[16] ［美］蒯因．从逻辑的观点看，载于蒯因著作集（第4卷）［M］．涂纪亮，陈波，主编．江天骥，等译．北京：中国人民大学出版社，2007.

[17] ［美］克里普克．同一性与必然性，载于语言哲学名著选辑：英美部分［C］．北京：三联书店，1988.

[18] ［美］理查德·鲁玛纳．罗蒂［M］．刘清平，译．北京：中华书局，2003.

[19] ［美］路易斯·P. 波伊曼．知识论导论［M］．二版．洪汉鼎，译．北京：人民大学出版社，2008.

[20] ［美］理查德·罗蒂．后哲学文化［M］．黄勇，编译．上海：上海译文出版社，2004.

[21] ［美］理查德·罗蒂．真理与进步［M］．杨玉成，译．上海：华夏出版社，2003.

[22] ［美］理查德·罗蒂．偶然、反讽与团结［M］．徐文瑞，译．北京：商务印书馆，2003.

[23] ［美］理查德·罗蒂．罗蒂和实用主义——哲学家对批评家的回应［M］．海尔曼·J. 萨特康普编，张国清，译．北京：商务印书馆，2003.

[24] ［美］理查德·罗蒂．后形而上学希望——新实用主义社会、政治和法律哲学［M］．黄勇编著，张清国，译．上海：上海译文出版社，2003.

[25] ［美］理查德·罗蒂．罗蒂文选［M］．孙伟平，等编译．北京：社会科学文献出版社，2007.

[26] ［美］理查德·罗蒂．哲学和自然之境［M］．李幼蒸，译．北京：商务印书馆，2009.

[27] ［美］普特南．理性、真理与历史［M］．童世俊，李光程，译．上海：上海译文出版社，1997.

[28] [美] 诺里塔·克瑞杰. 沙滩上的房子 [M]. 蔡仲, 译. 南京: 南京大学出版社, 2003.

[29] [英] 斯特劳森. 个体: 论描述的形而上学 [M]. 江怡, 译. 北京: 中国人民大学出版社, 2004.

[30] [美] 索卡尔, 等. 索卡尔事件与科学大战 [M]. 蔡仲, 邢冬梅, 等译. 南京: 南京大学出版社, 2002.

[31] [英] 苏珊·哈克. 导论: 新老实用主义 [M]//意义、真理与行动. 苏珊·哈克, 主编. 陈波, 译. 北京: 东方出版社, 2007.

[32] [美] 梯利. 西方哲学史 [M]. 北京: 商务印书馆, 1995.

[33] [美] 威廉·詹姆斯. 实用主义 [M]. 陈羽纶, 孙瑞禾, 译. 北京: 商务印书馆, 1979.

[34] [美] 约翰·波洛克, [美] 乔·克拉兹. 当代知识论 [M]. 陈真, 译. 上海: 复旦大学出版社, 2008.

[35] [美] 约翰·塞尔. 社会实在的建构 [M]. 李步楼, 译. 上海: 上海人民出版社, 2008.

[36] [美] 约瑟夫·劳斯. 知识与权力 [M]. 盛晓明, 等译. 北京: 北京大学出版社, 2004.

[37] [英] H. J. 裴顿. 康德的经验形而上学 [M]. 韦卓民, 译. 武汉: 华中师范大学出版社, 2009.

[38] [英] 大卫·布鲁尔. 知识和社会意象 [M]. 艾彦, 译. 北京: 东方出版社, 2001.

[39] [英] 罗素. 西方哲学史下卷 [M]. 马元德, 译. 北京: 商务印书馆, 2003;

[40] [英] 苏珊·哈克. 证据与探究 [M]. 陈波, 等译. 北京: 中国人民大学出版社, 2004.

[41] [英] 休谟. 人类理智研究 [M]. 吕大吉, 译. 北京: 商务印书馆, 1999.

[42] [英] 休谟. 人性论 (第一卷) [M]. 关文运, 译. 郑之骧, 校. 北京: 商务印书馆, 1980.

[43] [英] 约翰·齐曼. 元科学导论 [M]. 刘珺珺, 等译. 长沙: 湖南人民出版社, 1988.

［44］安维复，崔璐．"自然转向"的对称性原则：问题、重建与评估［J］．上海理工大学学报（社会科学版），2013（1）．

［45］北京大学哲学系外国哲学史教研室编译．西方哲学原著选读［M］．北京：商务印书馆，1981．

［46］曹剑波．葛梯尔反例意义的诘难［J］．复旦学报（社会科学版），2004（5）．

［47］曹剑波．知识与语境：当代西方知识论对怀疑主义难题的解答［M］．上海：上海人民出版社，2009．

［48］曹剑波．批驳怀疑论的最佳策略：语境不可错论［J］．北京师范大学学报（社会科学版），2010（2）．

［49］曹剑波．怀疑主义的非充分决定性论证［J］．厦门大学学报（哲学社会科学版），2011（3）．

［50］陈波．蒯因的自然化认识论纲领［J］．自然辩证法通讯，1995（4）．

［51］陈波．"知识优先"的认识论——读《知识及其限度》［J］．哲学分析，2010（4）．

［52］陈高华，李淑英．戈德曼的可靠论成功维护了自然化认识论吗？［J］．自然辩证法研究，2008（1）．

［53］陈嘉明．当代西方知识论的外在主义［J］．哲学动态，1998（10）．

［54］陈嘉明．"葛梯尔问题"与知识的条件（上）［J］．哲学动态，2000（12）．

［55］陈嘉明．知识与确证：当代知识论引论［M］．上海：上海人民出版社，2003．

［56］陈嘉明．论作为西方知识论主流性观念的基础主义［J］．文史哲，2004（4）．

［57］陈嘉明．先验论证刍议［J］．哲学研究，2009（11）．

［58］陈嘉明．康德与先验论证问题［J］．厦门大学学报（哲学社会科学版），2010（4）．

［59］程炼．先验论证［J］．哲学研究，1998（10）．

［60］陈晓华．认知逻辑研究述评［J］．哲学动态，2008（8）．

［61］陈晓平．抽彩悖论——知识接受之谜［J］．自然辩证法通讯，1996（3）．

［62］陈晓平. 先验偶然命题与后验必然命题——兼评蒯因和克里普克的意义和命名理论 ［J］. 哲学研究，2001（2）.

［63］陈晓平. 簇摹状词与开放集合 ［J］. 自然辩证法通讯，2001（5）.

［64］陈晓平. 时间、空间与先验范畴 ［J］. 科学技术哲学研究，2009（5）.

［65］陈晓平. 可知与不可知之间 ［J］. 现代哲学，2009（5）.

［66］陈晓平. 贝叶斯方法与科学合理性 ［M］. 北京：人民出版社，2010.

［67］陈晓平. 盖梯尔问题与语境主义 ［J］. 哲学分析，2013（3）.

［68］陈晓平. "信念"与"知识"辨析——从"盖梯尔问题"谈起 ［J］. 重庆理工大学学报（社会科学版），2013（5）.

［69］盛晓明. 康德的"先验演绎"与"自相关"问题——评布伯纳与罗蒂的争论 ［J］. 哲学研究，1998（6）.

［70］陈亚军. 形而上学与社会希望：罗蒂哲学研究 ［M］. 南京：江苏人民出版社，2009.

［71］陈英涛. 论戈德曼确证的信赖主义 ［J］. 自然辩证法研究，2004（7）.

［72］陈英涛. 当代英美知识论中的内/外在主义之争：历史与现状 ［J］. 厦门理工学院学报，2006（12）.

［73］陈真. 盖梯尔问题的来龙去脉 ［J］. 哲学研究，2005（11）.

［74］方红庆. 先验论证研究 ［M］. 上海：上海人民出版社，2012.

［75］方环非. 对立抑或融合的选择——也论确证的内在主义与外在主义 ［J］. 自然辩证法研究，2009（3）.

［76］冯俊. 开启理性之门——笛卡尔哲学研究 ［M］. 桂林：广西师范大学出版社，2005：73.

［77］高洋，洪眉. 自然化认识论和规范性：一种备受争议又错综复杂的关系 ［J］. 理论界，2012（8）.

［78］弓肇祥. 认知逻辑新发展 ［M］. 北京：北京大学出版社，2004.

［79］龚娅玲. 对葛梯尔反例的质疑 ［J］. 内蒙古农业大学学报（社会科学版），2007（2）.

［80］顾林正. 从个体知识到社会知识——罗蒂的知识论研究 ［M］. 上海：上海人民出版社，2010.

［81］何云峰．简单性原则——知识增长的道路［M］．北京：人民出版社，1989．

［82］洪谦主编．西方现代资产阶级哲学论著选辑［M］．北京：商务印书馆，1964．

［83］胡军．知识论［M］．北京：北京大学出版社，2006．

［84］黄敏．作为先验论证的私人语言论证［J］．哲学研究，2004（2）．

［85］黄颂杰，宋宽锋．对知识的追求和辩护——西方认识论和知识论的历史反思［J］．复旦学报（社会科学版），1997（4）．

［86］柯志阳．强纲领与知识的社会建构［J］．自然辩证法通讯，2003（5）．

［87］李健．对怀疑论论证结构的逻辑分析［J］．重庆工学院学报（社会科学），2009（7）．

［88］李侠，自然化认识论转换命题的理论旨趣与存在的问题［J］．学术研究，2007（4）．

［89］李泽厚．批判哲学的批判［M］．北京：生活·读书·新知三联书店，2007．

［90］刘保，肖峰．社会建构主义：一种新的哲学范式［M］．北京：中国社会科学出版社，2011：84．

［91］陆丁．先验论证的逻辑分析［J］．世界哲学，2005（4）．

［92］钱捷．什么是康德的先验论证？［J］．华南师范大学学报（社科版），2000（2）．

［93］田小飞．自然主义科学哲学及其规范性——基于多重维度的研究［D］．北京：清华大学，2008．

［94］王娜．语境主义知识观：一种新的可能［J］．哲学研究，2010（5）．

［95］王漪．自然主义认识论背景下的先验性［J］．自然辩证法研究，2007（10）．

［96］王漪．经验中的先验［D］．杭州：浙江大学，2010．

［97］王庆节．知识与怀疑——当代英美哲学关于知识本性的讨论探析［J］．中国社会科学，2002（4）．

［98］王荣江．知识论与科学哲学的关系及其当代发展［J］．自然辩证法研究，2009（2）．

［99］夏国军，苗毅．规范的还是描述的——论自然化认识论的承诺［J］．

内蒙古大学学报（哲学社会科学版），2010（6）.

[100] 徐向东. 先验论证与怀疑论 [J]. 北京大学学报（哲学社会科学版），2005（2）.

[101] 阳建国. 怀疑论论证的结构 [J]. 哲学研究，2006（12）.

[102] 阳建国. 知识归赋的语境敏感性：三种主要的解释性理论 [J]. 自然辩证法研究，2009（1）.

[103] 阳建国. 归因者语境主义与怀疑论问题 [J]. 哲学动态，2009（10）.

[104] 尹维坤. 康德解释了自然科学的客观性吗？[J]. 科学技术哲学研究，2013（1）.

[105] 尹维坤. 盖梯尔反例为什么重要？——与曹剑波商榷 [J]. 现代哲学，2013（6）.

[106] 尹维坤. 语境转换：归赋者语境主义之症结 [J]. 自然辩证法研究，2013（7）.

[107] 尹维坤. 康德时空直观形式观辨正 [EB/OL]. 中国社会科学网，http：//www. cssn. cn/sf/bwsflllwz/201310/t20131022446784. shtml。

[108] 郁振华. 波兰尼的默会认识论 [J]. 自然辩证法研究，2001（8）.

[109] 赵亮，林凡. 葛梯尔反例批判探析 [J]. 福州大学学报（哲学社会科学版），2011（2）.

[110] 赵汀阳. 先验论证 [J]. 世界哲学，2005（3）.

[111] 张建军. 逻辑悖论研究引论 [M]. 南京：南京大学出版社，2005.

[112] 张立英. 基础主义的确证观 [J]. 山东师范大学学报（人文社会科学版），2004（5）.

[113] 张立英. 基础主义确证论的批判与重建 [M]. 上海：上海人民出版社，2011.

[114] 郑祥福，洪伟. 认识论死了吗？[J]. 自然辩证法研究，1998（5）.

[115] 周志羿. 常识怀疑论所表现出来的认识论坍塌箭头 [J]. 中山大学学报（社会科学版），2008（6）.

[116] 赵汀阳. 先验论证 [J]. 世界哲学，2005（3）：97.

[117] 徐向东. 先验论证与怀疑论 [J]. 北京大学学报（哲学社会科学版），2005（2）：140.

英文文献

［1］ Alvin Goldman. A Causal Theory of Knowing ［J］. The Journal of Philosophy，1967.

［2］ Alvin Goldman. A Priori Warrant and Naturalistic Epistemology：The Seventh Philosophical PerspectivesLecture ［J］. Noûs，Vol. 33，Supplement：Philosophical Perspectives，13，Epistemology，1999.

［3］ Alvin Goldman. Social Epistemology：Theory and Applications. in Epistemology ［C］. Edited by Edited by Anthony O'Hear. Cambridge University Press，2009.

［4］ Alvin Plantinga. Warrant：The Current Debate ［M］. Oxford：Oxford University Press，1993.

［5］ AnarásKertész. On The De-naturalization of Epistemology ［J］. Journal for General Philosophy of Science，2002（33）.

［6］ Andrew P. Norman. Epistemoligical Contextualism：It's Past，Present，and Prospects ［J］. Philosophia，1999（27）.

［7］ Anthony Brueckner. The Structure of the Skeptical Argument ［J］. Philosophy and Phenomenological Research，1994，Vol. 54，No. 4.

［8］ Assaf Sharon and Levi Spectre. Epistemic closure under deductive inference：what is itand can we affordit？［J］. Synthese，Published online，2012.

［9］ Baron Reed. How To Think About Fallibilism ［J］. Philosophical Studies，2002，107.

［10］ Barrett Roger and Gibson Roger，ed. Perspectives on Quine ［C］. Cambridge：Bassil Blackwell，1990.

［11］ Barry Stroud. TranscendentalArguments ［J］. The Journal of Philosophy，1968，Vol. 65，No. 9.

［12］ Bredo C. Johnsen. How to Read "Epistemology Naturalized" ［J］. The Journal of Philosophy，2005（2）.

［13］ Cappelen，H.，and E. Lepore. Context Shifting Arguments ［J］. PhilosophicalPerspectives，2003，17.

［14］ Dale Jacquette. the Uniqueness Problem in Kant's Transcendental Doctrine of Method [J]. Man and World, 1986, 19.

[15] David Annis. A Contextualist Theory of Epistemic Justification [J]. American Philosophical Quarterly, 1978, Vol. 15 Number 3.

[16] David Lewis. Elusive Knowledge, in Epistemology: An Anthology [C]. edited by Ernest Sosa, Jaegwon Kim, Jeremy Fantl, and Matthem McGrath. 2nd ed. Oxford: Blackwell Publisher, 2008.

[17] Donald Davidson. A Coherence Theory of Truth and Knowledge, in Lepore (ed.), Truth and Interpretation: Perspectives on the Philosophy of Donald Davidson [C]. Oxford: Blackwell, 1986.

[18] Duncan Pritchard. Contextualism, Scepticism, and the Problem of Epistemic Descent [J]. Dialectica, 2001, Vol. 55, No4.

[19] Duncan Pritchard and Jesper Kallestrup. An Argumentfor The Inconsistency of Content Externalism and Epistemic Internalism [J]. Philosophia, 2004, Vol. 31, Issue 3 −4.

[20] Duncan Pritchard. The Structure of Sceptical Arguments [J]. Philosophical Quarterly, 2005, Vol. 55, No. 218.

[21] Edmund L. Gettier. Is Justified True Belief Knowledge? [J]. Analysis, 1963, Vol. 23, No. 6: 121.

[22] Ernest Sosa. Knowledge and Justification [M]. Aldeshot: Dartmouth Publishing Company, 1994.

[23] Ernest Sosa. Skepticism and contextualism [J]. Noûs, Vol. 34, Supplement: Philosophical Issues, 10, Skepticism, 2000.

[24] Ernest Sosa, Jaegwon Kim, Jeremy Fantl, and Matthem McGrath, Introduction, in Epistemology: An Anthology [C]. edited by Ernest Sosa, Jaegwon Kim, Jeremy Fantl, and Matthem McGrath. 2nd ed, Oxford: Blackwell Publisher, 2008.

[25] E. Schaper. Arguing Transcendentally [J]. Kant-studien, 1972, 63: 1.

[26] Fred Dretske. Epistemic Operators [J]. The Journal of Philosophy, 1970, Vol. 67, No. 24.

[27] Fred Dretske. Conclusive Reasons [J]. Australasian Journal of Philosophy, 1971 (49).

[28] Fred Dretske. The Pragmatic Dimension ofKnowledge [J]. Philosophical-

Studies, 1981, 40.

[29] Fred Dretske. Precis of Knowledge and the Flow of Information, in Hilary Kornblith, ed., Naturalizing Epistemology [C]. Cambridge, MA: MIT Press, 1985.

[30] Georges Rey. A Naturalistic A Priori [J]. Philosophical Studies 92, 1998.

[31] Gilbert Harman. Thought [M]. Princeton: Princeton University Press, 1973.

[32] Harvey Siegle. Naturalism, Instrumental Rationality, and the Normativity of Epistemology [J]. Proto Sociology, 1996.

[33] Hilary Kornblith (edited). Naturalizing Epistemology [C]. 2nd ed. Cambridge and London: The MIT Press, 1994.

[34] Hilary Putnam. Why Reason Can't Be Naturalized [J]. Synthese, 1982 (52).

[35] H. E. Kyburg. Probability and the Logic of Rational Belief [M]. Wesleyan University Press, 1961.

[36] Jaakko Hintikka. Transcendental Arguments: Genuine and Spurious [J]. Noûs, 1972, Vol. 6, No. 3.

[37] Jaegwon Kim. What Is "Naturalized Epistemology?" [J]. Philosophical Perspectives, 1988 (2).

[38] James F. Sennett. Toward a Compatibility Theory for Internalist and Externalist Epistemologies [J]. Philosophy and Phenomenological Research, 1992, Vol. 52, No. 3.

[39] Jane Duran. Knowledge in Context [M]. London: Rowman & Littlefield Publishers, 1994.

[40] Jason Stanley. Fallibilism and Concessive Knowledge Attributions [J]. Analysis, 2005 (65: 2).

[41] Jason. Stanley. On the Linguistic Basis for Contextualism [J]. Philosophical Studies 119, 2004.

[42] Jeremy Fantland Matthew McGrath. Advice for fallibilists: put knowledge to work [J]. Philos Stud (142), 2009.

［43］ Jonathan Bennett. Analytic Transcendental Arguments, P. Bierietal. (eds). Transcendental Arguments and Science ［C］. Reidel: Dordrecht, 1979.

［44］ John Greco. What's Wrong With Contextualism? ［J］. The Philosophical Quarterly, 2008, Vol. 58, No. 232.

［45］ John J. Callanan. Kant's Transcendental Strategy ［J］. The Philosophical Quarterly, 2006, Vol. 56, No. 224.

［46］ Jonathan Vogel. Are There Counterexamplestothe Closure Principle? in Epistemology: An Anthology ［C］. edited by Ernrst Sosa. 2nd ed. Oxford: Blackwell Publishing, 2008.

［47］ Jonathan Vogel. Skeptical Arguments ［J］. Philosophical Issues, 2004, Vol. 14, Issue1.

［48］ J. Pryor. The skeptic and the dogmatist ［J］. Noûs, 34 (4), 2000.

［49］ Keith DeRose. Contextualism and Knowledge Attributions ［J］. Philosophy and Phenomenological Research, 1992, Vol. 52, No. 4.

［50］ Keith DeRose. Solving the Skeptical Problem, in Epistemology: An Anthology ［C］. edited by Ernest Sosa, Jaegwon Kim, Jeremy Fantl, and Matthem McGrath. 2nd ed, Oxford: Blackwell Publisher, 2008.

［51］ Keith DeRose. The case for contextualism: Knowledge, Skepticism and Context (Vol. 1) ［M］. Oxford: Oxford University Press, 2009.

［52］ Keith Lehrer. Theory of Knowledge ［M］. Boulder: Westview Press, 1990.

［53］ Keith Lehrer and Thomas Paxson. Knowledge: Undefeated Justified True Belief ［J］. The Journal of Philosophy, 1969, Vol. 66, No. 8.

［54］ Kevin McCain. Two skeptical arguments or only one? ［J］. Philos Stud, Published online, 2012.

［55］ Larry Laudan. Normative Naturalism ［J］. Philosophy of Science, 1990, Vol. 57, No. 1.

［56］ Larry Laudan. Progress or Rationality? ［J］. American Philosophical Quarterly, 1987 (24).

［57］ Larry Laudan. Normative Naturalism ［J］. Philosophy of Science, 1990 (1).

［58］ Laurence Bonjour. Haackon Justification and Experience ［J］. Synthese 112, 1997.

［59］ Linda Zagzebski. The Inescapability of Gettier Problems ［J］. The Philosophical Quarterly, 1994, Vol. 44, No. 174.

［60］ Luciano Floridi. On the Logical Unsolvability of the Gettier Problem ［J］. Synthese, 2004, Vol. 142, No. 1.

［61］ Mark Kaplan. It's Not What You Know That Counts ［J］. The Journal of Philosophy, 1985, Vol. 82, No. 7.

［62］ Marshall Swain. Alston's Internalistic Externalism ［J］. Philosophical Perspectives, Vol. 2, Epistemology 1988.

［63］ Michael Brady and Duncan Pritchard. Epistemological Contextualism: Problems and Prospects ［J］. The Philosophical Quarterly, 2005, Vol. 55, No. 219.

［64］ Michael Devitt. Naturalism and the A Priori ［J］. Philosophical Studies, 1998 (92).

［65］ Mikael Janvid. Contextualism and the Structure of Skeptical Arguments ［J］. Dialectica, 2006, Vol. 60, No. 1.

［66］ Michael Krausz. Introduction, in Relativism: A Contemporary Anthology ［C］. edited by Michael Krausz, New York: Columbia University Press, 2010.

［67］ Michael Polanyi. Study of Man ［M］. Chicago: The University of Chicago Press, 1958.

［68］ Michael Polanyi. Personal knowledge ［M］. London: Routledge, 1958.

［69］ Michael Veber. Contextualism and Semantic Ascent ［J］. The Southern Journal of Philosophy, 2004, Vol. XLII.

［70］ Nicholas Rescher. Epistemology: An Introduction to the Theory of Knowledge ［M］. New York: State University of New York Press, 2003.

［71］ Peter Tramel. Haack's Foundherentism is a Foundationalism ［J］. Synthese, 2008 (160).

［72］ Philip Kitcher. A Priori Knowledge ［J］. the Philosophical Review, 1980 (1).

［73］ Quassim Cassam. Transcendental Arguments, Transcendental Synthesis and

Transcendental Idealism [J]. The Philosophical Quarterly, 1987, Vol. 37, No. 149.

[74] Richard J. Bernstein. Beyond Objectivism and Relativism: Science, Hermeneutics, and Praxis [M]. Oxford: Basil Blackwell, 1983.

[75] Robert G. Meyers and Kenneth Stern. Knowledge without Paradox [J]. The Journal of Philosophy, Vol. 70, No. 6, March 22, 1973.

[76] Robert J. Stainton. Contextualism in Epistemology and the Context Sensitivity of 'Knows'. Knowledge and Skepticism [C]. Ed. M. O'Rourke and H. Silverstein. Cambridge, MA: MIT Press, 2010.

[77] Robert Nozick. Knowledge and Skepticism, in Epistemology: An Anthology (second edition) [C]. edited by Ernest Sosa, Jaegwon Kim, Jeremy Fantl and Matthew McGrath, Oxford: Blackwell Publishing Ltd, 2008.

[78] R. Feldman. Fallibilism and knowing that one knows [J]. Philosophical Review, 90 (2), 1981.

[79] Sharon Ryan. The Preface Paradox [J]. Philosophical Studies, 1991 (64).

[80] Stephan Körner. the Impossibility of Transcendental Deductions, in Lewis White Beck (ed.), Kant Studies Today [C]. La Salle: Open Court, 1996.

[81] Steven D. Hales. Epistemic closure principle [J]. The Southern Journal of Philosophy, 1995 (XXXIII).

[82] Stewart Cohen. How to be a Fallibilist [J]. Philosophical Perspectives, 1988, Vol. 2.

[83] Stewart Cohen. Two Kinds of Skeptical Argument [J]. Philosophy and Phenomenological Research, 1998, Vol. 58, No. 1.

[84] Stewart Cohen. Contextualism, Skepticism, and the Structure of Reasons [J]. Noûs, Vol. 33, Supplement: Philosophical Perspectives, 13, Epistemology, 1999.

[85] Stewart Cohen. Contextualist Solutions to Epistemological Problems: Scepticism, Gettier, and the Lottery, in Epistemology: An Anthology [C]. edited by Ernest Sosa, Jaegwon Kim, Jeremy Fantl, and Matthem McGrath. 2nd ed, Oxford: Blackwell Publisher, 2008.

[86] SusanHaack. Double – Aspect Foundherentism: A New Theory of Empiri-

cal Justification［J］. Philosophy and Phenomenological Research Vol. LⅢ, No. 1,
1993.

［87］Susan Haack. The Two Faces of Quine's Naturalism［J］. Synthese, 1993
（94）.

［88］Tom Rockmore. On Constructivist Epistemology［M］. Oxford: Rowman
& Littlefield Publishers, Inc. 2005.

［89］T. E. Wilkerson. Transcendental Arguments［J］. The Philosophical Quar-
terly, Vol. 20, No. 80, Special Review Number, 1970.

［90］W. V. Quine. Word and Object［M］. Cambridge: Harvard University
Press, 1960.

［91］W. V. Quine. Reply to White［M］. Hahn E L, Schilpp P. A, ed. The
Philosophy of Quine. 1986.

［92］W. V. Quine. "Natural Kinds", in Naturalizing Epistemology［C］.
edited by Hilary Kornblith. 2nd ed. Cambridge and London: The MIT Press, 1994.

［93］Yaron M. Senderowicz. The Coherence of Kant's Transcendental Idealism
［M］. Netherlands: Springer, 2005.

［94］Internalism and Externalism in Epistemology［EB/OL］. http: //www.
iep. utm. edu/int-ext/.

［95］Internalist vs. Externalist Conceptions of Epistemic Justification［EB/
OL］. http: //plato. stanford. edu/entries/justep-intext/. First published Mon Jan 24,
2005.

［96］Coherentism in Epistemology［EB/OL］. http: //www. iep. utm. edu/co-
herent/.

［97］Epistemic Contextualism［EB/OL］. http: //plato. stanford. edu/entries/
contextualism-epistemology/. First published Fri Sep 7, 2007; substantive revision
Mon Nov 14, 2011.

［98］The Epistemic Closure Principle［EB/OL］. http: //plato. stanford. edu/
entries/closure-epistemic/, First published Mon Dec 31, 2001; substantive revision
Wed Aug 4, 2010.